Wolfgang Bukowski
Wolfgang Morr

Lernfelder
Glaube – Bibel – Kirche

Ein Arbeitsbuch für den
evangelischen Religionsunterricht
in der Klassenstufe 11

unter Mitarbeit von Ruth Elberg

Vandenhoeck & Ruprecht · Göttingen

Block	Bibel-Schwerpunkt	Thema	Lernfelder-Schwerpunkt (EPA)
I	AT	Propheten: Hervor-Sager/ Vorher-Sager	A B
II	AT	„Auf Treu' und Glauben" – Unzeitgemäße Tugenden?	C A
III	AT	Die Frage nach dem Sinn – und der Psalm 23	A C
IV	AT/NT	Kirche: Babylon – Pfingsten – Babylon?	A C
V	NT	Umgang mit der Bibel	A
VI	NT	„Es begab sich aber zu der Zeit": Weihnachten	A C
VII	NT	Religionen und Moral	D A B C
VIII	–	Christentum im Nationalsozialismus	B D

ISBN 3 - 525 - 77553 - 9

Printed in Germany.
Typographie, Umschlag, Herstellung:
Michael Rechl, Wanfried
Schrift: Times New Roman
Satz: Grunewald. Satz + Repro GmbH, Kassel
Druck und Verarbeitung: Hubert & Co., Göttingen

Inhalt

Vorwort			S. 7

Block I: Propheten: Hervor-Sager/Vorher-Sager

	Einleitung		S. 8
Informationen	I-1	Palästina in alttestamentlicher Zeit (Karte)	S. 9
	I-2	Alttestamentliche Epoche (Zeittafel)	
	I-3	Der Davidstern	
König und Propheten: David und Nathan – Ahab und Elia	I-4	Davids Ehebruch (2. Sam 11, 1-12, 25)	S. 13
	I-5	Ahabs Gewalttat an Naboth (1. Kön. 21, 1-29)	
	I-6	Ruth Elberg: Das ägyptische Königsrecht	
Das Schicksal des Erzbischofs Romero	I-7	Zeitungsartikel: „Anwalt der Armen" niedergeschossen	S. 16
	I-8	Zeitungsartikel: Details der Tötung des Erzbischofs bekannt	
Baal und Aschera	I-9	Ahab und die Götter (1. Kön 16, 29-33)	S. 17
	I-10	Lexikonartikel: Baal, Aschera	
	I-11	Stele des Gottes Baal	
Ver-„dichtungen"	I-12	Elia am Bach Krith und bei der Witwe in Sarepta (1. Kön 17, 1-24)	S. 18
	I-13	Das Gottesurteil auf dem Karmel (1. Kön 18, 21-46)	
Das reine Gottesvolk	I-16	Alte israelitische Rechtssatzungen	S. 20
	I-17	Die Parabel vom Unkraut unter dem Weizen (Mt 13, 24-30)	
	I-18	Anton Steiner/Volker Weymann: Ich bin ein Zelot	
Gottes Wille – Gottesurteile	I-19	Heinz Risse: Das Gottesurteil	S. 21
	I-20	Zeitungsartikel: Blitzschlag setzte gotische Kathedrale von York in Brand	
Gott-Götzen – Glaube-Aberglaube	I-21	Martin Luther: Du sollst nicht andere Götter haben	S. 24
	I-22	Manfred Brauneck: Glauben Sie an diesen Humbug?	
	I-23	Heinz Zahrnt: Auch ein Götze ist ein Gott	
	I-24	Beten – wofür? (Karikatur)	
	I-25	Leserbriefe: Hilft Gott auch beim Abitur?	
Religion und Religionskritik	I-26	John A.T. Robinson: Beten, wenn das Flugzeug abhebt?	S. 30
	I-27	Bertolt Brecht: Der Ozeanflug	
	I-28	Helmut Gollwitzer: Kritik an der Religionskritik	
	I-29	Kritias von Athen: Religion – eine nützliche Erfindung	
	I-30	Tilmann Moser: Gottesvergiftung	
	I-31	Hans-Jürgen Fraas: Das Urvertrauen	
	Bearbeitungsmöglichkeiten		S. 33

Block II: „Auf Treu' und Glauben" – Unzeitgemäße Tugenden?

	Einleitung		S. 36
	II-1	Christian Schultz-Gerstein: Was wäre ich ohne meinen HSV?	S. 36
	II-2	Treue – ein Florilegium	
	II-3	Wörterbuch und Lexikon – Stichwort: Treue	
	II-4	Paare (Fotos)	
	II-5	Kurt Marti: es war eine gute ehe	
	II-6	Die Hochzeit mit der Hure (Hos 1, 1-9)	
	II-7	Gebrochene Treue – unwandelbare Treue (Hos 2, 4-25)	
	II-8	Amulette (zu Hos 2, 4)	
	II-9	Doch wie könnte ich dich aufgeben, Israel? (Hos 3, 1-5; 11, 1-11)	
	II-10	Jürg Willi: Treue heißt auch, sich selbst treu zu bleiben	
	II-11	Hans Walter Wolff: Treue – Liebe – Gotteserkenntnis (zu Hos 4, 1 b)	
	II-12	Das Strafgericht an Jerusalem: eine Vision Ezechiels (Ez 8-9; 10, 18-22; 11, 22-25; 16, 36-43)	
	II-13	Ich bringe Leben in euch: eine zweite Vision Ezechiels (Ez 37; 43, 1-9)	
	II-14	Charles M. Schulz: Die Peanuts (Bildergeschichte)	
	II-15	Paulus: Er kann sich selbst nicht verleugnen	
	II-16	Hans Conzelmann: „Glaube" und „Treue" im Neuen Testament	
	II-17	Hannes Meier: Diese Treue wird gekrönt	
	II-18	Kruzifix in St. Ludgeri/Münster	
	Bearbeitungsmöglichkeiten		S. 51

Block III: Die Frage nach dem Sinn - und der Psalm 23

		Einleitung	S. 53
Die Sinnfrage	III-1	Heinz Zahrnt: Grenzsituationen menschlichen Lebens - im Anschluß an die Jakobsgeschichte	S. 54
	III-2	Heinz Zahrnt: Die Sinnfrage als Wesensmerkmal des Menschen	
	III-3	Heinz Zahrnt: Selbstfindung - im Anschluß an die Parabel vom verlorenen Sohn	
	III-4	Heinz Zahrnt: Möglichkeiten und Grenzen der Sinnfindung - im Anschluß an den Prediger Salomo	
	III-5	Heinz Zahrnt: Gefangenschaft und Erlösung - wie kommt Gott?	
Der Psalm 23	III-6	Hirte und Herde (Foto)	S. 57
	III-7	Dorothea Steigerwald: Geborgenheit (Plastik)	
	III-8	Psalm 23	
	III-9	Gert Otto: Bildhafte Rede	
	III-10	Aktualisierungen	
	III-11	Provokationen	
	III-12	Willy Schottroff: Sozialgeschichtliche Bibelauslegung	
	III-13	Wolfgang Wähling: Rechtzeitig auswendig lernen!	
	III-14	Wolfgang Bukowski: Lieber Vater!	
	III-15	Gedenkstein: Ein Hirte und 225 Schafe erschlagen (Foto)	
		Bearbeitungsmöglichkeiten	S. 65

Block IV: Kirche: Babylon - Kirche - Babylon?

		Einleitung	S. 67
Kirche und Heiliger Geist	IV-1	Hat die Kirche noch eine Zukunft? (Radio Eriwan)	S. 68
	IV-2	Der Turmbau zu Babel (1. Mos 11, 1-9)	
	IV-3	Pfingsten im Neuen Testament (Apg 2)	
	IV-4	„Bla-Bla" (Karikatur)	
	IV-5	Dieter Schupp: Babylon - Pfingsten - Babylon	
	IV-6	Dorothee Sölle: Trost und Wahrheit - die Gaben des Geistes	
	IV-7	Herbert Arens/Franz Richardt/Josef Schulte: Das Fest der Veränderung	
	IV-8	Helmut Gollwitzer: Statt Konservenchristentum: Salz und Licht	
Gottesdienst - oder „Die Gemeinde der Heiligen"?	IV-9	Kirche „im Angebot" (Karikatur)	S. 74
	IV-10	Manfred Josuttis: Verständnisse des Gottesdienstes	
	IV-11	Clive S. Lewis: Dienstanweisung für einen Unterteufel	
	IV-12	Weck die tote Christenheit . . .	
	IV-13	Den Seinen gibt's der Herr im Schlaf	
	IV-14	Dorothee Sölle/Fulbert Steffensky: Die Kirche: eine furchtbare Familie - aber wir halten zu ihr	
Riten als Lebenshilfe	IV-15	Walter Neidhart: Die Bedeutung der nichttheologischen Faktoren für die Konfirmation	S. 79
	IV-16	Wolfgang Bukowski: Konfirmation: ein bleibendes Ärgernis?	
	IV-17	Wolfgang Morr: Das Ritual des Traugottesdienstes als Lebenshilfe	
Könnten wir auf die Kirche verzichten?	IV-18	Herwig Schmidtpott: Die Situation der Kirche	S. 81
	IV-19	Kirche im Einsatz (Karikaturen)	
	IV-20	Kirchenkarren ohne Schwung (Leserbriefe)	
	IV-21	Die Finanzen der Kirche	
	IV-22	Dietrich Bonhoeffer: Kirche ohne Kirche	
	IV-23	Merkt ihr denn nicht, warum es euch so schlecht geht? (Hag 1, 2-11)	
	IV-24	Rudolf Ginters: Vom Sinn anscheinend/scheinbar nutzloser Verschwendungen	
	IV-25	Manfred Linz: Wenn alle ihren Beitrag zahlen	
Umkehr zum Leben	IV-26	Babylon heute I (Bildmontage)	S. 89
	IV-27	Babylon heute II (Foto)	
	IV-28	Dorothee Sölle/Fulbert Steffensky: Kirche: Sie hatten alles gemeinsam	
	IV-29	Umstrittener Kirchentag: Ernst Albrecht-Erhard Eppler	
	IV-30	Siegfried von Kortzfleisch: Zu viele Amateure?	
	IV-31	Heinrich Kemner: Kehrt um!	
	IV-32	Umleitung (Karikatur)	
		Bearbeitungsmöglichkeiten	S. 93

Block V: Umgang mit der Bibel

	Einleitung		S. 96
Wörter Worte Bücher Sprachen	V-1	Wolfgang Morr: Lieber Fritz	S. 97
	V-2	Die Einteilung der Bibel nach dem Kanon	
	V-3	Hans-Georg Lubkoll: Die Sprache des Adressaten	
	V-4	Übersetzungen: Lukas 4, 18-19	
	V-5	Helmut Echternach: Die Lutherbibel ist der verbindliche und irrtumslose Bibeltext	
	V-6	Beispiel für Unterschiede in Bibelübersetzungen: 2. Sam 12, 31	
Das Wort in den Wörtern	V-7	Gert Otto: Historisch-kritische Bibelauslegung	S. 103
	V-8	Gerhard Bergmann: Pneumatische Bibelauslegung	
	V-9	Hans-Georg Lubkoll: Am Anfang war die Erfahrung	
Evangelium und Evangelien	V-10	Synoptischer Vergleich	S. 106
Jesus: Menschensohn – Gottessohn	V-11	„Vater" und „Sohn"	S. 108
	V-12	Herakles-Sage und Geburtsgeschichte des Matthäus	
	V-13	Informationen zur Herakles-Religion	
	V-14	Willi Marxsen: Jesus – Gottes Sohn?	
	V-15	Joachim Heubach: Jesus – Gottes Sohn!	
Aspekte der Wahrheit	V-16	Alfred Suhl: Bibelauslegung und Wahrheit	S. 113
	V-17	Hans Georg Lubkoll: Anschauliche Wahrheit	
Heilige Schriften	V-18	Das Alte Testament: Buch der Juden – Buch der Christen	S. 115
	V-19	Der Koran	
	V-20	Islam – Hingabe an den einen Gott	
	Bearbeitungsmöglichkeiten		S. 121

Block VI: „Es begab sich aber zu der Zeit" – Weihnachten

	Einleitung		S. 125
Informationen	VI-1	Palästina zur Zeit Jesu (Karte)	S. 125
	VI-2	Die politischen Verhältnisse zur Zeit Jesu	
„Als aber die Zeit erfüllet ward . . ."	VI-3	Der Anfang der Evangelien (Inschrift von Priene)	S. 127
	VI-4	Der Apostel Paulus zur Geburt Jesu (Gal 4, 4-5)	
	VI-5	Emil Scheibe: Geburt Jesu mit Bagger (Gemälde)	
	VI-6	Wolfgang Bukowski: Hemel und Pansa oder von der Notwendigkeit der richtigen Herkunft bedeutender Menschen	
Bethlehem und Nazareth: Wo wurde Jesus geboren?	VI-7	Micha 5, 1	S. 129
	VI-8	Lukas 2, 1-21.39	
	VI-9	Matthäus 2, 1-23	
Jesus erzählt sein Leben selbst	VI-10	Jean-Claude Barreau: Jesus-Memoiren	S. 130
	VI-11	Kurt Rommel/Martin Schmeißer: Ein Vater im Gespräch mit dem Evangelisten Lukas	
	VI-12	Walter Nippert: Der Stern und die Magier – Forschung zur babylonischen Astronomie	S. 134
„Was kann aus Nazareth Gutes kommen?" – Stellungnahmen	VI-13	Gerhard Bergmann: So war es	S. 134
	VI-14	Der Evangelist Johannes: Wir haben ihn gefunden	
	VI-15	Angelus Silesius: Ewig verloren?	
Weihnachten und Ostern	VI-16	. . . und taten ihre Schätze auf	S. 134
	VI-17	Joseph Reding: Weihnachten – Verdrängung des Ärgernisses „Kreuz"?	
	VI-18	Milan Machoveč: Weihnachten – Ostern für Kinder	
	VI-19	Charles M. Schulz: Die Peanuts (Bildergeschichte)	
	Bearbeitungsmöglichkeiten		S. 138

Block VII: Religionen und Moral

	Einleitung		S. 139
Mose, der Mittler des Alten Bundes	VII-1	Michelangelo: Mose (Skulptur)	S. 140
	VII-2	Jals: Mose (Karikatur)	
	VII-3	Zeitungsartikel: Aus den Strahlen sind Hörner geworden	
	VII-4	Interaktionsspiel: Elf Gebote (Klaus W. Vopel)	
	VII-5	Diskussion und Leserbriefe: Die zehn Gebote nicht mehr zeitgemäß?	
	VII-6	Manfred F. Schröder: AT: Leben mit 613 Geboten	
	VII-7	Untersuchung: Wie hielt es Jesus mit der Moral?	
	VII-8	Ethelbert Stauffer: Zum Sabbath-Gebot	

„... der werfe den ersten Stein!“	VII-9	Zeitungsartikel: Vier Männer gesteinigt und enthauptet	S. 147
	VII-10	Zeitungsartikel: Unerlaubter Intimverkehr	
	VII-11	Zeitungsartikel: Liebespaar wurde nicht gesteinigt, sondern ausgewiesen	
	VII-12	Jesus und die Ehebrecherin (Joh 8, 3-11)	
	VII-13	Zeitungsartikel: Bibelworte als „Beweis“ vor Gericht	
	VII-14	O. Gulbrannson: Die neuen Pharisäer (Karikatur)	
Grenzen der Vergebung?	VII-15	Parabel von der Vergebung (Mt 18, 21-35)	S. 149
	VII-16	Brüder Grimm: Der Schneider im Himmel	
	VII-17	Dorothee Sölle: Die Liebe Gottes muß vermittelt werden	
Vergebung zwischen Polen und Deutschen	VII-18	Dorothee Sölle/Heinz Zahrnt: Vergebung und Wiedergutmachung	S. 151
	VII-19	Zeitungsartikel: Drei Millionen Vertreibungstote	
Welches ist der Sinn der Bergpredigt	VII-20	Joachim Jeremias: Perfektionistische Auffassung und Unerfüllbarkeitstheorie	S. 153
	VII-21	Gerd Theißen: Vom Sinn verschärfter Normen	
	VII-22	Joachim Jeremias: Das Evangelium ging voran	
	VII-23	Samuel T. Cohen: Krieg liegt in der Natur des Menschen	
	VII-24	Karl Carstens: Fragen an die Bergpredigt	
Fasten - nur ein Ritus?	VII-25	Zeitungsanzeige: Grund zum Glücklichsein	S. 158
	VII-26	Zeitungsartikel: Fasten für den Frieden	
	VII-27	Zeitungsartikel: Prügel für Ungläubige	
	VII-28	Zeitungsartikel: Bürgermeister klagt über den Ramadan	
	VII-29	Das Fasten im Monat Ramadan	
	VII-30	Aussagen zum Fasten in der Bibel	
	VII-31	Wahre und falsche Frömmigkeit (Jes 58, 3-10)	
	VII-32	Aussagen Jesu zum Fasten	
		Bearbeitungsmöglichkeiten	S. 161

Block VIII: Christentum im Nationalsozialismus

		Einleitung	S. 163
	VIII-1	Kurt Halbritter: Ein BDM-Mädchen betet (Karikatur)	S. 163
„Eintopf“: Nationalsozialismus = Christentum der Tat?	VIII-2	Zeitungsartikel: Großkampftag gegen Hunger und Kälte	S. 164
	VIII-3	Zeitungsmitteilung: Rezept für Eintopfgericht	
	VIII-4	Zeitungsartikel: Eintopf statt Sonntagsbraten	
	VIII-5	Mahnschreiben: Deutscher Volksgenosse!	
Hilfeleistungen	VIII-6	Kurt Halbritter: Ein Hitlerjunge hilft (Bildergeschichte)	S. 166
	VIII-7	Langer/Mandzell: Hilfe für die Dritte Welt (Karikaturen)	
Erziehung zur Volksgemeinschaft	VIII-8	Informationen zum Winterhilfswerk	S. 167
	VIII-9	Helft allen in eurem Volk (Jes 58, 7.9 b. 10.12)	
Aktionen der Volkswohlfahrt	VIII-10	Zeitungsartikel: Eine Großtat der NS-Volkswohlfahrt	S. 169
	VIII-11	Bertolt Brecht: Winterhilfe im kritischen Rückspiegel	
	VIII-12	Kurt Halbritter: Wenn es den Führer nicht gäbe (Karikatur)	
Kirche im Nationalsozialismus	VIII-13	Entschließung der „Glaubensbewegung Deutsche Christen“	S. 171
	VIII-14	Der Diensteid der Geistlichen	
	VIII-15	Aus dem Kirchengesetz: „Arierparagraph“	
	VIII-16	Die Bekenntnissynode der Deutschen Evangelischen Kirche in Dahlem	
	VIII-17	Diktat der Volksschule (3. Klasse, 1934): Jesus und Hitler	
	VIII-18	Die Evangelische Kirche zum 50. Geburtstag Hitlers	
	VIII-19	Leser-Zeichnung	
	VIII-20	Ruth Rehmann: Der Mann auf der Kanzel	
	VIII-21	Strafverfahren gegen Pastor Althaus	
Jesus, der Deutsche - Jesus, der Jude	VIII-22	Jesus Christus, arisiert . . .	S. 179
	VIII-23	Gustav Frenssen: Jesus, ein Mann aus Dithmarschen	
	VIII-24	Walther Classen: Jesus, ein Mann aus Hamburg	
	VIII-25	Arbeitskreis „Kirche und Judentum“: Jesus, der Jude	
	VIII-26	Ethelbert Stauffer: Jesus und die Thora	
	VIII-27	Hans-Dieter Bastian: Der anonyme Jesus oder die Leere um den Sohn Gottes	
	VIII-28	Landessynode der Evangelischen Kirche im Rheinland: Zur Erneuerung des Verhältnisses von Christen und Juden	
		Bearbeitungsmöglichkeiten	S. 187

Elementare Aspekte und blockübergreifende Themen	S. 189
Quellenverzeichnis	S. 190

Vorwort

Wie kann man sich heute über christlichen Glauben verständigen? Fehlen nicht immer mehr Menschen, jungen wie alten, konkrete Erfahrungen mit Kirche? Und was muß man aus der Geschichte des Judentums und Christentums kennen, um heutige Ausprägungen von Kirche und Glaube verstehen zu können? Welche Perspektiven gibt es für ein persönliches Engagement aus christlichem Glauben? Wie begegnen sich Christen und Menschen anderer Religionen?

Zu diesen Fragestellungen eröffnet das Arbeitsbuch Lernfelder neue Zugänge. In acht repräsentativen Themenblöcken werden grundlegende Informationen für ein christliches Glaubens- und Lebensverständnis angeboten. Dabei werden Lebensbezug und Tradition so miteinander verknüpft, daß sowohl eine falsche Historisierung des Glaubens („Geschichten für gestern") wie eine vorschnelle Aktualisierung („Jesus heute") vermieden sind. Vertrautheit und Fremdheit biblisch-christlicher Traditionen können erkannt und weiteren Klärungsprozessen zugeführt werden.

In der Dokumentierung unterschiedlicher und gegensätzlicher Standpunkte wird die Vielfalt der Auffassungen ausgewiesen, ohne daß der Beliebigkeit oder einem zufälligen „Pluralismus" das Wort geredet wird.

Die Materialien des Buches regen dazu an, die Sachverhalte und Gegenstände, die erarbeitet werden sollen, im Horizont heutiger Glaubens- und Lebenserfahrung zu behandeln. Sie wecken Interesse für Fragestellungen, die zwar nicht immer subjektiv-aktuell sein müssen, aber doch als wichtig einsichtig gemacht werden können. Schrittweise werden Überleitungen zu mehr theoretisch-abstrakten Themen und Texten ermöglicht. Bilder und Karikaturen haben ihren je eigenen zeichenhaften Erschließungscharakter.

Die Möglichkeiten der Arbeit mit dem Buch sind vielfältig. Das Register mit den blockübergreifenden Fragestellungen zeigt die Auswahlmöglichkeiten, die den unterschiedlichen Interessenlagen von Lerngruppen gerecht werden können. Lernziele und Lerninhalte lassen sich also – auch im Hinblick auf jeweils geltende Richtlinien – aus der Arbeit mit diesem Buch bestimmen.

Die vorgeschlagenen Bearbeitungsmöglichkeiten am Ende jeden Themenblocks haben zwei Funktionen: Einmal sollen sie das Gefüge der Themen und Materialien durchsichtig machen und gleichsam kommentieren, zum anderen sollen sie Anregungen für konkrete Aufgabenstellungen bieten. Sie sind Angebot und bedeuten keine Engführung. Ein flexibler Umgang, auch unter Einbeziehung jeweils akzentuierender Zusatzinformationen und Medien, wird vorausgesetzt.

Das Buch lädt Schüler und Lehrer zu kooperativen Unterrichtsvorhaben ein. Es möchte engagierte und kritische Gespräche und effektive Lernfortschritte ermöglichen und in diesen gewissermaßen fortgeschrieben werden . . .

Die Verfasser

Block I:
Propheten: Hervor-Sager / Vorher-Sager

Einleitung

Dieser Block, am Anfang des Buches stehend, geht von Erzählzusammenhängen des Alten Testaments aus, in denen das Ringen um die Bewahrung des rechten Glaubens und Handelns an unterschiedlichen Beispielen dargestellt ist. An Leitthemen und -fragen werden diese Ansätze bis in unsere Gegenwart hinein verfolgt. Im einzelnen lassen sich u. a. folgende Schwerpunkt-Themen bilden:

1) Propheten als Anwälte der Machtlosen und Kritiker der Mächtigen (I-4-8)
2) Propheten als Streiter gegen die Götzen; Glaube und Aberglaube (I-9-11, 14-15, 19-25)
3) Das reine Gottesvolk - die reine Gemeinde (I-14-18)
4) Gottes Urteile und Gottesurteile (I-4, 5, 14-15, 19, 20)
5) Religion und Religionskritik (I-26-31)

Die Texte 30 und 31 leiten ein in das Gebiet der **Religionswissenschaft.** Unter diesem Sammelbegriff werden Arbeitsfelder und Forschungsziele zusammengefaßt, die im Gegensatz zur Theologie nicht primär die Inhalte des Glaubens herausarbeiten, sondern Entwicklungen und Erscheinungsweisen von „Religion" untersuchen. Allerdings geht es dabei auch jeweils um Wertungen. Die wichtigsten wissenschaftlichen Disziplinen sind:

Religionsphänomenologie: Sie beschreibt Erscheinungsformen von Religion, versucht, gemeinsame Merkmale von Religion(en) zu erfassen und so das Wesen von Religion darzustellen.

Religionspsychologie: Sie untersucht das religiöse Erleben, die Religiosität, d. h. die subjektive Seite von Religion. Sie fragt nach seelischen Voraussetzungen und Folgen religiöser Erlebnisse und nach den Zusammenhängen mit der Lebensgestaltung des einzelnen in seiner jeweiligen Umwelt.

In den autobiographischen Äußerungen Tilmann Mosers (I-30) werden wechselseitige Beeinflussungen von Religion, Religiosität und Erziehung zur Sprache gebracht. Hans-Jürgen Fraas (I-31) untersucht solche Vorgänge im Anschluß an Erik H. Erikson und die Begriffe „Urvertrauen" und „Urmißtrauen".

Religionssoziologie: Sie beschäftigt sich mit Wechselwirkungen zwischen Religion und Gesellschaft, mit der Gestaltwerdung von Religion in Formen und Institutionen im weitesten Sinn (z. B. auch in der Vermittlung von Sinndeutungen und Wertmaßstäben). Die Institutionalisierung von christlichem Glauben in Gemeinde und Kirche wird in Block IV behandelt.

Religionsgeschichte: Sie will die historischen Ursprünge von Religionen und die Abläufe innerhalb dieser Gruppierungen klären, von bestimmten Zeiten an auch Wechselwirkungen zwischen ihnen.

Religionsphilosophie: Sie ist eine wissenschaftliche Disziplin von umstrittenem Standort, da in der Zusammenfügung der Begriffe „Religion" und „Philosophie" eine Vielzahl von Deutungsmöglichkeiten enthalten ist, wobei die Abgrenzungen von „Glauben" und „Denken" zu unterschiedlichen Ergebnissen führen.

Informationen I-1 Palästina in alttestamentlicher Zeit

I–2 Zeittafel: Alttestamentliche Epoche

v. Chr.	**Israel – äußere Geschichte**				**Israel – Religions- und Literaturgeschichte**
	15./14. Jh.? Erzväter Abraham, Isaak, Jakob				
1300	Hebräer in Ägypten. Lea-Stämme in Palästina				Jahwe-Verehrung am Sinai und bei Lea-Stämmen
	Flucht unter Mose				
1200	Abschluß der Landnahme. Josua eint Stämme Landnahme der Philister. Israelit. »Richter«				Jahwe-Verehrung aller israelit. Stämme Mündliche Überlieferungen: Sagen, Lieder, Gottesgebote
1050	Kämpfe mit Philistern Saul 1. König um 1020–1000				
1000	David um 1005–965, Ausdehnung bis zum Eufrat Salomo um 965–926. Bau des Zion-Tempels 926 Reichsspaltung				Prophet Nathan, Thronnachfolgebuch. Beginn von Psalmen- und Weisheitsdichtung, Liebeslyrik (Hohes Lied) Jahwist
	Juda		*Israel*		
	Rehabeam	926–910	Jerobeam I.	926–907	
	Abija	910–908	Nadab (= Nebat)	907–906	Bücher der Tage der Könige
900	Asa	908–868	Bascha (= Baesa)	906–883	
			Ela	882–881	
			Omri gründet Samaria	878–871	
	Joschafat	868–847	Ahab	871–852	Elia
			Ahasja	852–851	
	Joram	847–845	Joram	851–845	Elisa
	Ahasja	845	845 Revolution des Jehu (bis 818)		Elohist
	Atalja	845–840			
	Joasch	840–801	841 Tribut an Salmanassar III.		
			Joahas	818–802	
800	Amazja	801–773	Joasch	802–787	
	Usija	787–736	Jerobeam II.	787–747	Amos, Hosea im Nordreich
	Jotam	756–741	Secharja, Schallum	747	
			Menahem	746–737	
			738 Tribut an Assur		
			Pekachja	736–735	
	Ahas	741–725	734 Revolution des Pekach (bis 733)		
	733 Syr.-efraimit. Krieg				
	Hiskija	725–697	732 Revolution des Hoschea (bis 723)		Jesaja in Jerusalem
	712 Tribut an Sargon II		725 Samaria von Salmanassar V. belagert und 722 erobert. Deportation *Ende des Nordreiches* Samaria assyr. Provinz		Micha

v. Chr.	**Israel – äußere Geschichte**	**Israel – Religions- und Literaturgeschichte**
700	701 Belagerung Jerusalems durch Sanherib	
	Manasse 696–642	
	Amon 641–640	Joel?
	Joschija 639–609	Jeremia, Nahum, Zefanja
		622 Auffindung des Deuteronomiums und Kultreform
	Joahas 609	Habakuk
	Jojakim 608–598	
	601 Abfall Judas von Nebukadnezzar	
600	Jojachin 598–597	
	16.3.597 Einnahme Jerusalems, Gefangennahme Jojachins, 1. Deportation	
	Zidkija 597–587	
	594 Syr.-palästin. Koalition gegen Babylonien	Berufung Ezechiels im Exil
	589 Aufstand Judas	
	587/586 Jerusalem erobert, zerstört, 2. Deportation. Gedalja, als Statthalter eingesetzt, von Nationalisten ermordet	Klagelieder. Obadja
	Ende des Südreiches	Jeremia von Judäern nach Ägypten verschleppt
	561 Jojachin in Babylon aus Haft entlassen	Deuteronomistisches Geschichtswerk
	538 Kyros-Edikt: Erlaubnis zum Neubau des Tempels	Priesterschrift (im Exil und bei der Rückkehr aus Exil?)
		Deuterojesaja im babylon. Exil
	520 Rückkehr aus Exil unter Serubbabel und Jeschua	Haggai und Sacharja in Jerusalem
		515 Weihe des 2. Tempels in Jerusalem
500		nach 500 Maleachi. Hiob(?)
		458 Esra führt Tora in Judäa in pers. Auftrag ein
	445 Nehemia Statthalter über Juda. Mauerbau	Pentateuch zusammengestellt und kanonisiert
		Chronistisches Werk
		Jona
300		Trennung der Samaritaner von Jerusalem
	Palästina ptolem. Provinz	
		Septuaginta-Übersetzung in Alexandria

I–3 Der Davidstern

Der Davidstern („Magen David“, eigentlich „Davidschild“) erinnert an König David: als Mensch, König und messianische Symbolgestalt eine zentrale, aber auch umstrittene Person des Alten Testaments, des Judentums und der christlichen Tradition.

Der Davidstern, ein Hexagramm, war in der Antike ein weit verbreitetes dekoratives Zeichen, das im jüdischen Raum mit Sicherheit zum ersten Mal im 7. Jahrhundert v. Chr. auf einem Siegel aus Sidon auftaucht. Einem Lexikonartikel zufolge soll der Davidstern auf einem Fries der Synagoge von Kapernaum neben dem Pentagramm (ein solches ist auch der Sowjetstern) und dem Hakenkreuz gefunden worden sein.

Der offizielle Gebrauch des Davidsterns ist erstmals im 14. Jahrhundert in Prag nachzuweisen, als Karl IV. der Prager jüdischen Gemeinde das Privileg einer eigenen Fahne einräumte, auf der der Davidstern angebracht war.

Der Zionismus übernahm ihn als Zeichen seiner Bewegung, und von dort gelangte er auf die Nationalflagge des Staates Israel.

Er ist auch Zeichen des „Roten Davidsterns“, der dem „Roten Kreuz“ entsprechenden israelischen Organisation.

Unter dem Naziregime wurde der gelbe Davidstern den Juden als diskriminierendes Kennzeichen aufgezwungen, in Anlehnung an schon aus früheren Jahrhunderten bekannte Praktiken.

Das Hakenkreuz hat seinen Ursprung in der Religion des Irans. Es ist gunst- oder unheilbringend, je nachdem ob die gebogenen Enden nach rechts oder nach links gerichtet sind. Man findet es auch in den Katakomben, zusammen mit dem Christusmonogramm: dort bedeuten die vier Arme die vier Evangelien, die von demjenigen Zeugnis ablegen, der in sich das Göttliche und das Menschliche vereinigte. Es war so ein Zeichen Christi.

Das Hakenkreuz nahm seinen früheren Sinn als Heilszeichen wieder auf, erhielt aber zusätzlich eine rassisch-poltische Bedeutung, als es im „Dritten Reich“ zum Symbol wurde.

Die wechselvolle Geschichte der Verwendung dieser Symbole – Heil und Unheil anzeigend – wird einem Besucher des Ausgrabungsgeländes von Kapernaum im Jahre 1984 drastisch vor Augen gestellt: Er sucht vergeblich nach dem erregenden, in Stein gehauenen, antiken Dokument: Davidstern neben Hakenkreuz. Auf einem zum Verkauf angebotenen Dia wird der Davidstern gezeigt.

Auf einem anderen Steinstück entdeckt der Betrachter ganz rechts den Davidstern, in der Mitte das Pentagramm und ganz links ein Ornament-Element, dessen Inhalt nicht mehr sichtbar ist. Es sieht so aus, als ob etwas weggemeißelt worden wäre.

Dem Israel-Reisenden stellt sich dabei eine Reihe von Fragen. Und er kommt zu der Vermutung, daß das Hakenkreuz aus verständlichen Gründen entfernt worden ist.
(Wolfgang Bukowski)

Könige und Propheten: David und Nathan – Ahab und Elia

I-4 Davids Ehebruch

2. Sam 11,1–12,1; 12, 13–25

11 1 Im folgenden Jahre aber, um die Zeit, da
die Könige ins Feld ziehen, sandte David
den Joab mit seinen Leuten und ganz Israel aus;
die verheerten das Land der Ammoniter und
belagerten Rabba, während David in Jerusalem
blieb. 2 Da begab es sich eines Abends, als David
von seinem Lager aufstand und auf dem Dache
des königlichen Palastes sich erging, daß er vom
Dache aus ein Weib sich baden sah. Das Weib
aber war von sehr schöner Gestalt. 3 Und David
sandte hin und ließ nach dem Weibe fragen, und
man sagte: Das ist ja Bathseba, die Tochter
Eliams, das Weib des Hethiters Uria. 4 Da
schickte David Boten hin und ließ sie holen; und
als sie zu ihm hineinkam, schlief er bei ihr. Sie war
aber gerade daran, sich von ihrer Unreinheit zu
reinigen. Dann kehrte sie nach Hause zurück.
5 Und das Weib ward schwanger. Da schickte sie
hin und ließ David melden: Ich bin schwanger.
6 Darauf sandte David zu Joab: Schicke mir
den Hethiter Uria; und Joab schickte den Uria zu
David. 7 Als Uria zu ihm kam, fragte David, wie
es mit Joab und dem Volke und mit dem Kriege
stehe. 8 Dann sprach David zu Uria: Geh in dein
Haus hinab und wasche deine Füße. Und als Uria
den Palast des Königs verließ, trug man ihm ein
Geschenk des Königs nach. 9 Uria aber legte sich
am Eingang des königlichen Palastes bei allen
Knechten seines Herrn nieder und ging nicht in
sein Haus hinab. 10 Als man nun David meldete:
Uria ist nicht in sein Haus hinabgegangen, sprach
David zu ihm: Du kommst doch von der Reise
heim! Warum bist du nicht in dein Haus hinabgegangen? 11 Uria aber sprach zu David: Die Lade
und Israel und Juda wohnen in Zelten, und mein
Gebieter Joab und die Knechte meines Herrn
lagern im freien Felde, und ich sollte in mein
Haus gehen, um zu essen und zu trinken und bei
meinem Weibe zu schlafen? So wahr der Herr
lebt und so wahr du lebst, ich kann das nicht tun!
12 Da sprach David zu Uria: Bleibe auch heute
noch hier; morgen will dich dann entlassen. So
blieb Uria an jenem Tage in Jerusalem. Am folgenden Tage aber 13 lud ihn David ein, bei ihm zu
essen und zu trinken, und er machte ihn trunken;

am Abend jedoch ging er hinaus, um sich auf sei-
nem Lager bei den Knechten seines Herrn schla-
fen zu legen, in sein Haus aber ging er nicht hinab.
14 Am Morgen schrieb David einen Brief an Joab
und sandte ihn durch Uria. 15 Er schrieb aber in
dem Briefe: Stelle Uria voran, wo der Kampf am
heftigsten ist; dann laßt ihn im Stiche, daß er in
der Schlacht umkomme. 16 So stellte denn Joab,
als er die Stadt belagerte, Uria an den Ort, wo er
wußte, daß streitbare Gegner standen. 17 Als nun
die Männer der Stadt ausfielen und mit Joab
kämpften, fielen etliche von dem Volke, von den
Leuten Davids; auch der Hethiter Uria kam um.

18 Da sandte Joab hin und ließ David den gan-
zen Verlauf des Kampfes melden, 19 und er befahl
dem Boten: Wenn du dem König den ganzen
Verlauf des Kampfes berichtet hast, 20 und wenn
dann der König zornig wird und zu dir spricht:
«Warum seid ihr zum Kampfe so nahe an die
Stadt herangerückt? Wußtet ihr nicht, daß sie
von der Mauer herabschießen? 21 Wer hat Abime-
lech, den Sohn Jerubbaals, erschlagen? Hat nicht
ein Weib einen Mühlstein von der Mauer auf ihn
herabgeworfen, daß er bei Thebez umkam?
Warum seid ihr so nahe an die Mauer herange-
rückt?» – dann sage: «Auch dein Knecht Uria,
der Hethiter, ist tot.» 22 Der Bote ging hin, und
als er ankam und David alles meldete, was Joab
ihm aufgetragen hatte, da wurde David zornig.
23 Der Bote aber sprach zu David: Die Männer
hatten die Oberhand über uns und rückten gegen
uns aus ins freie Feld; wir aber drängten sie bis an
den Eingang des Tores. 24 Da schossen die Schüt-
zen von der Mauer herab auf deine Knechte, so
daß etliche von den Knechten des Königs um-
kamen; auch dein Knecht Uria, der Hethiter, ist
tot. 25 Da sprach David zu dem Boten: So sollst
du zu Joab sprechen: «Laß dich das nicht anfech-
ten; denn das Schwert frißt bald so, bald so.
Kämpfe nur unentwegt wider die Stadt und zer-
störe sie.» So sollst du ihn ermutigen.

26 Als das Weib Urias hörte, daß ihr Mann Uria
tot sei, hielt sie die Totenklage um ihren Gatten.
27 Sobald aber die Trauerzeit vorüber war, sandte
David hin und ließ sie in sein Haus holen, und sie
ward sein Weib und gebar ihm einen Sohn. Dem
Herrn aber mißfiel, was David getan hatte.

12 1 Und der Herr sandte den Propheten
Nathan zu David (...)

13 Da sprach David zu Nathan: Ich habe gegen
den Herrn gesündigt. Nathan erwiderte David:
So hat auch der Herr deine Sünde vergeben; du
wirst nicht sterben! 14 Doch, weil du den Herrn
durch dies dein Tun verhöhnt hast, so muß der
Sohn, der dir geboren ist, sterben! 15 Und Nathan
ging nach Hause.

Aber der Herr schlug das Kind, welches das
Weib Urias dem David geboren hatte, so daß es
krank wurde. 16 Und David suchte den Herrn auf
um des Kindes willen und fastete; und wenn er
heimkam, blieb er über Nacht im Trauergewand
und schlief auf der Erde. 17 Da traten die Ältesten
seines Hause zu ihm hin und baten ihn, von der
Erde aufzustehen; aber er wollte nicht und aß
nicht mit ihnen. 18 Am siebenten Tage starb das
Kind. Die Diener Davids aber fürchteten sich,
ihm zu sagen, daß das Kind tot sei; denn sie dach-
ten: Als das Kind noch am Leben war, redeten
wir ihm zu, und er hörte nicht auf uns. Wie sollen
wir da zu ihm sagen: «Das Kind ist tot!» – daß er
sich noch ein Leid antut? 19 Als David sah, daß
seine Diener miteinander flüsterten, merkte er,
daß das Kind tot war, und David fragte seine Die-
ner: Ist das Kind tot? Sie antworteten: Es ist tot.
20 Da stand David von der Erde auf, wusch und
salbte sich, zog andre Kleider an und ging in das
Haus des Herrn, um anzubeten. Und als er wie-
der heimkam, hieß er Speise auftragen und aß.
21 Da sprachen seine Diener zu ihm: Was hat das
zu bedeuten, was du da tust? Als das Kind noch
lebte, hast du gefastet und geweint; nun, da es
gestorben ist, stehst du auf und ißt! 22 Er antwor-
tete: Als das Kind noch lebte, da habe ich gefastet
und geweint, weil ich dachte: Wer weiß, vielleicht
ist der Herr mir gnädig, und das Kind bleibt am
Leben! 23 Nun es aber tot ist, was soll ich da
fasten? Kann ich es etwa noch zurückholen? Ich
werde wohl zu ihm gehen, es aber kommt nie
wieder zu mir. 24 Und als David sein Weib Bath-
seba getröstet hatte, ging er zu ihr hinein und
schlief bei ihr. Und sie gebar einen Sohn, den hieß
er Salomo; und der Herr liebte ihn. 25 Und er
übergab ihn dem Propheten Nathan; der nannte
ihn Jedidja [d. h. Liebling des Herrn] um des
Herrn willen.

(Zürcher Bibel)

I-5 Ahabs Gewalttat an Naboth

1. Kön 21,1–29

1 Nach diesen Ereignissen begab sich folgen-
des: Naboth von Jesreel hatte einen Weinberg in

Jesreel neben dem Palaste Ahabs, des Königs von
Samaria. 2 Und Ahab redete mit Naboth und
sprach: Gib mir deinen Weinberg, ich will mir
einen Gemüsegarten daraus machen, weil er so
nah bei meinem Palaste liegt. Ich gebe dir einen
bessern Weinberg dafür, oder wenn es dir gefällt,
will ich dir den Kaufpreis in Geld bezahlen.
3 Naboth aber sprach zu Ahab: Davor bewahre
mich der Herr, daß ich dir das Erbe meiner Väter
geben sollte! 4 Da ging Ahab heim, mißmutig und
voll Zorn über die Antwort, die Naboth von Jes-
reel ihm gegeben hatte, als er sprach: «Ich gebe
dir das Erbe meiner Väter nicht.» Und er legte
sich auf sein Bette, wandte sein Angesicht gegen
die Wand und aß nichts. 5 Da kam sein Weib Ise-
bel zu ihm herein und fragte ihn: Warum bist du
denn so mißmutig und ißt nichts? 6 Er antwor-
tete ihr: Ich habe mit Naboth von Jesreel geredet
und zu ihm gesagt: «Gib mir deinen Weinberg
um bares Geld, oder wenn es dir lieber ist, will ich
dir einen andern dafür geben.» Er aber sagte: «Ich
gebe dir meinen Weinberg nicht.» 7 Da sprach
sein Weib Isebel zu ihm: Führst eigentlich du
noch das Regiment in Israel? Steh auf und iß und
sei guten Mutes! Ich verschaffe dir den Weinberg
Naboths von Jesreel. 8 Und sie schrieb Briefe im
Namen Ahabs, versiegelte sie mit seinem Siegel
und sandte sie an die Ältesten und an die Vorneh-
men, die mit Naboth zusammen in der Stadt
wohnten. 9 In den Briefen schrieb sie: Ruft ein
Fasten aus und laßt Naboth unter den Leuten
obenan sitzen! 10 Und setzt zwei nichtswürdige
Menschen ihm gegenüber; die sollen wider ihn
zeugen und sagen: «Du hast Gott und dem
König geflucht.» Dann führt ihn hinaus und stei-
nigt ihn zu Tode. 11 Und die Ältesten und die Vor-
nehmen, seine Mitbürger, die in seiner Stadt
wohnten, taten, wie ihnen Isebel entboten hatte,
wie in den Briefen geschrieben war, die sie ihnen
gesandt: 12 sie riefen ein Fasten aus und ließen
Naboth unter den Leuten obenan sitzen. 13 Da
kamen die zwei nichtswürdigen Menschen, setz-
ten sich ihm gegenüber und legten vor den Leu-
ten wider Naboth Zeugnis ab, indem sie spra-
chen: Naboth hat Gott und dem König geflucht.
Da führten sie ihn vor die Stadt hinaus und stei-
nigten ihn zu Tode. 14 Dann sandten sie an Isebel
und ließen ihr sagen: Naboth ist gesteinigt wor-
den und ist tot. 15 Als Isebel hörte, daß Naboth zu
Tode gesteinigt worden sei, sprach sie zu Ahab:
Steh auf und nimm den Weinberg, den Naboth
von Jesreel dir um Geld nicht geben wollte, in
Besitz. Naboth lebt nicht mehr, er ist tot. 16 Als
Ahab hörte, daß Naboth tot sei, stand er auf, um
nach dem Weinberg Naboths von Jesreel hin-
abzugehen und ihn in Besitz zu nehmen.

17 An Elia von Thisbe aber erging das Wort des
Herrn: 18 Mache dich auf, geh hinab und tritt vor
Ahab, den König von Israel, der in Samaria
wohnt – er ist eben in den Weinberg Naboths hin-
abgegangen, ihn in Besitz zu nehmen –, 19 und
sage zu ihm: So spricht der Herr: Hast du nach
deiner Mordtat auch schon das Erbe angetreten?
Und dann sage zu ihm: So spricht der Herr: An
der Stätte, wo die Hunde das Blut Naboths
geleckt haben, sollen die Hunde auch dein Blut
lecken! 20 Ahab sprach zu Elia: Hast du mich
gefunden, mein Feind? Er antwortet: Ja, ich habe
dich gefunden, weil du dich dazu hergegeben
hast, zu tun, was dem Herrn mißfällt. 21 Siehe, ich
will Unglück über dich bringen und dich wegfe-
gen und will ausrotten von Ahabs Geschlecht
alles, was männlich ist, Unmündige wie Mündige
in Israel; 22 ich will's mit deinem Hause machen
wie mit dem Haus Jerobeams, des Sohnes
Nebats, und wie mit dem Haus Baesas, des Soh-
nes Ahias, darum daß du [mich] zum Zorn
gereizt und Israel zur Sünde verführt hast.
23 Auch über Isebel redete der Herr und sprach:
Die Hunde sollen Isebel fressen auf dem Felde
von Jesreel. 24 Wer von Ahab in der Stadt stirbt,
den sollen die Hunde fressen, und wer auf dem
Felde stirbt, den sollen die Vögel des Himmels
fressen. 25 Gar niemand hat so wie Ahab sich dazu
hergegeben, zu tun, was dem Herrn mißfällt, da
sein Weib Isebel ihn verleitete. 26 Er handelte ganz
abscheulich, indem er den Götzen nachlief,
gerade wie die Amoriter getan, die der Herr vor
Israel vertrieben hat. 27 Als Ahab jene Worte
hörte, zerriß er seine Kleider, legte ein Trauerge-
wand um den bloßen Leib und fastete; auch
schlief er im Trauergewand und ging gedrückt
einher. 28 Da erging an Elia von Thisbe das Wort
des Herrn: 29 Hast du gesehen, wie sich Ahab vor
mir gedemütigt hat? Weil er sich nun vor mir
gedemütigt, will ich das Unglück nicht schon zu
seinen Lebzeiten herbeiführen; erst in den Tagen
seines Sohnes will ich das Unglück über sein
Haus bringen.

(Zürcher Bibel)

I-6 Das ägyptische Königsrecht

Die Prophetie Israels beginnt mit dem Königtum. König und Prophet treten sich dort entgegen, wo das Königtum der Menschen dem Königtum Gottes entgegensteht. Die Kritik der Propheten an den Mächtigen wird dort laut, wo das Gesetz Gottes mißachtet wird, wo die Herrschenden ihre Macht mißbrauchen oder sich ihrer Verantwortung gegenüber den Untertanen entziehen. Derartige Entwicklungen sind erst vor dem Hintergrund des ägyptischen Königtums angemessen zu verstehen.

Die Könige des sog. Alten Reiches (3. Jht. v. Chr.) wurden als Inkarnation des All- und Himmelsgottes Horus gesehen, d. h. der Pharao war der Schöpfergott in seiner menschlichen Gestalt. Später wurde das Gotteskönigtum aus der Gottessohnschaft des Pharao abgeleitet. Der Pharao als „Sohn Gottes“ war zwar eines Wesens mit dem Vater, aber er war nun zur selbständigen göttlichen Person geworden, die jedoch dem Vater verantwortlich war.

Der Pharao war absoluter Herrscher. Er war allmächtiger Gebieter, dem alles gehörte, dem jedermann zu absolutem Gehorsam verpflichtet war. Er besaß die oberste Richtergewalt und konnte, wenn er wollte, völlig willkürlich entscheiden und regieren. Er bestimmte, was Recht und Gesetz war, und legte die Regeln des gesellschaftlichen Zusammenlebens fest. Er übte seine absolute Herrschaft mittels Priestern und Beamten aus, die dafür sorgten, daß Befehle und Anordnungen des Königs unverzüglich ausgeführt wurden.

Das Volk brachte dem Herrscher tiefste Verehrung entgegen, wie sie einem Gott gebührte. Dies drückte sich z. B. darin aus, daß es nicht wagte, den Namen des Königs auszusprechen, und ihn deshalb mit Pharao, d. h. „Großes Haus“ (Palast) anredetete. Ferner sammelte man Schätze und Reichtümer für den göttlichen Herrscher und errichtete prunkvolle Bauten. Die Gefühle schwankten zwischen Angst, Bewunderung, Verehrung.

(Ruth Elberg)

Das Schicksal des Erzbischofs Romero

I-7

„Anwalt der Armen“ niedergeschossen

Erzbischof von El Salvador während der Totenmesse für seine Mutter ermordet

SAN SALVADOR (dpp/ap) Eine Welle der Empörung hat die Ermordung des 63 Jahre alten Erzbischofs von El Salvador, Oscar Arnulfo Romero, ausgelöst und zugleich die Gefahr neuer Auseinandersetzungen in dem von Unruhen erschütterten mittelamerikanischen Land heraufbeschworen. Der als einer der entschiedensten Kritiker der regierenden Junta El Salvadors und entschlossener Verfechter der Menschenrechte sowie „Anwalt der Armen“ in diesem lateinamerikanischen Land geltende Romero war in der Nacht zum Dienstag (MEZ), während er die Totenmesse für seine am Freitag gestorbene Mutter las, in der Kapelle des „Hospitals zur göttlichen Vorsehung“ erschossen worden.

Augenzeugen berichteten, der Mörder habe durch die offene Kirchentür auf den Bischof geschossen, als dieser sich gerade den Gläubigen zugewandt und die Arme wie zum Segen erhoben habe. Eine einzige Kugel habe ihn direkt ins Herz getroffen. Über den Täterkreis ist noch nichts bekannt. In anderen Berichten war von vier Männern die Rede.

Romero hat sich stets gegen jede Form von Gewalt, sowohl von der Linken als auch von der Rechten, ausgesprochen. Er war von rechtsextremistischen, aber auch von einigen linksextremistischen Kreisen, die ihn des Verrats an die jeweils andere Seite verdächtigten, wiederholt mit dem Tode bedroht worden.

In seiner letzten Predigt am Sonntag noch hatte Romero die Soldaten des Landes aufgefordert, sich Befehlen zu widersetzen, „die gegen das Gesetz Gottes sind“. Er rief zum Verzicht auf Gewalt auf. „Ich bitte Euch im Namen Gottes, mit der Unterdrückung aufzuhören“, sagte er. Die Predigt wurde von den Streitkräften scharf kritisiert. Ihr Sprecher Oberst Marco Aurelio Gonzalez warf dem Erzbischof vor, er mache sich eines Verbrechens schuldig, „indem er die Soldaten zur Rebellion anstiftet“.

Für seine Verdienste um die Menschenrechte war Oscar Arnulfo Romero von 118 britischen Unterhausabgeordneten für den Friedensnobelpreis 1979 nominiert worden.

In Rom erklärte Papst Johannes Paul II., „die

Nachricht vom Tode Romeros habe ihn äußerst schmerzlich berührt“. Vom Vatikan war Romero mehrfach gerügt worden, er solle sich mehr um die kirchlichen Belange als um die politischen Belange in seinem Land kümmern.

Als „ruchlose Gewalttat“ hat der Vorsitzende der Deutschen Bischofskonferenz, Joseph Kardinal Höffner, den Anschlag auf Romero verurteilt. In einem Telegramm an das Domkapitel von San Salvador unterstrich er zugleich die Hoffnung, daß der Mord an Romero nicht der Anlaß zu weiterer Gewalt werde, sondern alle zur Besinnung bringe. (...)

(Braunschweiger Zeitung)

I–8

Details der Tötung des Erzbischofs bekannt

WASHINGTON, 3. Februar (AP). Der frühere US-Botschafter in El Salvador, Robert White (...), der von Präsident Reagan im Januar 1981 als Botschafter in San Salvador abberufen worden war, sollte am Donnerstag vor einem Unterausschuß des Repräsentantenhauses aussagen, doch verzögerte sich das Hearing. Er äußerte sich statt dessen vor Journalisten. D'Aubuisson, der sich bei der am 25. März anstehenden Wahl um die Präsidentschaft El Salvadors bewirbt, hatte wiederholt jegliche Verstrickung in den Mord an Romero bestritten. Der Erzbischof war am 24. März 1980 während eines Gottesdienstes in San Salvador erschossen worden.

White sagte, ein zuverlässiger Informant habe der US-Botschaft in San Salvador berichtet, d'Aubuisson habe damals etwa zwölf Mann versammelt und ihnen eröffnet, daß der Erzbischof, der wegen seines sozialpolitischen, regierungskritischen Kurses sehr populär war, beseitigt werden müsse. Er habe sodann die Ziehung von Losen beaufsichtigt, bei der entschieden wurde, wem die „Ehre“ zuteil werde, den Kirchenfürsten zu erschießen. Der Mann, auf den das Los fiel, habe einen Scharfschützen mit der Mordtat beauftragt. D'Aubuisson habe diesen jedoch als nicht vertrauenswürdig bezeichnet und angeordnet, daß Romero von einer „Todesschwadron“ umzubringen sei. (...)

White sagte weiter, seit drei Jahren (...) kenne die Regierung die Namen und die Tätigkeit einiger in Miami in Florida lebender reicher Emigranten aus El Salvador, welche die „Todesschwadronen“ organisierten, finanzierten und ihnen Weisung gäben. White nannte sie namentlich. Seit drei Jahren sei auch bekannt, daß d'Aubuisson die Ermordung Erzbischof Romeros geplant und angeordnet habe. Das Beweismaterial sei in Fernschreiben der US-Botschaft in San Salvador an Washington enthalten.

(Frankfurter Rundschau)

Baal und Aschera

I–9 Ahab und die Götter

1. Kön 16, 29–33

29 Im 38. Jahre Asas, des Königs von Juda,
wurde Ahab, der Sohn Omris, König über Israel
und regierte 22 Jahre zu Samaria über Israel.
30 Und Ahab, der Sohn Omris, tat, was dem
Herrn mißfiel, und trieb es ärger als alle, die vor
ihm gewesen waren. 31 Es war noch das
Geringste, daß er in den Sünden Jerobeams, des
Sohnes Nebats, wandelte: er nahm sogar Isebel,
die Tochter Ethbaals, des Königs der Sidonier,
zum Weibe und ging hin und diente dem Baal und
betete ihn an. 32 Er errichtete dem Baal einen
Altar in dem Baalstempel, den er in Samaria
gebaut hatte. 33 Auch machte Ahab eine Aschera
und verübte noch andres, was den Herrn, den
Gott Israels, erzürnte, mehr als alle Könige
Israels, die vor ihm gewesen waren.

(Zürcher Bibel)

I–10 Lexikonartikel: Baal, Aschera

Baal (»Herr, Besitzer«), kommt als Bezeichnung für kanaan. Gottheiten in drei Bereichen vor: 1. Am häufigsten bezeichnet »B.« eine Gottheit, die jeweils an einen ganz bestimmten Ort gebunden ist. Erwähnt wird z. B. der B. von Ofra (Richt 6,25–32); der B. des Karmel (1 Kön 18,19–40), von Elia bekämpft; der B. von Tyrus, dessen Kult Ahab in Samaria eingeführt hatte (1 Kön 16,31 f.) und dessen Tempel Jehu zerstörte (2 Kön 10,18–28). 2. Bei Hosea und in seinem Gefolge bei Jeremia findet sich die Anklage gegen den mit Fruchtbarkeitsriten verbundenen B.s-Kult der Israeliten (z. B. Hos 2,5; Jer 2,23), der hier die Bedeutung »Götzendienst« annimmt. 3. Im Anschluß an Hosea und Jeremia sprechen das Deuteronomistische und dann das Chronistische Geschichtswerk vom B.s-Kult – wobei meistens die Pluralform

»Baale« gebraucht wird –, um den Abfall der Israeliten von Jahwe zu bezeichnen (z. B. Richt 2,11.13; 1 Sam 12,10; 2 Chr 33,3). Dabei wird neben B. mehrfach eine weibliche Gottheit genannt: Aschera (z. B. 1 Kön 18, 19; 2 Kön 23, 4) und – stets im Plural – Astarte (z. B. Richt 2,13; 10,6).

Die im AT erwähnten einzelnen ortsgebundenen B.e sind vermutlich als Erscheinungsformen *eines* Gottes mit Namen »B.« zu verstehen, der im kanaan. Bereich (Ugarit) eine große Rolle spielte. Er wurde vor allem als Gott des Wetters und der Fruchtbarkeit verehrt, der stirbt und aufersteht: Mit seinem Tode welkt die Natur dahin; wenn er ins Leben zurückkehrt, blüht sie wieder auf.

Aschera, westsemit. Göttin, in Ugarit Partnerin Els und Göttermutter. Sie ist Fruchtbarkeitsgöttin, steht aber auch in Beziehung zum Meer. Ihr Kult, im AT verboten, wurde auch in Israel geübt. Nach ihrer Stellung zum Kult der A. und anderen kanaan. Kulten werden Könige von Israel und Juda in den Königsbüchern beurteilt (z. B. 1 Kön 15, 13; 2 Kön 23, 4). Neben der Göttin ist im AT als A. ein mit ihrem Kult verbundener Holzpfahl bezeichnet. Solche Ascheren sollen in Israel zerstört werden (2 Mose 34, 13; 5 Mose 7, 5 u. ö.), werden aber immer wieder als Objekte des Götzendienstes genannt (z. B. Richt 6,25; 1 Kön 14, 15; Jer 17, 2).
(Reclams Bibellexikon)

I–11 Stele des Gottes Baal

Stele des Gottes Baal aus Ras Schamra, geweiht von dem kleiner dargestellten König (14. Jh. v. Chr.).

Ver-„dichtungen“

I–12 Elia am Bach Krith und bei der Witwe in Sarepta

1. Kön 17, 1–24
1 Da sprach Elia, der Thisbiter, aus Thisbe in
Gilead, zu Ahab: So wahr der Herr, der Gott
Israels, lebt, in dessen Dienst ich stehe, es wird in
diesen Jahren weder Tau noch Regen fallen, ich
sage es denn! 2 Und es erging an ihn das Wort des
Herrn: 3 Gehe von hinnen und wende dich gen
Osten! Verbirg dich am Bache Krith, der östlich
vom Jordan fließt. 4 Aus dem Bache kannst du
trinken, und den Raben habe ich geboten, dich
daselbst zu speisen. 5 Und er tat nach dem Worte
des Herrn; er ging hin und blieb am Bache Krith,
der östlich vom Jordan fließt. 6 Und die Raben
brachten ihm Brot am Morgen und Fleisch am
Abend, und aus dem Bache trank er.

7 Es begab sich aber nach einiger Zeit, daß der
Bach austrocknete; denn es fiel kein Regen im
Lande. 8 Da erging an ihn das Wort des Herrn:
9 Mache dich auf und gehe nach Sarepta, das zu
Sidon gehört, und bleibe daselbst; siehe, ich habe
dort einer Witwe geboten, daß sie dich speise.
10 Und er machte sich auf und ging nach Sarepata.
Als er an das Stadttor kam, siehe, da war dort
gerade eine Witwe am Holzlesen. Er rief sie an
und sprach: Hole mir ein wenig Wasser im
Kruge, daß ich trinke! 11 Wie sie nun hinging, es
zu holen, rief er ihr nach: Bringe mir doch auch
einen Bissen Brot mit! 12 Aber sie sprach: So wahr
der Herr, dein Gott, lebt, ich habe nichts Gebackenes,
sondern nur noch eine Handvoll Mehl
im Topfe und ein wenig Öl im Kruge. Nun lese
ich da ein paar Stücke Holz zusammen; dann
gehe ich heim und bereite es für mich und meinen
Sohn zu, und wenn wir es aufgegessen haben,
müssen wir halt sterben. 13 Elia sprach zu ihr: Sei
ohne Sorge! Geh heim und tue, wie du gesagt
hast; doch mache mir davon zuerst ein Brötchen
und bring es mir heraus; für dich und deinen
Sohn magst du hernach etwas machen. 14 Denn
so spricht der Herr, der Gott Israels:

Das Mehl im Topfe
soll nicht ausgehn,
und das Öl im Kruge
soll nicht versiegen,
bis zu dem Tage, da der Herr
dem Lande Regen spendet.

15 Da ging sie hin und tat, wie Elia gesagt hatte;
und sie hatten zu essen, sie und er und der Knabe,
Tag für Tag. 16 Das Mehl im Topfe ging nicht aus,
und das Öl im Krug versiegte nicht, nach dem
Worte, das der Herr durch Elia geredet hatte.

17 Darnach begab es sich, daß der Sohn der
Frau, der das Haus gehörte, krank ward, und
seine Krankheit wurde so heftig, daß kein
Lebensodem mehr in ihm blieb. 18 Da sprach sie
zu Elia: Was habe ich mit dir zu schaffen, du
Mann Gottes? Du bist ja nur zu mir gekommen,
daß meiner Schuld gedacht werde und mein
Sohn sterbe. 19 Er antwortete ihr: Gib mir deinen
Sohn. Und er nahm ihn aus ihren Armen, trug
ihn hinauf in das Obergemach, wo er wohnte,
und legte ihn auf sein Bett. 20 Dann rief er den
Herrn an und sprach: O Herr, mein Gott, solltest
du wirklich auch über die Witwe, bei der ich zu
Gaste bin, Unheil beschlossen haben, daß du
ihren Sohn sterben läßt? 21 Und er streckte sich
dreimal über den Knaben hin, rief den Herrn an
und sprach: O Herr, mein Gott, laß doch die
Seele dieses Knaben wieder in ihn zurückkehren!
22 Und der Herr erhörte das Gebet Elias: die Seele
des Knaben kehrte in ihn zurück, und er wurde
wieder lebendig. 23 Nun nahm Elia das Kind, trug
es vom Obergemach in das Haus hinab und gab
es seiner Mutter. Und Elia sprach: Sieh da, dein
Sohn lebt. 24 Da sprach die Frau zu Elia: Jetzt
weiß ich, daß du ein Gottesmann bist und daß
das Wort des Herrn in deinem Munde Wahrheit
ist.

(Zürcher Bibel)

I–13 Brüder Grimm: Der süße Brei

Es war einmal ein armes frommes Mädchen, das lebte mit seiner Mutter allein, und sie hatten nichts mehr zu essen. Da ging das Kind hinaus in den Wald, und begegnete ihm da eine alte Frau, die wußte seinen Jammer schon und schenkte ihm ein Töpfchen, zu dem sollt es sagen: «Töpfchen koche», so kochte es guten süßen Hirsebrei, und wenn es sagte: «Töpfchen steh», so hörte es wieder auf zu kochen. Das Mädchen brachte den Topf seiner Mutter heim, und nun waren sie ihrer Armut und ihres Hungers ledig und aßen süßen Brei, so oft sie wollten. Auf eine Zeit war das Mädchen ausgegangen; da sprach die Mutter: «Töpfchen koche», da kocht es, und sie ißt sich satt; nun will sie, daß das Töpfchen wieder aufhören soll, aber sie weiß das Wort nicht. Also kocht es fort, und der Brei steigt über den Rand hinaus und kocht immerzu, die Küche und das ganze Haus voll, und das zweite Haus und dann die Straße, als wollt's die ganze Welt satt machen, und ist die größte Not, und kein Mensch weiß sich da zu helfen. Endlich, wie nur noch ein einziges Haus übrig ist, da kommt das Kind heim und spricht nur: «Töpfchen steh», da steht es und hört auf zu kochen; und wer wieder in die Stadt wollte, der mußte sich durchessen.

Elia auf dem Berg Karmel

I–14 Otto Münch: Elias Opfer auf dem Berg Karmel (Relief)

I–15 Das Gottesurteil auf dem Karmel

1. Kön 18, 21–46

21 Nun trat Elia vor alles Volk hin und sprach:
Wie lange wollt ihr auf beiden Seiten hinken? Ist
der Herr [der wahre] Gott, so haltet euch zu ihm;
ist's aber Baal, so haltet euch zu ihm. Aber das
Volk gab keine Antwort. 22 Da sprach Elia zum
Volke: Ich bin allein noch übrig als Prophet des
Herrn, der Propheten Baals aber sind 450. 23 Man
gebe uns nun zwei Stiere; davon mögen sie sich
den einen auswählen, ihn zerstücken und auf den
Holzstoß tun, aber kein Feuer daranlegen; ich

will den andern Stier zurichten und auf den
Holzstoß tun und auch kein Feuer daranlegen.
24 Dann rufet ihr den Namen eures Gottes an,
und ich will den Namen des Herrn anrufen. Und
der Gott, der mit Feuer antwortet, ist [der wahre]
Gott. Da antwortete das ganze Volk: So sei es!
25 Nun sprach Elia zu den Baalspropheten: Wählt
euch den einen Stier aus und richtet ihn zuerst zu
– denn ihr seid in der Mehrzahl – und ruft den
Namen eures Gottes an; doch Feuer dürft ihr
nicht anlegen. 26 Da nahmen sie den Stier, richte-
ten ihn zu und riefen den Namen Baals an vom
Morgen bis zum Mittag, indem sie flehten: «Baal,
erhöre uns!» Aber – kein Laut, keine Antwort.
Und sie hinkten um den Altar, den sie gemacht
hatten. 27 Als es Mittag war, spottete Elia ihrer
und sprach: Ruft doch lauter! Er ist ja ein Gott; er
ist wohl in Gedanken oder abseits gegangen oder
auf Reisen; vielleicht schläft er auch und wird
dann erwachen. 28 Und sie riefen laut und mach-
ten sich nach ihrem Brauch Einschnitte mit
Schwertern und Spießen, bis das Blut an ihnen
herabrann. 29 Als der Mittag vorbei war, gerieten
sie ins Rasen, bis um die Zeit, wo man das Speis-
opfer darzubringen pflegt. Aber kein Laut, keine
Antwort, keine Erhörung. 30 Da sprach Elia zu
allem Volke: Kommet her zu mir! Und alles Volk
trat zu ihm heran, und er stellte den Altar des
Herrn, der niedergerissen war, wieder her.
31 Und Elia nahm zwölf Steine, nach der Zahl der
Stämme der Söhne Jakobs, an den das Wort des
Herrn ergangen war: Du sollst Israel heißen.
32 Und er baute von den Steinen einen Altar im
Namen des Herrn und zog rings um den Altar
einen Graben im Umfang von zwei Scheffel Aus-
saat, 33 schichtete das Holz auf, zerstückte den
Stier und legte ihn auf den Holzstoß. 34 Dann
sprach er: Füllet vier Krüge mit Wasser und gießt
es auf das Brandopfer und auf das Holz. Und sie
taten es. Er sprach: Tut es noch einmal, und sie
taten es noch einmal. Er sprach: Tut es zum drit-
tenmal, und sie taten es zum drittenmal. 35 Und
das Wasser lief rings um den Altar, und auch den
Graben füllte er mit Wasser. 36 Um die Zeit aber,
wo man das Speisopfer darzubringen pflegt, trat
der Prophet Elia herzu und sprach: O Herr, Gott
Abrahams, Isaaks und Israels, laß heute kund-
werden, daß du Gott bist in Israel und ich dein
Knecht und daß ich auf dein Geheiß dies alles
getan habe. 37 Erhöre mich, o Herr, erhöre mich!
damit dieses Volk erkenne, daß du, o Herr, [der
wahre] Gott bist und daß du ihr Herz herumge-
wendet hast. 38 Da fiel das Feuer des Herrn herab
und verzehrte das Brandopfer und den Holz-
stoß, die Steine und den Erdboden, auch das
Wasser im Graben leckte es auf. 39 Als das Volk
dies sah, fielen sie alle auf ihr Angesicht und rie-
fen: Der Herr ist Gott! Der Herr ist Gott! (...)
41 Dann sprach Elia zu Ahab: Geh hinauf, iß
und trink; schon höre ich das Rauschen des
Regens. 42 Während nun Ahab hinaufging, um zu
essen und zu trinken, stieg Elia auf die Höhe des
Karmel, beugte sich zur Erde nieder und barg das
Angesicht zwischen den Knien. 43 Dann rief er
seinem Diener zu: Geh doch hinauf und schaue
aus nach dem Meere hin. Der ging hinauf,
schaute aus und berichtete: Es ist nichts da. Er
aber sprach: Geh wieder hin! Und der Diener
ging hin siebenmal. 44 Beim siebenten Male aber
sprach er: Siehe, es steigt eine kleine Wolke aus
dem Meere auf, nur [so groß] wie eines Mannes
Hand. Da gebot er: Geh hinauf zu Ahab und sage
ihm: Spanne an und fahre hinab, daß dich der
Regen nicht zurückhalte. 45 Und ehe man sich's
versah, war der Himmel schwarz von Wolken
und Sturm, und es kam ein gewaltiger Regen. Da
stieg Ahab auf und fuhr nach Jesreel. 46 Die Hand
des Herrn aber kam über Elia, so daß er seine Len-
den gürtete und vor Ahab herlief bis nach Jesreel.
(Zürcher Bibel)

Das reine Gottesvolk

I–16 Alte israelitische Rechtssatzungen
(in Auszügen)

2. Mose

20,13: Du sollst nicht morden!
21,15: Wer Vater oder Mutter schlägt, der soll des Todes sterben
16: Wer einen Menschen stiehlt, ... der soll des Todes sterben
17: Wer Vater oder Mutter flucht, der soll des Todes sterben
22,18: Die Zauberinnen sollst du nicht leben lassen
20: Wer den Göttern opfert und nicht Jahwe allein, der sei des Todes
35,2: Wer am Sabbat arbeitet, soll sterben

3. Mose

7,27: Wer Blut ißt, soll ausgerottet werden von seinem Volk

18,6... (bei Inzest, Homosexualität 29: und Sodomie) deren Seelen sollen ausgerottet werden von ihrem Volk

(nach verschiedenen Bibelübersetzungen zusammengestellt von Wolfgang Bukowski)

I-17 Die Parabel vom Unkraut unter dem Weizen

Mt 13, 24–30

24 Ein andres Gleichnis legte er ihnen vor und sprach: Das Reich der Himmel ist gleich einem Menschen, der guten Samen auf seinen Acker säte. 25 Doch während die Leute schliefen, kam sein Feind und säte Unkraut[1] dazu mitten unter den Weizen und ging davon. 26 Als aber die Saat sproßte und Frucht brachte, da zeigte sich auch das Unkraut. 27 Da traten die Knechte des Hausherrn herzu und sagten zu ihm: Herr, hast du nicht guten Samen auf deinen Acker gesät? woher hat er nun das Unkraut? 28 Er aber sagte zu ihnen: Ein feindlicher Mensch hat das getan. Da sagen die Knechte zu ihm: Willst du nun, daß wir hingehen und es zusammensuchen? 29 Er aber sagt: Nein, damit ihr nicht, indem ihr das Unkraut zusammensucht, zugleich mit ihm den Weizen ausrauft. 30 Laßt beides miteinander wachsen bis zur Ernte, und zur Zeit der Ernte will ich den Schnittern sagen: Suchet zuerst das Unkraut zusammen und bindet es in Bündel, damit man es verbrenne; den Weizen aber sammelt in meine Scheune!

1) Genauer: «Lolch», der giftig ist und im Anfang des Wachstums dem echten Weizen so ähnlich sieht, daß man beim Ausraufen diesen leicht mit ihm verwechseln könnte.

(Zürcher Bibel)

I-18 Ich bin ein Zelot

Ich halte die gegenwärtige politische und religiöse Situation im Land des Gottes meiner Väter nicht mehr aus. Unsere heiligen Gesetze werden von diesen Römern mit Füßen getreten. Sie provozieren uns ständig. Sie unterdrücken unser Volk.

Mir geht es um die Alleinherrschaft Gottes. Niemand darf unser Herr sein als allein unser Gott. Keine Gebote dürfen gelten als allein die Gebote Gottes. Niemand darf in Israel leben als allein die, die nach dem Gebot Gottes beschnitten sind und so die Reinheit Israels nicht beflecken.

Ich aber werde mich mit meiner ganzen Kraft einsetzen, daß die Ehre Gottes wiederhergestellt wird. Ich aber werde mich mit meinem ganzen Engagement dafür einsetzen, daß alle Juden die Gebote Gottes halten können. Und ich werde nichts ungeschehen lassen, vor nichts zurückschrecken, bis der letzte Römer ins Meer gejagt worden ist.

Da haben wir ja schon einige Erfolge erzielt. Kürzlich gelang es uns, im Jordantal vier römische Soldaten umzubringen. Das hat Unruhe in die Garnisonen gebracht, und meine Volksgenossen schöpfen neue Hoffnung. Mit diesen und ähnlichen Taten werden wir die Gebote Gottes durchsetzen. Wir dulden keinen, der sich nicht bedingungslos dem Gesetz unterwirft. Denn solange, als wir nicht die gottwidrigen Zustände in unserem Volk radikal bekämpfen, wird das Reich Gottes nicht einbrechen. Solange noch jüdische Mädchen mit den römischen Soldaten schäkern und solange noch griechische Schriften verkauft werden auf dem Markt, solange dürfen wir nicht ruhen in unserem Eifer. Ich bin überzeugt: Je radikaler und ernsthafter wir die Mißachtung der Gesetze Gottes bekämpfen und die Unterdrücker unseres Volkes mit ihren Mitläufern vernichten, desto schneller wird das Reich Gottes anfangen in Israel. Wir müssen den Heiligen Krieg vorbereiten. Nur so kann das Reich Gottes anbrechen.

(Anton Steiner/Volker Weymann)

Gottes Wille – Gottesurteile

I-19 Das Gottesurteil

In der Nähe von F., einer kleinen Bergstadt Kalabriens, wurde an einem Junimorgen des Jahres 1412 die Leiche eines Mannes aufgefunden, der offenbar während der Nacht beraubt und ermordet worden war. Da der Tote nichts mehr bei sich trug, woraus man hätte entnehmen können, um wen es sich handelte, schaffte man ihn in die Stadt und stellte ihn im Leichenhaus zur Schau. Einige Leute, die ihn dort sahen, erklärten sogleich mit Bestimmtheit, dem Mann am Abend vor seiner Ermordung begegnet zu sein: im Gasthof, sagten sie, er habe erzählt, daß er Kaufmann und seiner Geschäfte halber unterwegs sei. Der Wirt, den der Richter darauf herbeiholen ließ, bestätigte das: der Fremde, fügte er hinzu, habe nach einer ausgiebigen Mahlzeit den Gasthof erst am späten Abend mit der Bemerkung verlassen, er wolle nun weiterreisen. Zusammen mit ihm seien zwei junge Leute aufgebrochen, die während des Essens am Tisch des Gastes gesessen und ihn unterhalten hätten; deren Zeche habe übrigens der Fremde bezahlt.

Ob die beiden jungen Leute in F. wohnten? fragte der Richter.

Ja, versicherte der Wirt und nannte die Namen; Urbini hieß der eine, Vigilio der andere.

Der Richter ließ beide vorführen; obwohl sie erklärten, sich von dem Kaufmann schon am Tor des Gasthofs getrennt zu haben, und obwohl auch eine sogleich vorgenommene Durchsuchung der von ihnen bewohnten Häuser nichts Belastendes ergab, ordnete der Richter an, daß sie in Haft zu bleiben hätten. An den folgenden Tagen vernahm er sie mehrfach, doch gelang es ihm nicht, wie geschickt er auch seine Fragen stellen mochte, nur den Schatten eines Schuldbeweises zu entdecken; schließlich gelangte er selbst zu der Überzeugung, daß weder Vigilio noch Urbini der Mörder des Kaufmanns sei. Trotzdem konnte er sich nicht entschließen, die über sie verhängte Haft aufzuheben. Da kam ihm eines Nachts aus dem Zwiespalt seiner Überlegungen der Gedanke, Gott die Entscheidung zu überlassen. Am nächsten Tage befahl er, zunächst Urbini zu holen; diesen fragte er, ob ihm in einer der Nächte während seines Aufenthaltes im Gefängnis etwas geträumt habe? Urbini blickte den Richter erstaunt an: ja, erwiderte er, etwas sehr Absonderliches sogar. Er habe sich nämlich in diesem Traum auf einer Straße liegen gesehen, regungslos und auch ohne die Fähigkeit, sich zu rühren. Es sei dunkel gewesen, und die Furcht, von einem zufällig des Weges kommenden Wagen überfahren zu werden, habe ihn sehr gepeinigt, zumal er in der Ferne das Rollen von Fahrzeugen habe hören können; doch sei keines in seine Nähe gekommen. Beim Erwachen sei er naß gewesen vom Schweiß der Angst, die er im Traum empfunden habe.

Der Richter überlegte einen Augenblick, dann befahl er, Urbini solle in der Morgendämmerung des nächsten Tages, an Händen und Füßen gefesselt, vor der Stadt auf der Straße niedergelegt werden, auf der um diese Zeit die Bauern aus der Umgegend ihre Waren zum Markt bringen würden. Dort solle er zwei Stunden liegen; die Bauern seien bei Strafe anzuhalten, ihre Fahrzeuge so zu lenken, als ob die Straße frei wäre. Überstehe Urbini die Probe, sei ihm die Freiheit wiedergegeben.

Der Richter erschien selbst am nächsten Tage dort, wo Urbini niedergelegt wurde; mit den Schergen wartete er, bis die Zeit, die er für die Entscheidung bestimmt hatte, verstrichen war. Sie verging zu seiner Verwunderung, ohne daß irgendein Wagen gekommen wäre; nachdem er endlich dem Verhafteten selbst die Fesseln abgenommen hatte, befahl er zweien seiner Leute, die Straße hinabzugehen und in den Dörfern am Fuß des Berges zu erkunden, warum die Bauern an diesem Tage dem Markt in der Stadt fernbleiben würden. Die Boten kehrten bald wieder zurück; nicht weit unterhalb jener Stelle, an der man Urbini niedergelegt habe, so meldeten sie, sei in der Nacht ein Felssturz erfolgt; Steine und Erdmassen versperrten die Straße.

Der Richter, der in dem Vorgang einen Beweis dafür sah, daß ihm tatsächlich jemand die Last der Entscheidung abgenommen habe, ließ sogleich Vigilio holen und stellte auch ihm die Frage, ob ihm während der Zeit seiner Haft etwas geträumt habe. Der Gefangene lächelte. „Mir hat geträumt", erwiderte er, „daß ich dem steinernen Löwen am Portal des Rathauses die Hand ins Maul legte." Auch er ist unschuldig, dachte der Richter.

„Der Löwe biß zu", fuhr Vigilio fort.

„Der steinerne Löwe?" fragte der Richter verwundert und schüttelte den Kopf. „Es war eben ein Traum", erwiderte der Gefangene.

„Nun gut", sagte der Richter, „wir wollen zum Rathaus gehen, und du wirst dem Löwen die Hand ins Maul legen. Beißt er dich nicht, so werde ich befehlen, auch dich wieder in Freiheit zu setzen."

Er begab sich mit dem Gefangenen und zwei Wärtern durch die Straßen zum Rathaus; eine Menschenmenge folgte ihnen, denn die Nachricht von der Errettung Urbinis hatte sich rasch verbreitet; dieses Wunder weckte in vielen den Wunsch, bei der Erprobung Vigilios zugegen zu sein. Doch erhob sich Gelächter, als die Masse aus Andeutungen der Schergen erfuhr, was Vigilio zu tun habe, um seine Unschuld zu beweisen – auch der Gefangene selbst lächelte, während er, die Stufen zum Portal des Rathauses emporsteigend, die belustigten Gesichter der Menschen auf dem Marktplatz betrachtete. In der offenbaren Voraussicht auch seiner Errettung legte er noch lächelnd die Rechte in das offene Maul des steinernen Löwen, aber mit einem Schrei des Schmerzes riß er sie sogleich wieder zurück; die in der Nähe Stehenden sahen, wie durch Vigilios heftige Bewegung ein Skorpion auf die Treppe des Rathauses geschleudert wurde – offenbar hatte das Tier in der dunklen Höhle des Löwenmauls Unterschlupf gefunden und sich mit seinem Stachel gegen die eindringende Hand gewehrt.

Der Richter verfügte, daß der Gefangene sogleich ins Gefängnis zurückzubringen sei; auch ordnete er an, daß dessen Verletzung durch niemanden ärztlich behandelt werden dürfe – so sehr war er nunmehr überzeugt von der Schuld Vigilios. Dieser starb einige Stunden später unter starken Schmerzen. Trotzdem war die Überzeugung des Richters, was den Mord an dem Kaufmann anlangt, falsch; tatsächlich hatte nämlich weder Urbini noch Vigilio den Händler ermordet, sondern ein Mann, der zwanzig Jahre später in Neapel auf dem Totenbett seine ruchlose Tat gestand. Davon jedoch erfuhr niemand in F., auch nicht der Richter. Selbst wenn es aber zu seiner Kenntnis gelangt wäre, so hätte ihm dennoch kein Zweifel kommen dürfen an der Gerechtigkeit der durch ihn weitergegebenen Entscheidung – denn wer vermag zu sagen, ob nicht die Strafe sich auf eine Tat beziehen sollte, von der er, der Richter, nichts wußte? Zusammenhänge, die man sehen kann, sind meist keine – überdecken die wahren –; der Mensch kann nur, wie der Richter es tat, seine Frage stellen. Ob er das Rätsel, das die Antwort ihm aufgibt, zu lösen vermocht hat, erfährt er selten.

(Heinz Risse)

I–20

Blitzschlag setzte gotische Kathedrale von York in Brand

Gerüchte um Brandstiftung nach umstrittener Bischofsweihe vor drei Tagen

YORK (dpa/ap) Die Kathedrale der englischen Stadt York, eines der bedeutendsten Zeugnisse der Gotik in Europa, ist in der Nacht zum Montag durch einen Brand im südlichen Querschiff schwer beschädigt worden. Das hölzerne Dach des aus dem 13. Jahrhundert stammenden Gebäudeteils stürzte ein, ohne daß einer der vielen Feuerwehrleute und freiwilligen Helfer verletzt wurde, die die Kunstschätze aus diesem Teil der Kirche zu retten versuchten. Die meisten Experten gingen am Montag davon aus, daß ein Blitzschlag die Brandursache war.

John Habgood, als Erzbischof von York zweiter in der Hierarchie der anglikanischen Kirche, wandte sich in einer ersten Stellungnahme gegen Gerüchte über eine Brandstiftung. Ein Zusammenhang mit einer umstrittenen Bischofsweihe vom Freitag wäre, sagte er, eine „lächerliche Erklärung". Verantwortungsbewußte Christen handeln nicht so.

Der Erzbischof verwies darauf, daß es in der Nacht schwere Stürme gegeben habe und daß Augenzeugen Blitze über der Kathedrale beobachtet hätten. Auch die Feuerwehr-Experten schlossen eine Brandstiftung praktisch aus, weil sich die Flammen dann nicht so rasend schnell hätten ausbreiten können.

Am Freitag wurde in York zum ersten Mal in der Geschichte der anglikanischen Kirche ein Mann zum Bischof geweiht, der öffentlich in einer Fernsehsendung grundlegende Glaubenssätze wie die jungfräuliche Geburt und die leibliche Auferstehung Jesu angezweifelt hatte. Der Theologie-Professor

David Jenkins gilt den traditionellen Christen auf der Insel als Gotteslästerer.

Pastor John Mowll, der den Weihe-Gottesdienst am Freitag unterbrochen und dem neuen Bischof

Nur noch aus Trümmern besteht der Südflügel der Kathedrale von York, der von dem Feuer am schwersten zerstört wurde. dpa-Foto

lautstark Blasphemie vorgeworfen hatte, ließ am Montag keinen Zweifel daran, wer seiner Überzeugung nach ein Zeichen gegen die Modernisten setzen wollte: „Ich glaube, daß Gott in dieser Welt handelt, und ich denke, daß er sich manchmal in besonderer Weise einmischt... Wann ist zum letzten Mal eine Kirche von einem Blitz getroffen worden?“

Robert Runcie, als Erzbischof von Canterbury geistliches Oberhaupt der Anglikaner, nannte es dagegen am Montag eher ein Wunder, daß der Brandschaden an der Kathedrale so begrenzt geblieben sei: „Das Münster wird wieder auferstehen“, berichtete er der Generalsynode der Anglikaner, die gerade in York tagte. Runcie hatte sich, bekleidet mit einem gelben Sicherheitshelm, selbst vom Ausmaß der Schäden überzeugt.

Das südliche Querschiff ist der älteste Teil des Gebäudes, das mit einer Länge von 150 Metern die größte gotische Kathedrale auf der britischen Insel ist. Der Bau wurde 1230 auf römischen und angelsächsischen Fundamenten begonnen.

1967, als viele der uralten Mauern zusammenzubrechen oder nachzugeben drohten, rief die Kirchenleitung in einem Appell dazu auf, die Mittel für eine Restaurierung zu spenden, und die Bewohner Yorkshires griffen tief in die Taschen. Bis 1972 konnte die Wiederherstellung der Kathedrale abgeschlossen werden.

Dabei wurde auch ein modernes Blitzableiter-System installiert. Absolut sicher kann es allerdings nach Überzeugung von Fachleuten bei einem so verwinkelten Komplex mit hölzernen Dächern nicht sein.

(Braunschweiger Zeitung)

Gott-Götzen – Glaube-Aberglaube

I-21 „Du sollst nicht andere Götter haben“

Das ist, du sollst mich allein für deinen Gott halten. Was ist das gesagt und wie versteht man's? Was heißt: einen Gott haben, oder was ist Gott? Antwort: Ein Gott heißt das, dazu man sich verstehen soll alles Guten und Zuflucht haben in allen Nöten, also daß einen Gott haben nichts anderes ist, denn ihm von Herzen trauen und glauben; wie ich oft gesagt habe, daß allein das Trauen und Glauben des Herzens macht beide, Gott und Abgott. Ist der Glaube und das Vertrauen recht, so ist auch dein Gott recht; und wiederum, wo das Vertrauen falsch und unrecht ist, da ist auch der rechte Gott nicht. Denn die zwei gehören zuhaufe: Glaube und Gott. Worauf du nun (sage ich) dein Herz hängst und verläßt, das ist eigentlich Gott. Darum ist nun die Meinung dieses Gebots, daß es fordert rechten Glauben und Zuversicht des Herzens, welche den rechten einigen Gott treffe und an ihm allein hange. Und will soviel gesagt haben: Siehe zu und laß mich allein deinen Gott sein und suche je keinen andern; das ist, was dir mangelt an Gutem, des versiehe dich zu mir und suche es bei mir, und wo du Unglück und Not leidest, kriech und halte dich zu mir. Ich, Ich will dir genug geben und aus aller Not helfen, laß nur dein Herz an keinem andern hangen noch ruhen.

Das muß ich ein wenig grob ausstreichen, daß man's verstehe und merke bei gemeinen Exempeln des Widerspiels. Es ist mancher, der meint, er habe Gott und alles genug, wenn er Geld und Gut hat, verläßt und brüstet sich darauf so steif und sicher, daß er auf niemand nichts gibt. Siehe, dieser hat auch einen Gott, der heißt Mammon, das ist, Geld und Gut; darauf er alle sein Herz setzt, welches auch der allgemeinste Abgott ist auf Erden. Wer Geld und Gut hat, der weiß sich sicher, ist fröhlich und unerschrocken, als sitze er mitten im Paradies. Und wiederum, wer keines hat, der zweifelt und zagt, als wisse er von keinem Gott. Denn man wird ihrer gar wenig finden, die gutes Muts sind und nicht trauern noch klagen, wenn sie den Mammon nicht haben; es klebt und hängt Natur an bis in die Grube.

Also auch, wer darauf traut und trotzt, daß er große Kunst, Klugheit, Gewalt, Gunst, Freundschaft und Ehre hat, der hat auch einen Gott, aber nicht diesen rechten einigen Gott. Das siehst du abermal dabei, wie vermessen, wenn sie nicht vorhanden sind oder entzogen werden. Darum sage ich abermal, daß die rechte Auslegung dieses Stücks sei, daß einen Gott haben heißt, etwas haben, darauf das Herz gänzlich traut. *(Martin Luther)*

I–22

„Glauben Sie an diesen Humbug?"

Natürlich nicht – trotzdem hat jeder dritte ein Amulett am Hals

Vorbehalte" ist eine Zeitungsnotiz überschrieben, die Bertolt Brecht am 17. November 1952 ausschneidet und in sein Arbeitsjournal einklebt; folgende Geschichte wird dort berichtet: „Naturwissenschaftler sind bekanntlich nicht abergläubisch. In ihren Häusern spukt es nicht, und sie würden auch an einem Freitag, der auf den 13. fällt, ohne Bedenken eine Reise antreten. Nichtsdestoweniger hängt über der Tür von Niels Bohr (Nobelpreis für Physik 1922) ein Hufeisen: ein ganz kommunes bäuerliches Stück, wie man es auf den Dorfstraßen in Dänemark finden kann. Ein Besucher aus der Schweiz – es war die Jahreszeit der Kongresse – blieb unter dem Türzeichen stehen. ‚Sieh einer an!' staunte er. ‚Wie kommt denn das zu Ihnen?' ‚Sehr einfach', antwortete der Hausherr, ‚ich habe es auf einem Spaziergang gefunden und hier angenagelt. Es soll Glück bringen.' ‚Pardon, lieber Kollege: Glauben Sie an den Humbug?' ‚Nein', sagte Bohr, ‚natürlich nicht. Aber ich habe mir sagen lassen, es soll auch Glück bringen, wenn man nicht daran glaubt.'"

Die Ambivalenz des Umgangs aufgeklärter Zeitgenossen mit Amulett und Talisman (nahezu jeder dritte hat heute eins um den Hals hängen) könnte nicht treffender veranschaulicht werden als durch diese Geschichte. Der auf logisches Erklären trainierte Verstand verweigert die Zustimmung zu der gängigen Volksweisheit; über die Hintertür der Alltagspraxis aber zieht die Magie wieder ein, wird das zweckrationale Denken durch bauernschlaues Taktieren ausgetrickst. Um ein paar Ecken herum, so scheint es, wird der Rationalität als alleiniger Lebensorientierung immer dann mißtraut, wenn es um Glück oder Unglück, Tod oder Leben geht.

Die Klammerversuche an den Objekten der sinnlich erfahrenen Welt, den Steinen, Lebewesen oder Gestirnen, sind Ausdruck dieser Haltung; nicht anderes als ihre artifizielle Vergegenständlichung sind Amulette und Talismane. Neben ihrer magischen Funktion aber faszinieren sie immer auch durch ihre materielle Gegenständlichkeit; sie sind nie nur Kultgegenstand, sondern befriedigen stets auch ein Schmuckbedürfnis. In ihren verspielten Formen oder der Kostbarkeit des Materials drückt sich der Wertanspruch des Außergewöhnlichen aus. Oft aber auch widersprechen sie im Ausdruck brutaler Sinnlichkeit jeder spirituellen Haltung: Die ans Scheunentor genagelte Schleiereule vertreibt die Schadensgeister; die obszöne Handgebärde oder der ausgestellte Phallus, im Amulett nachgebildet, sind magisch-rituelle Spott- und Abwehrhandlungen. Das Heilige und das Obszöne treffen in diesem Bereich unvermittelt aufeinander.

Der Amulettgebrauch setzt ein Weltbild voraus, das einen elementaren Wirkungszusammenhang aller kosmischen Bereiche unterstellt, das den Menschen diesem Kräftespiel zwar aussetzt, ihm aber nicht schlechthin verfallen sein läßt. Die Kräfte der Elemente scheinen gegeneinander ausspielbar, als Zauber und Gegenzauber. Amulett und Talisman werden zu einer Form der Herrschaftstechnik, mittels der der Amulett-Träger diese Kräfte aufzubieten vermag; sie sind freilich nicht die des rational handelnden Subjekts. In der Abwehr von Übel und der Beschwörung von Glück oder Unglück hat die Magie offenbar Bedürfnisse zu befriedigen, denen gegenüber gerade die christliche Religion eher Askese fordert oder Einverständnis mit dem gegebenen Geschick abverlangt. Im heutigen Alltag treten Amulett und Talisman häufig dort in Erscheinung, wo die kalkulierbare Lebenssicherung Risikoräume läßt. Diese Erfahrung wird in einer durch Wissenschaft und Technik scheinbar perfekt beherrschten Realität vornehmlich im privaten Raum gemacht oder dort, wo hochentwickelte Technologien mit der subjektiven Begrenztheit des Einzelindividuums zusammentreffen, etwa in der Situation des Straßenverkehrs. Edward H. White, einer der beiden Gemini-4-Piloten, der sich als erster Amerikaner freischwebend im Weltraum bewegte, trug gleich drei Amulette in der Tasche seines Raumanzugs: eine Christophorus-Medaille, ein goldenes Kreuz und einen Davidstern.

Der Ursprung des Gebrauchs von Amuletten reicht in die Frühgeschichte der Menschheit zurück. Er mag gesehen werden in Formen rituellen Sich-Behängens mit Teilen der Jagdbeute (Fellen, Zähnen) oder des erschlagenen Feindes; die Kraft des Opfers glaubte man dann an sich gebunden, die Seele des Toten gebannt.

Nahezu jedes Objekt kann zum Amulett werden; wesentlich ist seine leichte Tragbarkeit. Manche Amulette werden ein Leben lang getragen, andere wieder nur zu besonderen Anlässen. Man trägt das Amulett verborgen oder bewußt ausgestellt: als Anhänger einer Halskette, am Handgelenk oder am Gürtel. Ein wichtiger Typus ist das Berührungsamulett, das seine Kraft beim Anrühren (mit der Hand, geküßt oder verschluckt) entfaltet. An manchen katholischen Wallfahrtsorten wurden die sogenannten Schluckbilder hergestellt: auf Papierstreifen angereihte, etwa briefmarkengroße Kupferstiche von Heiligen. Zu gegebenem Anlaß konnte ein Bildchen abgeschnitten und als „Medizin“ verschluckt werden.

Zwischen Amulett (lat. *amuletum:* Brei aus Kraftmehl) und Talisman (arab. *tilisman:* Zauberbilder) ist dem Äußeren und der Funktion nach im Grunde nicht zu unterscheiden;

Wettersegen, 18. Jh., bayrisch, an der Wand befestigtes Schutzamulett gegen Hagel, Blitz und Dürre. In der Mitte ein sogenanntes »Agnus Dei«, darum gruppiert Wallfahrtsmedaillen, Segenskreuze, Stiche von beliebten Gnadenbildern, Reliquien.

Amulett wurde im 17. Jahrhundert noch kurz und bündig definiert als „Arztney so man ann Hals henckt". Vom Beginn des Amulettgebrauchs an bildet sich ein Bestand an Formen und Funktionsbestimmungen heraus, der weitgehend konstantbleibend tradiert wird; neue Varianten tauchen in der Regel nur dann auf, wenn die allgemeine Amulett-Tradition von der Frömmigkeitspraxis bestimmter Religionen adaptiert wird. Im europäischen Raum liegt der Schwerpunkt des ursprünglichen rituellen Amulettgebrauchs im vorwiegend katholischen Raum Südeuropas, in den Alpenländern und in Süddeutschland.

Zum Amulett oder Talisman verarbeitet, spielt der Stein eine herausragende Rolle; er faszinierte immer schon als *materia sacra*. Seine magische Kraft wurde aus seiner besonderen Beziehung zur Erde abgeleitet; das machte ihn zum bevorzugten Fruchtbarkeitsamulett.

(Manfred Brauneck)

I–23 Auch ein Götze ist ein Gott

Um uns das Phänomen des Götzendienstes klarzumachen, gehen wir von einer einfachen, jedermann vertrauten Beobachtung aus: Zeit- und Geldfragen sind Sachfragen. Für eine Sache, die uns am Herzen liegt, haben wir immer Zeit und Geld, mögen wir sonst auch durch Termine noch so bedrängt und noch so knapp bei Kasse sein. Worauf es uns ankommt, dafür kommen wir auf; was uns aufbringt, dafür bringen wir etwas auf. Prüfen wir nun, was das für eine Sache ist, die uns derart wichtig erscheint, daß wir für sie immer Zeit und Geld haben, so stellen wir fest, daß sie entweder in Richtung auf die Hauptsache in unserem Leben steht oder daß sie diese Hauptsache selbst ist. *»Hauptsache«* ist in unserem Leben, wie das Wort besagt, diejenige Sache, die sich wie das Haupt des Menschen obenan befindet und deshalb alles andere überragt, zu der wir daher auch unser Haupt erheben – die Sache, nach der uns der Kopf steht. Damit aber erweist sich die Hauptsache als gleichbedeutend mit dem, wofür in der Religionsgeschichte der Begriff »Gott« gebraucht wird. »Gott« ist für einen Menschen das, was ihn die Hauptsache in der Welt dünkt und was er deshalb auch zur Hauptsache seines Lebens zu machen bestrebt ist.

So ist jeder Mensch ein heimlicher oder offener, bewußter oder unbewußter »Theozentriker«, denn jeder hat im genannten Sinne eine Hauptsache im Leben, an die er sich hingibt, weil sie ihm alles gibt. Nach wie vor unübertroffen hat Martin Luther diesen Sachverhalt in der berühmten Passage seiner Erklärung zum Ersten Gebot im »Großen Katechismus« beschrieben. (...)

Wenn wir von heute herrschenden Götzen sprechen, denken wir nicht an jene beliebten homiletischen Gebrauchsartikel, die nicht nur in christlichen Predigten, sondern auch in kulturkritischen Leitartikeln auftauchen, sobald von der Pseudoreligion des modernen Menschen die Rede ist: an Horoskope, Amulette, Maskottchen oder ähnliche Gegenstände des nach wie vor unter uns blühenden Aberglaubens. Alle diese Dinge verdienen das Maß an Beachtung nicht, das ihnen zuteil wird, sie sind des seriösen Namens »Götzendienst« überhaupt nicht würdig; sie sind alles in allem nur eine Jahrmarktsreligion.

Wirkliche Götzen haben Format, und an solchen mangelt es unter uns wahrlich nicht. Da sind zunächst immer noch die alten großen Gottheiten: Stamm, Volk, Staat, Nation; neben ihnen, längst von gleicher Macht, die neuen Götter: Arbeit, Gesellschaft, Klasse, Technik, Kapital, Profit; dazu die vielen alten und immer wieder neuen großen und kleinen Götter: Geld, Gesundheit, Schönheit, Sicherheit, Glück, Erfolg; oder auch ganze Götterfamilien wie die Dualität: Besitz und Macht, oder die Trinität: Blut, Sexus, Rasse (...)

Daß der Mensch ein Götzendiener sein kann, ja werden muß, das ist ein untrüglicher Hinweis auf seinen verlorenen Ursprung und seine wahre Bestimmung. Götzendienst ist »negativer Theozentrismus« und als solcher das Spiegelbild des wahren Gottesglaubens. (...)

Was aber heißt »wahrer Theozentrismus«? Anders gefragt: Wer ist der wahre Gott? Wie kann man ihn unter den vielen Göttern erkennen und von einem Götzen unterscheiden? Woran läßt sich der wahre Gott wahrnehmen? An dieser Stelle weist der christliche Glaube auf Jesus von Nazareth hin. *(Heinz Zahrnt)*

I–24 Beten – wofür?

„Also abgemacht, Heinrich, du betest für eine gute Ernte und ich, daß sie nicht wieder so doll wird!“

I–25

Hilft Gott auch beim Abitur?

Beten als heruntergeleiertes, schon tausendmal gesprochenes und womöglich als Kind auswendig gelerntes Geschwafel hilft niemandem. Ebensowenig der an den „Alleskönner“ gerichtete Wunsch nach dem Motto: Not lehrt Beten. – Beten bedeutet nichts anderes als Reflexion und Meditation. Es läßt unser Bewußtsein erwachen und schärfen und ist eine aktive Auseinandersetzung mit der Existenz des Menschen, mit all seinen Problemen und Faszinationen. Es stärkt unsere Persönlichkeit und aktiviert unseren Antrieb. Es ist Richtschnur unseres persönlichen Glücks. So ist Beten für Christen wie für Atheisten eine Möglichkeit, das Leben bewußt erleben zu können, ohne von der Welle der Oberflächlichkeit davongeschwemmt zu werden.

Michael H., 19 Jahre

Ich bin ein gläubiger Beter und definiere Gebet als Gespräch mit Gott. Man weiß, daß Kinder, mit denen man nicht redet, nicht nur schwere Schäden erleiden, sondern gar lebensunfähig sind. Jesus hat oft Bilder aus dem alltäglichen Leben übertragen, um etwas „vom Reich Gottes“ zu veranschaulichen. So glaube ich, daß es legitim ist, dieses Bild von Kindern, die nicht zur Kommunikation gelangen, auf die geistliche Ebene zu übertragen. Es ist also lebensnotwendig für ein Kind Gottes, für den Christen schlechthin, die Kommunikation mit Gott, mit Jesus, mit dem Heiligen Geist zu suchen.

Ingo F., 19 Jahre

Welcher moderne, aufgeschlossene und engagierte Jugendliche, der sich für den Humanismus und dadurch für die aktive Veränderung von Mißständen, seien sie nun politischer oder gesellschaftlicher Natur, einsetzt, möchte bezweifeln, daß das Beten ihm dabei keine Hilfe sein kann? Für mich verharren Menschen, die durch Anrufen imaginärer Wesen eine Veränderung ihrer als schlecht empfundenen Situation erreichen wollen, in geistiger Selbstbetrachtung, ohne dabei irgendwelche Schlüsse zur Lösung ihrer Probleme zu ziehen, sonst würden sie eben nicht beten.

Der Mensch ist das höchste (reale) Wesen. Nur der Mensch ist in der Lage, bewußt und gezielt sich selbst und seine Umwelt zu verändern. Aus diesem Grunde werde ich niemals, solange ich denken kann, meine geistige Energie vergeuden, indem ich irgendwelche „Höhere Wesen“ anrufe.

Wolfgang H., 20 Jahre

Wenn Beten nicht nur ein „Sich-Luft-Machen“ von Ängsten, Sorgen und Ärgernissen sein soll, wenn man sich an einen Zuhörenden und Tröstenden wendet, wird Beten zum Dialog mit Gott. Aber gerade in diesem Dialog stehen Zweifel so nahe neben den Anfängen, Antworten auf Fragen zu erahnen, daß der immer unsichere Glaube nicht unbedingt stabilisiert wird.

Wem also hilft Beten konkret? Als Antwort könnte man erwarten: Dem, der in gutem Kinderglauben den Vater bittet. Aber auch diejenigen, welche Gefahr laufen, sich in theologischen Theorien zu verstricken, sollen beten. Denn die Notwendigkeit, sich einem göttlichen Gegenüber verständlich zu machen, läßt große Schwierigkeiten auf einmal sehr klein und menschlich erscheinen.

Regula W., 17 Jahre

Für mich ist das Gebet einer der wichtigsten Bestandteile des täglichen Lebens. Man erhält auch Antwort auf sein Gebet, diese Erfahrung habe ich oft gemacht und hatte dabei ein wunderbares Gefühl. Ich möchte allen Lesern ein persönliches Erlebnis erzählen, das zeigt, wie ich Antwort auf ein Gebet bekam.

Vor ein paar Jahren war ein Mitglied meiner Familie sehr krank. Die Ärzte gaben die Hoffnung auf eine volle Genesung schon fast auf. Ich betete damals zu Gott, mit dem innigen Wunsch im Herzen, daß er dieses Familienmitglied wieder ganz gesund werden läßt. Dieses Mitglied unserer Familie wurde zum großen Erstaunen der Ärzte wieder ganz gesund. Ich habe ein starkes Zeugnis vom Gebet und weiß, daß Gott Gebete erhört. Ich möchte jeden auffordern, das, was ich gesagt habe, zu prüfen. Wenn er aufrichtig ein Gebet spricht, wird er eine Antwort darauf bekommen.

Andrea S., 15 Jahre

Beten ist ein Experiment des Glaubens an Gott. Jesus Christus fordert uns selbst dazu auf: „Bittet, so wird euch gegeben!“ Ich habe dieses Experiment gewagt und erfahren, daß Gott auf meine Bitten, Wünsche und Sehnsüchte eingeht. Ein Gebet gibt mir auch wieder Mut und neue Kraft. Letztlich gibt es mir mehr als die Erfüllung meiner Wünsche; ich erfahre durch das Experiment des Betens den Sinn für mein Leben. *Ulrich W., 20 Jahre*

Beten schließt den Glauben an Gott ein, insofern kann man sagen, daß Beten demjenigen hilft, der an Gott glaubt. Ich bin jedoch der Meinung, daß die Wirkung des Betens von mir selber ausgeht und nicht von Gott kommt, ähnlich wie die Besserung des Befindens durch den Glauben an die Heilkraft eines Medikaments eintreten kann. Dies allerdings schließt die Existenz Gottes nicht aus. Wohl dem, der an Gott glauben kann! *Thomas W., 17 Jahre*

„Not lehrt Beten“, sagt man. Ja, ich habe bei einigen Prüfungen – Abitur, Verhandlungen meiner Kriegsdienstverweigerung – in letzter Zeit gelernt, intensiver mit Gott zu sprechen, ihn um Hilfe zu bitten und nach bestandener Prüfung auch zu danken, denn dies sind Grenzsituationen, bei denen es nicht mehr allein in meiner Macht und Entscheidung steht, ob ich sie meistere. Aber inzwischen beschränkt sich mein Gebet nicht mehr nur auf solche „Not“, sondern es umfaßt meinen gesamten Alltag, mein Leben. – Gott ist nicht wie eine wissenschaftliche Tatsache beweisbar, aber er ist erfahrbar, wenn man das Risiko eingeht, sein Wort, das in der Bibel steht, ernst zu nehmen und auf seine Zusagen zu vertrauen. Aus diesen Erfahrungen besteht mein Glaube, und darauf ist mein Leben gegründet. Ich versuche, in immer mehr Bereichen meines Lebens zu vertrauen. Ich versuche, in immer mehr Bereichen meines Lebens und in steigendem Maße ein Leben nach dem Vorbild Jesu, dessen Grundsätze Liebe und Selbstlosigkeit waren, zu führen, und diesen Versuch kann ich nur mit dem Gebet und im Gebet verwirklichen.

Axel F., 19 Jahre

(DIE ZEIT)

Religion und Religionskritik

I–26 Beten, wenn das Flugzeug abhebt?

Jedesmal, wenn ich zum Londoner Flughafen komme, grüßt mich dort ein mächtiges Plakat mit der Versicherung: „BOAC sorgt gut für Sie!“ Was sollen wir von solch einer Erklärung säkularer Vorsehung halten? Wem wollen wir einen Vorwurf machen, wenn sie uns im Stich läßt – der BOAC oder Gott? Als ich die ersten Male flog, leistete ich mir immer einen zusätzlichen „Schutz“ für jene angespannten dreißig Sekunden, in denen das Flugzeug abhebt und man wartet, ob es das auch schafft und sich vom Boden löst. Hat dieses Gebet in der Lücke – wo einem eine kleine übernatürliche Hilfe immer irgendwie willkommen ist – meinem Vertrauen auf Gott Ehre gemacht? Ich glaube nicht. Ich glaube vielmehr, daß an dieser Stelle ein Christ tatsächlich Atheist sein und dem Piloten vertrauen sollte. Wenn er nämlich an einen Gott glaubt, der hier die Sache bestimmt in seine Hand nimmt, und das müßte er logischerweise glauben, dann besteht der Protest der Atheisten zu Recht. Der Mensch muß entwöhnt werden von seiner Scheu, die Last der Verantwortung auf sich zu nehmen, wie sehr ihm das auch weh tun mag.

(John A. T. Robinson)

I–27 Aus: „Der Ozeanflug“

Was immer ich bin und welche Dummheiten
ich glaube
Wenn ich fliege, bin ich
Ein wirklicher Atheist.
Zehntausend Jahre lang entstand
Wo die Wasser dunkel wurden am Himmel
Zwischen Licht und Dämmerung unhinderbar
Gott. Und ebenso
Über den Gebirgen, woher das Eis kam
Sichteten die Unwissenden
Unbelehrbar Gott, und ebenso
In den Wüsten kam er im Sandsturm, und
In den Städten wurde er erzeugt von der
Unordnung
Der Menschenklassen, weil es zweierlei
Menschen gibt
Ausbeutung und Unkenntnis, aber
Die Revolution liquidiert ihn. Aber
Baut Straßen durch das Gebirge, dann
verschwindet er,
Flüsse vertreiben ihn aus der Wüste.
Das Licht
Zeigt Leere und
Verscheucht ihn sofort.
Darum beteiligt Euch
An der Bekämpfung des Primitiven
An der Liquidierung des Jenseits und
Der Verscheuchung jedweden Gottes, wo
Immer er auftaucht.
Unter den schärferen Mikroskopen
Fällt er.
Es vertreiben ihn
Die verbesserten Apparate aus der Luft.
Die Reinigung der Städte
Die Vernichtung des Elends
Machen ihn verschwinden und
Jagen ihn zurück in das erste Jahrtausend.

(Bertolt Brecht)

I–28 Kritik an der Religionskritik

(Das Veränderliche und das Unveränderliche)

(...) Es müssen sich ja Glaube und Atheismus an der Wirklichkeit erproben, wenn sie miteinander ringen. Es war aber den so zuversichtlichen Kritikern der Religion im 19. Jahrhundert nicht bewußt, daß die religiöse Verheißung auf jene Grenzen blickt, an denen die Verheißung der Kritiker versagen muß, an denen von Arbeit, Fortschritt, Gemeinschaft usw. keine Sinngebung mehr ausgehen kann. Wie steht es, wenn unheilbare Krankheit, Verkrüppelung, Alter zu einem untätigen, für die Gemeinschaft nutzlosen Leben verurteilen? Wie steht es mit der Macht der Triebe, mit dem Brennen der Eifersucht und mit dem Gift der Minderwertigkeitskomplexe, mit der ungleichen Verteilung der Gaben und damit der Ungleichheit der Glückschancen? Werden sie dem vergesellschafteten Menschen weniger – oder nicht etwa mehr zusetzen? Wie steht es mit der Last von Schuld und mit der Frage der Entlastung des Gewissens, mit der Frage der Vergebung? Wie steht es mit dem Tode? Feuerbach streift immer wieder diese Fragen, aber seine Auseinandersetzungen mit ihnen sind so oberflächlich, daß sie eher als Versuche, sich ihnen zu entziehen, angesehen werden müssen. Hans Ehrenberg hatte recht, ihn einen

»Nichtkenner des Todes und Verkenner des Bösen« zu nennen. Nicht besser aber steht es, wenn wir etwa in einer sowjetischen Parteizeitung lesen: »Das Vorhandensein der religiösen Überbleibsel ist in gewissem Maße auch damit verbunden, daß der Mensch der Natur noch nicht völlig Herr geworden ist. Ungeachtet der kolossalen Erfolge der Wissenschaft und Technik haben sich die Menschen von derart zerstörerischen Naturkräften wie Dürre, Überschwemmung und anderen Naturkatastrophen noch nicht völlig freigemacht.« Verräterisch ist die Auswahl, mit der die Last der Natur auf die Katastrophenfälle eingeengt wird. (...)

Jedenfalls: den harten Wirklichkeiten von nicht auszugleichender Ungleichheit, von Schuld und Tod, muß unverstellt standhalten, wer es unternimmt, mit der christlichen Botschaft in Konkurrenz zu treten. (...)

(Helmut Gollwitzer)

Anmerkungen:

Z. 18: vergesellschaftet: offensichtlich eine Anspielung auf die neue Gesellschaft im Sinne des Marxismus

Z. 27: Ehrenberg hat 1922 ein Buch über Feuerbach herausgegeben: „Philosophie der Zukunft".

I-29 Religion - eine nützliche Erfindung

Vor alter Zeit, da war der Menschen Leben der Ordnung bar und dem der Tiere gleich; die Stärke herrschte; weder fand der Gute Belohnung noch der Frevler seine Strafe.

Dann erst, so scheint mir, schuf man Strafgesetze, daß über alle herrsche gleich das Recht und daß den Frevel es in Fesseln schlage. Wer sich verging, bekam es jetzt zu büßen; doch weil so das Gesetz die Menschen abhielt, wie früher Gewalttat offen zu begehen, schlich das Verbrechen in der Dunkelheit.

Da hat, scheint mir, ein schlauer, kluger Mann die Gottesfurcht den Sterblichen erfunden. Ein Schrecken sollte sie den Bösen sein, wär' heimlich auch die Tat, Wort und Gedanke.

So führte er die Religion denn ein: „Ein Wesen ist, in ew'gem Leben prangend, des' Geist hört, sieht und voll von Weisheit ist, auf alles achtend, göttlich von Natur.

Er hört ein jeglich Wort, das Menschen reden, und keine Tat bleibt seinem Blick verborgen. Auch wenn im Stillen du nur Böses sinnst, die Götter merken es; denn überlegen ist ihre Weisheit." - Mit dergleichen Reden führt' er die feinste aller Lehren ein, die Wahrheit mit der Worte Trug verhüllend.

Und als der Götter Wohnung gab er an den Ort, des' Nam' am meisten ängst'gen mußte die Menschen. Denn von dort - so wußt' er - kam, was sie erschreckt und was ihr armes Leben befördert: Von der hohen Wölbung - sah er - zuckt her der Blitz und grollt der Donner furchtbar, dort ist des Himmels sternbesätes Zelt, der Zeit, der weisen Meist'rin, herrlich Kunstwerk.

Dort wandelt hell der glüh'nde Sonnenball, dorther strömt feuchtes Naß zur Erde nieder. Mit solchen Ängsten wußt' er das Gemüt der Menschen zu erschüttern; schlau und passend wies er der Gottheit diese Wohnung an.

Und Ungesetzlichkeit wich den Gesetzen. - So, mein' ich, hat zuerst ein kluger Mann der Welt den Götterglauben beigebracht.

(Kritias von Athen, 5. Jhdt. vor Christus)

I-30 Gottesvergiftung

Lieber Gott, (...) Du bist in mich eingezogen wie eine schwer heilbare Krankheit, als mein Körper und meine Seele klein waren. Beide wurden (...) zu deiner Wohnung gemacht, und ich war so stolz, daß du auch in mir kleinem Jungen Wohnung nehmen würdest. (...)

Ein Teil meines Hasses auf meine Familie rührt daher, daß sie mir die Gotteskrankheit eingegeben hat. (...) Aber weißt du, was das Schlimmste ist, das sie mir über dich erzählt haben? Es ist die tückisch ausgestreute Überzeugung, daß du alles hörst und alles siehst und auch die geheimen Gedanken erkennen kannst. (...) In der Kinderwelt sieht das dann so aus, daß man sich elend fühlt, weil du einem lauernd und ohne Pausen des Erbarmens zusiehst und zuhörst und mit Gedankenlesen beschäftigt bist. Vorübergehend mag es gelingen, lauter Sachen zu denken oder zu tun, die dich erfreuen oder die dich zumindest milde stimmen. Ganz wahllos fallen mir ein paar Sachen ein, die dich traurig gemacht haben, und das war ja immer das Schlimmste: dich traurig machen - ja, die ganze Last der Sorge um dein Befinden lag beständig auf mir, du kränkbare, empfindliche Person, die schon depressiv zu werden drohte, wenn ich mir die Zähne nicht geputzt hatte. Also: Hosen zerreißen hat dir nicht gepaßt; im Kindergarten mit den anderen Buben in hohem Bogen an die Wand pinkeln, hat dir nicht gepaßt, obwohl gerade das ohne dich ein eher festliches Gefühl hätte vermitteln können; die Mädchen an den Haaren ziehen hat dich verstimmt; an den Pimmel fassen hat dich vergrämt; die Mutter anschwindeln, was manchmal lebensnotwendig war, hat dir tagelang Kummer gebracht; den Brüdern ein Bein stellen brachte tiefe Sorgenfalten in dein sogenanntes Antlitz.

„Herr, erhebe dein Antlitz über uns ...", so haben wir am Ende jedes Gottesdienstes gefleht, als gäbe es keine größere Sehnsucht, als immerzu dein ewig-kontrollierendes bigbrother-Gesicht über uns an der Decke zu sehen. Du als Krankheit in mir bist eine Normenkrankheit, eine Krankheit der unerfüllbaren Normen, die Krankheit des Angewiesenseins auf deine Gnade, die von beamteten Herabflehern zusätzlich zu meinem Geflehe bei dir erbettelt werden mußte. (...)

Fast zwanzig Jahre lang war es mein oberstes Ziel, dir zu gefallen. Das bedeutet nicht, daß ich besonders brav gewesen wäre, sondern daß ich immer und überall Schuldgefühle hatte. Belustigt haben mich Freunde immer wieder auf einen Mechanismus hingewiesen: ich war zu Besuch, fühlte mich wohl, hatte aber ein schwer greifbares Gefühl, vielleicht doch Fehler gemacht zu haben, und nur wenige Stunden oder Tage später trieb es mich, anzurufen oder zu schreiben, um eine gewundene Entschuldigung abzugeben oder zu erkunden, ob ich nicht doch schweren Anstoß erregt hätte. Es war eine fundamentale Unsicherheit in mir, ob ich nicht etwa mir gar nicht ganz einsehbare Normen verletzt hätte, ob nicht binnen kurzer Zeit eine nicht berechenbare Strafe erfolgen würde, ob ich nicht Sympathien verloren oder mir bei dem oder jenem starken Unmut zugezogen hätte. Du hast mir so gründlich die Gewißheit geraubt, mich jemals in Ordnung fühlen zu dürfen, mich mit mir aussöhnen, mich o.k. finden zu können.

„Was wird der liebe Gott dazu sagen?" Durch diesen Satz war ich früh meiner eigenen inneren Gerichtsbarkeit überlassen worden. Im Grunde mußten die Eltern gar nicht mehr sehr viel Erziehungsarbeit leisten, der Kampf um das, was ich tun und lassen durfte, vollzog sich nicht mit ihnen als menschlicher Instanz, mit der es einen gewissen Verhandlungsspielraum gegeben hätte, sondern die ‚Selbstzucht', wie das genannt wurde, war mir überlassen, oder besser, der rasch anwachsenden Gotteskrankheit in mir. (...)

(Tilmann Moser)

I–31 Das Urvertrauen

Als grundlegend wichtig für die personale Fundierung des Menschen hat sich besonders durch die Arbeiten E. H. Eriksons (deutsch-amerikanischer Psychologe, geb. 1902) die Entwicklung des Urvertrauens erwiesen. (...) Mit Urvertrauen meint Erikson ein „Sichverlassen-Dürfen in bezug auf die Glaubwürdigkeit anderer und die Zuverlässigkeit seiner selbst". Er mißt der Religion eine unmittelbare Funktion beim Aufbau des Urvertrauens zu als „Glaube der Eltern, der das im Neugeborenen keimende Vertrauen unterstützt". Er konstatiert, daß „viele stolz sind, keine Religion zu haben, deren Kinder es sich nicht leisten können, ohne eine solche zu existieren", wie es aber andererseits viele gebe, „die einen Glauben bekennen und doch in der Praxis Mißtrauen gegen das Leben wie den Menschen ausstrahlen". Religiosität ist also sowohl Ausdruck als auch Motiv des Urvertrauens. (...) „Für ihn ist entscheidend, ob, oder ob nicht, Religion und Tradition lebendige psychologische Kräfte darstellen, die jene Art von Vertrauen und Überzeugung in der Persönlichkeit der Eltern schaffen, die dann das Urvertrauen des Kindes in die Zuverlässigkeit der Welt stärken können." „Wer also behauptet, Religion zu haben, muß imstande sein, einen Glauben daraus zu entnehmen, den er seinen Kindern in der Form von Vertrauen weitergeben kann: wer behauptet, keine Religion nötig zu haben, muß diesen Glauben aus anderen Quellen beziehen".

Den ersten kritischen Moment für die Entwicklung der kindlichen Persönlichkeit (...) sieht Erikson in der Entwöhnung als einer ersten Erfahrung des Verlassenseins, der Versagung des bisherigen Nahrungs- und Lebensstroms. Aus dieser Erfahrung bleibt ein „Bodensatz von Urmißtrauen" zurück, (...) der sich lebenslang als Furcht des Leerseins und Zu-nichts-gut-seins auswirken kann, wenn er nicht durch das aus der Erfahrung der mütterlichen Pflege gewonnene gegenläufige Urvertrauen kompensiert wird. Das Urvertrauen muß grundsätzlich um einige Grade stärker sein, um die ersten Frustrationen verarbeiten zu können. (...)

Urvertrauen setzt die kritische Ablösung, setzt Entwöhnung und den Aufbau von Frustrationstoleranz voraus. (...) Gerade hier hat die religiöse Erziehung vielfach Fehler begangen, indem sie ein naives unkritisches Vertrauen zu Gott intendierte und dann an den Enttäuschungserlebnissen des Kindes scheiterte. Das billige Vertrauen im Sinn der „kindgemäßen" Umdeutung des 23. Psalmes ist von Übel (...) Kritisches Vertrauen ist nicht das Vertrauen auf das durch Gott garantierte Wohlergehen, sondern auf das auch im Nicht-Wohlergehen bestehende und sich bewährende Gottesverhältnis (...), das im Umgang mit der Mutter zuerst eingeübt wird. (...) So wie die Mutter dem Kind liebevoll und fürsorgend begegnet, bevor sie (...) mit Versagungen und Forderungen an es herantritt, so muß Gott zunächst als der Liebende, Leben Spendende, Verheißende erfahren sein, ehe er als Forderer und Garant des Rechts in den Blick des Kindes kommen darf. Es verbietet sich grundsätzlich, Gott als Erziehungsmittel zu mißbrauchen, als den, der aufpaßt, wenn die Mutter aus dem Zimmer geht, als den, der straft. (...) Das erste Reden von Gott wird sich dann auf Hinweise beschränken, die Gottes Fürsorge verdeutlichen und die die entsprechende Haltung der Eltern zum Ausdruck bringen. Wenn das Kind spürt, daß es nicht nur Vertrauen zu den Eltern haben darf, sondern daß die Eltern selbst in einer entsprechenden größeren, weitergreifenden Vertrauensbeziehung stehen, (...) wird das spätere realistische Gottvertrauen am sinnvollsten und einprägsamsten strukturell vorbereitet.

(Hans-Jürgen Fraas)

Bearbeitungsmöglichkeiten

Zur Information

I–1 u. 2 Die Materialien dienen zur Orientierung, auch über diesen Block hinaus. So können die Geschichte Israels und die Entstehung alttestamentlicher Bücher/Quellen verfolgt werden.

I–3 Davidstern

Stellen Sie Ihr Vorwissen über König David zusammen, bedenken Sie die Informationen über den Symbolgehalt des Davidsterns im Zusammenhang mit der politischen und religiösen Geschichte Israels.

Könige und Propheten

I–4 Davids Ehebruch (2. Samuel 11–12)

1) Lesen und erarbeiten Sie die Darstellung des „Falls" in Kap. 11, diskutieren Sie das Verhalten der beteiligten Personen. – Zur geschichtlichen Einordnung benutzen Sie Landkarte und Zeittafel. –

2) Zwischen Kap. 12,1 und 13 bewirkt der Prophet Nathan einen Sinneswandel bei David. Lassen Sie sich anregen, selber einen kurzen Text zu schreiben, in dem Sie Vermutungen darüber anstellen, wie das geschehen sein mag. Besprechen Sie Ihre Ergebnisse, und vergleichen Sie sie mit dem Original.

3) Erörtern Sie den Fortgang der Ereignisse in Kap. 12, stellen Sie zusammen, welche religiösen Vorstellungen zur Sprache gebracht werden, und setzen Sie sich mit ihnen auseinander.

4) Überlegen Sie schon hier, am Anfang des Themas „Propheten", wieweit die Bezeichnungen „Hervor-Sager/Vorher-Sager" auf Nathan zutreffen könnten.

5) Überlegen Sie, welchen Sinn das Fasten Davids gehabt hat. (vgl. VII–30.)

Ein positives David-Bild ergibt sich aus der Geschichte, die in 1. Samuel 24, „David und Saul in En Gedi", erzählt wird. – Ein Pastor sagte auf Fragen von Schülern, wie er im Dritten Reich zum Widerstand gegen Hitler und zum Tyrannenmord gestanden habe, daß ihm persönlich – bei aller Achtung anderer Entscheidungen – dieser Bibeltext richtungweisend gewesen sei.

Eine Anregung, diesem Bekenntnis nachzusinnen...?

I–5 Ahabs Gewalttat an Naboth (1. Könige 21)

Hier finden Sie eine ähnliche Prophetengeschichte. Informieren Sie sich anhand der Zeittafel über die geschichtliche Situation.

Beim Besprechen des Textes werden Sie Parallelen und Unterschiede zu I–4 erkennen. Es empfiehlt sich, diese einander gegenüberzustellen und dann die weiterführenden Fragen zu diskutieren.

I-4 u. 5 Vergleich:

Nathan und David	Elia und Ahab

1. Schuldhaftes Vergehen des Königs
2. Auftrag des Propheten
3. Das Urteil Gottes
4. Reaktion des Königs
5. Reaktion Gottes

Anregungen zur Diskussion:

a) Welche Funktion hatten die in den Beispielgeschichten auftretenden Propheten im religiös begründeten Gesellschaftsgefüge Israels?
b) Versuchen Sie, sich in die Lage eines solchen Propheten hineinzuversetzen:
- Was wird ihm zugemutet?
- Welche anderen Reaktionen der Könige wären denkbar gewesen?

c) Zum Gottesverständnis in den Texten: Erscheint Ihnen das Urteil Gottes angemessen? Welche anderen Möglichkeiten könnten Sie sich vorstellen?
In der Bibel selbst findet eine „Kriktik an der Bibel" statt. Lesen Sie das 18. Kapitel aus dem Buch des Propheten Ezechiel (bes. V. 1-3 und 20): Er kritisiert entschieden, unter Berufung auf Gott, die hier dargestellte „Schuldübertragung von den Vätern auf die Söhne". - Der Apostel Paulus hat die »Rechtfertigung des Sünders im Glauben an Christus« zum Zentrum seiner Verkündigung gemacht. Lesen Sie dazu u. a. Röm 3,22-28 und Röm 1,17 (die für Luther entscheidende Bibelstelle!).
d) Überlegen Sie: Könnten entsprechende Problemfälle auch heute auftreten?
I-6 Im 5. Buch Mose, Kapitel 17, 14 ff finden sich Hinweise zum Königsrecht Israels. Vergleichen Sie diese mit dem ägyptischen Königtum.

Das Schicksal des Erzbischofs Romero

I-7 u. 8 Das Schicksal des Erzbischofs Romero wird als ein Beispiel zu Punkt d) der Bearbeitungsmöglichkeiten zu I-4 u. 5 vorgestellt, und zwar in zwei Zeitungsartikeln.
1) Versuchen Sie, aus den beiden Zeitungsartikeln die Fakten und die Wertungen zu erheben.
2) Diskutieren Sie unter dem Stichwort „Anwalt der Armen" Zusammenhänge von biblischer Tradition und heutiger Lebenswirklichkeit.

Baal und Aschera

I-9 u. 11 Über diese Gottheiten finden Sie Informationen in **I-10**. Eine zeitgeschichtliche Einordnung der in den folgenden Texten erwähnten Personen und Ereignisse können Sie anhand der Karte und der Zeittafel vollziehen.
1) Erheben Sie aus den Materialien das Problem, um das es geht.
(Die Fortführung dieses thematischen Ansatzes geschieht in 1. Könige 18 = I-14 u. 15.)
2) Überlegen Sie, warum Gottheiten wie Baal und Aschera für die Israeliten eine Verlockung darstellen konnten. Warum fehlt in diesem Zusammenhang eine bildliche Jahwe-Darstellung?

Ver-„dichtungen"

I-12 stellt einen Exkurs dar: 1. Kön 17 enthält Elemente legendärer und mirakulöser Erzählformen, die die Bedeutung Elias als eines beauftragten Propheten ver-„dichten". Je nach Unterrichtssituation und Interesse können solche Elemente aufgegriffen und verfolgt werden.
I-13 Als ein Kontrastbeispiel ist das Märchen „Der süße Brei" gegeben: Ähnlichkeiten und Unterschiede können erarbeitet werden.

Elia auf dem Berg Karmel

Lesehinweis: 1. Kön 18,1-12 (Elia auf dem Berg Karmel) stellt die Vorgeschichte des „Gottesurteils auf dem Berg Karmel" dar. Eine Einführung in die Problematik ist mit folgenden Angaben umrissen:
- Verfolgung der Propheten Jahwes durch Isebel
- Jahwe will die „Naturgötter" auf „ihrem eigenen Feld" herausfordern
- Elia will „die Sache" zur Entscheidung bringen.

I-14 Relief: Das Gottesurteil auf dem Karmel
Betrachten Sie das Bild und versuchen Sie, einzelne Elemente zu bestimmen und einen Handlungsverlauf zu konstruieren.
I-15 Das Gottesurteil auf dem Karmel (1. Kön 18, 21-46, unter vorläufiger Auslassung von V. 40):
1) Erarbeiten Sie die Darstellung des Gottesurteils in Abschnitten, und beachten Sie dabei auffällige Einzelheiten.
2) Diskutieren Sie Probleme, die sich aus dieser Erzählung für einen Zeitgenossen des 20. Jahrhunderts ergeben könnten.
3) „Die Erzählung will zum Ausdruck bringen, daß die Rückgewinnung eines Jahwe-Heiligtums als ein ‚wunderbares' Ereignis verstanden wurde. Nachträglich wurde sie mit ‚wunderbaren' Zügen angereichert". - Besprechen Sie diesen Deutungsversuch der Erzählung.

Das reine Gottesvolk

I-16 Vers 40 ist in der Textdarbietung in I-15 ausgelassen worden. Nehmen Sie ihn nun zur Kenntnis und diskutieren Sie anhand von 5. Mose 13,1-6 und I-16 eine Ausprägung des alt-israelitischen Religionsverständnisses.
Lesehinweis: 1. Kön 19 erzählt von der Bedrohung und Bewahrung Elias, 2. Kön 2,1-18 von seiner Entrückung.
I-17 Die Parabel vom Unkraut unter dem Weizen (Mt 13, 24-30)
1) Welche grundsätzliche Einstellung Jesu läßt sich erkennen? Beachten Sie besonders V. 30 a).

2) Versuchen Sie, die Intention der Parabel mit dem Schluß des Gottesurteils auf dem Karmel und dem **I–18** Statement eines Zeloten (eine fingierte Äußerung!) zu vergleichen, indem Sie zeitgeschichtliche Zusammenhänge berücksichtigen und von da aus auch nach der Bedeutung dieser Parabel für Christen heute fragen (vgl. dazu IV–11 und IV–14).

Gotteswille – Gottesurteile

I–19 Das Gottesurteil soll zu einer kritisch-differenzierenden Betrachtungsweise anregen.
1) Verfolgen Sie das Geschehen abschnittweise, und stellen Sie jeweils Vermutungen über den weiteren Verlauf an. Überzeugt Sie das Vorgehen des Richters? Worin sehen Sie Probleme?
2) Besprechen Sie die Frage, wie ein Urteil Gottes bzw. der Wille Gottes in unseren Lebensverhältnissen vernehmbar werden könnte.
I–20 Setzen Sie sich mit dem Zeitungsartikel auseinander.

Gott-Götzen Glaube-Aberglaube

I–21 Martin Luther: Du sollst nicht andere Götter haben
Erarbeiten und besprechen Sie Luthers Aussagen zum rechten Gottesverständnis.
I–23 Auch ein Götze ist ein Gott
Diskutieren Sie die Konkretisierungen, die Zahrnt im Anschluß an Luther (I–21) zum „Götzendienst" aufführt.
I–22 bis 25 Das Thema „Gott-Götzen bzw. Glaube-Aberglaube" kann anhand der gegebenen Materialien weiter verfolgt werden. Dabei wird auch das „Beten" – als ein Beispiel aus dem christlichen Bereich – einbezogen: sein Sinn und sein Mißbrauch werden angesprochen und zur Diskussion gestellt. Zum Gebrauch von Amuletten vgl. auch II–7 und II–8.

Religion und Religionskritik

I–26 Beten, wenn das Flugzeug abhebt
Diese Situation, die Bischof Robinson für seine Überlegungen wählt, ist sicherlich eine, die von vielen Menschen unterschiedlich erlebt wird.
Bedenken Sie, inwiefern er sagen kann, daß an dieser Stelle ein Christ Atheist sein sollte. Ist eine solche Formulierung nicht widersinnig? Wäre es vielleicht von Bedeutung, daß der Pilot kein Atheist ist?
I–27 Aus: „Der Ozeanflug"
Auch Bertolt Brecht wählt die Situation des Fliegens als Ausgangspunkt für seine Auseinandersetzung mit dem Gottesglauben. Erheben Sie aus dem Text, welche Konsequenzen er daraus zieht.
1) Ordnen Sie Brechts Erklärungen für die Entstehung des Gottesglaubens, und wägen Sie ihre Stichhaltigkeit ab.
2) Setzen Sie sich mit Brechts Vorschlägen zur „Verscheuchung jedweden Gottes" auseinander.

I–28 Kritik an der Religionskritik
1) Machen Sie sich zunächst deutlich, was Gollwitzer mit „das Veränderliche und das Unveränderliche" meint.
2) Sind seine Argumente auch auf Brechts Aussagen anwendbar?
3) Welche existentiellen Fragen stellt Gollwitzer in den Mittelpunkt, wenn es darum geht, daß sich Glaube und Atheismus an der Wirklichkeit erproben müssen? Welche Antworten aus einem christlichen Verständnis der Lebenswirklichkeit könnten gegeben werden?
4) Setzen Sie sich mit der marxistischen Behauptung auseinander, daß Religion eine Vertröstungsfunktion habe. Beziehen Sie in Ihre Überlegungen ein, daß viele Christen an der „Vernichtung des Elends" in der Welt engagiert mitarbeiten. (Verfolgen Sie den Streit in der katholischen Kirche um die „Theologie der Befreiung" in Lateinamerika.)
I–29 Religion – eine nützliche Erfindung
Kritias von Athen, der in seiner Amtszeit die Demokraten verfolgte, stellt eine interessante Behauptung auf: Religion sei ein sinnvoller Unsinn.
1) Vollziehen Sie den Gedankengang des Kritias nach.
2) Diskutieren Sie kritisch die Schlußfolgerung in Z. 41.
3) Erörtern Sie, ob mit der Sichtweise des Kritias das Phänomen „Religion" erfaßt ist. Was könnte man als Mensch des 20. Jahrhunderts dazu sagen?
I–30 Gottesvergiftung
Tilmann Moser erzählt seine Kindheits- und Jugenderlebnisse mit der Art von Religion, die ihm in seiner Erziehung vermittelt wurde.
1) Sammeln Sie die Symptome und Ursachen seiner „Gotteskrankheit".
2) Diskutieren Sie die These: „Religion ist nichts für Kinder und Jugendliche."
3) Lassen Sie sich anregen, Mosers Buch zu lesen oder in Referaten weitere Aspekte dieses Problems zur Sprache zu bringen.
I–31 Das Urvertrauen
1) In diesem Text werden Zusammenhänge von Erziehung und Religion aus psychologischer Sicht dargestellt. Von daher können Sie der Frage nachgehen, was in Tilmann Mosers Erziehung „schiefgelaufen" ist.
2) Ist demnach Religion für ein gelungenes Leben erforderlich? Übersehen Sie dabei aber nicht die Aussage des Autors: „Wer behauptet, keine Religion nötig zu haben, muß diesen Glauben aus anderen Quellen beziehen." – Welche anderen „Quellen" könnten gemeint sein?
Hinweis: Hören und besprechen Sie den Song „Zeugnistag" von Reinhard Mey.
3) Sie haben die Möglichkeit, den Aspekt „Bedrohungen und Erfahrungen der Bewahrung" weiter zu vertiefen, z. B. in den Bl. II und III dieses Buches.

Block II: „Auf Treu' und Glauben" – unzeitgemäße Tugenden?

Einleitung

Die Begriffe „Treue", „Bekenntnis", „Ehe" und „Bund" verbinden die Materialien dieses Blockes, der unterschiedliche Zugänge zur biblischen Rede vom Verhältnis Gott-Mensch eröffnet, wobei auch die Beziehung Mensch-Gott und die zwischenmenschliche Ebene einbezogen werden.
Die Erarbeitung kann ausgehen von

1) Alltagserfahrungen (II-1-5, 10),
2) alttestamentlichen Prophetenworten (Hosea: II-6-9, 11; Ezechiel: II-12-13),
3) neutestamentlichen Aussagen (II-15-18).

Problematische bzw. mißbräuchliche Verwendung von Treue-Vorstellungen und -Forderungen wird mitunter angedeutet (vgl. II-1, 2, 5, 10).

Die Thematik der Gottesbeziehung wird auch in allen anderen Teilen dieses Buches mit unterschiedlicher Akzentuierung entfaltet. Die Bedeutung des Tempels in Jerusalem im Alten Testament und im Judentum wird in Block IV anhand eines Textes des Propheten Haggai (vgl. IV-23) wieder aufgenommen.

II-1

Was wäre ich ohne meinen HSV?

Die deutsche Fußballmeisterschaft war schon vorher entschieden, das letzte Spiel des HSV gegen Bayern München hatte nur noch statistische Bedeutung. Ob er siegen oder verlieren würde, den Fans konnte es gleichgültig sein.

Für sie gab es an diesem Samstagnachmittag nichts mehr zu hoffen und zu bangen. Anfeuerungsrufe und rhythmisches Händeklatschen, Fahnenschwenken und Keegan-Chöre, die alltäglichen Treueschwüre, daß nicht Stuttgart und nicht Kaiserslautern, sondern der HSV am Ende Meister werden würde – alles, was den Sinn und den Inhalt eines Fan-Lebens ausmacht, der vor dem Spiel feststehende Titelgewinn hatte es ausgelöscht.

Zugedacht hatte man den Fans eine Statistenrolle im allgemeinen Jubelspalier der Gleichgültigen, die – anders als sie – immer nur in den guten, in den Sieger-Zeiten kommen, die bei schlechtem Wetter zu Hause bleiben und bei Auswärtsspielen den Verein im Stich lassen.

Der Block E in der Westkurve des Hamburger Volksparkstadions ist die Heimat der HSV-Fans und gilt als berüchtigt. Er ist durch Gewohnheitsrecht den 3700 Schülern und Lehrlingen reserviert, die bei ermäßigtem Eintritt von Kopf bis Fuß auf HSV eingestellt sind.

„Der HSV", sagt einer von ihnen, „ist mein Leben. Was wäre ich ohne meinen HSV?"

Doch von eben dieser Katastrophe wurden die Fans am Samstag des Hamburger Zuschauer-Unglücks heimgesucht.

Nicht nur, daß ihnen mit dem letzten Bundesliga-Spieltag der Anfang eines, wenn auch nur zwei Monate dauernden, Lebens ohne den HSV bevorstand. Sondern vor allem auch, daß sie ausgerechnet am Jubeltag ihrer Mannschaft, der sie durch die ganze Bundesrepublik gefolgt waren, der sie in München und in Gelsenkirchen den Rücken gestärkt hatten, daß sie ausgerechnet jetzt, da das große Gemeinschaftswerk – HSV-Star Keegan: „Unsere Fans haben die Meisterschaft mitgewonnen" – vollbracht war, in die gemeine Existenz zahlender Zuschauer zurückkehren sollten, die nur in der Buchführung des HSV noch eine Rolle spielten.

Das war immerhin eine ganze Saison lang anders gewesen. Da hatten Spieler und Manager die Fans via Presse um lautstarke Unterstützung gebeten; da hatte es vor dem 6 : 0-Sieg gegen Köln gar geheißen, ohne die Anfeuerung der Fans könne der HSV dieses Spiel nicht gewinnen; da war die auswärts siegreiche HSV-Mannschaft nach Spielschluß zur mitgereisten Anhänger-Schar gelaufen, um winkend zu danken für die stimmkräftige Hilfe in der Fremde.

So waren sie eine Saison lang einander unentbehrlich gewesen: Der HSV brauchte seine Fans, und die Fans brauchten ihren HSV, weil der sie brauchte.

Erst das Bewußtsein (oder Unbewußtsein) dieses wechselseitigen Abhängigkeitsverhältnisses ermöglicht jene aktive Identifikation, die der Fußball-Fan sucht, der nicht in gehorsamer Bewunderung verharren, sondern einmal in der Woche selbst die Hauptperson sein will, die er tagtäglich nicht ist und ein Leben lang nicht sein wird; weshalb er die tatsächlichen Hauptpersonen zum Vorwand für die Inszenierung seiner eigenen Wichtigkeit benötigt.

Wenn die Idole diese Funktion nicht mehr erfüllen, indem ihre sonst so wichtigen Flanken und Kopfbälle plötzlich vollkommen unwichtig sind, weil nichts mehr auf dem Spiel steht, wenn also die Stars selber unwichtig werden, dann kann der Fan sich nur noch auf eigene Faust wichtig machen und tätige Rache an den Idolen üben, die, selber bedeutungslos geworden, dem Fan seine Show gestohlen haben.

Schon während des bedeutungslosen Spiels hatte die stets tonangebende Westkurve „ihrem" HSV mit „Aufhören, Aufhören"-Chören den Marsch geblasen; und einige waren von vornherein mit dem Zorn verlassener Liebhaber ins Stadion gekommen und hatten Stahlscheren mitgebracht, um bei der Meisterehrung vor dem Drahtzaun klarzustellen, wer tatsächlich hier deutscher Fußballmeister geworden war und wem die Ehrenrunde in den bereitstehenden Karossen gebührte.

Wie mit einer dumpfen Ahnung, Betrügern aufgesessen und lediglich ausgenutzt worden zu sein, stürmten die Betrogenen aus dem Block E durch den zerschnittenen Zaun und nahmen alles in Besitz, was ihnen ja schließlich mitgehörte und woran sie doch nur gerade soviel Anteil haben sollten wie an unerreichbaren Schaufensterauslagen.

Also trieben sie erst mal DFB-Präsident Neuberger und Bundestrainer Derwall vom Podest, die ja nun schon mal gar nichts zum Triumph beigetragen hatten. Daß in den Ehrenrunden-Autos kein einziger Spieler saß, war nur selbstverständlich: Denn darin sollten doch wohl hoffentlich die Fans Platz nehmen, was sie auch taten.

Die Tatsache, daß die Stars am Tage der Meisterschaftsfeier vor ihren Fans davonlaufen mußten, drückt bildhaft das hochgespannte Verhältnis zwischen beiden aus.

Diese Hochspannung erzeugen freilich gerade auch jene aus DFB-Funktionären, Sportreportern und Vereinsvorsitzenden sich rekrutierenden Ideologen der einen großen Fußballfamilie, die nach den Hamburger Ausschreitungen nun voller Entrüstung über die schlimmen Fans herfallen.

Die aber nahmen in Hamburg lediglich das DFB-offizielle Familiendenken beim Wort, demzufolge Spieler, Zuschauer, Funktionäre die große Fußballgemeinde bilden, in der alle an einem Strang ziehen.

Die Hamburger Fußball-Fans haben mitgezogen. Ohne Gewalt konnte das nicht gehen. Denn die Angehörigen dieser einträchtigen Familie sind durch Stahlgitterzaun voneinander getrennt.

(Christian Schultz-Gerstein)

II–2 Treue – ein Florilegium

a) „Treue ist Konkurrenzausschluß."

*(Helmar Nahr, deutscher Mathematiker und Wirtschaftswissenschaftler, * 1931)*

b) „Die Treue ist der längere oder kürzere, mitunter fast wehmütige Nachhall der Liebe."

(Heimito von Doderer, österr. Schriftsteller, 1896–1966)

c)

Ist Ihr **Lebenspartner**
wirklich **treu??**
Wir verschaffen Gewißheit.
DETEKTIV-FOX GmbH
Kurt-Schumacher-Straße 25, 3500 Kassel,
Tel.: (05 61) 12113 * 13137

d) „Als einst die Treue sich aus dieser Welt verloren, hat sie zu ihrem Sitz des Hundes Herz erkoren." *(Gedenkstein für den Hund des französischen Generals Kellermann, 1735–1820)*

e 1)

„Unsere Ehre heißt Treue"

(Parole des deutschen Nationalismus; Gebrauch durch die Nationalsozialisten)

e 2)
Gläubiges Volk, fest dem Führer verbunden
in düsteren, schweren, in glücklichen Stunden,
zusammengeschmiedet in Freuden, Gefahren,
kann immer nur dieses: die Treue bewahren!

(Wahlspruch zum 29. März 1936 von Ernst Kahl)

f) „Treue ist die dauernde Hinwendung zur Seele eines anderen, um in ihr oder mit ihr konstant gewollte Lebenswerte zu verwirklichen."
(Eduard Spranger, deutscher Philosoph, 1882–1963)

g) „Seine Anhänglichkeit war frei von Selbstsucht, sein munteres Spiel ohne Tücke, seine Treue ohne Trug."
(Nachruf im Park von Adelaide Lodge auf „Dash", den Spaniel der Königin Victoria von England, 1819-1901)

h) **„üb' immer Treu' nach Möglichkeit..."**
(Redensart)

i) „Vertrauen ist Mut, und Treue ist Kraft."
(Marie von Ebner-Eschenbach, österr. Erzählerin, 1830–1916)

k) **„Laßt beständig sein die Treue,
fällt das T weg, kommt die Reue."**
(Aus einem „Ehezuchtbüchlein")

l) „Wir sind allein, vollkommen allein auf diesem Zufallsplaneten. Und von allen Lebewesen, die uns umgeben, hat keines außer dem Hund einen Bund mit uns geschlossen."
(Maurice Maeterlinck, belgischer Dichter 1862–1949)

II-3 Wörterbuch und Lexikon – Stichwort: Treue

treu: Die heutige Form geht zurück auf *mhd.* triuwe, das im *14. Jh.* neben gleichbed. älteres *mhd.* getriuwe *ahd* gitriuwi (daraus *nhd.* getreu) trat. Aus anderen *germ.* Sprachen vgl. *got.* triggws „treu, zuverlässig", *aengl.* (ge)-triewe „treu, ehrlich" (*engl.* true „treu, wahr, richtig, echt") und *schwed. trygg* „sicher, getrost". *Außergerm.* ist z. B. *lit.* drūtas „stark, fest, dick" verwandt. Die Wortgruppe gehört zu dem unter → *Teer* dargestellten *idg.* deru-„Eiche, Baum", zu dem auch die unter → Trost (eigtl. „[innere] Festigkeit") und → trauen (eigtl. „fest werden") behandelten Wörter gehören. Das Adjektiv treu bedeutet demnach eigtl. „stark, fest wie ein Baum". Dazu Treue w (*mhd.* triuwe, *ahd.* triuwa, *got.* triggwa, *niederl.* trouw, *aengl.* tréow, dazu im Ablaut die *nord.* Sippe von *schwed.* tro „Treue, Glauben"). Zum Substantiv stellt sich das Verb betreuen (*mhd.* betriuwen „in Treue erhalten, schützen"). Zus.: Treuhänder m „Person, der etwas zu treuen Händen übergeben worden ist" (13. Jh.; ein Begriff der alten Rechtssprache).

(Duden Etymologie)

Treue (fides, fiducia) ist die Tugend der Beständigkeit im sittlichen Verhalten. Sie begründet die Zuverlässigkeit eines Menschen, eingegangene Bindungen einzuhalten und zu bewahren, seien sie ausdrücklich übernommen und fest umrissen (z. B. in der Ehe) oder unausgesprochen, wie in der Freundschaft. T. wurzelt in der Gesinnung (...), ja sie ist das Beharren in der Gesinnung überhaupt, die Beharrungskraft der Person. Ihr Wesen wurzelt in der Zeitlichkeit menschlichen Seins insofern, als die T. das gegenwärtige Verhalten am Gedächtnis vorausgegangener Stellungnahmen und Zusagen orientiert und wiederum in die Zukunft greifend sich selbst vorweg in Zusage und Versprechen bindet. Man versichert sich in der Tiefe einer Beständigkeit, die den inneren Kern unserer sittlichen Entscheidungen gegen Zufälle und Beeinflussungen abschirmt. So kommt durch die T. die Person selbst zustande, und alle T. ist im Grunde T. gegen sich selbst. Wenn auch T. zunächst als Bindung an einen anderen Menschen erscheint, so ist doch darin die T. gegen sich selbst der eigentliche Kern und dem äußeren Festhalten von Bindungen übergeordnet. Intentional ist jede T. auf unabsehbare Dauer gemeint, »ewige T.«; tatsächlich kann im Gange der menschlichen Entwicklung, z. B. im Schicksal von Jugendfreundschaften, die Unbedingtheit und Unwandelbarkeit der T. nur an ihrem inneren Kern abgelesen werden. Wiederum läßt sich die Rede von einer »T. zur Sache« nur von der T. zu sich selbst aus rechtfertigen. Die Zuverlässigkeit der sittlichen Person entscheidet sich schlechthin an ihrer T. – Der Begriff reicht auch in die *Rechtssphäre.* Das Versprechen, der Vertrag, das Eingehen eines Dienstverhältnisses begründen ein Vertrauensverhältnis und setzen T. voraus. Insofern ist »Treu und Glauben« ein allgemeines Prinzip der Rechtsordnung. Der Arbeitnehmer und in uneingeschränkterem Sinne der Beamte steht unter der T. pflicht. Der mitunter sehr weitreichende Inhalt der T. wird im Treueid fest umrissen und feierlich bekräftigt.

(Religion in Geschichte und Gegenwart)

II-4 Paare

II-5 es war eine gute ehe

es war eine gute ehe
sie blieben sich treu
es war eine gute ehe
nicht das geringste geschah
es war eine gute ehe
die stark war wie stahl
es war eine gute ehe
die still war wie stein
es war eine gute ehe
nicht das geringste geschah
es war eine gute ehe
jetzt ist das gefängnis gesprengt

(Kurt Marti) Pfarrer

II-6 Die Hochzeit mit der Hure

(Hos 1,1–9)

1 In diesem Buch ist aufgeschrieben, was der
Herr zu Hosea, dem Sohn Beeris, gesagt hat,
während in Israel Jerobeam, der Sohn Joachs,
König war und in Juda nacheinander die Könige
Usija, Jotam, Ahas und Hiskija regierten. 2 Als
der Herr zum erstenmal mit Hosea sprach, sagte
er: „Nimm eine Hure zur Frau und zeuge mit ihr
Kinder, die genauso verdorben sind wie ihre
Mutter!" (...)
3 Da heiratete Hosea Gomer, die Tochter
Diblajims; und sie gebar ihm einen Sohn. 4 „Gib
ihm den Namen Jesreel!" sagte der Herr zu
Hosea. „Denn es dauert nicht mehr lange, bis ich
das Blutbad, das Jehu in Jesreel angerichtet hat, an
seinen Nachkommen räche und dem Königtum
in Israel ein Ende mache. 5 Genau in der Ebene
Jesreel werde ich das Heer Israels völlig vernich-
ten."
6 Als Gomer zum zweitenmal schwanger
wurde und eine Tochter gebar, sagte der Herr zu
Hosea: „Gib ihr den Namen ‚Kein Erbarmen';
denn ich habe jetzt kein Erbarmen mehr mit den
Israeliten, sondern werde sie verstoßen. 7 Doch
mit den Leuten von Juda werde ich Erbarmen
haben und ihnen helfen, denn ich bin der Herr,
ihr Gott; aber ich helfe ihnen nicht mit Waffen,
Rossen und Reitern."
8 Als Gomer ihre Tochter „Kein Erbarmen"
nicht mehr stillte, wurde sie zum drittenmal
schwanger und brachte einen Sohn zur Welt.
9 Der Herr sagte: „Gib ihm den Namen ‚Nicht

mein Volk'! Denn ihr seid nicht mein Volk, und
ich bin nicht mehr für euch da."

(Die Gute Nachricht)

II-7 Gebrochene Treue – unwandelbare Treue

(Hos 2,4–25)

4 „Erhebt Anklage gegen eure Mutter Israel!"
sagt der Herr. „Denn sie hat so gehandelt, als
wäre sie nicht meine Frau und ich nicht ihr Mann.
Sie soll aus ihrem Gesicht und von ihrer Brust die
Zeichen entfernen, die daran erinnern, daß sie
mir die Treue gebrochen hat. 5 Sonst werde ich
ihr alle Kleider nehmen, daß sie so nackt ist wie
am Tag ihrer Geburt. Ich lasse sie zur ausgedörr-
ten Wüste werden, daß sie verdursten muß.
6/7 Auch mit ihren Kindern habe ich kein Erbar-
men, weil sie von einer solchen Mutter stammen.
Sie hat es mit anderen Männern getrieben und
gesagt: ‚Meine Liebhaber geben mir Brot und
Wasser, Wolle und Flachs, Öl und Wein. Deshalb
halte ich mich an sie!' 8 Darum versperre ich ihr
den Weg mit Dornengestrüpp und verbaue ihn
mit einer Mauer. 9 Dann kann sie ihre Liebhaber
nicht mehr finden, so sehr sie auch sucht, und sie
wird sagen: ‚Ich will zu meinem ersten Mann
zurückkehren. Bei ihm ging es mir besser!' 10 Sie
wollte es nicht wahrhaben, daß ich es gewesen
bin, der ihr Korn, Wein und Öl gab. Mit Silber
und Gold habe ich sie überhäuft – und sie hat es
zu ihrem Baal getragen! 11 Darum nehme ich ihr
mein Korn und meinen Wein wieder weg, gerade
dann, wenn sie die Ernte einbringen will. Ich
nehme ihr meine Wolle und meinen Flachs, so
daß sie nichts mehr anzuziehen hat. 12 Ich stelle
sie nackt vor ihren Liebhabern an den Pranger,
und keiner von ihnen kann sie aus meiner Gewalt
befreien. 13 Ich mache all ihren Freudenfesten ein
Ende, den Neumonds- und Sabbatfeiern und
allen anderen Festen. 14 Ich vernichte ihre Wein-
stöcke und Feigenbäume, von denen sie sagte:
‚Das ist der Lohn, den mir meine Liebhaber gege-
ben haben.' Ihre Pflanzungen lasse ich verwil-
dern, und die wilden Tiere werden sie abfressen.
15 So bestrafe ich sie dafür, daß sie mich vergessen
und den Baalen Weihrauch geopfert hat, daß sie
sich geschmückt hat und ihren Liebhabern nach-
gelaufen ist. Ich, der Herr, sage es.

16 Darum will nun *ich* sie verführen; ich werde
sie in die Wüste bringen und um sie werben.
17 Dort wird sie meine Liebe erwidern wie
damals, als sie jung war, als sie aus Ägypten kam.
Dann werde ich sie zurückbringen und ihr ihre
Weinberge wiedergeben, und das Achortal soll zu
einem Tor der Hoffnung werden."

18 „Wenn es soweit ist", sagt der Herr zu Israel,
„wirst du mich deinen Mann nennen und nicht
mehr deinen Baal. 19 Ich werde dich dazu brin-
gen, daß du das Wort Baal nie mehr in den Mund
nimmst. 20 Dann schließe ich einen Bund mit den
Vögeln und den wilden Tieren und allen Schäd-
lingen, daß sie dir nichts mehr antun dürfen. Ich
zerbreche alle Waffen und entferne sie aus deinem
Land, so daß du in Frieden und Sicherheit leben
kannst. 21 Ich schließe die Ehe mit dir für alle Zei-
ten; du findest bei mir Hilfe und Schutz, ich
schenke dir Liebe und Erbarmen. 22 Ich bringe dir
meine unwandelbare Treue mit, und du wirst
erkennen, wer ich bin – ich, der Herr. 23/24 Wenn
das geschehen ist, werde ich Jesreel segnen: Ich
lasse Regen auf die Erde fallen, und die Erde wird
Korn, Wein und Öl hervorbringen, wie du es
erbeten hast. 25 Ich schenke dir Kinder in deinem
Land und erbarme mich über die, die ‚Kein
Erbarmen' geheißen hat. Zu ‚Nicht mein Volk'
sage ich: ‚Du bist wieder mein Volk', und er wird
mir antworten: ‚Du bist mein Gott.'"

(Die Gute Nachricht)

II-8 Amulette (zu Hos 2, 4)

Mit den ‚Hurenzeichen' und ‚Ehebruchsmalen' ist vermutlich auf sichtbare Merkmale des baalistischen Höhenkults angespielt, am ehesten auf Amulette, die, am Hals (V. 4 b) oder auch als Schmuck an der Stirn getragen (vgl. V. 15), die Wirkung des Kultfestes für den Alltag sichern sollten, in der Abwehr alles Bösen. Mit deren Ablegung wäre das hurerische Israel ungeschützt und neu auf die Fürsorge des Gatten angewiesen.

(Jörg Jeremias)

II-9 Doch wie könnte ich dich aufgeben, Israel?

(Hos 3, 1–5; 11, 1–11)

3 Noch einmal sagte der Herr zu mir: „Nimm
eine Frau, die andere Männer liebt und Ehe-
bruch treibt! Begegne ihr so, wie ich den Israeli-
ten begegne, die sich anderen Göttern zuwenden
und es lieben, ihnen gepreßte Weinbeeren zu
opfern!"

2 Ich kaufte mir eine solche Frau um fünfzehn Silberstücke und drei Zentner Gerste 3 und sagte zu ihr: „Für eine lange Zeit mußt du jetzt in meinem Haus bleiben und darfst dich nicht mit anderen Männern einlassen, und auch ich werde nicht mit dir verkehren.“ 4 Genauso wird es den Israeliten ergehen: Sie werden für lange Zeit keinen König und keine führenden Männer haben, keine Opferstätten und heiligen Steine und keine Orakel.

5 Zuletzt aber, am Ende der Zeit, werden die Israeliten in ihr Land zurückkehren und sich dem Herrn, ihrem Gott, zuwenden und ihrem König, einem Nachkommen Davids. Sie werden dem Herrn voll Ehrfurcht dienen und alles Gute allein von ihm erwarten. (...) vgl. Hos. 2

11 Der Herr sagt: „Als Israel, mein Sohn, noch jung war, gewann ich ihn lieb und rief ihn aus Ägypten zu mir. 2 Aber je mehr ich die Israeliten rief, desto mehr wandten sie sich von mir ab. Sie brachen den Baalen Opfer dar und verbrannten Weihrauch vor den Götzenbildern. 3 Dabei war doch ich es, der Israel an den Händen gefaßt und ihn das Gehen gelehrt hatte. Aber sie wollten nicht erkennen, daß ich sie pflegte und beschützte. 4 Ich führte sie am Leitseil der Liebe wie ein Bauer, der es gut meint mit seinem Rind, der ihm das Joch anhebt, damit es leichter fressen kann, und sich sogar bückt, um ihm sein Futter hinzuhalten.

5 Weil sie nicht zu mir umkehren wollten, müssen sie nun wieder nach Ägypten zurück, und die Assyrer werden über sie herrschen. 6 Das Schwert wird in ihren Städten wüten und alle vernichten, die Pläne gegen mich schmieden. 7 Sie wollen und wollen nicht zu mir umkehren. Man ruft ihnen zu: ‚Rafft euch doch auf!‘, aber keiner tut es.

8 Doch wie könnte ich dich aufgeben, Israel, wie dich im Stich lassen? Ich kann dich doch nicht vernichten wie die Städte Adama und Zebojim! Das Herz dreht sich in mir um, wenn ich es versuche; ich bin von brennendem Mitleid mit dir erfüllt. 9 Ich will meinem Zorn nicht freien Lauf lassen und Efraim nicht preisgeben. Denn ich bin Gott und nicht ein Mensch; ich, der heilige Gott, komme, um dir zu helfen, und nicht, um dich zu erschrecken. 10 Die Verbannten werden hinter mir her ziehen. Wenn ich brülle wie ein Löwe, kommen sie zitternd über das Meer im Westen. 11 Schnell wie Vögel und begierig, mir zu gehorchen, werden sie aus Ägypten kommen, und wie Tauben aus Assyrien. Ich bringe sie wieder in ihre Heimat. Ich, der Herr, sage es.“

(Die Gute Nachricht)

II-10

Treue heißt auch, sich selbst treu zu bleiben

Die Ansprüche an die Partnerschaft sind gewachsen: andauerndes Glück, vollständiges Akzeptieren und Verstehen, ungetrübte sexuelle Erfüllung und uneingeschränkte persönliche Entfaltung soll sie gewähren. Wenn die partnerschaftlichen Verhältnisse nicht so sind, versucht man den Gipfelsturm zur Selbstverwirklichung eben im Alleingang. Doch auch im „Hier-und-Jetzt“ der Psychoszene läßt sich die eigene Geschichte nicht auslöschen. Und, so meint der Paartherapeut Jürg Willi: Ohne beständige Beziehung, zu einem verläßlichen Partner und zur eigenen Vergangenheit, gerät die psychische Ökologie aus dem Gleichgewicht. Im Gespräch mit zwei Psychologie heute-Redakteuren sieht Willi die Treue, einen vergessenen Wert, in einem neuen Zusammenhang.

PSYCHOLOGIE HEUTE: Herr Willi, Sie haben kürzlich die „Selbstverwirklichungsideologie“ kritisiert und demgegenüber das Bedürfnis nach Zugehörigkeit in einer Partnerbeziehung betont. Damit verbunden ist die Aufforderung, zur Treue in der Partnerschaft zurückzukehren. Bedeutet diese Forderung nicht, Freiheiten aufzugeben, die in den letzten Jahren mühsam errungen wurden?

Willi: Da muß ich gleich die Gegenfrage stellen: Was verstehen Sie unter Treue: Wenn man unter Treue den Verzicht auf außereheliche Sexualbeziehungen versteht, ist das für mich zu kurz gegriffen. Der Begriff Treue hat eine viel umfassendere Bedeutung. Das Wort kommt vom althochdeutschen „teru", und „teru" bedeutet „die Eiche". Es meint also: fest und beständig wie eine Eiche zu sein. (...)

Wenn ich meinem Partner nicht trauen kann, werde ich mich auch davor hüten, zuviel von mir in diese Beziehung zu investieren. Ich kann mich nicht ganz in die Beziehung begeben, weil das Risiko für mich zu groß ist, selbst im Stich gelassen zu werden.

Ich glaube, die zunehmende Tendenz, Partnerbeziehungen auflösen zu können, wird sich auch auf die Bereitschaft auswirken, sich überhaupt auf eine längerfristige Beziehung einzulassen. Jetzt kann natürlich jemand sagen: das ist ja nicht so schlimm, dann läßt man sich eben nicht so ein; aber das wird die Gesellschaft tiefgehend umstrukturieren.

P. H.: Was macht es denn heute so schwierig, verläßlich zu einer Partnerschaft zu stehen? Früher war das doch mehr oder weniger selbstverständlich.

Willi: Entscheidend ist natürlich, daß heute gar keine äußere Notwendigkeit mehr besteht, zusammenzubleiben. Früher sorgten wirtschaftliche Zwänge dafür, daß man beieinanderblieb. Man heiratete oft gar nicht aus Liebe, sondern die Heirat diente der Existenzsicherung; sie war die Verbindung von zwei Sippen, und man hatte gemeinsam eine Familie großzuziehen.

Heute zwingt die Existenzsicherung kaum noch jemanden, eine Ehe aufrechtzuerhalten.

P. H.: Aber die frühere Notwendigkeit, aus wirtschaftlichen oder gesellschaftlichen Gründen zusammenzubleiben, hat auch nicht automatisch dazu geführt, daß die Ehepartner einander treu blieben.

Willi: Richtig. Und genau da müssen wir darauf achten, nicht von zwei verschiedenen Dingen zu sprechen. Treue, als sexuelle Ausschließlichkeit, ist etwas anderes als Treue im Sinne von Beständigkeit. Für mich stellt sich die Frage, ob es nicht so etwas wie eine psychologische Ökologie gibt. Auch im psychologischen Bereich werden „Landschaften" geschaffen, und jeder einzelne ist ein Teil solcher Landschaften. Durch das Zerbrechen einer Beziehung haben eben nicht nur zwei Partner mehr Freiheit für ihre eigene Entwicklung, sondern dadurch zerbrechen ganze ökologische Systeme.

P. H.: War die Forderung nach Beständigkeit früher gesellschaftlich sinnvoll und verschwindet sie heute, weil sie es jetzt nicht mehr ist?

Willi: Eine äußere Notwendigkeit gibt es nicht mehr. Jetzt wäre die Frage: Gibt es eine innere Notwendigkeit? Ich meine doch, daß ein Teil der Krise, in der vor allem Jugendliche und alte Leute stecken, mit einem Gefühl fehlender Geborgenheit zu tun hat. Man fühlt sich nicht mehr einer psycho-ökologischen Landschaft zugehörig, sondern ist isoliert, ganz mit sich selbst beschäftigt und fühlt sich ausgeschlossen, nicht mehr als ein Bestandteil von übergreifenden sozialen Systemen. (...)

Treue ist etwas anderes als nur der Verzicht auf außereheliche Sexualbeziehungen

(...)

Partnerbeziehungen sind also ökologische Systeme. Das Zusammenspiel der Partner muß so sein, daß eine Balance möglich ist in der Entfaltung des eigenen Potentials und jenes des Partners. Das heißt: Jeder muß die Chance zum Wachstum behalten, aber er kann nicht einfach einseitig für sich wachsen, gegen den anderen oder ohne Rücksicht auf ihn, weil er sich damit die Basis für den gemeinsamen Prozeß zerstört. Als Partner kann er sich innerhalb der Beziehung nur soweit entfalten, wie es ihm gelingt, vom andern „beantwortet" zu werden. (...)

P. H.: Vorhin habe ich Sie so verstanden: dafür, daß jemand den Schritt in die Selbstverwirklichung tut, bezahlt er möglicherweise einen hohen psychischen Preis, er verliert viel.

Willi: Was heißt Selbstverwirklichung? Ich bin nicht gegen, sondern für Selbstverwirklichung, ich bin aber für eine *bezogene* Selbstverwirklichung. Ich bin für die Möglichkeit der Scheidung und gegen die alten Moralvorstellungen. Ich plädiere aber dafür, daß man sich, im psychologischen Sinn, umweltbezogen sieht, daß also nicht eine individualistische Selbstverwirklichung propagiert wird.

P. H.: Muß man deswegen am Ideal der Zweierbeziehung festhalten? Ich glaube auch, daß Verwirklichung nur bezogen möglich ist. Aber warum soll ich mich irgendwann in meinem Leben für einen entscheiden?

Willi: Für mich ist die Zweierbeziehung *eine* mögliche Beziehungsform, die allerdings Qualitäten hat, die andere Beziehungen nicht haben; in der vor allem eine Nähe und Intimität möglich ist, wie ich sie anders kaum verwirklicht sehe. (...)

P. H.: Es gibt die modische These der Polygamie, die Annahme also, daß der Mensch ein Urbedürfnis nach mehreren sexuellen Kontakten zur gleichen Zeit hat. Glauben Sie, daß das, auch bei sehr offenen und vertrauensvollen Beziehungen, längerfristig überhaupt funktionieren kann?

Willi: Es scheint mir sehr problematisch, außereheliche Kontakte über einen Leisten zu schlagen. Es gibt ganz verschiedene Formen. Manche gehen eher kurzfristige Gelegenheitsbeziehungen ein, die sehr intensiv sein können, aber eine grundsätzlich andere Wertigkeit haben als die Partnerschaft, die als Lebensgemeinschaft aufgebaut ist. Wenn eine solche Beziehung aber länger dauert, dann fängt sie an, die Ehe zu berühren, weil sie in mancher Hinsicht keine grundsätzlich andere Beziehung mehr ist. Sie nimmt der Ehebeziehung etwas weg. Auf die Dauer wird es nicht möglich sein, diese Beziehungen nebeneinander herlaufen zu lassen, ohne daß es innerhalb der Partnerschaft zu einer ernsten Krise kommt. Diese Krise kann destruktiv entarten und zum Beispiel zu einer Scheidung führen. Sie kann aber auch eine sehr konstruktive Erfahrung sein. Sie kann den Partnern die Augen für manches öffnen, was in ihrer Beziehung nicht stimmt. (...)

Vielleicht besteht die Gefahr, daß die Forderung nach Beständigkeit als ein bloßer Zwang mißverstanden wird. Was ich aber eigentlich meine, hat mit Identität zu tun. Es wird heute immer schwieriger, eine einigermaßen stabile Identität zu entwickeln in dem Sinn, daß man sich selbst als etwas Gewachsenes erfährt. Es gibt eine starke Tendenz, gerade auch durch die Psychotherapeuten, alles nur noch auf das „Hier-und-Jetzt“ zu beziehen. Man will hier und jetzt seine Gefühle haben – und sonst nichts. Das scheint mir aber in der Realität ganz ausgeschlossen zu sein. Man kann nicht seine Vergangenheit leugnen, und man ist immer auf eine Zukunft ausgerichtet.

Durch die Tendenz, das „Hier-und-Jetzt“ so überzubetonen, verlieren, befürchte ich, viele ihre Identität. Sie entlehnen sich eine Identität in der Psychogruppe, in der sie gerade im Moment drin sind. Sie springen dann häufig von eine Gruppe zur anderen, von einer Schule zur anderen, und flottieren irgendwo in der Psychowelt herum. Persönlich meine ich, es ist notwendig für einen Menschen, daß er sich als einer versteht, der eine Geschichte hat. Und so besteht auch eine Beziehungsgeschichte in einer Partnerschaft, die immer mit vielen Verletzungen und Schwierigkeiten einhergegangen ist und mühsam aufgebaut wurde. Ich finde, man sollte sich in seiner Geschichte treu bleiben. Das heißt nicht, daß man nicht neue Entwicklungen machen könnte oder bestimmte Erfahrungen abschließt, um etwas ganz Neues anzufangen.

> ***Durch die Tendenz, das „Hier-und-Jetzt“ überzubetonen, verlieren viele ihre Identität***

Mit Treue und Beständigkeit meine ich also keinen Zwang zur Beständigkeit, sondern ich kritisiere die Überbewertung des „Hier-und-Jetzt“. (...) Eine langjährige Partnerschaft ist ein unauslöschbarer Teil der eigenen Wirklichkeit. Man kann einsehen, daß man mit dem Partner in eine derart destruktive Entwicklung hineingeraten ist, daß eine äußere Scheidung notwendig ist, um sich selbst zu finden.

Man wird in diesem schmerzlichen Prozeß eine Phase durchmachen, wo man den Partner nicht mehr sehen kann und ihn auch ganz in sich zerstören möchte. Aber die Zeit wird meist die Wunden heilen. Dann wäre es gut, man könnte sich mit seiner Beziehungsgeschichte wieder versöhnen und sie in sich integrieren als einen Prozeß, der zwar unglücklich ausgegangen ist, in den man aber doch viel Positives von sich investiert hat und meist – mindestens zu Beginn – auch viel Positives vom Partner empfangen hat. Findet diese Versöhnung nicht statt, so wird die unbewältigte Scheidung meist die nachfolgenden Beziehungen überschatten. Treue bedeutet so letztlich auch Treue zu sich selbst und seiner Geschichte, als einem in sich zusammenhängenden, sinnvollen Prozeß, dessen Zukunft immer aus der Vergangenheit hervorgeht.

(Psychologie heute)

II-11 Treue – Liebe – Gotteserkenntnis

(Zu Hos 4, 1 b)

Zuerst verkündet der Prophet die Anklage Gottes. *Der Herr hat Ursache, zu schelten, die im Lande wohnen; denn es ist keine Treue, keine Liebe, keine Erkenntnis Gottes im Lande* (Vers 1 b). Drei Vorwürfe erhebt diese Anklage. Wir Modernen stutzen sofort. Die beiden ersten Anklagepunkte lassen wir uns wohl gefallen; denn Liebe sollte sein, und Treue sollte sein. Aber wer wagt, daraus einen Vorwurf zu machen, daß keine Erkenntnis Gottes im Lande ist? *Muß* man Gott erkennen? Ist Wissen oder Nichtwissen um Gott nicht jedermanns Privatsache? Der Protest meint: Öffentliche Interessen werden durch die Erkenntnis Gottes überhaupt nicht getroffen. Die andere Frage lautet: *Kann* man Gott überhaupt erkennen? Gibt es denn überhaupt eine einleuchtende und unbestrittene Möglichkeit, von Gott zu wissen? Diese zweite Protestfrage bestreitet, daß man einen Menschen dafür verantwortlich machen kann, daß er keine Gotteskenntnis hat.

Auf beide Fragen antwortet uns der Prophet Hosea mit einem eindeutigen Ja. *Muß* man Gott erkennen? Hosea sagt: ihr könnt mir kein Glied aus der Kette herausbrechen. Die drei gehören zusammen. Man kann nicht sagen: Liebe und Treue muß sein, aber Gotteserkenntnis muß nicht sein. Du kannst nicht deinen Apfelbaum im Garten haben wollen und ihm zugleich alle Wurzeln absägen. Denn was die Wurzeln für den Obstbaum sind, das ist Gotteserkenntnis für die Liebe und Treue im Lande.

Den unlösbaren Zusammenhang verstehen wir noch besser, wenn wir beachten, was *Liebe* und *Treue* in der Sprache Hoseas bedeuten. Liebe ist nicht das Aufwallen eines Gefühls, sondern die gegenseitige Verbundenheit von Menschen, die auf Gedeih und Verderb füreinander einstehen. Treue ist nicht die Beharrlichkeit eines Charakters bei sich selbst, sondern jene Verläßlichkeit für einen anderen Menschen, die auch über Enttäuschungen hin in Güte ausdauernd zu ihm steht. Dazu sagt der Prophet: Menschen können nicht wirklich zuverlässig miteinander verbunden sein, wenn sie Gott nicht kennen. Ist keine Liebe und Treue da, dann ist ganz gewiß kein Wissen um Gott da.

Reinhold Schneider erzählt einmal von 1) einem Weihnachtsabend in Potsdam um das Jahr 1933, er habe da in seiner Verlassenheit die Heilige Schrift aufgeschlagen, die er sich als Knabe in Luthers Übersetzung gekauft hatte. Nach wenigen Kapiteln sei er auf die kalte, dunkle Straße geflohen. Denn es war ihm klar: „Dieses Buch kann man nicht lesen. Man kann es nur tun. Es ist kein Buch. Es ist Lebensmacht. Und es ist unmöglich, auch nur eine Zeile zu begreifen ohne den Entschluß, sie zu vollziehen.“ (...)

Das Kreuz Christi wirft in unserem Hoseawort deutlich seine Schatten ins Alte Testament hinein. Es sagt, was auch heute für uns alle gilt, unserer ganzen Vorgeschichte zum Trotz: *Ich will nicht tun nach meinem grimmigen Zorn noch Efraim wieder verderben. Denn ich bin Gott und nicht ein Mensch und bin der Heilige unter dir. Ich will nicht kommen, um zu verheeren* (11,9). Das ist der endgültige Umsturz der Liebe, die den Zorn niederwirft. Gott ist Gott. Er bleibt sich selbst treu, d. h., er bleibt seiner Liebe, mit der unsere Lebensgeschichte begonnen hat, durch alles Ringen hindurch bis ans Ende treu. Gott erweist sich als der Heilige. Der Mensch bekommt nicht das Heft in die Hand, auch jetzt nicht, da er sich harthörig stellt. Nicht des Menschen Tun, sondern Gottes heiliger Liebeswille bestimmt. Der Mensch ist endgültig nicht sich selbst überlassen, auch der unbekehrte nicht. Das ist die weltüberwindende Botschaft, die heute zu verkündigen und zu hören ist.

(Hans Walter Wolff)

1) Schriftsteller und Historiker (1903–1958). Die Auseinandersetzung zwischen Glaube und Unglaube, Gewissen u. Macht u. d. Kampf um d. Verwirklichung d. Nachfolge Chr. sind d. Themen seiner Dramen, Abhandlungen, geschichtl. Werke. Kath., von Schwermut überschattetes Traditionsbewußtsein verband sich bei S. mit unbestechlichem Blick f. Zeitproblematik. Während d. nationalsozialist. Herrschaft wurden s. Sonette illegal verbreitet.

II-12 Das Strafgericht an Jerusalem: eine Vision Ezechiels

(Ez 8–9; 10, 18–22; 11, 22–25; 16, 36–43)

8 Es war am fünften Tag des sechsten Monats
im sechsten Jahr unserer Verbannung. Die
führenden Männer der verschleppten Judäer
saßen bei mir in meinem Haus. Da spürte ich, wie
Gott, der Herr, seine Hand auf mich legte. 2 Ich
erblickte eine Gestalt, die wie ein Mann aussah.
Von der Stelle, wo die Hüften sind, nach unten
sah er aus wie Feuer, nach oben aber wie gleißen-
des Gold. 3 Er streckte etwas wie eine Hand nach
mir aus und packte mich an den Haaren. So hob
mich der Geist Gottes in meiner Vision weit über
die Erde empor und trug mich nach Jerusalem, an
die Innenseite des nördlichen Stadttors. Dort
stand das Götzenbild, das den Zorn des Herrn
erregt.

4 Da sah ich den Gott Israels in seiner strahlen-
den Herrlichkeit, genau wie ich ihn in der Ebene
am Fluß Kebar gesehen hatte.

5 Er sagte zu mir: „Du Mensch, sieh nach Nor-
den!" Ich blickte durch das Tor nach Norden und
sah einen Altar; das Götzenbild aber stand inner-
halb des Tores. 6 Der Herr fuhr fort: „Du
Mensch, siehst du, was man da treibt? Die Israeli-
ten kümmern sich nicht um meinen Tempel; statt
dessen treiben sie hier abscheuliche Dinge. Aber
du wirst noch Schlimmeres sehen."

7 Er führte mich zum Eingang des Tempelvor-
hofs; dort sah ich ein Loch in der Mauer. 8 Er
sagte zu mir: „Mensch, durchbrich die Mauer!"
Ich tat es und stand vor einer Tür. 9 Er sagte zu
mir: „Geh hinein und sieh, was sie dort Abscheu-
liches treiben!" 10 Ich ging hinein und sah, daß
man überall an den Wänden Bilder von großen
und kleinen Tieren eingemeißelt hatte, die dem
Herrn ein Greuel sind. Das waren die Götzen der
Israeliten. 11 Vor diesen Bildern standen siebzig
Männer mit Räucherpfannen in der Hand, von
denen Weihrauchwolken aufstiegen. Die siebzig
gehörten zu den Ältesten Israels, auch Jaasanja,
der Sohn Schafans, war unter ihnen.

12 Der Herr fragte mich: „Siehst du, Mensch,
was die führenden Männer Israels im Verborge-
nen vor ihren Götzenbildern treiben? Sie den-
ken: ‚Der Herr sieht es nicht; er kümmert sich
nicht mehr um unser Land.' 13 Aber du wirst
sehen, daß sie noch Schlimmeres tun."

14 Der Herr führte mich zum Nordtor des
Tempels. Dort saßen Frauen und weinten über
den Tod des Gottes Tammuz.

Der Herr sagte zu mir: „Siehst du das,
Mensch? Du wirst noch Schlimmeres sehen."

16 Er führte mich in den inneren Tempelhof.
Vor dem Eingang zum Tempel, zwischen Vor-
halle und Altar, standen etwa fünfundzwanzig
Männer. Sie blickten nach Osten, mit dem
Rücken zum Tempel des Herrn, und warfen sich
nieder, um die Sonne anzubeten. 17 Der Herr
sagte zu mir: „Siehst du das, Mensch? Reicht es
nicht, daß die Leute von Juda überall im Land
Götzen verehren und Unrecht tun? Müssen sie
mich auch noch damit reizen, daß sie es hier in
meinem Tempel tun? 18 Jetzt kenne ich keine
Rücksicht mehr. Erbarmungslos und ohne Scho-
nung werde ich gegen sie vorgehen. Auch wenn
sie noch so sehr um Gnade flehen – ich höre es
nicht mehr."

9 Dann rief der Herr: „Beginnt mit dem Straf-
gericht an Jerusalem! Nehmt das Schwert!"
Er rief so laut, daß mir die Ohren weh taten. 2 Da
kamen sechs Männer durch das nördliche Tem-
peltor; fünf hatten ein Schwert in der Hand, und
einer trug ein Schreibzeug; er hatte ein Leinenge-
wand an. Sie kamen näher und blieben bei dem
bronzenen Altar stehen.

3 Die strahlende Herrlichkeit, in der Israels
Gott sich mir gezeigt hatte, erhob sich von den
geflügelten Gestalten und trat an den Eingang des
Tempels. Der Herr sagte zu dem Mann im Lei-
nengewand mit dem Schreibzeug: 4 „In Jerusa-
lem gibt es noch Menschen, die sich an all diesen
Scheußlichkeiten nicht beteiligen, sondern sie
beklagen. Geh durch die Stadt und mach ihnen
ein Zeichen an die Stirn!" 5 Ich hörte auch, wie er
zu den fünf anderen sagte: „Geht hinter ihm her
durch die Stadt und bringt ohne Schonung alle
um: 6 alte und junge Männer, Mädchen, Frauen
und Kinder. Rührt aber keinen an, der das Zei-
chen an der Stirn trägt! Beginnt hier im Tempel!"
Und sie machten den Anfang mit den Ältesten,
die vor dem Tempel standen. 7 „Füllt die Tempel-
höfe mit Leichen", sagte der Herr; „scheut euch
nicht, den Tempel zu schänden! Dann geht in die
Stadt und schlagt dort zu!"

8 Die Männer erschlugen alle, die im Tempel
waren – nur mich verschonten sie. Ich warf mich
nieder und schrie: „Herr, mein Gott, willst du in
deinem Zorn das Volk Israel bis auf den letzten
Mann ausrotten?" 9 Er antwortete: „Die Leute

von Israel und Juda haben schwere Schuld auf
sich geladen: in Stadt und Land haben sie gemor-
det und das Recht mit Füßen getreten. Sie den-
ken: ‚Der Herr kümmert sich nicht um unser
Land, er sieht uns ja nicht!' 10 Darum schone ich
sie nicht und habe kein Erbarmen mit ihnen. Jetzt
trifft sie die verdiente Strafe." 11 Da kam der Mann
mit dem Leinengewand und dem Schreibzeug
aus der Stadt zurück und meldete: „Ich habe den
Befehl ausgeführt!"

10 18 Die strahlende Herrlichkeit, in der Gott
sich mir zeigte, verließ den Eingang des
Tempelhauses und nahm wieder ihren Platz über
den geflügelten Gestalten ein. 19 Die Gestalten
breiteten ihre Flügel aus, erhoben sich über die
Erde und verließen den Tempel; die Räder
bewegten sich mit. Sie gingen zum Osttor des
Tempels, und mit ihnen ging die strahlende Herr-
lichkeit Gottes, die über ihnen thronte. 20 Ich er-
kannte deutlich die Keruben wieder, die am Fluß
Kebar vor meinen Augen den Thron Gottes
Israels getragen hatten. 21 Jeder von ihnen hatte
vier Gesichter und vier Flügel, und unter den Flü-
geln konnte ich ihre Menschenarme erkennen.
22 Auch ihre Gesichter waren dieselben, die ich
am Fluß Kebar gesehen hatte. Wenn sie gingen,
blickte immer eines ihrer vier Gesichter gera-
deaus.

11 22 Die Keruben begannen zu fliegen, und mit
ihnen hoben sich die Räder und die strah-
lende Herrlichkeit des Gottes Israels in die Höhe.
23 So verließ die Herrlichkeit des Herrn die Stadt
in Richtung auf den Berg östlich von Jerusalem.

24 Da packte mich der Geist Gottes und trug
mich in meiner Vision wieder zurück nach Baby-
lonien zu den Verschleppten. Als ich wieder zu
mir kam, 25 erzählte ich ihnen alles, was mir der
Herr gezeigt hatte.

16 He, Jerusalem, du Hure! Höre, was ich, der
Herr, dir sage: Weil du dich vor deinen
Liebhabern und vor deinen ekelhaften Götzen-
bildern nackt ausgezogen und ihnen deine Kin-
der geopfert hast, 37 rechne ich mit dir ab. Ich rufe
deine ganze Kundschaft zusammen, die Männer,
mit denen du gehurt hast, und die Männer, die du
nicht mochtest. Wenn sie von überall her zusam-
mengelaufen sind, dann reiße ich dir vor ihren
Augen die Kleider vom Leib und stelle dich nackt
vor sie hin. 38 Ich verfahre mit dir, wie es das
Gesetz für eine Ehebrecherin und Mörderin vor-
schreibt. Weil du meinen Zorn gereizt und meine
Eifersucht geweckt hast, verurteile ich dich zum
Tod. 39 Ich liefere dich ihnen aus, daß sie deine
Hurenbude und deine Götzenaltäre einreißen,
dir deinen Schmuck nehmen, dir die Kleider vom
Leib reißen und dich nackt und bloß liegenlassen.

40 Dann werden sie eine Gerichtsversamm-
lung einberufen. Sie werden dich steinigen und
deine Leiche mit dem Schwert in Stücke hauen.
41 Alle Frauen werden sehen, wie man das Urteil
an dir vollstreckt und deine Häuser niederbrennt.
Aus ist es dann mit deiner Hurerei, du kannst dir
keine Liebhaber mehr kaufen! 42 Dann ist endlich
mein Zorn und meine Eifersucht gestillt; ich habe
wieder Ruhe und muß mich nicht mehr von dir
kränken lassen. 43 Du warst undankbar und hast
vergessen, was ich seit deiner Kindheit für dich
getan habe. Durch dein schamloses Treiben hast
du mich herausgefordert. Jetzt mußt du die Fol-
gen tragen. Ich, der Herr, sage es.

(Die Gute Nachricht)

II-13 Ich bringe Leben in euch: eine zweite Vision Ezechiels

(Ez 37; 43, 1–9)

37 Ich spürte, wie der Herr seine Hand auf
mich legte. Im Geist brachte er mich in ein
weites Tal, dessen Boden mit Totengebeinen
bedeckt war. 2 Er führte mich durch das ganze Tal
und zeigte mir die Gebeine. Es waren unzählige,
und sie waren völlig ausgetrocknet.

3 Dann fragte er mich: „Du Mensch, können
diese Knochen wieder zu lebenden Menschen
werden?" Ich antwortete: „Herr, mein Gott, das
weißt nur du!" 4 Und er fuhr fort: „Sprich in mei-
nem Auftrag zu diesen Gebeinen! Ruf ihnen zu:
Ihr vertrockneten Knochen, 5/6 hört, was der Herr
euch sagen läßt: ‚Ich bringe Leben in euch! Ich
lasse Sehnen und Fleisch über euch wachsen und
überziehe euch mit Haut. Ich hauche euch mei-
nen Atem ein, damit ihr wieder lebendig werdet.
Dann werdet ihr erkennen, daß ich der Herr bin.'"

7 Ich tat, was mir der Herr befohlen hatte.
Während ich noch redete, hörte ich es rauschen.
Die Knochen rückten zueinander, wie sie zusam-
mengehörten. 8 Und ich sah, wie Sehnen und
Fleisch daran wuchsen und sich eine Haut bil-
dete. Aber es war noch kein Atem in ihnen. 9 Da
sagte der Herr zu mir: „Du Mensch, rufe den
Lebensgeist herbei! Befiehl ihm in meinem
Namen, aus allen vier Windrichtungen diese

Toten anzublasen, damit sie wieder lebendig wer-
den!" 10 Ich tat, was der Herr mir befohlen hatte.
Da fingen sie an zu atmen, wurden wieder leben-
dig und standen auf, eine riesige Menschen-
menge.
11 Dann sagte der Herr zu mir: „Du Mensch,
das Volk Israel gleicht diesen Knochen. Sie sagen:
‚Unsere Lebenskraft ist geschwunden, unsere
Hoffnung dahin; wir haben keine Zukunft
mehr!' 12 Deshalb richte ihnen in meinem Auf-
trag aus: ‚Gott, der Herr, läßt euch sagen: Ich
öffne eure Gräber und hole euch, mein Volk, her-
aus und führe euch heim ins Land Israel. 13 So
werdet ihr erfahren, daß ich der Herr bin. 14 Ich
hauche euch meinen Geist ein, damit ihr wieder
leben könnt, und bringe euch in euer Land
zurück. Dann werdet ihr erkennen, daß ich der
Herr bin. Was ich gesagt habe, führe ich auch aus,
ich, der Herr.'"
43 Der Mann führte mich zum östlichen Tem-
peltor. 2 Dort sah ich, wie die strahlende
Herrlichkeit des Gottes Israels von Osten her-
ankam und die ganze Umgebung hell erleuch-
tete. Dabei hörte ich es rauschen wie die Bran-
dung des Meeres. 3 Es war dieselbe Erscheinung,
die ich am Fluß Kebar gesehen hatte, damals, als
Gott kam, um Jerusalem zu zerstören. Ich warf
mich auf den Boden, 4 während die Herrlichkeit
des Herrn durch das Osttor ging und in den Tem-
pel eintrat.
5 Der Geist Gottes hob mich von der Erde auf
und trug mich in den Innenhof des Tempels. Da
sah ich, daß die Herrlichkeit des Herrn das ganze
Tempelhaus füllte. 6 Der Mann stand wieder
neben mir. Aus dem Tempel aber hörte ich eine
Stimme, 7 die sagte: „Du Mensch, hier steht mein
Thron, hier will ich für alle Zeiten in der Mitte der
Israeliten wohnen. Die Israeliten und ihre Könige
sollen meinen heiligen Namen nie mehr durch
schamlose Götzendienste entehren und meinen
Tempel nie mehr durch Königsgräber entweihen.
8 Sie sollen ihre Paläste nicht mehr neben meinem
Tempel bauen, nie mehr Tür an Tür mit mir woh-
nen, so daß nur eine Wand sie von mir trennt. Die
Abscheulichkeiten, die sie begingen, haben mei-
nen heiligen Namen geschändet, und in meinem
Zorn mußte ich sie vernichten. 9 Aber wenn sie
keine Götzen mehr verehren und keine Königs-
gräber mehr neben meinem Tempel bauen, werde
ich von nun an für immer in ihrer Mitte bleiben."

(Die Gute Nachricht)

II–14 Die Peanuts: „Prophet" Linus

II–15 Paulus: Er kann sich selbst nicht verleugnen

Der Apostel Paulus schreibt etwa im Jahre 54 n. Chr. einen Brief an die Gemeinde in Korinth, die er einige Jahre zuvor selbst gegründet hat:

1 Kor 1, 4–9

4 Ich danke meinem Gott allezeit eurethalben für die Gnade Gottes, die euch gegeben ist in Christus Jesus, 5 daß ihr seid durch ihn in allen Stücken reich gemacht, in aller Lehre und in aller Erkenntnis. 6 Denn die Predigt von Christus ist in euch kräftig geworden, 7 so daß ihr keinen Mangel habt an irgendeiner Gabe und wartet nur auf die Offenbarung unsers Herrn Jesus Christus. 8 Der wird euch auch fest erhalten bis ans Ende, daß ihr untadelig seid am Tag unseres Herrn Jesus Christus. 9 Denn *Gott ist treu, durch den ihr berufen seid zur Gemeinschaft seines Sohnes Jesus Christus, unsres Herrn.*

(Luther-Bibel 1984)

Aus dem Anfang des 2. Jahrhunderts n. Chr. stammen einige anonyme Briefe, die im Namen des Paulus gestaltet wurden und die als Empfänger zwei seiner Mitarbeiter, Timotheus und Titus, nennen: die Pastoralbriefe. Diese sind jedoch in Abweichung zu den genannten Angaben als Dienstschreiben an kirchliche Amtsträger zu verstehen und müssen als Beitrag zur Festigung der kirchlichen Ordnung in einer Zeit, die durch das Auftreten jüdisch-gnostischer Irrlehrer geprägt ist, angesehen werden.

2. Tim 2, 1–3. 8–13

1 So sei nun stark, mein Sohn, durch die Gnade in Christus Jesus. 2 Und was du von mir gehört hast vor vielen Zeugen, das befiehl treuen Menschen an, die tüchtig sind, auch andere zu lehren. 3 Leide mit als ein guter Streiter Christi Jesu.

8 Halt im Gedächtnis Jesus Christus, der auferstanden ist von den Toten, aus dem Geschlecht Davids, nach meinem Evangelium, 9 für welches ich leide bis dahin, daß ich gebunden bin wie ein Übeltäter; aber Gottes Wort ist nicht gebunden. 10 Darum dulde ich alles um der Auserwählten willen, auf daß auch sie die Seligkeit erlangen in Christus Jesus mit ewiger Herrlichkeit. 11 Das ist gewißlich wahr: *Sterben wir mit, so werden wir mit leben;* 12 *dulden wir, so werden wir mit herrschen; verleugnen wir, so wird er uns auch verleugnen;* 13 *sind wir untreu, so bleibt er doch treu; denn er kann sich selbst nicht verleugnen.*

(Luther-Bibel 1984)

II–16 „Glaube“ und „Treue“ im Neuen Testament

„Der Verkündigung“ des Evangeliums „entspricht auf seiten des Hörers das Glauben. Das Neue Testament kann sich an den jüdischen Sprachgebrauch anlehnen. ‚pistis‘ kann einmal die Treue Gottes bezeichnen (Röm 3, 3), ferner in den Wundergeschichten der Synoptiker das Vertrauen zum Wundertäter (Mk 5, 36) oder die Wunderkraft (Mk 9, 23). Aber das Besondere des neutestamentlichen Sprachgebrauchs versteht man nicht von der Bedeutung ‚Vertrauen‘ her. ‚pistis‘ bedeutet vielmehr die Annahme der Botschaft vom Heilsgeschehen in Christus. Auch diese Bedeutung ist aus dem jüdischen Sprachgebrauch abgeleitet. Dort bedeutet ‚Glaube‘ das Festhalten am Bekenntnis zu dem einen Gott und die Treue zum Gesetz. (…)

Der Glaube wird nicht vom Psychologischen her verstanden (…), sondern ausschließlich von seinem Inhalt her: ‚Der Glaube kommt aus der Predigt‘ (Röm 10, 14 ff.) (…)

‚pistis‘ ist der Akt des Christwerdens (Apg. 20, 21) und das Christsein (1 Kor 2, 5). ‚pisteuein eis‘ meint nicht ein psychologisches Verhältnis zu Jesus, sondern ist einfach eine verkürzte Wendung für den Satz: ‚Ich glaube, daß Gott Jesus von den Toten erweckte‘ (Röm 10, 9).“

(Hans Conzelmann)

Griechische Wörter sind in Umschrift wiedergegeben.

II–17 Diese Treue wird gekrönt

Sei getreu bis in den Tod, so will ich dir die Krone des Lebens geben

(Offenbarung 2, 10)

Das Leben, von dem wir Abschied nehmen, gibt uns reichlich Gelegenheit, das Stichwort unseres Bibelverses aufzugreifen und zu illustrieren: Treue. W. S. hat in vielerlei Beziehung

Treue geübt: am Arbeitsplatz, in der Familie, dann unserer Gemeinde gegenüber, wie wir hörten. Bis ins hohe Alter hinein ist diese Treue nicht abgebrochen, und als sie sich nicht mehr so tatkräftig äußern konnte, wie sie's lange Jahrzehnte gewohnt gewesen war, da war es immer noch eine vorbildliche Treue der Anteilnahme und der Fürbitte, eine ungebrochene Solidarität mit den Mitmenschen. Wir sind bewegt davon in dieser Stunde. Wir haben einen wahrhaft treuen Gefährten und Mitstreiter verloren und werden sein Fehlen schmerzlich verspüren.

Aber um das Geheimnis der mitmenschlichen Treue unserer Verstorbenen ganz ergründen zu können, müssen wir tiefer bohren. Treue ist nicht an sich schon eine Tugend. Es gibt eine Treue zur falschen Sache, die höchst beklagenswert ist. Es gibt eine Treue, die wir als Sturheit oder als Prinzipienreiterei empfinden, und solche falsche Treue tötet, sie ist eigennützig und zerstört darum. Also kommt es darauf an, wem oder wozu wir treu sind in unserem Leben und wozu wir uns in Wort und Tat bekennen.

Nach der Botschaft des Neuen Testamentes (...) ist wahre, segensreiche Treue die, die sich auf Jesus Christus bezieht. Treue zu Christus schafft Frieden auf Erden, ermöglicht Wohlergehen unserer Mitmenschen, wirkt Aufbau wahrhaftiger Menschlichkeit. Die Bindung an Jesus Christus lehrt uns jene Werte, die uns selbst und unseren Mitmenschen ein wahres, glückliches Lebens vermitteln. Jesus Christus gibt denen, die in seinen Fußstapfen gehen, die „Krone des Lebens", wie es unser Vers ausdrückt, das ist Leben im vollen Sinn, Leben ohne Reue, Leben, das nicht in Feindschaft steht mit dem Leben anderer, sondern allseits segensreich wirkt.

Weil die Verstorbene dem Evangelium Jesu Christi treu gewesen ist, darum ist sie zu einer wahrhaft segensreichen Treue ihren Mitmenschen gegenüber fähig gewesen. Wir haben in W. S. das überzeugende Beispiel eines Menschen erlebt, der ohne große Bildung und ohne ausgesprochene äußere Vorzüge ein in menschlicher Hinsicht staunenswertes Werk vollbracht hat, weil er sich vom rechten Ort her, eben von Jesus Christus her, leiten ließ. Es geht in keiner Weise darum, jemanden zu rühmen. Es geht darum, daß wir uns für unser eigenes Leben bezeugen lassen, welche Werte und welche Treue wirklich zählen, worauf wir achten sollen, um mit den paar Lebensjahrzehnten, die uns vergönnt sind, etwas Rechtes anzufangen. Die Lebensgeschichte, die wir jetzt bedenken, sagt uns: Was auf Jesus Christus bezogen ist, das krönt unser Leben, das macht es segensreich und sinnvoll, für uns selbst und auch für die Umwelt. Wer auf das Evangelium hört, der steht richtig im Leben. Das gilt bis hin zur Beobachtung, daß der Gläubige seiner Zeit voraus ist, etwa in seiner Solidarität mit den Völkern Asiens und Afrikas. (...)

An der Verstorbenen konnte man auch überwältigend erfahren, wie uns die Treue des Christusglaubens frei macht. Es mag eine unheilvolle Frömmelei geben, die nur um sich selbst kreist und in sich gekehrt bleibt. Die Verstorbene hat uns das andere bezeugt: wie die wahre Frömmigkeit uns löst von uns selbst und uns befreit zum Dienen ... und zum Lächeln. Die Verstorbene hat die heitere Kunst des Lächelns gekannt, und zwar insbesondere des Lächelns über sich selbst. (...)

Nun ist freilich die Krone, die Jesus Christus verteilt, eine Krone mit Dornen, wie wir wissen. Das wahre Leben jetzt und in Zukunft ist zugleich ein Leben, das Anfechtungen und mannigfaltigem Leiden ausgesetzt ist. Dazu gehören Mißverständnisse und Undankbarkeit, denen wir Christen uns plötzlich gegenübergestellt fühlen mögen (und an denen die Verstorbene ebenfalls Anteil gehabt hat), dazu gehört aber auch der Schmerz, den die Angehörigen verspüren, wenn sie ihre liebe Begleiterin nicht mehr bei sich haben. Nun wollen wir uns aber sagen lassen: auch die Leidenskrone, die Dornenkrone, ist eine Lebens-, eine Siegeskrone. Treue, die wir unserem Herrn Jesus Christus entgegenbringen, ist Treue zu dem, der den Tod überwunden hat. Wer bis in den Tod auf die Kraft des Evangeliums vertraut, der geht nicht in den Tod hinein, sondern ins Leben. (...)

(Hannes Meier)

außerdem ist das 'ne Beerdigung, da wird sowieso alles besser erzählt als es war.

II-18 **Kruzifix in St. Ludgeri, Münster**

Ich habe keine anderen Hände als die Eueren
Kruzifix in St. Ludgeri, Münster.
Das Kreuz verlor bei einem Bombentreffer 1944 beide Arme.

Bearbeitungsmöglichkeiten

II-1 Was wäre ich ohne meinen HSV?
Am 9. Juni 1979, dem letzten Spieltag der Bundesliga-Saison 1978/79, stürmten im Hamburger Volksparkstadion nach Spielende zahllose Fans das Spielfeld. Bei den Tumulten auf den Tribünen und an den Absperrungen gab es etwa 70 Verletzte und Schwerverletzte. Todesfälle konnten nur durch das rasche Eingreifen anwesender Ärzte verhindert werden.
1) Arbeiten Sie die besondere Situation des Bundesliga-Samstags heraus. Worin bestand nach Auffassung des Redakteurs die „Katastrophe" für die Fans?
2) Beschreiben Sie das Verhältnis der beschriebenen Fans zu „ihrem" Verein. Welche besondere Rolle spielten die erwähnten „Treueschwüre" im Blick auf bestimmte Erwartungen?
3) Analysieren Sie die Enttäuschung und die nachfolgenden Reaktionen der Anhänger, die geprägt waren vom „Zorn verlassener Liebhaber".
II-2 Treue - ein Florilegium
Diese Zusammenstellung von Zitaten zum Thema „Treue" ermöglicht Ihnen Vergleiche und Zuordnungen.
1) Bestimmen Sie die verschiedenen Ebenen dieser Zitate.
2) Durchdenken Sie, welche Formulierungen die in II-1 angesprochenen Vorstellungen berühren.
II-3 Wörterbuch und Lexikon: Treue
Das etymologische Wörterbuch gibt weitere Hinweise auf das Wesen des Begriffs Treue. Der Lexikon-Artikel enthält neue inhaltliche Aspekte.
II-4 Fotos: Paare
Vergleichen Sie die beiden Fotos. Welche Bedeutung mag die in II-3 in ihrem Wesen beschriebene „Treue" für das jeweilige Paar (gehabt) haben?
II-5 es war eine gute ehe
1) Diskutieren Sie die Aussage des Gedichts in Hinsicht auf die beiden Fotos (II-4).
2) Überlegen Sie, welche Absichten der Verfasser der Zeilen, Pfarrer Kurt Marti, mit seinem Gedicht vermutlich verfolgt hat.
II-6 Die Hochzeit mit der Hure (Hos 1, 1-9)
Die Zeit der Wirksamkeit Hoseas ist etwa von 755/50 bis 725 v. Chr. anzusetzen. Der folgende Text beginnt mit der Hochzeit des Propheten Hosea.
1) Kennzeichnen Sie Erstaunliches.
2) Der am Anfang des Textes ausgelassene Teil von Vers 2 begründet den Auftrag Jahwes an Hosea. Versuchen Sie, den Inhalt dieses Satzes („Denn ...") zu erschließen.
3) Durchdenken Sie die Bedeutung der Ehe Hoseas.
II-7 Gebrochene Treue - unwandelbare Treue (Hos 2, 4-25)
1) Vergleichen Sie diesen Text mit Hos 1. Erarbeiten Sie formale und inhaltliche Parallelen bzw. Abweichungen.
2) Charakterisieren Sie Ursache und Sinn der angedrohten Strafen.
3) Stellen Sie zusammen, welche Wesenszüge Jahwes dieses Kapitel zu verdeutlichen versucht.
II-8 Amulette
Information zu Hos 2, 4
II-9 Doch wie könnte ich dich aufgeben, Israel? (Hos 3, 1-5; 11, 1-11)
1) Ordnen Sie diese beiden Abschnitte begründet den Kapiteln 1 und 2 zu.
2) Bestimmen Sie auch hier jeweils Abweichungen in Hinsicht auf
- die Vorwürfe
- die Strafen
- das Ziel der Drohung
- die Darstellung Jahwes.

Zusammenfassung zu Hosea 1-3 und 11:
Schreiben Sie einen ‚Lexikon-Artikel'!
Versuchen Sie, die Botschaft Hoseas in wenigen Sätzen zusammenzufassen. Berücksichtigen Sie dabei besonders auch das verwendete Bild von der ‚Ehe'. (Denken Sie daran, daß der Leser keinerlei Vorkenntnisse besitzt.)

II–10 Treue heißt auch, sich selbst treu zu bleiben
Der Psychotherapeut Jürg Willi beschäftigt sich seit vielen Jahren mit (Ehe-)Paaren und Paarbeziehungen. Er hat mehrere wichtige Bücher zu diesem Thema veröffentlicht. Lesen Sie hier einen Ausschnitt aus einem Interview.
1) Arbeiten Sie heraus, welche Bedeutung Jürg Willi der „Treue“ beimißt.
2) Erläutern Sie den Vergleich der zwischenmenschlichen Beziehungen mit ökologischen Systemen.
3) Diskutieren Sie die Frage, ob sich Jürg Willis Überlegungen auch auf das Bild von der ‚Ehe‘ bei Hosea beziehen lassen. Berücksichtigen Sie dabei auch den letzten Satz des Interviews.
4) Erörtern Sie, inwiefern sich die Auffassung von der Ehe seit Hoseas Zeiten gewandelt haben mag und welche Auswirkungen dieser Wandel auf unser heutiges Verständnis des Buches Hosea hat. Beziehen Sie besonders das prophetische Bild von der „Ehe“ Jahwes mit seinem Volk in Ihre Überlegungen ein.

II–11 „Treue“ – „Liebe“ – „Gotteserkenntnis“
Auch der evangelische Theologe Hans Walter Wolff, Professor für Altes Testament in Heidelberg, versucht, Hosea zu verstehen.
1) Beschreiben Sie seine Auffassung vom Verhältnis von ‚Liebe‘ und ‚Treue‘ bei Hosea.
2) Interpretieren Sie Wolffs Bild vom ‚Apfelbaum‘.
3) Überlegen Sie, welche Parallelen und welche Unterschiede zu Jürg Willis Verständnis von ‚Treue‘ deutlich werden.
4) Im zweiten Teil des Textes stellt Hans Walter Wolff einen Bezug zum „Kreuz Christi“ her. Versuchen Sie, Wolffs Gedanken nachzuvollziehen.
5) Besprechen Sie, an welchen Stellen es Ihnen besonders schwerfällt, den schwierigen Zusammenhang zu verstehen.

II–12 u. 13 Zwei Visionen Ezechiels (6. Jhdt. v. Chr.)
1) Erarbeiten Sie den Verlauf der Vision des Propheten Ezechiel in den Kapiteln 8 bis 11.
2) Vergleichen Sie diese Textabschnitte mit Hosea 1 bis 3 und 11.
3) Informieren Sie sich über die historische Situation, in der Ezechiel lebte und wirkte.
4) Durchdenken Sie die Stellung bzw. Aufgabe des Ezechiel im Vergleich mit der Hoseas.
5) Das Kapitel 16 endet mit dem Satz „Ich, der Herr, sage es.“ Erörtern Sie die Funktion dieses Satzes für Botschaft und Selbstverständnis eines Propheten wie Ezechiel.
6) Stellen Sie Unterschiede und Parallelen zu Hoseas Auffassung vom ‚Ehebruch‘ des Volkes fest.
7) Bestimmen Sie die Intention der erarbeiteten Kapitel des Ezechiel-Buches.
8) Die Kapitel 37 und 43 entstammen einer anderen Wirkungsperiode Ezechiels als die vorigen. Arbeiten Sie die auffälligsten Unterschiede heraus.
9) Erschließen Sie aus der historischen Situation, in der Ezechiel lebt, das Ereignis, das den Wandel in der Verkündigung des Propheten bewirkt hat.
10) Interpretieren Sie den Satz: „In dieser Verkündigungsperiode wirkt Ezechiel als Seelsorger.“
11) Beschreiben Sie die Bedeutung des Tempels, die aus den Ihnen bekannten Kapiteln des Ezechiel-Buches deutlich wird.

II–14 „Prophet“ Linus
1) Teilen Sie den Konflikt zwischen Luzie und Linus in drei Phasen ein.
2) Überlegen Sie den Zusammenhang zwischen Luzies Empfindungen und Linus’ Verhalten.
3) Durchdenken Sie, inwiefern der Zeichner Linus in dieser Bildgeschichte als „Propheten“ versteht.
4) Vergleichen Sie diese Erwägungen mit den bisherigen Ergebnissen zum Auftrag und Verhalten der alttestamentlichen Propheten.

II–15 Er kann sich selbst nicht verleugnen
1) Arbeiten Sie die besonderen Züge der neutestamentlichen Rede von „Treue“ heraus.
2) Welche Elemente finden Sie auch bei den alttestamentlichen Propheten Hosea und Ezechiel?
3) Beziehen Sie den historischen Abstand des 2. Timotheusbriefes zum 1. Korintherbrief in Ihre Überlegungen mit ein, wenn Sie die beiden Textabschnitte vergleichen.

II–16 „Glaube“ und „Treue“ im Neuen Testament
Dieser theologische Sachtext soll Ihre Erkenntnisse vertiefen. Trägt er auch zu einem vertieften Glaubensverständnis bei?

II–17 Diese Treue wird gekrönt
Aus der Praxis der Auslegung des neutestamentlichen Wortes Offenbarung 2, 10 stammt diese Beerdigungsansprache zum Tod einer kirchlich sehr engagierten Frau.
1) Überpüfen Sie die grundlegenden Aussagen im Blick auf II–15 und II–16.
2) Untersuchen Sie, welche neuen Auffassungen von „christlicher Treue“ der Pfarrer in seine Ansprache einfließen läßt.
3) Diskutieren Sie, ob diese Ideal-Aussagen a) für die Trauergemeinde, b) für Christen überhaupt hilfreich sein können.

II–18 Kruzifix in St. Ludgeri, Münster
Auch dieser Gekreuzigte trägt eine Krone: „eine Lebens-, eine Siegeskrone“ (vgl. II–17).
1) Durchdenken Sie, was der Künstler, der dem 1944 beschädigten Kruzifix eine neue Gestalt gab, unter „Treue“ gegenüber Christus verstehen könnte. Setzen Sie Ihre Überlegungen auch in Beziehung zu den Aussagen der Predigt II–17.
2) Die in dem Artikel II–1 beschriebenen Fußball-Fans haben offenbar das – sie stark enttäuschende – Grundgefühl: „Der HSV ist Meister: Es ist vollbracht. Wir werden nicht mehr gebraucht.“
Dieses Kruzifix kann dazu anregen, solche Fußball-Fans mit Menschen, die ernsthaft Christen sein wollen, zu vergleichen und wesentliche Unterschiede im Blick auf deren jeweilige „Treue“ herauszuarbeiten.

Block III: Die Frage nach dem Sinn und der Psalm 23

Einleitung

In diesem Block wird dazu angeleitet, die Sinnfrage und die Frage nach der Identität des Menschen als menschliche Grundfragen zu sehen, die in verschiedenen Lebenssituationen aufbrechen und unterschiedliche Deutungen erfahren. Die vorgelegten Materialien sprechen ein breites Spektrum solcher Frage- und Antwortmöglichkeiten an; diese wären im Unterrichtsverlauf zu akzentuieren, gerade auch im Hinblick auf die jeweiligen Sichtweisen junger Menschen in Auseinandersetzung mit den Erfahrungen der „Väter“.

Um in der Ausbreitung des Problemfeldes zunächst eine möglichst einheitliche Position vorzustellen und die verwirrende Auswahl von Textstücken aus unterschiedlichen Quellen zu vermeiden, ist als Ausgang für die Erarbeitung ein Buch zugrundegelegt worden, dem die Texte entnommen sind: „Heinz Zahrnt, Westlich von Eden, Zwölf Reden an die Verehrer und die Verächter der christlichen Religion“. Dieses Buch versucht, heutige Lebenserfahrungen mit biblischen Traditionen zu verknüpfen und zu einer kritisch-abwägenden Reflexion anzuregen. Hier ist es nur möglich, repräsentative Abschnitte aus diesem Buch darzubieten und zur Diskussion zu stellen. Folgende Abschnitte werden aufgegriffen und in III-1-5 vorgelegt:

- Grenzsituationen menschlichen Lebens
- Die Sinnfrage als Wesensmerkmal des Menschen
- Selbstfindung
- Möglichkeiten und Grenzen der Sinnfindung
- Christliche Überlegungen zur Frage: Wie kommt Gott in Grenzsituationen zu Wort?

Das Phänomen „Urvertrauen“ im Zusammenhang mit „Person und Personwerdung“ wird in I-30 und I-31 thematisiert. Was in der Psychologie mit „Urvertrauen“ gemeint ist, wird hier in Versuchen eines Vermittlungsprozesses von Glaubensaussagen und Lebenserfahrungen ansatzweise entfaltet.

Eine Beschäftigung mit Psalm 23 (III-6-15), einer zentralen alttestamentlichen Glaubensaussage, ermöglicht eine vergleichende Betrachtung unterschiedlicher literarischer und theologischer Ausformungen, die exemplarisch als biblisch-orientierte Antworten auf die Sinnfrage besprochen werden wollen. Dabei können jeweils zwei Schwerpunkte gesetzt werden:

1) Umgang mit biblischen Texten
2) zugrundeliegende Glaubensvorstellungen

Die inhaltlichen Zusammenhänge lassen sich umschreiben mit Grunderfahrungen wie

- Gefährdung und Geborgenheit
- Bedrohung und Bewahrung
- Mangel und Fülle.

Der durch III-12 gewiesene Zugang der sozialgeschichtlichen Bibelauslegung wird durch die Materialien des Blockes V wesentlich ergänzt. Dort stehen allerdings neutestamentliche Probleme im Vordergrund.

Die Sinnfrage

III-1 Grenzsituationen menschlichen Lebens

– im Anschluß an die Jakobsgeschichte

Jeder steht irgendwann einmal in seinem Leben am Jabbok, an der Grenze. Plötzlich – mitten unter der Arbeit, nach einem beruflichen Erfolg, angesichts einer neuen Stellung, während einer schweren Krankheit, nach einer leidenschaftlichen Umarmung, einem schmerzhaften Abschied, aber auch vor einer neuen, erregenden Begegnung – sind wir allein im Dunkel. Und da erfolgt der Überfall. Da steht mitten in aller bürgerlichen Wohlgeordnetheit unseres Lebens auf einmal unser ganzes bisheriges und zukünftiges Leben in Frage, und wir wissen nicht, wie es weitergehen soll – ob es überhaupt noch weitergehen wird. In solchen Augenblicken geht uns auf, daß wir über unser Leben nicht verfügen, daß es zum Leben mehr braucht, als wir selbst aufzubringen und zu leisten vermögen, und daß uns unser Leben deshalb zu mißlingen droht.

Aber wir geben nicht auf (...): Wir machen Angebote und schließen Verträge. Wir sind sogar zu Verzichten bereit, aber immer gerade nur so viel oder, richtiger, gerade nur so wenig, wie unbedingt nötig ist, um doch noch durchzukommen. „Klarfahrer" heißen solche Leute bei der Marine. Solche Klarfahrer gibt es überall: in der Politik, in der Diplomatie, in der Wirtschaft, in der Kirche, in der Ehe, in jedem Beruf. Und so fangen wir uns wieder und bekommen unser Leben wieder in den Griff; wenigstens bilden wir es uns ein – bis zum nächstenmal. (...)

Wenn wir die Stunden in unserem Leben zusammenzählen, von denen wir sagen können, daß wir in ihnen wahrhaft gelebt haben, dann kommen wir insgesamt wahrscheinlich nur auf eine kurze Zeitspanne, vielleicht nur auf einige Monate, Wochen oder gar nur Tage. Alles andere war Bereitstellung, Routine, Alltag, Betrieb. Und wenn wir dann noch einmal fragen, was das für Zeiten waren, in denen wir wahrhaft gelebt haben, dann werden wir feststellen, daß es meistens gerade solche Zeiten gewesen sind, in denen wir nicht bewußt etwas geleistet haben, sondern beinahe umgekehrt das Gefühl hatten: Nicht wir haben das jetzt getan, sondern es hat uns gleichsam „überfallen", es ist uns „widerfahren". Ob wir hier von Gott, Geist oder Liebe sprechen oder zunächst gar keine Namen nennen wollen, das ist vorerst nicht wichtig. Wichtig allein ist die Erfahrung, daß wir mit unserem Leben auf der Grenze zwischen Diesseits und Jenseits stehen, verneint und bejaht zugleich.

(Heinz Zahrnt)

III-2 Die Sinnfrage als Wesensmerkmal des Menschen

Der Mensch ist das einzige und damit das einzigartige Lebewesen in der Welt, in dem der Vorgang des Lebens zum Bewußtsein seiner selbst gelangt – und damit zugleich das einzige Tier, welches weiß, daß es ein Tier ist. Diese Bewußtwerdung des Lebensprozesses im Menschen vollzieht sich im Fragen des Menschen nach sich selbst und nach der Welt rings um ihn her. Dabei ist der Mensch Fragesteller, Gegenstand seiner Frage und Antwortender in einer Person. Es macht seine Größe aus, daß er die Frage nach sich selbst und der Welt überhaupt stellen kann, sein Elend, daß er damit nie ans Ende kommt und einer endgültigen Antwort nie gewiß ist. Dennoch vermag der Mensch die Frage, wer er ist, nicht zu unterdrücken. Selbst wenn die Fragen, die die gesellschaftlichen, wirtschaftlichen und politischen Verhältnisse des Menschen betreffen, eines Tages vorläufig oder sogar vollkommen gelöst wären – die Frage nach dem Menschen selbst und nach dem Sinn seines Lebens würde damit nicht verstummen. (...)

Pflanze und Tier sind ihrer Bestimmung unterworfen. Das Tier geht seinen vorgeschriebenen Gang: Es braucht nur seinem Instinkt zu folgen. Anders dagegen der Mensch. Mann und Frau paaren sich nicht, sondern gehen miteinander eine Ehe ein. Und es kann geschehen, daß Mann und Frau ihre Ehe nicht miteinander bestehen und damit ihr Leben verfehlen. Nur der Mensch hat die Möglichkeit, unmenschlich zu werden – ein „Untermensch" oder ein „Übermensch" –, was im übertragenen Sinn keine andere Kreatur vermag. Der Mensch, der seinen Trieben folgt, ist für die Folgen seines Tuns haftbar – anders als der Hamster für seine

Gefräßigkeit, der Vesuv für seinen Ausbruch oder der Nil für seine Überschwemmungen.

Weil der Mensch sein Leben verfehlen kann, befindet er sich auf der Suche nach seiner Identität, umgetrieben von der Frage, wer er denn sei. Denn der Mensch möchte „wer" sein. Er sehnt sich nach Anerkennung und Bestätigung, nach der „Gnade des Seindürfens" (Martin Buber). Die Suche nach der Identität kann verschieden aussehen. Entweder möchte der Mensch nicht der sein, der er ist, oder er darf nicht der sein, der er gern sein möchte, oder er weiß überhaupt nicht, wer er eigentlich sein soll. In dieser Uneinigkeit, ja Zerstrittenheit des Menschen mit sich selbst und damit in der Suche nach seinem wahren Selbst wurzelt das Bedürfnis des Menschen nach einem „Menschenbild". Ob wir es Vorbild, Idol, Ideal, Image oder Leitbild nennen, immer geht es um das Bedürfnis des Menschen, durch die Konzeption eines Menschenbildes wie durch einen Schlußsprung aus seiner Selbstunsicherheit, aus der Uneinigkeit mit sich selbst, herauszugelangen.

(Heinz Zahrnt)

III-3 Selbstfindung

– im Anschluß an die Parabel vom verlorenen Sohn

Wann immer wir auf menschliches Leben blicken, ist unser erster Eindruck der einer kolossalen Anstrengung und, im Vergleich zum geleisteten Einsatz, der einer großen Vergeblichkeit – das ist die tagtägliche Erfahrung des daheimgebliebenen älteren Sohnes. Um so mehr erstaunt es uns dann immer wieder, daß trotz aller so stark empfundenen Anstrengung und Vergeblichkeit die Grundbefindlichkeit des Lebens das Empfangen bildet – das ist die überraschende Erkenntnis des verlorenen, heimkehrenden Sohnes. In dieser paradoxen Lebenserfahrung begegnet uns das Entgegenkommen Gottes. Mir begegnet es darin:

- daß ich mein Leben der Liebe anderer verdanke, daß ich, was ich bin, dadurch geworden bin, daß Menschen mich geliebt haben;
- daß ich nicht aus eigener Kraft, sondern durch den Anstoß anderer Menschen zum christlichen Glauben gekommen bin;
- daß ich meine Traurigkeiten nur bestehen kann, weil Freunde um mich sind, die mir beistehen;
- daß ich meine Schuld und Scham einem sagen kann und mich hinterher erleichtert fühle;
- daß ich im Leid Trost erfahren habe, der nicht aus meinem eigenen Herzen stammte;
- daß schließlich am Ende meines Lebens, nach dem Tod, Gott mich erwarten wird.

Christen glauben an einen zuvorkommenden, menschlichen Gott – das ist das Fazit aus dem Verhalten des Vaters gegenüber beiden Söhnen. Für mich bedeutet dies Gottes eigene endgültige Antwort auf die Gottesfrage der Menschheit. Darum glaube ich Jesus seinen Gott. (...)

Heute ist viel von „Identitätskrise" oder „Midlifecrisis", in jedem Fall von der Notwendigkeit der Selbstverwirklichung des einzelnen die Rede. Aber meistens endet der derzeitige „Psychologismus", zumal wenn er an die falsche Adresse gerät, nur in Selbstsucht und Selbstbehauptung. (...) Sich selbst annehmen heißt: ja zu sich sagen, obwohl man so ist, wie man ist und wie man selbst eigentlich gar nicht sein möchte. Wer sich von Gott angenommen und bejaht weiß, der kann sich selbst auch annehmen und bejahen und mit dem Grafen Zinzendorf sprechen: „Um mich habe ich mich ausbekümmert."

(Heinz Zahrnt)

III-4 Möglichkeiten und Grenzen der Sinnfindung

– im Anschluß an den Prediger Salomo

Angesichts der Unstimmigkeit der Welt (...) haben die Menschen seit je zwei gegensätzliche Wege beschritten, um aus diesem Dilemma herauszugelangen. Der erste Ausweg besteht in dem immer wieder unternommenen Versuch, die Unstimmigkeit der Welt mittels einer „Weltanschauung" stimmig zu machen. Karl Barth vergleicht einmal jede Weltanschauung mit einer Brille, die der Mensch sich auf die Nase setzt, um durch sie die Welt zu betrachten. Alle diese Brillen haben es an sich, daß man durch sie die Welt so sieht, wie man sie gern sehen möchte. Auf diese Weise entsteht vielleicht kein ganz falsches, aber immer doch ein schiefes, einseitiges Bild, mit gefährlichen Aussparungen. Ab und an merken wir dies auch, aber dann wissen wir uns zu helfen. In solchen Fällen wechseln wir einfach die Brille. Wir suchen uns eine neue Weltanschauung, schließen uns einer anderen Richtung an, lesen das Buch irgendeines weiteren Meisters. (...)

Der Prediger Salomo lehnt alle solche Deutungsversuche, alle Weltanschauungen, Ideologien und Systeme rundweg ab. Er streicht sie durch mit dem einen harschen Satz: „Der Mensch kann doch nicht ergründen das Werk, das Gott tut, weder Anfang noch Ende." Und er fügt hinzu: „Wo viel Weisheit ist, da ist viel Grämen, und wer viel lernt, der muß viel leiden" - und „des vielen Büchermachens ist kein Ende" (3, 11; 1, 18; 12, 12).

Darum haben die Menschen, aller theoretischen Weltdeutungen leid, immer wieder den anderen Weg eingeschlagen, um mit der Unstimmigkeit der Welt fertigzuwerden - den Weg der Arbeit: Sinn hin, Sinn her, packen wir's an - die Zukunft hat noch viele Aufgaben! (...) Mit der Flucht in Arbeit und Geschäftigkeit können wir die innere Unruhe in uns, das Suchen und Fragen, das Gott uns mit der Ewigkeit ins Herz gelegt hat, höchstens beschwichtigen, nicht aber stillen. (...) „Man mühe sich ab, wie man will, so hat man keinen Gewinn davon." (Prediger 3, 9-10) Kein Gewinn davon - läßt sich unser derzeitiges Krisenbewußtsein zutreffender charakterisieren? Damit ist mehr als nur das drohende Nullwachstum durch Energiekrise, Arbeitslosigkeit, Umweltzerstörung, Wettrüsten und Inflation gemeint. Es ist vor allem jener bohrende, nicht mehr zum Schweigen zu bringende Zweifel in uns selbst, in den Alten wie in den Jungen, ob sich die Riesenanstrengung, die wir „Leben" nennen, überhaupt lohnt. Darum auch das Suchen nach einer Alternative und die wechselnden Ausbrüche in die diversen Irrationalismen - als wollten zumal die Söhne und Töchter gerade aus den guten Bürgerhäusern durch die mutwillige Zerstörung des äußeren Gewinns ihren Eltern die innere Leere all ihres Gewinnstrebens demonstrieren.

(Heinz Zahrnt)

III-5 Gefangenschaft und Erlösung - wie kommt Gott?

Wenn alle Mauern, zwischen denen wir leben, sichtbar wären, dann müßte einem, der etwa aus einem Flugzeug auf die Erde blickt, die ganze Welt wie der Grundriß eines Gefängnisses erscheinen: lauter Zellen und in jeder Zelle ein Gefangener. (...)

Wir denken:

an das Gefängnis des Berufes, an den einer unwiderruflich gekettet ist und sich täglich daran wundreibt;

an das Gefängnis der Ehe, in der zwei Menschen aneinander gebunden sind und trotz guten Willens weder miteinander aus- noch voneinander loskommen;

an das Gefängnis der Schuld, die einer auf sich geladen hat und die ihn nun lebenslang festhält, weil der das Vergangene nicht wiedergutzumachen weiß;

an das Gefängnis der Leidenschaft, in die einer verstrickt ist und aus der er sich nicht zu befreien vermag, so gern er es auch möchte;

an das Gefängnis der Krankheit, in das einer gesperrt ist und aus dem es für ihn kein Entrinnen mehr gibt;

an das Gefängnis der Einsamkeit, die einen trotz aller Kontakte umschließt, weil er nun einmal den einen Menschen nicht vergessen kann, mit dem er einst sein Leben, den Tag und die Nacht, geteilt hat.

Und wir gedenken der Gefangenen in aller Welt (...), wenn sie des Nachts auf ihren Pritschen liegen und von der großen Freiheit träumen: „Wenn der Herr die Gefangenen Zions erlösen wird, so werden wir sein wie die Träumenden." (...)

Daß es Erlösung schon hier auf dieser Erde, mitten in diesem Leben gibt, dafür kann ich Zeugen benennen. Mir sind in meinem Leben erlöste Menschen begegnet:

- Kranke, die zu besuchen ich mich gefürchtet hatte, weil ich nicht wußte, wie ich sie trösten sollte, und von deren Bett ich selbst dann getröstet fortgegangen bin;
- Strafgefangene, die sich zu Recht verurteilt fühlten, denen sich aber die Tür zu einem neuen Leben aufgetan hatte, nicht weil sie ihre Schuld vergessen hätten, sondern weil sie sie vergeben wußten;

- Sünderinnen wie Maria Magdalena, Prostituierte, die aus ihrem Milieu herausgefunden hatten und jetzt in einem geistlichen Konvent zusammenlebten, bei deren Horengesang einem die zynische Rede „Junge Hure - alte Betschwester“ im Halse steckenblieb;
- Eheleute, die nach langem Hin und Her wider allen Rat von Psychologen, Pfarrern und Anwälten dennoch zusammengeblieben waren und einen neuen Anfang miteinander gemacht, gleichsam noch einmal Hochzeit gehalten hatten;
- Einsame, die sich nicht allein und verlassen fühlten, auch nicht verzweifelt Zerstreuung suchten, sondern in sich gesammelt und glücklich in ihrem Zimmer lebten;
- Sterbende, die wußten, daß es mit ihnen zu Ende geht, daß sie vielleicht schon den nächsten Tag nicht mehr erleben würden, und die dennoch getrost waren - und manchmal lächelten sie sogar.

Gott kommt nicht mit einem goldenen Zauberschlüssel und schließt das Gefängnis, in dem wir sitzen, auf, wie man Affen aus einem Käfig läßt. Das Reich Gottes ist weder ein Märchenschloß noch ein Freigehege. Aber Gott kommt zu uns in unsere diversen Gefängnisse und bleibt bei uns und hält mit uns aus. Und dadurch löst sich unsere Gefangenschaft, und wir werden frei: „Wenn der Herr die Gefangenen Zions erlösen wird (...)“
(Heinz Zahrnt)

Der Psalm 23

III-6 Hirte und Herde

III-7 Geborgenheit

(Dorothea Steigerwald)

III-8 Psalm 23

1 Der Herr ist mein Hirte,
mir wird nichts mangeln.

2 Er weidet mich auf einer grünen Aue
und führet mich zum frischen Wasser.

3 Er erquicket meine Seele.
Er führet mich auf rechter Straße
um seines Namens willen.

4 Und ob ich schon wanderte im finstern Tal,
fürchte ich kein Unglück,
denn du bist bei mir,
dein Stecken und Stab trösten mich.

5 Du bereitest vor mir einen Tisch
im Angesicht meiner Feinde.
Du salbest mein Haupt mit Öl
und schenkest mir voll ein.

6 Gutes und Barmherzigkeit
werden mir folgen mein Leben lang,
und ich werde bleiben
im Hause des Herrn immerdar.

(Luther-Bibel 1956)

III-9 Bildhafte Rede

Die meisten von uns werden dieses (zumal in der Lutherübersetzung) sprachlich so schöne, alte Lied kennen, vielleicht sogar auswendig können. Wo es eigentlich in Israel angestimmt worden ist, wer der Sänger war und in welcher konkreten Lebenslage er es gesungen hat – wir wissen es heute nicht mehr, und die Fachleute vertreten verschiedene Auffassungen. Aber eins wissen wir: Wo immer im Alten Testament von Gott als Hirte geredet wird, da will man singen und sagen von der Macht und der Güte Gottes, die im Leben erfahren werden. Nichts ist es mit Hirtenromantik und Schäferidylle. In irdischer Macht und Güte wird Gottes behütendes Walten erfahren, und so wird es besungen. Und in unserem Psalm ganz offensichtlich nicht in ruhiger Zeit oder auf einem Höhepunkt gelungenen Lebens, sondern als ein Lied aus der Tiefe: „Und ob ich schon wanderte im finstern Tal ...“ – „Du deckst mir einen Tisch im Angesicht meiner Feinde ...“ Aber was immer hinter dem Psalm ursprünglich für eine Situation gestanden haben mag, wir wollen diese Fragen, die uns oft sehr hilfreiche Antworten und Hinweise geben können, um zu rechtem Verständnis zu kommen, heute einmal ganz aus dem Spiel lassen. Denn stärker als der historische Ursprung, stärker als das ursprüngliche Verständnis ist hier noch etwas anderes. Dieser Psalm hat ja seine Geschichte bei uns und mit uns, besonders mit unseren Vorfahren. In ihm haben Generationen vor uns ihr Gottvertrauen ausgesprochen gefunden, und sie haben es mit den Worten dieses Psalmes immer neu wiederholen können. In diesen Zusammenhang werden wir hineingestellt, wenn wir diesen Psalm heute hören und sprechen.

Das aber darf die entscheidende Frage nicht verdrängen, die wir heute stellen müssen: Können wir heute, im Jahre 1966, unser Gottvertrauen noch mit diesem Psalm ausdrücken? Können wir die Worte dieses Psalms singen und sagen? Oder müssen wir neue Worte wagen? (...)

Lauscht man in diese schöne, gefüllte dichterische Sprache hinein, so muß man als heutiger Hörer eines bemerken:

Dieser Psalm ist bildhafte Rede, und zu keiner Zeit wird er anders denn bildlich verstanden worden sein. „Grüne Auen“ und „frische Wasser“ sind eh und je verstanden worden als bildhafter Ausdruck für Wohlergehen, nicht aber so, daß der Psalmist meint, er grase auf einer Wiese. Das „finstere Tal“ ist niemals als eine bestimmte Schlucht zwischen zwei Bergen verstanden worden, sondern als Bild für jedwede Not und Dunkelheit, die im Leben mit seinen Höhen und Tiefen widerfahren kann. So könnten wir Bild für Bild unseres Psalms durchgehen und würden immer dasselbe beobachten: die Bilder wollen durchschaut werden. Sie sind transparent, und hinter ihnen liegt die Wirklichkeit des Lebens, die wir beim Blick durch die Transparente neu sehen lernen.

Was heißt das aber? Es heißt, daß ein Psalm wie dieser noch niemals wörtlich verstanden worden ist, weil er gar nicht so gemeint ist. Wer ihn je verstanden hat, hat ihn in seine Lebenslage übertragen und also mit den Worten seines Lebens nachgesprochen. Es liegt in der alten Botschaft selbst, daß sie als verstandenes Wort immer neue, ja immer andere Botschaft wird und so ihr Leben bewährt und bewahrt.

Und wie klingt dieser Psalm, wenn man heute seine Bildsprache nimmt und durch die Bilder in unser Leben hineinschaut? Dichter müßte man sein, wollte man gültig antworten. Aber versuchen wir es:

Es ist unbegreiflich:
Immer wieder erfahre ich in meinem Leben,
daß ich geborgen sein kann.
Geborgen trotz aller Spannungen,
inmitten aller Unruhe.
Geborgen in gewährter Liebe.

Ich habe das Nötige zum Leben.
Ich finde so oft, ohne zu suchen.
Liebe und Güte finden mich.

Das überrascht mich immer wieder.
So geht der Schein des Glückes immer neu auf.
Wege zeigen sich, obschon ich so viel irre.
Oft fehlt mir alle Orientierung.

Aber mein Schiff zerschellt doch nicht
an den Klippen.
Trotz Not und Dunkelheit, die ich in mir
und vor mir weiß.
Aber ich lerne, daß weder mein Können
noch mein Versagen
der Weisheit letzter Schluß sind.
Leben ist ja mehr als alle Lösungen wissen.
So kann ich aushalten, auch wo ich bedroht bin;
auch wo ich ratlos bin.

Ich traue darauf, daß die Erfahrung
solcher Güte und Liebe
nicht abreißen wird.
Und immer neu will ich lauschen auf jedes
Wort, das mir mein Leben so erschließt.
In Jesu Wort finde ich diese Hilfe.
Er hilft mir, solche Erfahrung meines Lebens
in dem Bekenntniswort *Gott* zusammenfassen.

Das ist ein Versuch. Jeder mag ihn für sich wiederholen. Es ist der Versuch, zu sagen, was es heute heißt: Gott danken. Und nun ist zu bedenken, daß dieser Versuch ebenso, wie er uns vom alten Wortlaut des Psalms fortgeführt hat, auch wieder zu ihm hinzuführen vermag. Denn wer die Botschaft unseres Psalms einmal so umkreist hat, liest und hört nun auch den alten Wortlaut neu und anders als vorher. Er liest ihn so, daß die alten Bilder sich füllen können mit eigener Lebensfarbe. Und darauf allein kommt es doch an. Damit stehen wir in der langen Reihe derer, die zu ganz verschiedenen Zeiten unter immer anderen Bedingungen den Psalm gesprochen haben. Sie haben, wenn sie sich selbst ganz hineingegeben haben, nichts anderes getan als wir heute. Es klang anders, weil sie andere Menschen waren. Das Leben kennt keine Wiederholungen. Es gibt auch keine bloße Wiederholung der Wörter, in denen sich das Leben ausspricht. Neue Wörter helfen die alten verstehen.

So führt der Weg nach vorn, ins Offene der Zukunft. Ohne organisierte Bewegungen, ohne Posaunen, ohne Spruchbänder – aber so, daß alter Glaube den Atem neuen Lebens bekommt und neues Leben der Atem alten Glaubens wird. Darin wollen wir uns nicht irre machen lassen.

(Gert Otto)

III-10 Aktualisierungen

Aktualisierung I

1 Der Herr ist mein Bewährungshelfer; er wird mir helfen.
2 Er probiert's, mir zu helfen, daß ich jeden Tag zurechtkomme.
Er läßt mich die Nerven nicht verlieren und macht, daß ich mich wohlfühle.
3 Er zeigt mir, was ich tun soll; so werde ich ein gutes Führungszeugnis bekommen, und er übrigens auch.
4 Weil ich ihm vertraue,
Und das ist gar nicht so einfach,
Mache ich mir keine Sorgen,
Was auf mich zukommt.
Eben nur zu wissen, daß ihm an mir liegt, das hilft.
5 Er sorgt dafür, daß ich mein Essen habe.
Daß meine Mutter es mir kocht.
Er hilft ihr, nüchtern zu bleiben.
Und das macht mich glücklich, richtig glücklich.
6 Er ist ein feiner Kerl, denke ich.
Und freundlich ist er auch;
Und das alles ändert sich nicht für mich.
Und wenn ich freundlich bin und gut,
Dann weiß ich: der Herr ist bei mir wie der Bewährungshelfer.

Mit jugendlichen Kriminellen erarbeitet.

Aktualisierung II

1 Der Herr gibt mir das Arbeitstempo an; ich brauche nicht zu hetzen.
2 Er verschafft mir immer wieder einige ruhige Minuten, eine Atempause, wo ich zu mir kommen kann.
3 Er stellt mir beruhigende Bilder vor die Seele, die mir wieder und wieder zur Gelassenheit verhelfen. Oft läßt er mir die Dinge ganz mühelos und unversehens gelingen, und ich kann erstaunlich getrost sein. Ich merke; wenn man sich diesem Herrn anvertraut, bleibt das Herz ganz ruhig.
4 Obwohl ich eine Fülle von täglichen Verpflichtungen habe, so brauche ich doch nicht nervös dabei zu werden. Seine stille Gegenwart befreit mich von aller Nervosität. Weil er über aller Zeit und über allen Dingen steht, verliert alles andere sein Gewicht.
5 Oft mitten im Gedränge gibt er mir ein ermutigendes Erlebnis, das ist, wie wenn mir einer eine Erfrischung darreicht. Freude erfüllt das Herz, und eine sichere Geborgenheit umfängt einen.
Ich spüre, wie mir daraus neue Tatkraft zuströmt.
6 Ich habe erfahren, daß, wenn ich so mein Tagwerk tue, ich innerlich ausgeglichen bin.
Innere Heiterkeit erfüllt mich, und Gelingen wird mir zuteil. Es macht mich froh, zu wissen, daß ich meinem Herrn auf der Spur bin.
Daß ich allezeit bei ihm daheimsein darf.

Von Toki Miyashina, einer japanischen Christin.

III-11 Provokationen

Provokation I

Ich brauche keinen Aufpasser.
Ich will keinen Treiber.
Der Herr ist mein Hirte
Das Leben wird mir einiges schuldig bleiben.
Meine Wünsche sind noch längst nicht erfüllt.
Mir wird nichts mangeln
Ich weiß selbst am besten, was ich will.
Ich kenne meinen Weg.
Er führet mich auf rechter Straße
Dauernd höre ich, was wichtig sein soll,
und manches geht mir auch nach,
natürlich.
Es gibt mir zu denken.
Hält es mich fest?
Der Herr ist mein Hirte
Mir wird nichts mangeln
Er führet mich auf rechter Straße
Um seines Namens willen (Ps 23, 1. 3 b)
(Jürgen Henkys, DDR)

Provokation II

1 Mein Herr ist die Technik. Mir wird es an nichts fehlen.
2 Wenn mir etwas fehlt, macht sie es für mich.
3 Die Technik ist immer erfolgreich und die Wissenschaft auch. Sie können es sich gar

nicht anders leisten. Ihr guter Ruf hängt an ihrer Nützlichkeit.

4 Die Zukunft ist zwar manchmal ein wenig unsicher. Aber ich habe Sicherheitsschlösser an meinen Türen, einen Sturzhelm, wenn ich mich aufs Moped setze, und später, wenn ich groß bin, Scheibenbremsen an meinem Wagen. Auf alle Fälle, falls etwas schief geht, zahle ich meine Kirchensteuer. Und weil ich technisch so viel los habe, darum ist ja auch meine Kirchensteuer ziemlich hoch.

5 Es gibt zwar auch Feinde, die mir mein gutes Leben nicht gönnen, zum Beispiel die Bolschewisten. Aber auch da hilft mir die Technik. Fünfhundert solide Raketen schützen mich hinreichend. Niemand wird mir meine Bequemlichkeit nehmen, eine Zentralheizung gibt mir Wärme, Polsterstühle stehen vor der Mattscheibe. Wenn ich nicht weiß, was ich am liebsten essen möchte, dann liegt in meinem Tiefkühlschrank eine reiche Auswahl.

6 Tag und Nacht werde ich genießen und mir's wohl sein lassen. Und wenn ich morgens einen Katzenjammer habe, gibt es Tabletten. Mein Herr ist die Technik.
Er ist ein bequemer Herr. Er dient mir, wie es mir zusteht. Ich diene ihm, und er dient mir. Ich verehre ihn. Ich bete ihn an. Und er gibt mir Sicherheit für alle Zukunft.

(Jörg Zink)

III-12 Sozialgeschichtliche Bibelauslegung

Der 23. Psalm, das Lied von dem göttlichen Hirten, der sich einem einzelnen Menschen gleichsam als dem Schaf oder Lamm seiner Weide zuwendet, ihn wie ein Tier seiner Herde mit allem versorgt, dessen er bedarf, ihn behütet und in seinem Schutz sicher geleitet, gehört zweifellos zu den bekanntesten Stücken des biblischen Schrifttums. (...)

Ein Blick (...) in die evangelischen Kirchengesangbücher lehrt, daß der Psalm im protestantischen Raum schon von der Reformationszeit an ganz ähnlich als Allegorie auf das christliche Leben und die Verheißungen, unter denen es steht, aufgefaßt worden ist. Es genügt hier, auf das Kirchenlied „Der Herr ist mein getreuer Hirt“ von Wolfgang Meuslin (?, 1497–1563) zu verweisen. (...)

Die Beispiele für eine aktualisierende Auslegung des 23. Psalms, die vielleicht gerade wegen der Allgemeinheit (...) auf den ersten Blick sogar besonders einleuchtend erscheinen mögen, erweisen sich bei genauer Betrachtung jedoch als problematisch. Als Interpretationen, die eine Erschließung des Textsinnes mit dem Mittel der allegorischen Deutung anstreben, fordern sie vielmehr gerade mit besonderer Dringlichkeit die Frage nach einer Instanz heraus, die über die Eindeutigkeit der Auslegung entscheidet. Denn wie kann man sonst sicher sein, ob ein Text überhaupt allegorisierend (oder in ähnlicher Weise verallgemeinernd) verstanden werden darf und nicht vielmehr im buchstäblichen Sinn beim Wort zu nehmen ist? Und wie kann man anders möglicher Beliebigkeit der Interpretation entgehen und ausschließen, daß man dem Text Aussagen unterschiebt, die er in Wirklichkeit gar nicht macht? (...)

Dazu bedarf es (...) der Einsicht in die realen Entstehungssituationen der biblischen Texte, wodurch deren soziale Bedingtheit und ihre Parteilichkeit aufgedeckt werden. (...) Eine Fragestellung, die nicht nur allgemein auf eine historische, sondern konkret auf die soziale Zuordnung von Texten hinausläuft, muß im übrigen zwangsläufig außerhalb des Interesses einer Exegese liegen, der es (...) bei ihrem Umgang mit der Bibel primär um die individuelle Aneignung der biblischen Botschaft als einer religiösen, das heißt: allgemein menschlichen Wahrheit geht. (...)

Es ist wohl deutlich, daß der Psalm auf diese Weise eine entscheidende inhaltliche Umprägung erfährt. Ernst Bloch hat diese einmal – unter scharfer Hervorhebung des religiösen Egoismus, der dabei das Verständnis bestimmt, – in sicher nicht ganz unzutreffender Karikatur so beschrieben: „Der Herr ist mein Hirte, ich persönlich bin fein heraus.“ (...)

(Es) erwächst somit sozialgeschichtlicher Bibelauslegung – über das richtige Erfassen der in den Texten enthaltenen Gedanken hinaus – die Aufgabe, den Texten der Bibel durch eine Erklärung aus der hinter ihnen stehenden Lebenswirklichkeit ihren ursprünglichen konkreten Sinn wiederzugeben. (...)

Angesichts der verwirrenden Meinungsvielfalt, die (...) in der Auslegung des Psalms und insbesondere bei der Bestimmung seines „Sitzes im Leben“ besteht, muß es verwundern, daß die einzige Deutung, die dem „Wohnen im Hause Jahwes“ einen wirklich konkreten Sinn zu geben vermag, kaum einmal vertreten worden ist: es ist der Versuch, die Aussagen über das Wohnen, die Bewirtung und den Schutz im Tempel wörtlich zu nehmen und damit die Deutung des Psalms als Vertrauenslied eines, der im Heiligtum (von Jerusalem) tatsächlich Asyl gefunden hat. (...) Dieser Umstand muß umsomehr überraschen, als einzig und allein bei dieser Deutung des Psalms alle Aussagen, die er macht, unmittelbar einen plastischen und einprägsamen konkreten Sinn gewinnen und sowohl das Bild des göttlichen Hirten wie die vom Beter hervorgehobene Realität seines Gastseins im Heiligtum ohne weiteres anschaulich werden. Freilich büßt der Psalm bei dieser konkreten Beziehung seine Allgemeingültigkeit und unbegrenzte Übertragbarkeit ein. Ihm wächst jedoch andererseits eine Aktualität ganz anderer Art zu, die heute nicht minder von Gewicht ist.

Asyl (...) suchen am Heiligtum (in Jerusalem) und später (seit der Reform des Königs Josia) daneben in bestimmten profanen Asylstädten (möglicherweise früheren Kultstätten) kann in Israel in erster Linie der Totschläger, der eine unvorsätzliche Tötung begangen hat (Ex 21, 13 f; Dtn 4, 41–43; 19, 1–13; Jos 20, 1–9; Num 35, 9–28). Es ist der Kontakt mit dem Altar des Heiligtums, der, wenn auch nicht automatisch und in jedem Fall, (...) Schutz verleiht. Vorausgesetzt wird in den Texten jeweils eine gerichtliche Untersuchung, durch die klargestellt ist, daß ein Vorsatz nicht im Spiel war und die Aufnahme in die Asylstätte zugestanden werden kann. Nach Num 35, 9–28 handelt es sich (in nachexilischer Zeit) um eine Art Schutzhaft, in die der betreffende Bluttäter für die Dauer der Lebenszeit des gerade amtierenden Hohenpriesters in der Asylstadt genommen wird und die ihn den Nachstellungen des Bluträchers entnimmt. Erst der Tod des Hohenpriesters hat amnestierende Kraft und erlaubt dem Bluttäter, in seinen Heimatort zurückzukehren, wo er fortan unangefochten leben kann. (...)

So besehen (...) stellt sich Ps 23 dar als das Lied eines Israeliten, der vor seinen Verfolgern im Jerusalemer Tempel Zuflucht gefunden hat. Freilich ebenso wie die Frage, wer dieser Israelit gewesen sei und in welche Zeit er gehöre, aus dem Psalm selbst keine Antwort erfährt, bleiben uns auch die Gründe unbekannt, die den ursprünglichen Beter des Psalms einst veranlaßt haben mögen, die Asylstätte aufzusuchen und sich an ihr in den Schutz Jahwes zu stellen. Da der Psalm darüber keine ausdrücklichen Angaben macht, bleiben wir ganz auf Vermutungen angewiesen. Möglich erscheint vor allem, daß es sich bei dem Beter von Ps 23 um einen Totschläger handelt, der, nachdem er unvorsätzlich einen Menschen getötet hatte, auf der Flucht vor dem Bluträcher (vgl. 1 Kön 19, 1–10) Aufnahme in das Tempelasyl von Jerusalem fand. Hier war er vor den unerbittlichen Nachstellungen derer sicher, die in Ausübung des erbarmungslosen und grausamen Gesetzes der Blutrache (...) ihn unablässig verfolgten und ihm nach dem Leben trachteten, um so die geschehene Bluttat zu sühnen. Denkbar aber ist es auch, daß es sich um jemanden handelte, der sich aus sozialen oder ökonomischen Gründen – wegen Überschuldung etwa, weil er zum Beispiel mit seinen staatlichen Abgaben in Rückstand geraten war oder ein privates Darlehen nicht zurückzahlen konnte und ihm deswegen der Verkauf in die Sklaverei drohte, – auf der Flucht befand und im Tempel Schutz vor seinen Verfolgern suchte. Menschen, die in dieser Weise ihre Wohnstätten verlassen mußten und nun in der Regel in entlegenen und menschenleeren Gegenden ein elendes Hungerdasein fristeten (vgl. Hi 24) oder auch – seltene – Gelegenheitsarbeiten verrichteten und sich jedwedem als willfährige und zu allem bereite Söldner verdingten (Ri 9, 4; 1 Sam 22, 2), waren in Palästina seit alter Zeit keine Ausnahmeerscheinung. (...) In Fällen akuter Verfolgung etwa durch ihre Gläubiger mögen solche Menschen wie auch entlaufene Sklaven (vgl. dazu 1 Sam 25, 10 f und s. Sir 33, 25–33), die von ihren Herren gesucht wurden und denen bei Ergreifung strenge Strafen drohten, im Heiligtum Zuflucht gesucht und gefunden haben. Hier hielten sich vielleicht auch schließlich politische Flüchtlinge aus dem Ausland (wozu auch das Nordreich Israel zu zählen ist) auf, die in ihrer Heimat Verfolgungen ausgesetzt waren (...) Doch von den näheren Umständen, die den ersten wie die ihm folgenden Beter von Ps 23 veranlaßten, die Asylstätte aufzusuchen, verlautet aus dem Psalm selbst leider nichts.

Dagegen liegt in ihm der ganze Nachdruck darauf, was es heißt, bei Jahwe zu Gast zu sein. Ja, der ganze Psalm besteht eigentlich nur aus dem vertrauensvollen Ausdruck des schützenden Geleits, der Versorgung und der Sicherheit, deren sich der Beter jetzt und, wie er überzeugt ist, auch in Zukunft von seiten Jahwes erfreut. Seine Verfolger haben ihm zwar, wie es scheint, bis in den Tempel hinein nachgestellt (vgl. dazu 1 Kön 1, 50–52; 2, 28–34). Aber sie stehen nun machtlos dabei und müssen ohnmächtig mit ansehen, wie Jahwe den bei ihm Zuflucht Suchenden im Tempel mit Speise und Trank versorgt und sein Haupt mit erfrischendem kosmetischem Öl salbt. Was der Beter in Vers 5 aufzählt, sind die Elemente eines festlichen Gastmahls, wie es etwa die orientalischen Großkönige ihren Großen geben. (...)

Jahwes Hirtentätigkeit gilt dem Schutz des verfolgten Flüchtlings, des gefährdeten Herdentiers gegen seine Verfolger. Die Fürsorge des göttlichen Hirten bestärkt hier nicht die schon Starken und stützt hier nicht die gesellschaftlich Herrschenden, sondern wendet sich den Schwachen und Verfolgten zu, die nicht nur um ihr Recht, sondern um ihre bloße Existenz bangen müssen.

(Willy Schottroff)

III-13

Rechtzeitig auswendig lernen!

„... dein Stecken und Stab trösten mich."
(Psalm 23, 4)

Psalm 23 gehört zu den eisernen Rationen des Christen. Eiserne Rationen sind für den Notfall da. Man muß sie im Gepäck haben, wenn die Katastrophe kommt: Flucht, Krankheit, Verzweiflung, Tod. Darum haben Christen aller Zeiten diesen Psalm auswendig gelernt und konnten dann, wenn ihr Weg durch das „Tal der Todesschatten" führte, die eiserne Ration angreifen: „Und ob ich schon wanderte im finsteren Tal, fürchte ich kein Unglück; denn du bist bei mir, dein Stecken und Stab trösten mich!" Und so ist dieser Psalm wahrscheinlich öfter als in Kirchen gebetet worden in Schützengräben, auf Trecks, auf Sterbebetten: „... dein Stecken und Stab trösten mich!"

Stecken: das war die mit Eisen beschlagene Keule, die Waffe, mit der der Hirte in den Einöden Palästinas Raubtiere und Viehdiebe zurückschlug. Stab: das war der Stock, mit dem der Hirte seine Herde führte, sie in die richtige Richtung leitete, abirrende Schafe zurückholte. „... dein Stecken und Stab trösten mich": Du, Herr, schützt mich! Mir kann nichts geschehen, als was Gott hat ersehen! Wenn auch tausend fallen zu meiner Seite und zehntausend zu meiner Rechten, so wird es doch mich nicht treffen! Du, Herr, führst mich. So sind meine Wege deine Wege.

Und mein Mann, den der Autounfall zerriß? Mein krankes Kind? Meine Heimat, aus der man mich vertrieb? Meine Ehe, von der ich mir doch einmal den Himmel versprochen hatte? Und ...?

Die Antwort fällt schwer. Aber nicht deshalb, weil Gott durch solche Fragen in Verlegenheit geriete. Nicht deshalb! Wir, wir haben die Antwort so schwer gemacht: wir haben ihn, den einen guten Hirten, Jesus Christus, entstellt – wir haben ihn gemalt als lieblichen Hirten mit einem kleinen Schäflein auf dem Arm, dahinter stimmungsvolle Lüneburger Heide ... Wir haben unseren Kindern erzählt von dem lieben Herrn Jesus, der uns allen nichts zustoßen läßt ... Und wer sein Leben lang den guten Hirten Jesus so mißverstanden hat, der kann natürlich nur noch stumm und glaubenslos vor dem Elend stehen – und kann's nicht erkennen: hinter Not und Elend ist verborgen der Hirtenstab Christi! Denn eine Herde von Schafen zu führen, das gelingt nicht mit Streicheln und Liebkosen. Da muß der Hirtenstock her, und mit ihm wird auch angetrieben, das verirrte Schaf zurückgeholt – und da gibt's Schläge und Knüffe, und die haben es an sich, weh zu tun, sind aber notwendig.

Für uns Christen sind die Schläge ebenso notwendig. Leid, Einsamkeit, Enttäuschung:

der Hirtenstab Jesu Christi! Damit leitet er uns. Sonst würden wir den Glauben verlieren, keine Hoffnung mehr haben auf die Ewigkeit, keine Sehnsucht nach der himmlischen Heimat. Und darum heißt es im 23. Psalm auch nicht: „... dein Stecken und Stab bewahren mich vor allen Unannehmlichkeiten, Schwierigkeiten, Nöten", sondern: „... dein Stecken und Stab trösten mich!" Es mag mir das Wasser bis an den Hals stehen – du bist da, Herr, du hältst mich, du läßt mich nicht ertrinken. Herr, du weißt, wofür ich das brauche.

Auswendig lernen muß man diesen Psalm! Denn wer bis zum Hals im Wasser steht, kann keine Bibel mehr halten, und der eigene Kopf kommt nicht von sich aus auf die Idee, hinter der Not Jesus zu sehen. Auswendig lernen! In die eiserne Ration! Paulus hatte sie. Darum konnte er in der Folterkammer Lieder singen, darum konnte er schreiben: „Ich bin gewiß, daß weder Tod noch Leben, weder Engel noch Fürstentümer noch Gewalten, weder Gegenwärtiges noch Zukünftiges, weder Hohes noch Tiefes noch keine andere Kreatur kann uns scheiden von der Liebe Gottes, die in Jesus Christus ist, unserem Herrn!"

(Wolfgang Wähling)

III–14 Lieber Vater!

Im Exil, im Jahre 1941

Lieber Vater!

Ich hoffe, daß Dich mein Brief erreicht; ich habe mir alle Mühe gegeben, ihn Dir so zukommen zu lassen, daß er nicht abgefangen werden kann. Wie mag es Euch gehen in Deutschland, Dir, Mutter, den Geschwistern und all den Freunden? Ich wäre noch gern bei Euch, zumal ich mir keiner Schuld bewußt bin: was habe ich denn getan? Ich habe niemanden erschlagen, ich habe mich auch keiner Verschuldung entziehen wollen, ich war immer ein guter Bürger. Aber die Machthaber sind da wohl anderer Meinung: Man darf nicht für die jüdischen Mitbürger eintreten – und das habe ich getan, jawohl!, das habe ich getan! Ich konnte es nicht einsehen, daß Ruth und Benjamin abgeholt wurden, daß Daniel und Tobias einen gelben Stern tragen müssen. Gibt es denn in ganz Deutschland keine Freistatt für die jüdischen Bürger?

Ich habe Asyl im Ausland gefunden, nach meiner Flucht vor den Sippenhaft-Rächern! Wie gut, daß es in dieser Welt noch ein Asyl gibt! Meine Verfolger haben mich bis an die Grenze gejagt, und ich mußte durch unwegsame Täler und über steile Gebirgspässe hetzen, um ihnen zu entkommen. Jetzt bin ich gerettet, habe Aufnahme in einer christlichen Gemeinde gefunden und bin nach allen Irrfahrten und harten Schicksalsschlägen zunächst einmal in einer vorläufigen Sicherheit. Und, es mag frivol klingen, ich erfreue mich der Gastfreundschaft, genieße die gedeckten Tische und möchte eigentlich immer hier bleiben wollen. ...

Du bist Pastor, Vater! Du weißt, daß ich kein besonders gutes Verhältnis zur Kirche habe. Ich weiß, daß der Psalm 23 zu Deinen Lieblingstexten aus der Bibel gehört, und bisher konnte ich damit wenig anfangen: Ich ein Schaf, Gott ein Hirte – ist das nicht eine Romantik der Lüneburger Heide und eine Entmündigung des Menschen? – Aber jetzt, aus meiner Situation als Asylsuchender, sehe ich manches anders: Ich lese Stellen aus dem Alten Testament ganz neu, die mir den 23. Psalm höchst aktuell erscheinen lassen! Ich frage mich nur, ob Dir diese Stellen als Pastor auch bekannt sind und welche Konsequenzen Du und Ihr in Deutschland daraus zu ziehen bereit seid!

Ich habe jedenfalls den Eindruck, daß meine Gastgeber hier im Asyl – bewußt oder unbewußt – den Sinn des 23. Psalmes richtig verstanden haben. Müßtet Ihr in Deutschland als Christen die Bibel nicht viel ernster nehmen? – Das nur als Anfrage!

Ich bin glücklich, meinen Feinden entronnen zu sein. – Ich wünsche Euch alles Gute!

Euer N. N.

(Wolfgang Bukowski)

III-15 Ein Hirte und 225 Schafe erschlagen

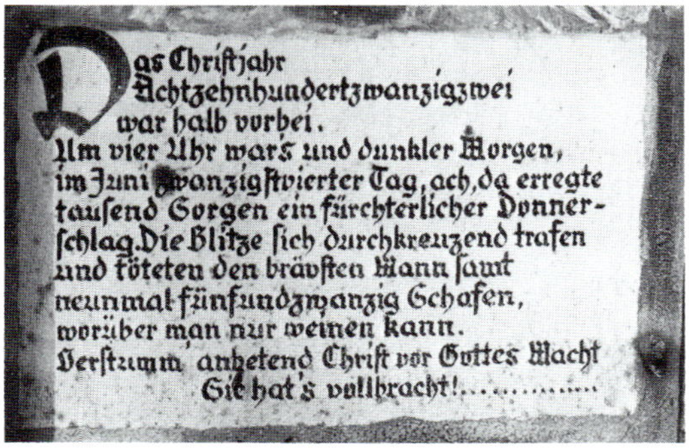

Gedenkstein am Wegesrand in der Schwäbischen Alb.

Bearbeitungsmöglichkeiten

Die Sinnfrage

III-1 Grenzsituationen menschlichen Lebens
Wieweit die alttestamentliche Geschichte von Jakob am Jabbok (Gen 32, 22-31) für die Erschließung des Textes herangezogen wird, ergibt sich aus der Unterrichtssituation.
1) Die im Text genannten Beispiele für Grenzsituationen können durch die in III-5 beschriebenen „Gefängnisse" ergänzt und konkretisiert werden. In einer offenen Gesprächssituation läßt sich die Frage erörtern, wo gerade für junge Leute vergleichbare Grenzsituationen auftreten.
2) Mit den Begriffen „Leistung" und „Widerfahrnis" versucht Heinz Zahrnt, zum Nachdenken über Möglichkeiten eines „gelungenen Lebens" anzuregen.
3) In einer Auseinandersetzung mit der Sichtweise des Textes wäre u. a. die Rückfrage zu stellen, ob es wirklich nicht wichtig sei, das „ES", das uns „überfällt", beim Namen zu nennen. Bedenken und überprüfen Sie gängige „Heilsangebote" von „Wölfen im Schafspelz", z. B. in den „Destruktiven Kulten", den sog. Jugendreligionen.
4) Lesen und besprechen Sie das Bekenntnis einer japanischen Christin (III-10/II): Durch welche weltlich-alltäglichen Gegebenheiten werden ihre Glaubensaussagen mit geprägt?

III-2 Die Sinnfrage als Wesensmerkmal des Menschen
„Größe und Elend des Menschen": Was ist damit gemeint? Ordnen Sie die Aussagen des Textes, und erörtern Sie sie an Beispielen. Zur Frage der „Identität" im Zusammenhang mit Partnerbeziehungen finden Sie in II-10 („Treue heißt auch, sich selbst treu zu bleiben") weitere Anregungen aus psychologischer Sicht.

III-3 Selbstfindung
Die Parabel vom verlorenen Sohn (Lk 15) wird hier mit heutigen Lebenserfahrungen verbunden. Es wäre zu prüfen, ob ihre Aussageabsicht damit getroffen wird.
1) Erheben Sie aus dem Textzusammenhang, was der Autor mit einem „zuvorkommenden, menschlichen Gott" meint.
2) Welche Aufgaben ergeben sich für Menschen, die an einen solchen Gott glauben und sagen können: „Um mich habe ich mich ausbekümmert"? (Informieren Sie sich über das Wirken des Grafen Zinzendorf.) Gehen Sie der Problemstellung auch nach, indem Sie den Text III-10/I „Der Herr ist mein Bewährungshelfer" hinzuziehen.

III-4 Möglichkeiten und Grenzen der Sinnfindung
1) Besprechen Sie, inwiefern „Weltanschauungen" versuchen, „die Unstimmigkeit der Welt stimmig zu machen".
2) Erwägen Sie dabei, ob bzw. wann christlicher Glaube zu solch einer Weltanschauung werden kann.
3) Zur Vertiefung des Textes können Sie heranziehen:
- III-11/II „Mein Herr ist die Technik": eine provozierende Auseinandersetzung mit heutigem Welt- und Lebensverständnis;
- III-11/I „Ich brauche keinen Aufpasser": das Selbstgespräch eines Pastors in der DDR anhand des 23. Psalms und gegenüber der ihn fordernden Weltanschauung.

4) Der „Weg der Arbeit" wird im Text kritisch analysiert. Diskutieren Sie diese Problemanzeigen auch vor dem Hintergrund der gegenwärtigen Arbeitsplatz- und Ausbildungssituation, durch die sich die Frage nach der Bedeutung der Arbeit für Selbstverwirklichung und Lebenserfüllung stellt.
5) Erörtern Sie Möglichkeiten und Grenzen einer Sinnfindung in weiteren Bereichen, etwa in Politik, Kunst, Sport.

III-5 Gefangenschaft und Erlösung – wie kommt Gott? Die im Text genannten „Gefängnisse" erweitern und konkretisieren die in III-1 erwähnten Grenzsituationen menschlichen Lebens. Heinz Zahrnt hat die Erfahrung gemacht, daß Gott in solchen Situationen zu Wort kommen kann. Wägen Sie die im Schlußabsatz beschriebenen „Wege Gottes" ab. – In III-12 liegt der Versuch vor, den 23. Psalm als Zeugnis eines Glaubenden zu deuten, der konkret in seinem Leben Schutz und Bewahrung gefunden hat.

Der Psalm 23

III-6 u. III-7 Fotos: Hirte/Herde – Plastik
Hier finden Sie eine Zusammenstellung von zwei Fotos.
1) Vergleichen Sie die beiden Abbildungen hinsichtlich möglicher Gemeinsamkeiten und Unterschiede.
2) Sprechen Sie darüber, ob Ihnen die Zuordnung der Bilder zu dem Thema „Beziehung zu Gott" angemessen erscheint.

III-8 Psalm 23
1) Lesen Sie den Text aufmerksam durch und stellen Sie fest, welche Ihrer Assoziationen zu den beiden Fotos auch der Psalm nahelegt.
2) Für die weitere Beschäftigung mit dem Psalm ist es sinnvoll, wenn Sie sich dessen Wortlaut genau einprägen.

III-9 Bildhafte Rede
In dieser Ansprache setzte sich ein heutiger Prediger (Gert Otto, Theologieprofessor in Mainz) mit Ps 23 auseinander.
1) Fassen Sie die Hauptaussagen der Predigt zusammen.
2) Diskutieren Sie die Frage, ob der „dichterische Versuch" zum besseren Verstehen des Psalmes beitragen kann.

III-10 Aktualisierungen
Diese Gegenüberstellung zweier sehr unterschiedlicher Aktualisierungsversuche des 23. Psalms soll Sie dazu anregen, beide miteinander und mit der Originalversion zu vergleichen und die Bedeutung der Situation des jeweiligen Verfassers für die Gestaltung des Textes zu durchdenken.

III-11 Provokationen
Diese beiden Texte wollen den Leser bzw. Hörer zur Auseinandersetzung „provozieren".
1) Überlegen Sie mögliche Gründe, die die Autoren zu dieser Art der Darstellung veranlaßt haben könnten.
2) Reflektieren Sie, ob diese Übertragungsversuche für einen heutigen Christen hilfreich sind.

III-12 Sozialgeschichtliche Bibelauslegung
Der Bibelwissenschaftler Willy Schottroff übt Kritik an den herkömmlichen Methoden der Auslegung und an den Verstehensweisen von Ps 23.
1) Formulieren Sie den Kern der Kritik.
2) Beschreiben Sie die Aufgabe, vor der der Ausleger des 23. Psalms nach Schottroffs Meinung steht. Verdeutlichen Sie dabei auch den Begriff „Sitz im Leben".
3) Erläutern Sie im Blick auf Ps 23 die Verstehensschwierigkeiten, die sich für einen heutigen Hörer aus der Abwertung bzw. Idealisierung des „Hirten" wie des „Schafes" ergeben können.
4) Diskutieren Sie das im Zitat von Ernst Bloch angedeutete Problem.
5) Erläutern Sie Schottroffs Auffassung vom „Wohnen im Hause Jahwes".
6) Informieren Sie sich über das im Grundgesetz der Bundesrepublik Deutschland enthaltene Asylrecht, und vergleichen Sie dessen Ausprägung mit der Asylpraxis in Israel.
7) Vergleichen Sie die Auslegung Schottroffs mit dem Verständnis des 23. Psalms von Gert Otto (III-9).

III-13 Rechtzeitig auswendig lernen!
1) Durchdenken Sie vom Standpunkt Schottroffs aus die Auslegung von Pastor Wolfgang Wähling. Vergleichen Sie dabei die Deutung von „Stecken und Stab", die in III-12 gegeben wird.
2) Betrachten Sie nochmals die Plastik III-7 und interpretieren Sie deren mögliche Aussage aus der Perspektive von W. Wähling, G. Otto und W. Schottroff. Schließen sich diese Sichtweisen völlig aus?
3) Besprechen Sie das in III-12 enthaltene Bloch-Zitat in Hinsicht auf Wählings „Kurzpredigt".

III-14 „Lieber Vater"
1) Deuten Sie die Situation des Briefschreibers.
2) Erarbeiten Sie, worin er die „Aktualität" des Psalms 23 bzw. der alttestamentlichen Textstellen sieht, auf die er anspielt (z. B. 4. Mose 35, 5. Mose 23)
3) Reflektieren Sie die Bedeutung, die die „Hand" der der Plastik III-7 für ihn annehmen könnte.
4) Versuchen Sie abschließend, zu formulieren, welche „Konsequenzen" sich der Briefautor offenbar vorstellt und worin sein indirekter Vorwurf besteht.

III-15 Ein Hirte und 225 Schafe erschlagen
Auf der Schwäbischen Alb findet der Wanderer diesen Gedenkstein.
1) Welche Empfindungen und Gedanken lösen dieses Bild und die Inschrift bei Ihnen aus?
2) Schreiben Sie einen kurzen Brief an die Pfarrgemeinde jenes Ortes, in dem Sie Ihre Einstellung gegenüber einem solchen Glaubensverständnis begründet äußern.

Block IV: Kirche: Babylon – Pfingsten – Babylon?

Einleitung:

Kirche? Engagement – Gleichgültigkeit – Ablehnung, bei Jugendlichen und Erwachsenen. Dem einen ist die Kirche zu „politisch“, dem anderen zu „altmodisch“ – was immer das jeweils bedeuten mag. Überfüllte Veranstaltungen bei Kirchentagen, leere Bankreihen in den Sonntagsgottesdiensten – abgesehen von Weihnachten. Kirchenaustritte: nur wegen der Kirchensteuer? Spenden für „Brot für die Welt“; zusätzlich zur Kirchensteuer?

Und dann die Vergangenheit der Kirche: verfolgte und verfolgende Kirche, Ausbreitung und Spaltungen, Heilige und Ketzer, Kathedralen und Kreuzzüge, Reformation und Anpassung ...

Und die Gegenwart der Kirche: Papst und Pille, Friedensbewegung und Theologie der Befreiung, Seelsorge und Diakonie ... Und die Zukunft?

„Du lieber Gott, komm doch mal runter, und schau Dir die Bescherung selber an ...“ singt Stephan Sulke.

Kirche: Was ist das eigentlich?

- Eine Gemeinschaft aller, die durch die Taufe (und durch die Konfirmation) als Gott zugehörig gelten dürfen und dieses im Glauben und Handeln bezeugen?
- Ein Verein, in den man eintreten und aus dem man austreten kann?
- Eine Institution, die durch „Würdenträger“ repräsentiert und durch die – mehr oder weniger bewußte – Zugehörigkeit der einzelnen Christen sichtbar dargestellt wird?
- Ein Gebäude, in dem zu bestimmten Zeiten religiöse Veranstaltungen stattfinden?

Oder?

Kirche: Wie versteht sie sich selbst, wie stellt sie sich dar?

Diese und andere Problemanzeigen verbinden sich mit dem Thema dieses Blocks. Ein so vielschichtiges Thema kann hier nur an einigen wichtigen Fragestellungen aufgegriffen werden:

1) Kirche und Heiliger Geist: IV-1 – IV-8. In dieser Phase werden aus biblischer Sicht Verheißungen und Verkehrungen, die sich um das Thema „Pfingsten“ bewegen, ansatzweise zur Sprache gebracht. – „Da fuhr der HERR hernieder“ (Gen 11, 5) und „Es geschah plötzlich ein Brausen vom Himmel“ (Apg 2, 2) markieren Zusammenhänge von Altem und Neuem Testament und bieten einen Leitfaden für weitere Überlegungen über den Sinn und Auftrag der Kirche.
2) Gottesdienst – oder „Die Gemeinde der Heiligen“?: IV-9 – IV-14. Hier wird versucht, Ideal und Wirklichkeit der „Kirche von heute“ aufzuzeigen und zu einem besseren Verständnis für „allzu Menschliches“ beizutragen.
3) Riten als Lebenshilfe: IV-15 – IV-17. Am Beispiel der Konfirmation und der Trauung sollen Lebensentscheidungen daraufhin befragt werden, wieweit kirchliche Amtshandlungen, über eine feierliche Verbrämung hinaus, eine Rolle bei der Selbstfindung, in der Partnerbeziehung und für die gesellschaftliche Integration spielen können.
4) Könnten wir auf die Kirche verzichten?: IV-18 – IV-25. Das Selbstverständnis der Kirche in der Praxis des gesellschaftlichen Lebens wird zur Diskussion gestellt; ein breiter Beitrag ist ihrem „umstrittenen Finanzgebaren“ gewidmet: hier könnten Vorurteile abgebaut werden.
5) Umkehr zum Leben: IV-26 – IV-32. Das Motto eines Kirchentages sei zeichenhaft-hoffnungsvoll an den Schluß gesetzt. „Umkehr zum Leben“: wer wollte sie nicht? Aber wie? Endet die Geschichte der Kirche in einem „Babylon“, oder gibt es ein neues „Pfingsten“?

Kirche und Heiliger Geist

IV-1 Hat die Kirche noch eine Zukunft?

Frage an Radio Eriwan:
Hat die Kirche
noch eine Zukunft?

Radio Eriwan antwortet:
Im Prinzip „nein" – aber
auf den Heiligen Geist
ist kein Verlaß!

IV-2 Der Turmbau zu Babel:

eine ätiologische Sage des Jahwisten, 10. Jhdt. v. Chr.

1. Mose 11, 1–9

Die ganze Menschheit hatte eine Sprache und einerlei Worte. Als sie nun von Osten aufbrachen, fanden sie eine Tiefebene im Lande Sin'ar und blieben daselbst. Da sprachen sie zu einander: laßt uns nun Ziegel formen und hart brennen; dabei dienten ihnen Ziegel als Steine und Asphalt als Mörtel. Dann sprachen sie: laßt uns eine Stadt bauen und einen Turm, der bis in den Himmel reicht; so wollen wir uns einen Namen machen, damit wir uns nicht auf der Fläche der ganzen Erde zerstreuen. – Aber Jahve fuhr herab, um die Stadt und den Turm zu beschauen, den die Menschen gebaut hatten. Da sprach Jahve: seht doch! sie sind ein einiges Volk und haben alle dieselbe Sprache; dies ist nur das erste ihrer Werke, fortan wird ihnen nichts verwehrt werden können, was sie auch planen mögen. Laßt uns nun hinabfahren und daselbst ihre Sprache verwirren, daß keiner mehr die Sprache des andern verstehen kann. So zerstreute sie Jahve von dort über die Fläche der ganzen Erde; da mußten sie vom Bau der Stadt abstehen. Deshalb nennt man sie Babel; denn dort hat Jahve die Sprache der ganzen Menschheit verwirrt, und von dort hat sie Jahve über die Fläche der ganzen Erde zerstreut.

(Übersetzung: Hermann Gunkel)

Anmerkung:

Babel/Babylon: nach babylonischem Sprachverständnis = Tor der Götter, nach hebräisch balal = Verwirrung.

IV-3 Pfingsten im Neuen Testament:

eine ätiologische Legende des Lukas, Ende des 1. Jhdt. n. Chr.

Apg 2, 1–24. 32. 33. 36–41

1 Als der Pfingsttag[1] gekommen war, waren
sie alle an einem Ort beisammen. 2 Da brach
plötzlich ein Tosen vom Himmel herein, als ob
ein gewaltiger Sturm heranjagte, und erfüllte das
ganze Haus, in dem sie saßen. 3 Und sie sahen
eine Erscheinung, als ob Zungen wie von Feuer
sich verteilten und sich einzeln auf jeden von
ihnen setzten.[2] 4 Und alle wurden vom Heiligen
Geist erfüllt und fingen an, in anderen Sprachen
zu reden, wie ihnen der Geist es eingab auszusprechen. 5 Nun waren da Juden, die in Jerusa-
lem ansässig geworden waren, fromme Männer
aus jedem Volk unter dem Himmel. 6 Als jenes
Brausen einsetzte, strömten sie in Massen zusammen und wurden ganz verwirrt, denn jeder von
ihnen hörte sie in seiner eigenen Sprache reden.
7 Darüber gerieten sie außer sich vor Verwunde-
rung und sagten: „Sieh, sind das nicht alles Gali-
läer, die hier reden? 8 Wie kommt es, daß jeder
von uns sie in seiner eigenen Muttersprache
reden hört? 9 Parther, Meder und Elamiter, auch
Einwohner aus dem Zweistromland, aus Judäa
und Kappadokien, Pontus und Kleinasien,
10 Phrygien und Pamphylien, aus Ägypten und
dem libyschen Gebiet um Kyrene, Juden aus
Rom, die sich hier aufhalten: 11 Juden und Prose-
lyten, Kreter und Araber, – wir hören sie in unse-
ren Sprachen von den Großtaten Gottes reden!"
12 Und sie waren alle außer sich; ratlos fragte einer
den anderen: „Was soll das bedeuten?" 13 Andere
aber spotteten: „Die haben zu viel Heurigen
getrunken!"

14 Da trat Petrus auf, umgeben von den Elfen,
erhob seine Stimme und redete sie an: „Ihr jüdi-
schen Männer und all ihr Einwohner von Jerusa-
lem! Laßt euch dies kundtun und hört, was ich
euch zu sagen habe. 15 Denn es ist nicht so, wie ihr
annehmt: Diese Leute hier sind nicht betrunken –
es ist doch erst die dritte Stunde des Tages!
16 Nein, hier geschieht, was durch den Propheten
Joel angekündigt worden ist: 17 *UND ES WIRD IN*
DEN LETZTEN TAGEN GESCHEHEN, SPRICHT
GOTT: DA WILL ICH VON MEINEM GEIST AUS-
GIESSEN AUF ALLE MENSCHEN, UND EURE
SÖHNE UND TÖCHTER SOLLEN ZU PROPHE-
TEN WERDEN. EURE JÜNGLINGE WERDEN
GESICHTE SCHAUEN UND EURE ÄLTESTEN

TRÄUME HABEN. 18 *UND AUF MEINE DIENER UND DIENERINNEN WERDE ICH IN JENEN TAGEN VON MEINEM GEIST AUSGIESSEN, UND SIE WERDEN ZU PROPHETEN WERDEN.* 19 *WUNDER DROBEN AM HIMMEL UND ZEICHEN DRUNTEN AUF ERDEN WERDE ICH WIRKEN, BLUT, FEUER UND RAUCHQUALM.* 20 *DIE SONNE WIRD SICH VERFINSTERN UND DER MOND ZU BLUT WERDEN, BIS DER GROSSE, STRAHLENDE TAG DES HERRN KOMMT.* 21 *DANN WIRD JEDER, DER DEN NAMEN DES HERRN ANRUFT, GERETTET WERDEN.*

22 Ihr Männer von Israel, hört diese Worte: Jesus von Nazareth, einen Mann, den Gott durch Machttaten, Wunder und Zeichen vor euch beglaubigt hat, die Gott, wie ihr selbst wißt, durch ihn in eurer Mitte vollbrachte, 23 den habt ihr, als er euch nach Gottes vorbestimmtem Ratschluß ausgeliefert wurde, durch Frevlerhand an das Kreuz genagelt und umgebracht. 24 Gott aber hat ihn auferweckt! Er hat die Fesseln des Todes gelöst; denn in seiner Gewalt konnte er ja unmöglich bleiben. (...) 32 Ihn, Jesus, hat Gott auferweckt, dafür sind wir alle Zeugen. 33 Und zur Rechten Gottes erhoben, hat er den verheißenen Heiligen Geist vom Vater erhalten und ihn ausgeschüttet, wie ihr es hier seht und hört. (...) 36 So soll denn das ganze Haus Israel als untrüglich wahr erkennen, daß Gott ihn zum Herrn und Messias gemacht hat, diesen Jesus, den ihr gekreuzigt habt!"

37 Als sie das hörten, traf es sie wie ein Stich ins Herz, und sie sagten zu Petrus und den übrigen Aposteln: „Was sollen wir tun, Brüder?" 38 Petrus antwortete: „Kehrt um, und jeder von euch lasse sich taufen auf den Namen Jesu Christi zur Vergebung eurer Sünden; so werdet ihr die Gabe des Heiligen Geistes empfangen. 39 Denn euch gilt die Verheißung und euren Kindern und allen *IN DER FERNE, SO VIELE DER HERR UNSER GOTT HERZURUFT.*" 40 Und mit noch vielen anderen mahnenden Worten beschwor er sie: „Laßt euch erretten aus diesem verkehrten Geschlecht!" 41 Die nun sein Wort annahmen, ließen sich taufen; und so wurden an jenem Tage an die dreitausend Menschen hinzugewonnen.

(Wilckens: Das Neue Testament)

Anmerkung:

1 Jüdisches Erntefest, das sieben Wochen nach dem Sabbat der Passawoche gefeiert wurde; vgl. 3. Mose 23, 15 ff; 5. Mose 16, 9–12.

2 Nach dem ursprünglichen griechischen Text wechselt von V 3 a zu V 3 b das Subjekt: „und er setzte sich auf einen jeden von ihnen." Es ist nicht ganz klar, ob gemeint ist: jede einzelne von den Flammen, so wie sie sich verteilt haben, oder ob hier bereits an den Gottesgeist als den Handelnden zu denken ist.

IV–4 „Bla – Bla"

IV–5 Babylon – Pfingsten – Babylon

In Babylon wollten sie einst alle hoch hinaus. Mit einem Riesenturm wollten sie den Himmel selbst bezwingen. Aber das Unternehmen überschlug sich. Der Turm hielt nicht, was er versprach; er brach zusammen. Übrig blieben nicht bloß Ruinen; man konnte sich hernach nicht mehr verständigen; man wußte nichts mehr voneinander. Die Sprachverwirrung war komplett. Die ersten Sprachbarrieren entstanden durch Hybris und Maßlosigkeit.

Vermutlich sollte der umgekehrte Vorgang, das pfingstliche Sprachwunder im neuen Jerusalem, Jahrhunderte später, für die frühen Judenchristen besonders symbolkräftig sein. Ein Anti-Babylon sozusagen. Begeistert gingen die Apostel hinaus, redeten mit Leidenschaft in allen Sprachen, und jeder verstand sie. Jeder? – Jeder! Also wäre es Sache des Heiligen Geistes, die Botschaft der Liebe und des Mitleids, der

Nachsicht und der Demut, des Friedens und der Gerechtigkeit, der Bescheidenheit und stets bereiter Selbstbeschränkung anzusagen; das ergreift jeden, das begreift jeder. Unheiliger Geist wäre das Gegenteil, nämlich überhebliche Selbstgewißheit und Leidensunfähigkeit, Beziehungslosigkeit und Starrheit, die Idee vom Menschen als Schöpfer seiner selbst. Solche Neigungen führen zu Destruktion und zum Chaos.

Nur eine Legende, ein schönes Bild, Poesie? Inzwischen sind wieder ein paar Jahrhunderte vergangen. Wir haben einiges dazugelernt. Wo, um ein Beispiel zu nennen, stets die brave Tugend der Nachgiebigkeit gepredigt wird, wird oft genug nur unmenschliche Herrschaft bestärkt. Und daß einer seine Bescheidenheit preisgibt, das kann auf Wirkung berechnet sein. Wer zur Demut aufruft, entpuppt sich nicht selten als Wolf im Schafspelz. Nachsicht hat viel Ungerechtigkeit zugelassen und auch zur Unfähigkeit beigetragen, sich gerecht zu wehren. Daß Toleranz schließlich zum Instrument der Unterdrückung werden kann, das kann man aus der Kirchengeschichte lernen. Man sieht: So eindeutig sind weder Wörter noch Begriffe. Und damit fangen alle Schwierigkeiten an. Wir alle tun uns schwer damit, zwischen dem Heiligen und Unheiligen, zwischen Gut und Böse, Recht und Unrecht, Legalität und Anarchie zu unterscheiden. Nicht erst seit Nietzsche ist die Umwertung aller Werte im Gange, immer noch. Was ehedem unumstrittene Norm war, gilt heute vielen als Mechanismus der Unterdrückung. Rechtsbruch von gestern wird zur Heldentat von heute – wenigsten zum Kavaliersdelikt. Das Natürliche wird unnatürlich, das Unnatürliche natürlich; das Normale wird anormal, das Anormale normal. Aber was heißt hier „Natur“, und was heißt hier „normal“? Die alten Gebotstafeln sind zerbrochen, die zeitlosen Maßstäbe zumindest fragwürdig geworden, die sog. ewigen Wesensmuster des Menschen außer Kraft gesetzt. Die Verwirrung scheint deshalb so komplett zu sein, weil jeder die Moral für sich in Anspruch nimmt und nach dem Motto verfährt: Die Wahrheit kann nur *eine* sein, und ich habe sie. „Die Wahrheit ist nur *eine,* alle andere keine“: Gerichtsvorsitzende und Prozeßverweigerer, Polizisten und Demonstranten, Hausbesitzer und Hausbesetzer, Unternehmer und Gewerkschaftler, Lehrer und Schüler, Väter und Söhne.

Niedriger sind die Sprachbarrieren nicht geworden. Man versteht sich nicht mehr. Nicht nur, daß man voneinander keine Ahnung mehr hat, einander nicht mehr zuhört, sondern man setzt sich auch nicht mehr zusammen, um sich auseinanderzusetzen. (...) Pfingsten endet wieder in Babylon.

(Dieter Schupp)

IV-6 Trost und Wahrheit – die Gaben des Geistes

Als ich ein Kind war, verstand ich nicht, was so ein Fest wie Pfingsten ohne Tannenbaum und Osterhasen eigentlich soll. Je älter ich werde, um so größer ist mein Bedürfnis, etwas vom Wind des Geistes zu spüren. In einer geistlosen Zeit wächst die Sehnsucht nach einem Geist, der lebendig machen kann.

Der Hintergrund, von dem aus ich das sage, ist nicht eine idealistische Philosophie vom Höheren, das dem Niederen gegenübersteht. Mein Hintergrund ist biblisch und realistisch: Das hebräische Wort für Geist heißt „ruach“, der Hauch, aber nicht nur der Lebenshauch, mit dem Gott den Adam anbläst, sondern auch der Wind als eine Macht, die den Menschen stoßen und treiben, überkommen und fortraffen kann, die ihn überfällt oder auf ihn springt und die Menschen zu Worten oder Taten befähigt, die weit über ihren gewöhnlichen Möglichkeiten liegen. Als Rosa Parks im Bus in Alabama auf dem Platz, der nur für Weiße war, sitzen blieb eines Abends und daraus der von Martin Luther King organisierte Busstreik wurde und eine Bewegung und ein paar mehr Rechte für Schwarze, war das so ein Augenblick des Geistes. Alle Geschichten, die wir vom Heiligen Geist erzählen können, haben diese beiden Qualitäten: Spontaneität, der unvorhersehbare Überfall, das Neue, das sich zeigt – und Konkretion, also die Bindung an bestimmten Ort, Zeit und eine bestimmte Situation ohne allgemeine Gültigkeit. Niemand kann den Wind besitzen, der Geist weht, wo er will. Die Urchristenheit hatte für Geist ein klassisches griechisches Wort zur Verfügung, den „Nus“, die zeitlose Wahrheit, verkörpert im Symbol des unwandelbaren Lichts. Sie hat dieses sich anbietende Wort beiseite geschoben und statt dessen ein viel unscheinbareres aufgegriffen, um den neuen Inhalt auszudrücken, nämlich das Wort pneuma, das ursprünglich nicht viel mehr als Hauch, Atem und Wind bedeutet hat, schon früh aber als der lebenschaffende und lebendig machende Hauch verstanden wurde. Der Nus bezeichnete im neuplatonischen Denken die oberste geistige Schicht im Menschen, den man sich dreiteilig als Körper, Seele und Geist vorstellte. Die Christen wählten ein Wort, das im vorchristlichen Griechisch allenfalls das Un- oder Halbbewußte darstellte. In einer für viele schockierenden Wendung haben sie dann diesen sinnlichen, leidenschaftlichen Beweger Geist auch noch „heilig" genannt – und damit bin ich wieder bei meinem Ausgangspunkt, wie sehr ich den Geist in einer geistlosen Zeit vermisse. (...)

Wenn wir dem Johannesevangelium folgen, so tut der Geist zweierlei: Er tröstet, und er führt zur Wahrheit. Beides gehört eng zusammen. Es führt in die Irre, wenn wir Trost und Wahrheit trennen und der Religion das Trösten erlauben, die Anteilhabe an der Wahrheit aber verbieten. Wenn die Kirche sich darauf beschränkt, die zugrundegerichteten Menschen zu trösten, ohne daß sie sich selber auch noch als wahrheitsfähig ansieht, dann wird das ein flacher Trost, verkürzt aufs Individuum und verschoben aufs Jenseits. Dann wird die Bergpredigt eine Privatangelegenheit, die in der Politik nichts zu suchen hat, und der Trost des Heiligen Geistes wird ein sentimentaler Ersatz für verpaßtes Leben. Ein solcher Trost kann nicht halten, was er verspricht. Der Geist tröstet nur so, daß er zur Wahrheit führt, und nicht, indem er auf sie verzichtet.

Eine Kirche, die die Hoffnung, einen Trost zu bekommen, zwar noch aufbringt, den Mut aber, Wahrheit zu verlangen, aufgegeben hat, ist eine geistlose Kirche. Der Geist tröstete die Jünger Jesu nicht nur durch ein beschränkendes, behütendes „Fürchtet euch nicht!", wie die Losung des Kirchentags 1981 heißt, der Geist von Pfingsten ging ein Stück weiter in die Richtung jenes anderen Mottos für den Kirchentag, das im Gespräch war, aber überstimmt wurde: „Selig sind die Friedensstifter!" In dieser Seligpreisung sind Trost und Wahrheit nicht voneinander getrennt.

Die Geschichte, die uns anläßlich von Pfingsten erzählt wird, handelt von einem großen, brausenden Sturm, der das Haus füllt; es regnet Feuer vom Himmel, und einige bislang ziemlich mutlose Fischer beginnen, öffentlich zu predigen, und zwar so, daß sie in vielen Sprachen gleichzeitig gehört werden. Der Orkan und das Feuer, das vom Himmel regnet, dienen einer neuen Weltsprache, die die alte babylonische Verwirrung der Sprachen aufhebt. Ich glaube, die Sprache, die heute verstanden wird, das Feuer, das heute in den Herzen von immer mehr Menschen brennt, der Geist, der Mut macht, die Wahrheit zu verlangen, läßt sich in einem Wort zusammenfassen (...): Friede!
(Dorothee Sölle)

IV-7 Pfingsten: Das Fest der Veränderung

„Inkonsequent" hat Lothar Zenetti den folgenden Text überschrieben:

Frag hundert Katholiken
was das wichtigste ist
in der Kirche.
Sie werden antworten:
die Messe.

Frag hundert Katholiken
was das wichtigste ist
in der Messe.
Sie werden antworten:
die Wandlung.

Sag hundert Katholiken
daß das wichtigste in
der Kirche die Wandlung ist.
Sie werden empört sein:
Nein, alles soll bleiben,
wie es ist.

„Alles soll bleiben, wie es ist!" Wäre das das Motto des christlichen Glaubens, dann müßte man die Pfingstgeschichte so erzählen:

Als der Pfingsttag gekommen war, befanden sich alle am gleichen Ort. Sie freuten sich, beieinander zu sein.

Am Himmel regte sich kein Lüftchen!

So kam es, daß sie friedlich unter sich blieben. Es störte sie keiner – wer sollte sie auch schon stören? Sie frischten Erinnerungen an

Jesus auf; sie erzählten sich dies und jenes – und das konnten sie in ihrer eigenen Sprache. Die Fenster öffneten sie nur gelegentlich, um ein wenig zu lüften.

In den Straßen um ihr Haus herum tummelten sich an diesem Tag Leute aus aller Herren Ländern: Parther, Meder, Elamiter, Bewohner von Mesopotamien, Kappadozier – wie gesagt, aus aller Herren Ländern. Sie unterhielten sich über vieles, manche auch über Jesus und seine Anhänger: „Man hört nichts mehr von der Sache. Sie scheint sich erledigt zu haben!" Dann wechselten sie das Thema und sprachen wieder über die Schriftauslegung von Rabbi Benjamin am Morgen in der Synagoge. Sie gingen weiter, ohne etwas erlebt zu haben – der Pfingsttag, ein Tag wie jeder andere!

In der kleinen Gruppe aber hielt Petrus eine Rede: „Liebe Freunde in der Erinnerung an Jesus! Inzwischen haben wir uns daran gewöhnt, daß unser Freund Jesus nicht mehr bei uns ist. Von den Juden haben wir nichts mehr zu befürchten, denn langsam haben sie sich beruhigt. Warum sollten wir von der Sache wieder anfangen? Wir haben unsere Ruhe. Das ist gut so, das soll so bleiben! Dann und wann wollen wir uns treffen, um das Andenken an ihn in Ehren zu halten. Im übrigen soll alles so bleiben, wie es ist. Das ist für die Beteiligten das Angenehmste. Fremde können in unserer Gruppe nur stören."

Soweit Petrus.

Die Jünger trafen sich noch öfters, wurden älter, fingen an, sich zu langweilen – und die Mittelmäßigkeit erlebte Höhepunkte. Mit den Jahren starben sie. So ging die Sache Jesu zu Ende. Man redete nicht mehr viel darüber, denn Belanglosigkeiten haben das gleiche Schicksal wie Eintagsfliegen.

Die Sache Jesu wäre im Sand der Bedeutungslosigkeit verlaufen, gäbe es Pfingsten nicht. „Alles soll bleiben, wie es ist!" – das ist eine anti-pfingstliche Haltung, die mit tödlicher Sicherheit positive Entwicklungen verhindert und begeisternde Entfaltung hemmt.

Ein Kind muß nach neun Monaten den Mutterschoß verlassen; es muß schließlich auch die Geborgenheit des Elternhauses verlassen, muß den Schritt in die Schule tun. Es kann aber auch nicht ewig Schüler bleiben, sondern muß selbständig werden und einen Beruf ergreifen. Es muß sich irgendwann aus der Familie lösen und eine neue Gemeinschaft eröffnen oder sich ihr anschließen. Diese Entwicklung der Schritte nach vorn gilt es zu fördern, will man das Leben nicht beeinträchtigen, drosseln oder gar ersticken.

„Alles soll bleiben, wie es ist!" – eine Haltung, die Entwicklung, Entfaltung und Leben hemmt. Eine Haltung, die auch das Leben der Kirche hätte ersticken können. Denn Kirche ist etwas Lebendiges und entwickelt sich nach den Gesetzen des Lebens. Eines dieser Gesetze heißt Veränderung. Ohne den Kolumbus-Mut eines Paulus wäre die Kirche eine kleine Nationalgemeinde geblieben; durch den Mut zur Veränderung wurde sie zur Weltkirche. Die Geschichte der Kirche ist eine Geschichte des Mutes zur Veränderung – trotz aller beharrenden Elemente. Petrus, Paulus, die Missionare des Mittelalters, Theologen und Wissenschaftler, die trotz Inquisition und Imprimatur es gewagt haben, nach vorne und in die Zukunft zu denken. (...)

Die erste Erfahrung mit dem Heiligen Geist, wie sie in der Apostelgeschichte geschildert wurde, ist eine Erfahrung von Bewegung und Veränderung. Petrus verläßt den zu engen Raum und ergreift das Wort in der Öffentlichkeit, ebenso nach seinem Vorbild die Jünger. Aus ängstlichen Menschen werden mutige, aus Schweigenden und Schüchternen werden überzeugende Verkünder. Aus einer geschlossenen Gesellschaft wird eine öffentliche Gemeinde, aus einer nationalen Gruppe die Weltkirche. Pfingsten ist ein Fest der Veränderung in der Kirche. Im Heiligen Geist erblicken wir den Initiator dieser Veränderung.

Dadurch, daß Gott hier die Initiative ergriffen hat, hat er uns zur Beweglichkeit ermächtigt und ermutigt. Er veranlaßt die Kirche immer wieder, herauszugehen aus dem vertrauten Rahmen, Schritte nach vorne zu tun, sich nicht einzupanzern und abzuschließen.

Ein Rektor der Havard-Universität war dafür bekannt, daß er in der Hochschulpolitik und im Erziehungswesen der Vereinigten Staaten viele Veränderungen eingeleitet hatte. In seinem Büro, so wird berichtet, hatte er das Bild einer Schildkröte hängen mit dem folgenden Text: „Nimm dir ein Beispiel an der Schildkröte! Sie kommt nur vorwärts, wenn sie ihren Kopf unter

ihrem Schild hervorstreckt."
(Heribert Arens/Franz Richardt/Josef Schulte, Homiletische Arbeitsgruppe Münster)

IV-8 Statt Konservenchristentum Salz und Licht

Matth. 5, 13–16

Ihr seid das Salz der Erde. Wenn nun das Salz fade wird, womit soll man es wieder zum Salzen bringen? Es wird hinfort zu nichts tauglich sein als dazu, daß man es hinauswirft und es durch die Leute zertreten läßt. Ihr seid das Licht der Welt. Eine Stadt, die oben auf dem Berge liegt, kann nicht verborgen bleiben. Man zündet auch nicht ein Licht an und stellt es unter einen Kübel, sondern man setzt es auf einen Leuchter, dann leuchtet es allen, die im Hause sind. Darum leuchte euer Licht vor den Leuten, damit sie eure guten Taten sehen und euren Vater im Himmel preisen.

(...) Salz und Licht, so sagt Jesus, ist der Beruf der Gemeinde. Salz und Licht haben Bedeutung nur durch ihre Funktion, nur indem sie nach außen drängen. Nach außen wirken kann man nur, indem man nach außen geht. In der Welt wirken kann man nur, wenn man sich mit den Dingen der Welt befaßt und sich in die Weltgeschäfte hineinmischt und mit den Weltmenschen in engem Kontakt steht. Vielleicht sind die Kirchenaustritte in ihrer Zunahme ein Signal dafür; es kann sein, daß die große Volkskirche eines Tages in kommender Zeit schließlich zusammenschrumpft auf eine kleine Gemeinde der unentwegten Jünger. Dann steht sie vor dieser Gefahr des Gettochristentums. Als in Osteuropa nach 1945 der Sturm der politischen Entwicklung dort die großen Volkskirchen zerstörte und nur noch kleine Gruppen übrig blieben, Minderheiten von gesellschaftlich ohnmächtigen Christen, da kamen sie in die zweite Gefahr, nicht mehr oben zu stehen und mit Macht nach unten zu treten, sondern am Rande sich einzumauern, um die schlechte Zeit zu überwintern. Das war die große Bedeutung von Josef Hromadka, dem tschechischen Theologen in Prag, daß er die Kirchen im Osten immer auf diese Gefahr hingewiesen hat. Salz und Licht ist der Beruf der Gemeinde, d. h. wie klein und an den Rand gedrängt sie auch sei, nach außen zu wirken. „Die Zeit des Konservenchristentums ist jetzt vorüber, jetzt geht es in die Welt hinein", so hat Christoph Blumhardt vor 80 Jahren gerufen. (...)

Merkt jetzt aber auch noch die herrliche Verheißung, die dabei steht: Salz und Licht tun ja einen selbstlosen Dienst. Salz und Licht verschwenden sich an ihre Umgebung. Salz und Licht wollen sich nicht selbst erhalten. Salz und Licht wollen auch nicht alles andere zu Salz und Licht machen, sondern wollen das übrige, die Umwelt, durchdringen, damit sie genießbar und hell wird. Die Kirchenchristen haben meistens als Hauptaufgabe angesehen, aus Heiden Christen zu machen. Wenn man Jesu Worte recht bedenkt und auch das Wirken des Apostels Paulus, dann muß man sagen: deren Sorge war nicht, aus Heiden Christen zu machen. Die wußten nämlich, daß wir das überhaupt nicht können. Kein Mensch und keine Kirche kann aus Heiden Christen machen, auch nicht vermittels der heiligen Taufe, die wir heute und seit Jahrhunderten zu diesem Zweck verwenden, aus Heiden Christen zu machen. So haben wir ganze Völker getauft, und die sind natürlich genauso heidnisch geblieben, wie sie vorher gewesen sind. Millionen von Menschen machen wir mit der Taufe aus Heiden zu Christen, und sie bleiben Heiden; denn aus Heiden Christen machen kann allein der Heilige Geist. Jesu und Pauli Sorge ist aber ganz die, aus Christen Menschen zu machen, die für Heiden wichtig sind. Salz und Licht, eine Prise Salz und ein kleines Licht in einem großen, dunklen Raum, was hat das für eine Ausstrahlung! Das ist das Versprechen: daß es allen im Hause leuchtet. Ist das nicht herrlich? Er stellt in Aussicht, eine kleine Randgruppe würde dazu beitragen, ja, vielleicht manchmal ganz allein die Ursache dafür sein, daß dieses schwierige Leben für andere Menschen genießbar und hell wird, daß andere Verhältnisse eintreten, daß den Menschen auf einmal ihre gegenwärtigen Verhältnisse und ihre Maßstäbe scheußlich vorkommen und ihnen einleuchtet die Art, wie diese Christen leben.

Gestern sagte mir ein hervorragender Kenner der alten Geschichte, wie fürchterlich, verelendet und grausam zugleich diese antike Welt gewesen ist, und wie das Auftreten einer Gruppe von Leuten, die nicht wie die Zeloten in Palästina mit Waffengewalt um das Reich Gottes kämpfen wollten und die die Grausamkeit nicht mehr mitgemacht haben, eine gewaltlose Gruppe der Barmherzigen, der Friedensstifter, der Liebevollen und derer, die hungern und dürsten nach Gerechtigkeit und die ihre eigene Armut eingestehen, ein völliges Novum war. Das kann je und je dazu beitragen, daß auch die Anderen aus ihrer mörderischen Selbstgerechtigkeit herauskommen, aus ihrer Grausamkeit, und neue Regeln des menschlichen Zusammenlebens sich ausdenken, etwas menschlicher werden. Das ist der Beruf der christlichen Gemeinde, und verheißen wird dafür, es werde sich dann ereignen, daß Leute froh sind, daß es in ihrer Mitte ein paar Christen gibt. Nicht, daß diese Leute gleich zu glauben anfangen, daß sie gleich sich bekehren zu dem Vater des christlichen Glaubens und zu Jesus Christus, nein, aber sie sehen das gute Wirken dieser Christen in ihrer Mitte, sie sehen, daß dadurch die Dinge ein bißchen besser werden, daß diese Christen Einfälle haben und vielleicht auch Elan, und daß sie neue Möglichkeiten des Menschseins entdecken, und daß dadurch auch die Phantasie der Heiden und ihre Energie zum Besseren hin etwas gefördert wird. Dann werden ihnen diese Leute lieb, und sie möchten sie nicht mehr entbehren, und wenn sie auch ihren Glauben noch nicht teilen, ist ihnen doch wichtig, daß in ihrer Mitte dies geglaubt wird: Jesus als das Licht der Welt, Gott als der Vater der Menschen, und sie werden über unserem Wirken zu unserer eigenen Überraschung preisen unseren Vater im Himmel. (...)

(Helmut Gollwitzer)

Gottesdienst – oder „Die Gemeinde der Heiligen"?

IV-9 Kirche im Angebot

IV-10 Verständnisse des Gottesdienstes

(...) Wenn ich recht sehe, gibt es im Raum der protestantischen Kirche vier verschiedene Interpretationen dessen, was christlicher Gottesdienst in der Gegenwart heißen und leisten soll.

Das *kultische Gottesdienstverständnis:* Es handelt sich um jenes Verständnis des Gottesdienstes, dessen Wurzeln in vorreformatorische Zeit zurückreichen und das in diesem Jahrhundert von den liturgischen Bewegungen (...) in den Raum des Protestantismus reintegriert worden ist. Der Gottesdienst ist Feier des christlichen Kultmysteriums und in diesem Sinne Mitte der Kirche und Zentrum der christlichen Existenz. (...)

Gottesdienst in diesem Verständnis ist transrationales, transindividuelles, transprofanes Kultgeschehen, bei dem der Vollzug mehr zählt als die Rede und der Raum ebensoviel wie der Text.

Das *kerygmatische Gottesdienstverständnis:* (...) Das Kultisch-Rituelle wird aus dem Gottesdienst nicht entfernt, sondern vom eschatologischen Einbruch des Wortes her relativiert, so daß dem gottesdienstlichen Geschehen nicht mehr der Unterschied zwischen heiligen und profanen Bereichen zugrunde liegt. (...)

Der Gottesdienst in diesem Verständnis dient der Proklamation des Evangeliums von der Freiheit der Kinder Gottes im Menschenwort der gottesdienstlichen Predigt.

Das *politische Gottesdienstverständnis* hat in verschiedener Hinsicht auf Elemente der kerygmatischen Gottesdienstkonzeption zurückgreifen können. Auch hier geht es um Verkündigung des Evangeliums, nun aber verstärkt bezogen auf die politischen und sozialen Probleme der Gegenwart und deshalb gekoppelt mit gesellschaftskritischer Information. (...) Ziel des politischen Gottesdienstes, Ziel auch der darin enthaltenen Diskussion, die ihm einen bewußt demokratischen Charakter verleiht, ist die Aktion des Glaubens im politischen Raum, so daß die gesellschaftskritische Potenz des Evangeliums auch für die Gegenwart freigesetzt wird.

Der *kreative Gottesdienst* spielt das „Fest der Narren". Auch er versteht sich als Ausdrucksform christlicher Freiheit, nun aber nicht bezogen vor allem auf jenen Freispruch, der im Wort der Predigt an den Sünder ergeht, auch nicht als Appell zur anfangsweisen Verwirklichung der eschatologischen Freiheit im politischen Raum. Vielmehr soll der Gottesdienst selber in einer Welt politischer Zwecke gerade durch seine Zwecklosigkeit den Menschen den Freiheitsspielraum zur Selbstfindung eröffnen. Religion ist Spiel und darin Betätigung wahren menschlichen Daseins. Im Gottesdienst mögen durch Phantasie und Festlichkeit die schöpferischen Kräfte des Menschen freigesetzt werden. (...)

Der Gottesdienst hat seinen Sinn auch in sich selbst. Daß Menschen im Namen Gottes reden und den Namen Gottes ehren, das wird, wenn es richtig geschieht, nicht ohne Konsequenzen bleiben für diese Menschen und für die Gesellschaft, in der das geschieht. Aber das erschöpft den Sinn dieses Geschehens nicht. Es ist gut und notwendig und bedarf keiner Verteidigung mit dem Hinweis auf politische oder therapeutische Effekte, es ist gut, notwendig und sinnvoll in sich selbst, daß Menschen an einem Ort, zu einer Stunde zusammenkommen, zu jener Spanne Zeit, die im Namen des Vaters und des Sohnes und des Heiligen Geistes beginnt: und die endet mit der Bitte um den Segen des Herrn. (...)

Der Gottesdienst der christlichen Gemeinde ist sicher notwendig um der Gemeinde willen. Sie findet und konstituiert im Gottesdienst ihre Identität, so wie jede Gruppe, welche Ziele auch immer sie verfolgt, sich selbst findet und verwirklicht in der Gemeinschaft. Sozialpsychologisch gesprochen erfüllt der Gottesdienst für die Christengemeinde dieselben Funktionen wie die Generalversammlung für den Fußballverein oder wie das Jahrestreffen der alten Kameraden. Eine Gruppe von Menschen versichert sich dadurch, daß sie zusammenkommt, ihres Bestandes, ihres Grundes, ihrer gemeinsamen Ziele. (...)

Die christliche Gemeinde findet im Gottesdienst darin ihre Identität, daß sie sich anhand der Bibel auf den Grund und das Ziel ihrer Existenz besinnt. In diesem Sinn ist der Gottesdienst für ihr Leben auch theologisch konstitutiv.

Indem und wenn im Gottesdienst die Bibel

ausgelegt wird, wird jene Unterscheidung zwischen Gott und den Göttern, Gott und der Welt, Gott und der Kirche aktuell, die für die biblische Rede von Gott charakteristisch ist. Deshalb beschränkt sich die Bedeutung des Gottesdienstes nicht auf die Kirchengemeinde. Im Gottesdienst, der zwischen Gott und Welt unterscheidet, kommt die Schöpfung zu sich selbst, indem sie den Schöpfer lobt. Der Gottesdienst der Kirche ist der einzige Ort in Natur und Geschichte, in der Gott als der Herr von Natur und Geschichte bewußt, explizit und öffentlich bekannt wird. Die doxologische Differenz, die den Glauben konstituiert, findet im Gottesdienst ihre institutionelle Gestalt. Daß es einen solchen Ort in der Gesellschaft gibt, ist für die Gesellschaft, auch wenn sie das nicht einzusehen vermag, lebenswichtig. Denn sie kann nur human bleiben, wenn sie ihrer Weltlichkeit und damit der Grenzen ihrer Möglichkeiten innewird. Wo man den Altar in der Kirche vergißt, geht man daran, in der Welt Opferaltäre zu bauen. Wenn die Gesellschaft Kritik benötigt, um am Leben zu bleiben, so braucht sie auch jene Veranstaltung, in der die radikale Unterscheidung zwischen Gott und Mensch gefeiert wird, in Formen religiöser Tradition, mit Folgen politischer Art. (...)
(Manfred Josuttis)

IV-11 Dienstanweisung für einen Unterteufel

Ein Brief des höllischen Unterstaatssekretärs Screwtape an seinen noch in der Ausbildung befindlichen Neffen Wormwood über die richtige Behandlung des ihm zugewiesenen Menschen:

Mein lieber Wormwood,

Ich habe mit größtem Mißvergnügen davon Kenntnis genommen, daß Dein Patient Christ geworden ist. Bilde Dir ja nicht ein, Du werdest der üblichen Strafe entrinnen, ja ich hoffe, daß Du Dir das in Deinen besseren Momenten nicht einmal wünschst. Inzwischen müssen wir den Tatsachen die beste Seite abzugewinnen trachten. Es ist ja noch kein Grund zur Verzweiflung vorhanden. Hunderte von erwachsenen „Bekehrten" konnten wieder zurückgewonnen werden und sind nun sicher bei uns, nachdem sie sich eine kurze Weile im Lager des Feindes aufgehalten hatten. Alle geistigen und körperlichen Gewohnheiten des Patienten sprechen immer noch zu unsern Gunsten.

Einer unserer besten Bundesgenossen ist gegenwärtig die Kirche selbst. Aber bitte, verstehe mich richtig! Ich meine natürlich nicht die Kirche, wie wir sie sehen: sich über Raum und Zeit erstreckend und verwurzelt in der Ewigkeit, schrecklich wie ein Kriegsheer im Aufmarsch. Ich gestehe, vor diesem Schauspiel wird es auch unsern kühnsten Versuchern unbehaglich. Glücklicherweise aber ist es den Menschen verborgen. Alles, was Dein Patient sehen kann, ist ein halb vollendetes Gebäude in falscher Gotik auf einem Neubaugrundstück. Wenn er da eintritt, so begegnet ihm als erster der Metzger aus dem Eckladen seiner Nachbarschaft, der ihm mit salbungsvoller, geschäftiger Miene ein kleines, abgegriffenes Büchlein mit der Liturgie anbietet, die keiner von beiden versteht. Dazu noch ein kleines, schäbiges Bändlein mit verderbten Texten meist schlechter religiöser Verse in kleinstem Druck. Wenn er dann seinen Platz in der Kirchenbank einnimmt und sich ein wenig umsieht, so entdeckt er gerade jene Auswahl seiner Nachbarn, denen er bis dahin geflissentlich aus dem Wege gegangen ist. Du mußt Dich in Deinen Unternehmungen sehr stark auf diese Nachbarn stützen. Lasse seine Gedanken Vergleiche ziehen zwischen dem Ausdruck „ihr seid der Leib Christi" und den Gesichtern, wie er sie in der nächsten Kirchenbank sieht. Es spielt natürlich keine Rolle, welcher Art die Leute in jener nächsten Kirchenbank in Wirklichkeit sind. Vielleicht kennst Du sogar einen unter ihnen als großen Kämpfer in den Reihen des Feindes. Es macht gar nichts aus. Dank Unserm-Vater-in-der-Tiefe ist Dein Patient ein Narr. Es braucht nur einer dieser Nachbarn ein bißchen falsch singen oder Schuhe tragen, die bei jeder Bewegung quieken, ein Doppelkinn haben oder sich auf wunderliche Weise kleiden, so wird Dein Patient ganz leicht glauben, daß es auch mit der Religion dieses Menschen irgendwie komisch bestellt sein müsse. (...)

Dies habe ich unter der Voraussetzung geschrieben, daß die Leute in der nächsten Kirchenbank keinen vernünftigen *Grund zur Enttäuschung geben. Sollte dies jedoch der Fall sein – sollte Dein Schützling in der Frau mit dem unmöglichen Hut eine fanatische Bridgespielerin erkennen und in dem Herrn mit den quietschenden Schuhen einen*

Geizhals und berüchtigten Wucherer –, dann wird Deine Aufgabe um so einfacher sein. Deine ganze Mühe besteht dann nur darin, die Frage von ihm fernzuhalten: „Wenn ich, wie ich bin, mich selbst für einen Christen halte, warum sollten dann die verschiedenen Untugenden, die diese Leute da in der andern Bank belasten, ein Beweis dafür sein, daß ihre Religion nichts als Heuchelei und Betrug ist?“ Du magst fragen, ob es denn überhaupt möglich ist, dem menschlichen Verstand einen solch selbstverständlichen Gedanken fernzuhalten. Ja, Wormwood, es ist möglich! Nimm Deinen Schützling richtig in die Hand, und so etwas kommt ihm einfach nicht in den Sinn. (...) Halte ihn in dieser geistigen Verfassung so lange, als es irgendwie möglich ist.

Dein Dich liebender Oheim *Screwtape*

(Clive S. Lewis)

218

15. Jahrh. / geistlich Böhmische Brüder 1566

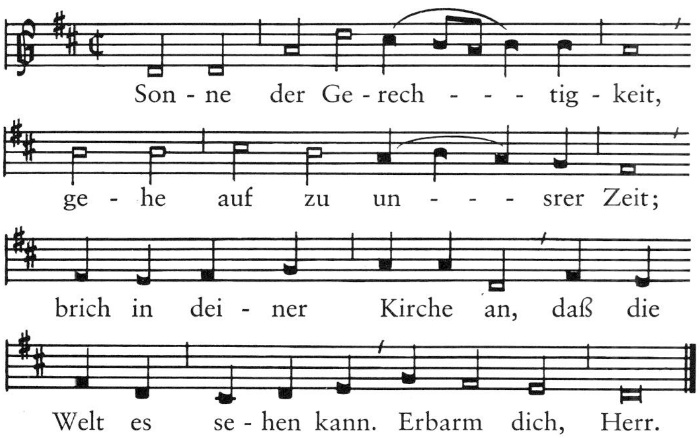

2 Weck die tote Christenheit / aus dem Schlaf der Sicherheit; mache deinen Ruhm bekannt / überall im ganzen Land.
Erbarm dich, Herr.

3 Schaue die Zertrennung an, / der kein Mensch sonst wehren kann; / sammle, großer Menschenhirt, / alles, was sich hat verirrt.
Erbarm dich, Herr.

4 Tu der Völker Türen auf, / deines Himmelsreiches Lauf / hemme keine List noch Macht. / Schaffe Licht in dunkler Nacht.
Erbarm dich, Herr.

(Evangelisches Kirchengesangbuch)

IV-13 Den Seinen gibt's der Herr im Schlaf

Hempel weist Kritik am Kirchenschlaf zurück

„Nicht bei der Predigt, sonst gesund und bekömmlich“

Der Riddagshäuser Gemeindepfarrer Joachim Hempel hat die (auch in Briefen an die BZ geäußerte) Kritik an seinem Angebot zum Kirchenschlaf in der Klosterkirche zurückgewiesen und auf dem Werbeplakat zum Ausdruck gebracht, daß sein besonderes kirchliches Angebot „gesund und bekömmlich“ sei.

Hempel lädt bereits zum dritten Mal zum Kirchenschlaf in die gotische Klosterkirche nach Riddagshausen ein, der vielerorts Aufsehen und Interesse erregt hat. Nach Angaben des Pastors hat es vor allem am Titelwort „Kirchenschlaf“ Kritik gegeben. Mit ihm, so Hempel, scheinen viele Menschen, vor allem in der Kirche, nur negative Assoziationen zu verbinden. „Soweit es sich um das Eindösen während der Predigt handelt, ist das ja auch verständlich“, erklärt er, der mit seiner Einladung andere Intentionen verbindet.

An den Feriensonntagen im Juli und August steht die Klosterkirche von 17 bis 18 Uhr allen offen, die bei dezenter Musik in aller Ruhe dasitzen, nachdenken, stillsein, schauen, in sich hineinhören, dösen oder beten wollen. Man darf einfach nur dasein, ohne daß jemand etwas will. Das Angebot, so Hempel, versteht sich auch als besondere Therapie für Nervosität, Unwohlsein, Herz- und Kreislaufschwäche.

Mit seinem Kirchenschlaf-Angebot steht Pfarrer Hempel in Riddagshausen übrigens nicht allein: solchen Kirchenschlaf bietet seit Jahren auch der Pfarrer von Bosau im Plöner Seengebiet (Schleswig-Holstein) an.

(Braunschweiger Zeitung)

Wann einer schläft,
so sollen die Benachbarten auf beiden
Seiten ihn von dem Schlaf erwecken,
und in Unterlassung dessen, wenn
nämlich der Schlafende schnarcht und
mit dem Kopf und Leib hin und her
wanket, jeder gleichergestalt drei Albus
zur Straf geben. Damit aber einer
sich des Schlafens desto besser enthalten
könne, soll derselbe, den der Schlaf an-
kommen will, sich aufrichten und der
Predigt stehend zuhören.

(um 1800)

IV-14 Die Kirche: eine furchtbare Familie – aber wir halten zu ihr

Das Problem ist die Kirche! Die meisten Leute, die wir kennen, denken von der Kirche, daß sie langweilig, doof, überflüssig, vielleicht was für Alte und Kranke sei, aber jedenfalls nichts für sie selber. Wir können nicht einfach „Ja und Amen“ zur Kirche sagen. Wegen der Kirche genieren wir uns. Das ist, als kämen wir aus einer furchtbaren Familie: der Vater trinkt, die Mutter heult, und die Kinder streiten sich den ganzen Tag. Die Bischöfe fahren im Mercedes zu Hungerkonferenzen, zum Gottesdienst kommen ein paar alte Frauen, die Kinder sind froh, wenn sie die Konfirmationsschecks einstecken. So eine Familie ist das.

Das Dumme ist nur, daß es trotz allem unsere Familie ist. Wir finden sie unausstehlich, blöd, bis zum geht nicht mehr, verlogen – aber wir halten zu ihr. Statt auszutreten, halten wir

immer mehr zu ihr. Mit anderen Worten sagen wir: der Vater trinkt, die Mutter heult ... aber die Großmutter ist unheimlich gut, und mein kleiner Bruder ist überhaupt der Größte. So geht es uns mit der Kirche, übrigens beiden großen deutschen Kirchen, die Unterschiede finden wir nicht so wichtig. Die Kirchenleitungen und Bischöfe haben eine ungeheure Kunst entwickelt, weder Ja noch Nein zu sagen. Zu der Frage, ob sie lieber mehr oder lieber weniger Atombomben hier haben wollen, sagen sie zum Beispiel meistens „Jein“. Die Pfarrer quasseln zu viel, die Gemeindeglieder schlafen seit Jahrhunderten ... aber der Jesus ist eben nicht umzubringen, und auf Albert Schweitzer und Dietrich Bonhoeffer und Martin Luther King lassen wir schon gar nichts kommen.
(Dorothee Sölle/Fulbert Steffensky)

Riten als Lebenshilfe

IV–15 Die Bedeutung der nichttheologischen Faktoren für die Konfirmation

Die Konfirmation ist bekanntlich deshalb im Kirchenvolk so populär, weil sie in den Rang eines Familienfestes erster Klasse aufgerückt ist und als Feier des Übergangs von der Kindheit zum Erwachsenenalter verstanden wird. Das Brauchtum, das sich im Zusammenhang mit der Konfirmation in evangelischen Ländern gebildet hat, und die volkstümlichen Anschauungen über sie zeigen unbestreitbare Analogien zu den Initiationsriten der Naturvölker. Wie man im Naturvolk mit einem Komplex von Zeremonien und Verhaltensweisen die Trennung des Jugendlichen von seiner bisherigen Altersgruppe, den Übergang vom einen Lebensabschnitt zum anderen und seine Vereinigung mit der Gruppe der Heiratsfähigen feiert, so erleben der Durchschnittskonfirmand und seine Angehörigen den Unterricht, den Festtag in der Kirche und das Zusammensein im erweiterten Familienkreis als Feier des Abschieds von der Kindheit, des Überschreitens einer Schwelle und der Einfügung in die Gemeinschaft der Erwachsenen. Daß man diesen Übergang so festlich ausgestaltet und ihm eine religiöse Weihe gibt, hängt mit einem seelischen Bedürfnis zusammen: die Familien wollen ihrer Freude Ausdruck geben, daß eins ihrer Glieder die Schwelle erreicht hat, und wollen ihre Freude mit anderen teilen. Sie möchten die Unsicherheit des Übergangs beseitigen, indem sie eine klare Grenze ziehen. Die soziale Position des Heranwachsenden innerhalb der Familiengemeinschaft muß einmal neu geordnet werden. Der Festtag ist die Gelegenheit, es zu tun. Der Übergangsritus übt so eine regulierende Funktion im seelischen Haushalt der Familie aus und verhindert Störungen und Krankheiten der Gemeinschaft. Die Familien fühlen ferner die Gefährdung der Grenzsituationen. Sie versprechen sich vom religiösen Teil der Feier Sicherung und Hilfe.
(Walter Neidhart)

IV–16 Konfirmation: ein bleibendes Ärgernis?

Es hat sich seit Jahrzehnten wenig geändert: wenn man mit Jugendlichen auf den „Konfer“ zu sprechen kommt, hört man nur wenig Erfreuliches. Was da an Ärger und Unlust zutage kommt, überwiegt bei weitem. Und dabei sollte man doch erwarten, wenn das Ganze überhaupt einen Sinn haben soll, daß Jugendliche in dieser Zeit etwas lernen und tun, was für ihr und unser Leben von Bedeutung ist, und daß sie sich schließlich mit Freude zu ihrem christlichen Glauben bekennen, in den sie eingeübt worden sind.

Nun muß man ehrlicherweise feststellen, daß sich die Kirche doch sehr viel Mühe gibt, neue Formen und Inhalte des Konfirmandenunterrichts zu finden. Und trotzdem: Das Bekenntnis zum christlichen Glauben, den die Jugendlichen einst bei der Taufe ohne ihr Zutun zugesprochen bekamen, bleibt weithin ein gedankenloses Nachplappern von mehr oder weniger gut gelernten Sprüchen, Formeln und Liedern, und der Gang zum ersten Abendmahl gleicht dem zu einer Schluckimpfung.

Woran liegt das wohl? Werden die Jugendlichen nicht, ihrem Alter entsprechend, richtig angesprochen? Oder gehen sie sowieso nur deswegen hin, weil das so üblich ist? Oder ist die ganze Konstruktion „Kindertaufe-Konfirmation“, die theologisch ohnehin fragwürdig ist, inzwischen überholt in einer Bevölkerung, die sich nur noch christlich nennt? Frage man doch einmal die Jugendlichen, wie ihre Paten ihre Rolle eigentlich verstanden haben!

Es wird weiter konfirmiert, und die Jugendlichen machen mit. Denn eines hat sich in den letzten Jahren doch wesentlich geändert: Der Wert der Geschenke, meist nur noch in Bargeld übermittelt - ein diskreter Schein zu einer kitschigen Glückwunschkarte - geht in die Tausende. Und der Wert der eigenen Konfirmation wird gemessen an der Höhe der Geldsumme, und diese wird argwöhnisch, neidisch oder voller Genugtuung, je nachdem, verglichen mit den Ergebnissen, die die anderen erzielt haben: Reicht es für ein Mofa, eine Hi-Fi-Anlage, einen Heim-Computer?

Ist das das Ziel, das die Kirche mit ihrem „Unternehmen Konfirmation" erreichen will? Statt daß den jungen Menschen ein Empfinden dafür vermittelt wird, daß Christen nicht dem Götzen Mammon dienen, statt daß ihnen alternative Lebensziele, Sensibilität für die Mitmenschen und soziales Verhalten anerzogen werden, verführt man sie zu materiellem Egoismus und leistet dem Konsumverhalten Vorschub. Natürlich will das die Kirche nicht, aber anscheinend ist der gesellschaftliche Sog zu stark.

Und so gibt es für die Kirche im Augenblick wohl nur eine Lösung: Zugunsten ihrer eigenen Glaubwürdigkeit sollte sie die Konfirmation abschaffen! „Jesus kennenlernen und sich auf ihn einlassen": das sieht jedenfalls nach den biblischen Erzählungen ganz anders aus.

(Wolfgang Bukowski)

IV-17 Das Ritual des Traugottesdienstes als Lebenshilfe

1. *Rituale* sind institutionell oder nichtinstitutionell geregelte soziale Handlungsabläufe, die symbolische Kommunikation leisten und damit die emotionale Stabilisierung von einzelnen und die Integration von sozialen Gruppen bewirken.

2. In diesem Sinn stellen die kirchlichen Amtshandlungen *(Kasualien)* gleichfalls Rituale dar. Wo Leben entsteht (Taufe) oder der Tod einbricht (Beerdigung), wo es darum geht, eine neue Identität zu finden (Konfirmation) oder die Dauer der als zerbrechlich empfundenen personalen Kontakte sicherzustellen (Trauung), dort liegt aufgrund der allgemeinen Verunsicherung ihre größte soziale Bedeutung.

3. Die *Verunsicherung* des einzelnen im Blick auf die Ehe geht auf eine umfassende Rollenunsicherheit zurück. Obwohl viele Ehepaare eine partnerschaftliche Ehebeziehung aufrichtig bejahen, sind die Partner dennoch in herkömmlichen (patriarchalischen) Ehevorstellungen befangen. Die neue Bewertung der Sexualität, die große Bedeutung individueller Liebe, die umfassenden Erwartungen aneinander, die erleichterten Scheidungsmöglichkeiten usw. tragen erheblich zu einer weitergehenden Verunsicherung bei.

4. Das Ritual des Traugottesdienstes ist kein isoliertes Ereignis, sondern es steht in engem Zusammenhang mit den vielen übrigen rituellen Akten, die insgesamt das *Eheschließungsritual* ausmachen: Einführung des Partners in die eigene Familie, Verlobung, Polterabend, standesamtliche Eheschließung, Tanz am Abend, Heiratsanzeigen, Zeitungsannoncen, Geschenke, Glückwünsche usw.

5. Dem *Traugottesdienst* kommt innerhalb des Eheschließungsrituals eine dreifache Bedeutung zu: eine Integrations-, Artikulations- und Stabilisierungs-Funktion.

6. Der Traugottesdienst als ritualisierte Familienfeier trägt zur *Integration* des Brautpaares in die beiden Großfamilien, ferner auch in die Hausgemeinschaften und Nachbarschaften bei. Diese gottesdienstliche Feier gewinnt dadurch zusätzliche Bedeutung, daß dabei emotionale Zuwendung in nichtalltäglicher Form ausgedrückt werden kann.

7. Indem der Traugottesdienst die vielfach unbeantwortete und verdrängte Frage nach dem Sinn des Lebens ausspricht, stellt er durch diese *Artikulation* die rituelle Überwindung der damit verbundenen Sprachlosigkeit dar. Besondere Bedeutung kommt dabei den symbolischen Akten zu: Gebet (d. h.: Es gibt Hoffnung und Sinn), Segen (d. h.: Leben heißt immer auch Empfangen) usw.

8. Der Traugottesdienst trägt zur *Stabilisierung* des einzelnen Ehepartners, des Partnerbezugs und damit des Ehepaares bei, indem er als religiöses Ritual hilft, die Ängste zu bewältigen, die den Anforderungen des Lebens an sich und des Lebens in der Ehe entspringen. Wichtig sind dabei wieder symbolhafte Handlun-

gen: der Weg durch die Kirche, das Anstecken der Ringe, der Handschlag der Eheleute, die Segenshandlungen usw. (nach der Hochzeit übrigens die Fotos).

9. Die *Predigt* im Traugottesdienst hat nur dann nachhaltige Bedeutung, wenn die Inhalte bereits im Traugespräch von Pfarrer und Brautpaar gemeinsam besprochen worden sind.

10. So sehr der Traugottesdienst als religiöses Ritual in allen seinen Funktionen Lebenshilfe darstellt, so eindeutig stabilisiert er auch gesellschaftliche Strukturen. Eheleute, Pfarrer und alle Beteiligten müssen sich darüber klar sein, daß rituelles Geschehen - gerade vor dem Hintergrund der biblischen Botschaft - kein Ersatz für verantwortliches Handeln sein kann und darf.

(Wolfgang Morr)

Könnten wir auf die Kirche verzichten?

IV-18 Die Situation der Kirche

Vor einigen Monaten veröffentlichte das „Hamburger Abendblatt" ein großes buntes Foto: Es zeigte die Alster, die Bäume und Parks an ihrem Ufer und die großen Hotels und Versicherungsbauten. Aber irgend etwas fehlte. Bei näherem Zusehen merkte man: Die Türme der großen Hauptkirchen waren wegretuschiert worden.

Die Zeitung wollte mit diesem Bild die Leser veranlassen, sich für die historischen Bauwerke einzusetzen, die wegen der Erschütterungen durch den Straßenverkehr und wegen der vielen Abgase gefährdet sind. Viele Millionen werden die Hamburger aufbringen müssen, wenn sie nicht auf ihre Wahrzeichen verzichten wollen. Und wer will das schon? Denn: Was wäre Hamburg ohne seinen „Michel" und ohne die anderen Hauptkirchen?

Ich möchte diese Frage gern ins Grundsätzliche ausweiten: Was würde in Hamburg (oder in anderen Städten und Dörfern unseres Landes) fehlen, wenn die Kirchen aus der Öffentlichkeit verschwänden, wenn Kirche und Gemeindeleben allenfalls noch irgendwo „am Rande" auftauchten? (...)

Was verloren ginge:

- weder die historischen noch die modernen Bauwerke könnten erhalten werden;
- die kulturelle Ausstrahlungskraft (durch qualitätvolle Kirchenkonzerte, Aufträge an Maler, Bildhauer und Architekten usw.) müßte nachlassen;
- die diakonischen Anstrengungen, die für unsere Gesellschaft unverzichtbar sind (von der Gemeindeschwester bis zu den großen Anstalten) müßten erheblich reduziert werden;
- das Gefühl von Heimat und Geborgenheit, das die Gemeinden gerade auch in der Großstadt noch in erheblichem Maße vermitteln, würde vielen nicht mehr gegeben werden können;
- das Gewicht kirchlicher Äußerungen und Aktionen im Bereich des „Politischen" würde nachlassen. (...)

(Herwig Schmidtpott)

IV-19 Kirche im Einsatz

IV-20 Kirchenkarren ohne Schwung

Könnten die Gläubigen auf ihre Heimat in der Kirche verzichten? Schlechterdings nicht. Sehr viele Menschen brauchen einen religiösen Halt, sei es nun Buddhismus, Hinduismus oder der Islam. Für den Mohammedaner bricht fast eine Welt zusammen, wenn der Muezin nicht fünfmal am Tag zum Gebet ruft. In vielen nichttechnisierten Ländern ist die Religion noch immer die größte Stütze des Staates.

Würde die Kirche hierzulande abgeschafft werden, so hätten wir bald eine Ersatzreligion, weil der Mensch einen Glauben braucht. Als Ersatzreligion bieten sich Kapitalismus und der Glaube an die Technik an. Freuen wir uns also auf die neuen Glaubensbekenntnisse des Wertpapierkurses und des Lochstreifens. Darauf ein fortschrittliches Amen!

M. R., 19 Jahre

Was ist heute überhaupt Kirche? Wenn ich spontan assoziiere: starr-autoritäre Hierarchie, verflachter, veräußerlichter Ritualismus, verweltlichter Machtapparat, lebensfremde Moral, Intoleranz, Dogmatik. Auf die Kirche in ihrer heutigen Form können wir gewiß verzichten! Vielleicht wird aber die derzeitige Krise zur Chance, endlich neuen Schwung in den festgefahrenen Kirchenkarren zu bringen. Die Kirche (besonders die katholische) darf sich nicht länger gegen den weltweiten Fortschritt abschirmen. Sie sollte sich mehr mit den großen Weltproblemen befassen, wie zum Beispiel mit dem Kampf gegen Krieg und Elend.

Adelheid H., 17 Jahre

Worauf wir bei der Kirche zum Beispiel verzichten können: auf alle traditionellen Kirchenvorgänge wie Gottesdienste, Abendmahle, Chorsingereien; auf Leute, die einen zur „Begegnung mit Gott" führen wollen; auf kirchliche Propaganda gegen die Reform des Paragraphen 218; auf antiquierten Religionsunterricht; auf langweilige abstoßende Kirchen- und Gemeindehäuser – und auf Päpste.

Worauf wir dagegen bei der Kirche nicht verzichten sollten: auf ihre leider immer noch selten vorkommende fortschrittliche Jugendarbeit und die Angebote junger Pfarrer; auf ihre Hilfe für Drogenabhängige; auf die neuere Literatur der Kirchenverlage zum Religionsunterricht und anderes. Es gibt in den Gemeinden kirchliche Angebote für junge Leute, die über den wöchentlichen Diskothekenabend bis 22.00 Uhr hinausgehen. Man sollte sie annehmen und versuchen, mit Hilfe moderner Theologen die Kirchenarbeit zu verändern, etwa durch Arbeitsgruppen zu Jugendliche interessierenden Problemen oder lokale Initiativen zur Steigerung der Wohn- und Lebensqualität.

Man sollte die Jugendarbeit seiner Kirche kritisch beobachten, und wenn sie einem zusagt, sollte man auch mitarbeiten, daran nämlich fehlt es meistens.

Christoph B., 18 Jahre

Wir könnten auf mercedesfahrende Bischöfe verzichten, die nur die bewährte systemstützende Tradition fortsetzen und die angenehmen Seiten des Kapitalismus auszunutzen verstehen. Wir können prachtvolle Gottes- und Pfarrhäuser entbehren, weil die vom Steuerzahler geleisteten Summen sinnvoller angewandt werden können.

Aber wir brauchen die sozialwirksamen Institute der religiösen Gemeinschaften als Ergänzung der sozialstaatlichen Maßnahmen. Wir benötigen die Kirche als einen Pol, der in unserer rationalisierten und nur auf Profit bedachten Umwelt die Ideen von Ethik und Nächstenliebe auch außerhalb normierter Gesetze vertritt. Wir brauchen sie also noch als eine machtvolle Stütze der politisch Unterdrückten und ökonomisch Ausgebeuteten. Wir brauchen aber keine Bet-Sing-Spiele!

Heinz A., 20 Jahre
(DIE ZEIT)

IV-21 Die Finanzen der Kirche

Beispiel: Ev.-luth. Landeskirche Hannovers 1977

Einnahmen

(...)

Die älteste Quelle dürfte das freiwillige Opfer sein. Spenden also und gottesdienstliche Kollekten.

Zwischen dem freien Opfer und der Kirchensteuer liegt heute der von vielen Gemeinden erbetene Kirchenbeitrag und das als Steuer erhobene Kirchgeld. (...)

Die Hauptquelle für die finanziellen Mittel der Kirche ist heute die Landeskirchensteuer; sie wurde in unserer Landeskirche bald nach dem Zweiten Weltkrieg eingeführt und beträgt gegenwärtig 9% der Einkommen- und Lohnsteuer (bei steuerpflichtigen Gemeindegliedern mit Kindern nach Abzug des Kindergeldes von der Steuersumme).

Abgesehen davon, daß der Staat die Kirchensteuer über seine Finanzämter einzieht (er erhält dafür eine Vergütung in Höhe von 4% der gesamten Kirchensteuersumme), ist der Staat rechtlich zu bestimmten Leistungen finanzieller Art verpflichtet. Es handelt sich dabei jedoch nicht um Privilegien der Kirche gegenüber anderen gesellschaftlichen Gruppen, sondern um Rechtsansprüche aus Vergangenheit und Gegenwart.

Die staatlichen Zuschüsse zur Pfarrbesoldung etwa sind u. a. eine Entschädigung für kirchliche Ländereien, die Anfang des 19. Jahrhunderts verstaatlicht wurden. Auch der Religionsunterricht an den öffentlichen Schulen wird, sofern ihn kirchliche Mitarbeiter erteilen, der Kirche vergütet.

Andere Leistungen der öffentlichen Hand – zum Beispiel Zuschüsse für Schwesternstationen und Kindergärten – werden den Trägern unmittelbar gewährt und sind daher im Haushalt der Landeskirche nicht enthalten.

Miete und Pachten sind Erträge des kirchlichen Grundvermögens (darunter auch die Mieten der Pastoren für ihre Dienstwohnungen).

Die – im Verhältnis zum Umfang des Haushalts geringen – Zinsen sind Kapitalerträge von Rücklagen und werden diesen im wesentlichen auch wieder zugeführt.

Der „innerkirchliche Finanzausgleich" dient der Verringerung des teilweise beträchtlichen Gefälles zwischen den finanziell besser und weniger gut gestellten Landeskirchen innerhalb der Evangelischen Kirche in Deutschland (EKD).

Für das Jahr 1977 sind im gesamten Bereich unserer Landeskirche folgende Einnahmen zu erwarten:
Einnahmen der Gemeinden und Kirchenkreise
aus Spenden und Kollekten 25,65 Millionen
aus Kirchengeld/Kirchenbeitrag 4,07 Millionen
aus Mieten, Pachten und Zinsen 8,33 Millionen
zusammen 38,05 Millionen
(Dazu kommen noch die unmittelbaren Leistungen der öffentlichen Hand etwa für Kindergärten oder Schwesternstationen)
Einnahmen der Landeskirche
aus Staatsleistungen 23,92 Millionen
aus Kirchensteuer 408, 85 Millionen
aus Mieten und Pachten 12,20 Millionen
aus Zinsen 7,65 Millionen
Innerkirchlicher Finanzausgleich 9,00 Millionen
Sonstiges 3,73 Millionen
zusammen 465,35 Millionen
Einnahmen insgesamt 503,4 Millionen

(...)
(Spenden, Kollekten und andere Beiträge wie etwa das Kirchgeld sind nicht berücksichtigt, da diese Summen durch einen zentralen Haushaltsplan nur schwer erfaßt werden können.)

Ausgaben

Gemeinschaftsaufgaben

Was geschieht nun mit dem Geld, das die Kirche einnimmt?

Ein guter Teil davon wird sofort weitergereicht. Das gilt für die Kollekten, die im Gottesdienst (für einen übergemeindlichen Zweck) gesammelt werden, ebenso wie für die Kirchensteuern. Denn es gibt Gemeinschaftsaufgaben, die auch finanziell von unseren Gemeinden und unserer Landeskirche mitgetragen werden müssen. Hier sind etwa zu nennen: die Mission, „Brot für die Welt", die Vereinigte Evangelisch-Lutherische Kirche Deutschlands (VELKD), die Evangelische Kirche in Deutschland (EKD), der Weltrat der Kirchen. (...)

Das sind **insgesamt** 36,76 Millionen Mark, die unsere Landeskirche „über die Grenze" gehen läßt – ohne Kollekten und Spenden etwa für die Mission oder „Brot für die Welt".

Umgerechnet auf die 3,8 Millionen Mitglieder der hannoverschen Landeskirche bedeutet diese Zahl: Jeder von uns gibt im Jahr 9,67 DM ab.

Diakonie

(...)

Kinderarbeit *(Kindergärten, Kinderspielkreise u. a.)*	24,76 Millionen
Schwestern- und Diakoniestationen	8,83 Millionen
Sozialfürsorge	5,00 Millionen
Beratungsstellen	1,60 Millionen
Altenhilfe	1,06 Millionen
Besondere Dienste *(Diakonisches Jahr, Schülerheime, Erholungsheime, Dorfhelferinnenwerk, Müttergenesungswerk, Hauspflege, Krankenhäuser, Einrichtungen für Behinderte, Bahnhofsmission, Suchtkrankenfürsorge, Hilfe für Nichtseßhafte u. a.)*	4,08 Millionen
Aus- und Fortbildung der Mitarbeiter in der Diakonie	4,88 Millionen
Sonstiges	2,37 Millionen
Insgesamt:	52,58 Millionen

(Das sind pro Mitglied der hannoverschen Landeskirche 13,84 DM im Jahr.)

Übergemeindliche Einrichtungen

(...)

Ausbildung und Fortbildung für die Gemeindearbeit *(Lektoren, Diakone, Helfer im Kindergottesdienst, Chorleiter, Konfirmandenarbeit u. a.)*	1,52 Millionen
Ausbildung für den Pfarrdienst *(Beihilfen für Studenten, Zuschüsse für theologische Ausbildungsstätten, Studentenwohnheime, Predigerseminare, Bezüge der Kandidaten u. a.)*	6,21 Millionen
Fortbildung der Pastoren (Religionspädagogisches Institut Loccum, Pastoralkolleg, Kurse u. a.)	*2,29 Millionen*
Schulen in kirchlicher Trägerschaft	1,17 Millionen
Religionsunterricht an öffentlichen Schulen	2,57 Millionen
Erwachsenenbildung *(Heimvolkshochschulen, Evangelische Akademie Loccum, Familienbildungsstätten u. a.)*	2,87 Millionen
Besondere Dienste *(Landesjugendpfarramt, Studentenseelsorge, Männerwerk, Frauenwerk, Krankenhausseelsorge, Seemannsmission, Volksmission, „Kirche unterwegs", Amt für Gemeindedienst u. a.)*	12,07 Millionen
Landessynode	0,24 Millionen
Kanzlei des Landesbischofs	0,53 Millionen
Landessuperintendenturen	2,07 Millionen
Landeskirchenamt	17,94 Millionen
Amt für Bau- und Kunstpflege	3,55 Millionen
Öffentlichkeitsarbeit *(Landeskirchliche Pressestelle, Evangelischer Pressedienst, Evangelische Zeitung, Medienzentrale u. a.)*	2,68 Millionen
Pfarrer der Landeskirche im übergemeindlichen Dienst	8,37 Millionen
Sonstiges *(Aus- und Fortbildung im Verwaltungsdienst, Rechtspflege. Wissenschaftliche Arbeiten, Friedhofswesen, Archivpflege, Verwaltung landeskirchlicher Gebäude u. a.)*	5,47 Millionen
Schuldendienst, Verstärkung der Rücklagen und für unvorhergesehene Ausgaben	12,30 Millionen
Insgesamt:	81,85 Millionen

(oder pro Mitglied der Landeskirche 21,53 DM)

Gemeinden und Kirchenkreise

(...)

Gemeinden:

Pfarrdienst *(Besoldung, Beiträge zur Versorgungskasse, Pensionszahlungen, Versorgung der Hinterbliebenen, Beihilfen in Krankheitsfällen, Umzugskosten u. a.)*	133,85 Millionen
Instandhaltung der Gebäude	29,11 Millionen
Errichtung neuer Gebäude	6,00 Millionen
Erwerb von Baugrundstücken und Erschließungskosten	2,5 Millionen

Personalausgaben für hauptberufliche und nebenberufliche Mitarbeiter	51,80 Millionen
Mittel für die Gemeindearbeit	3,72 Millionen
Sachkosten	19,89 Millionen
Versicherungen, Abgaben und Schuldendienst	7,19 Millionen
Zuschüsse für Konfirmanden-freizeiten	1,60 Millionen
Orgelwesen	2,00 Millionen
Angemietete Diensträume	1,55 Millionen
Sonstiges *(Gottesdienst, Kirchenmusik, Posaunenchöre, Friedhöfe, Beihilfen für kirchliche Mitarbeiter, Anliegerkosten u. a.)*	5,59 Millionen
Kirchenkreise:	
Kirchenkreisämter	30,41 Millionen
Andere Dienste der Kirchenkreise	7,28 Millionen
Insgesamt	302,49 Millionen
abzüglich Eigenleistungen	– 8,33 Millionen
Zuweisungen der Landeskirche:	294,16 Millionen

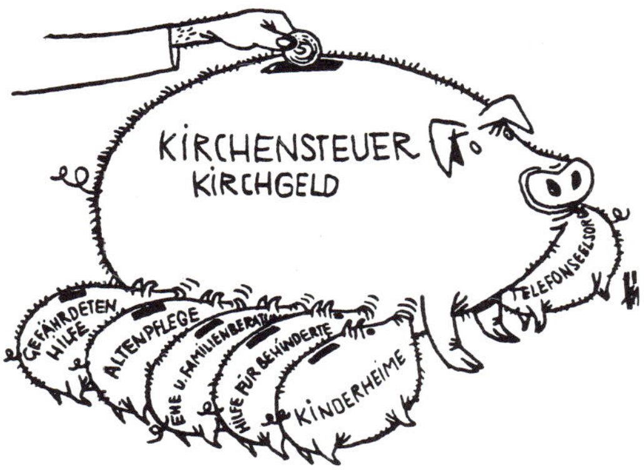

Meine Meinung: Die Kirche soll im nächsten Jahr mehr Geld aufwenden für ...

IV-22 Kirche ohne Kirche

Während seiner Gefangenschaft schrieb Dietrich Bonhoeffer 1944 im Rahmen eines „Entwurf(s) einer Arbeit“ zum Thema Kirche:

Die Kirche ist nur Kirche, wenn sie für andere da ist. Um einen Anfang zu machen, muß sie alles Eigentum den Notleidenden schenken. Die Pfarrer müssen ausschließlich von den freiwilligen Gaben der Gemeinden leben, evtl. einen weltlichen Beruf ausüben. Sie muß an den weltlichen Aufgaben des menschlichen Gemeinschaftslebens teilnehmen, nicht herrschend, sondern helfend und dienend. Sie muß den Menschen aller Berufe sagen, was ein Leben mit Christus ist, was es heißt, „für andere dazusein“. Speziell wird *unsere* Kirche den Lastern der Hybris, der Anbetung der Kraft und des Neides und des Illusionismus als den Wurzeln alles Übels entgegentreten müssen. Sie wird von Maß, Echtheit, Vertrauen, Treue, Stetigkeit, Geduld, Zucht, Demut, Genügsamkeit, Bescheidenheit sprechen müssen. Sie wird die Bedeutung des menschlichen „Vorbildes“ (das in der Menschheit Jesu seinen Ursprung hat und bei Paulus so wichtig ist!) nicht unterschätzen dürfen, nicht durch Begriffe, sondern durch „Vorbild“ bekommt ihr Wort Nachdruck und Kraft. (...)

Das ist alles sehr roh und summarisch gesagt. Aber es liegt mir daran, einmal den Versuch zu machen, einfach und klar gewisse Dinge auszusprechen, um die wir uns sonst gern herumdrücken. Ob es gelingt, ist eine andere Frage, zumal ohne die Hilfe des Gespräches. Ich hoffe, damit für die Zukunft der Kirche einen Dienst tun zu können.

(Dietrich Bonhoeffer)

IV-23 Merkt ihr denn nicht, warum es euch so schlecht geht?

Hag 1, 2–11

2 So spricht der Herr der Heerscharen: Dieses
Volk da sagt: „Jetzt ist die Zeit noch nicht gekom-
men, das Haus des Herrn wieder aufzubauen.“
3 Darum erging das Wort des Herrn durch den
Propheten Haggai folgendermaßen: 4 Ist etwa für
euch die Zeit gekommen, in getäfelten Häusern
zu wohnen, während dieses Haus in Trümmern
liegt? 5 Und nun, so spricht der Herr der Heer-
scharen, seht doch, wie es euch ergeht! 6 Ihr säet
viel aus, doch ihr heimst wenig ein; ihr habt wohl
zu essen, doch es reicht nicht zum Sattwerden;
ihr habt wohl zu trinken, doch nicht genug; ihr
habt wohl Kleider, doch es reicht nicht zum
Warmwerden; und wer um Lohn arbeitet, der

arbeitet in einen durchlöcherten Beutel. 7 So
spricht der Herr der Heerscharen: Seht doch, wie
es euch ergeht! Steigt hinauf aufs Gebirge und
schlagt Holz und bauet das Haus, so werde ich
Wohlgefallen daran haben und mich in meiner
Herrlichkeit zeigen, spricht der Herr. 9 Ihr zähl-
tet auf viel, und es ward zu wenigem, und wenn
ihr das heimbrachtet, so blies ich es an. Warum
das? spricht der Herr der Heerscharen. – Um
meines Hauses willen, das in Trümmern liegt,
während ein jeder von euch an seinem Hause
seine Freude hat. 10 Darum hielt der Himmel den
Tau zurück und die Erde ihren Ertrag, 11 und ich
rief eine Dürre über das Land und über die Berge,
über das Korn und den Wein und das Öl, über
alles, was der Boden hervorbringt, über die Men-
schen und über das Vieh und über alles, was die
Hände erarbeiten.

(Zürcher Bibel)

IV-24 Vom Sinn anscheinend/scheinbar nutzloser Verschwendungen

Bei einem Gastmahl tritt eine Frau an Jesus heran und salbt sein Haupt mit kostbarem Nardenöl. Die Salbung ruft den Unwillen einiger der Mahlteilnehmer hervor. Sie wenden ein, dies sei eine unverantwortliche Verschwendung; denn mit dem Erlös aus dem Verkauf dieses Öls hätte man die Not vieler Armen lindern können. Offensichtlich beurteilen die Umstehenden das Verhalten der Frau ausschließlich nach dem Kriterium der bestmöglichen Folgen. Ist es nicht unvergleichlich wertvoller, wenn die fundamentalsten Bedürfnisse vieler Armen befriedigt werden, als wenn nur ein einziger Mensch in den Genuß einer Salbung kommt? Derselbe Effekt hätte, wenn man schon darauf Wert legte, sich doch sicherlich auf sehr viel sparsamere Weise erreichen lassen. Brauchte es dazu wirklich dieses kostbaren Öls? Trotz dieses scheinbar berechtigten Einwandes stellt sich Jesus schützend vor die Frau und sagt: „Laßt sie! Was belästigt ihr sie? Sie hat ein gutes Werk an mir getan. Denn Arme habt ihr immer bei euch, und so oft ihr wollt, könnt ihr ihnen Gutes tun; mich aber habt ihr nicht immer" (Mk 14, 6 f.). Die ursprüngliche Pointe dieser Rechtfertigung Jesu scheint darin zu liegen, daß nach ihm „die verschwenderische Tat der Liebe ihren besonderen Wert hat gegenüber verständig-zweckvoller Wohltätigkeit".

Es lassen sich noch viele andere Verhaltensweisen nennen, bei denen wir das Prinzip, mit möglichst geringem Aufwand möglichst viel zu erreichen, für nicht ausschlaggebend halten. So meinen wir, einen gern gesehenen Gast überreich bewirten zu sollen. Ein Geschenk soll in bestimmten Fällen unverhältnismäßig kostbar sein, und häufig stößt man sich geradezu daran, wenn seine Auswahl allein vom Gesichtspunkt des größtmöglichen Nutzens für den Beschenkten her erfolgt. Auch die oft aufwendige Bauweise von Kirchen, Rathäusern, Theatern und Sportstätten läßt sich kaum allein von ihren Funktionen und ihrem Schönheitswert her rechtfertigen. Die Zahl der Situationen ist also gar nicht so gering, in denen ein verschwenderisches Verhalten als richtig, die alleinige Beachtung des Rationalisierungsprinzips dagegen geradezu als krämerhaft erscheint. (...)

Zu welcher Verarmung, jedenfalls in bestimmter Hinsicht, die konsequente Normierung aller Handlungen allein an dem Maßstab der bestmöglichen Folgen notwendig führt, kann man an einigen Erlassen Kaiser *Josephs II.* von Österreich studieren. Nach des Kaisers Willen mußte „alles, was der Öffentlichkeit zum Schaden gereichen konnte, was nicht zweckentsprechend war, (...) augenblicklich abgeschafft, was hingegen dem Staate Nutzen brachte, eingeführt werden." (...) Obwohl er weder Atheist noch Freidenker, sondern gläubiger Katholik war, sah *Joseph II.* in den beschaulichen Orden nur schädliche Auswüchse. In einem Brief vom 29. 11. 1781 beauftragte er seinen Kanzler mit ihrer Aufhebung. Darin heißt es: „Der schon lange bestehende Beweis, daß diejenigen Orden, die dem Nächsten ganz und gar unnütz sind, Gott nicht gefällig sein können, veranlaßt mich, der Kanzlei aufzutragen, in den gesammten Erbländern diejenigen Orden männlichen und weiblichen Geschlechts, welche weder Schule halten noch Kranke pflegen, noch sonst sich in Studien hervorthun, in jedem Lande ... aufschreiben und ihre Einkünfte und Vermögen ... übernehmen zu lassen". (...)

1783 führte der Kaiser in den niederösterreichischen Provinzen und in den übrigen Städten und Ortschaften einen vereinfachten Gottesdienst ein. In der sehr eingehenden Verordnung wird festgesetzt, wie und an welchen Tagen der Gottesdienst zu feiern ist, welcher Ritus beobachtet werden soll, welche Altäre und Hallen geöffnet werden dürfen usw. Feierliche Gottesdienste werden an Wochentagen mit der Begründung verboten, „man könne dadurch Ersparnisse bei der Musik und der Entlohnung der Kirchendiener zum Nutzen des Religionsfonds machen". (...) Das Innere der Kirchen sollte von allen funktionslosen Ausschmückungen gereinigt und den Heiligenbildern und Statuen sollten die kostbaren Gewänder genommen werden. Prozessionen und Wallfahrten hatten zu unterbleiben. Die Zahl der Feiertage wurde bedeutend vermindert, da der Bauer sonst zu sehr der landwirtschaftlichen Tätigkeit entzogen würde. Aus demselben Grund war an Wochentagen auch jede Art von Zerstreuung untersagt.

Besonders kraß aber zeigt sich das Ungenügen einer ausschließlich am Prinzip der größtmöglichen Effizienz orientierten Denkungsart an den kaiserlichen Verordnungen, die das Beerdigungswesen regelten. Auch hier sollte auf alles verzichtet werden, was nicht zweckentsprechend war: „Die Begräbnisse wurden der Feierlichkeit beraubt; der Geistliche begleite den Sarg nicht mehr zum Grabe, wo keine Nachreden mehr gehalten werden durften. Die Familiengrüfte wurden geschlossen, denn im Tode waren alle gleich, und die Friedhöfe in den Hallen und umliegenden Gründen der Kirchen abgeschafft. Einige Monate hindurch erhielt sich sogar die berühmte Verfügung, der zufolge es aus kleinlicher Sparsamkeit verboten ward, für die Särge überflüssigerweise Holz zu nehmen und Nägel und Tuch zu verwenden; die Leichen sollten nackt in Säcke gesteckt und auf dem Friedhof mit ungelöschtem Kalk beworfen werden." (...)
(Rudolf Ginters)

IV-25 Wenn alle ihren Beitrag zahlen

Volkskirche als Dienstleistungsbetrieb

Volkskirche bedeutet heute, daß der überwiegende Teil der Bevölkerung zur Kirche gehört und daß die Kirche ihrerseits keine Bedingungen an die Mitglieder stellt – außer der, daß sie ihren Beitrag zahlen. Natürlich erwarten die Kirchen darüber hinaus ein bestimmtes Verhalten. Nur – und das ist entscheidend – wer diese Erwartungen nicht erfüllt, wird nicht aus der Kirche ausgestoßen. Die Kirche nimmt von ihm ebensoviel Geld wie vom eifrigsten Gottesdienstbesucher.

Das ist ohne Kritik gesagt. Das gegenwärtige Kirchensteuer-System ist besser als die derzeit angebotenen Alternativen. Aber: Wer die Kirchensteuer „umarmt", der muß auch die Kirchensteuerzahler „umarmen". Und das bedeutet: Solange die Kirche jeden, der Mitglied sein möchte, auch Mitglied sein läßt, und solange es ihr durchaus recht ist, wenn die Mitgliedschaft gleich nach der Geburt beginnt, solange muß die Kirche auch die Erwartungen ernst nehmen, die ihre Mitglieder an sie richten. Sie muß es jedenfalls dann tun, wenn sie nicht über ihre Gläubigen herrschen, sondern den Menschen dienen will.

Das Wort „Dienen" weist auf den Dienstleistungsbetrieb hin. In der Wirtschaft bezeichnet man als Dienstleistungsbetrieb ein Unternehmen, das nicht Waren produziert, sondern Tätigkeiten ausübt, die für das Zusammenleben wichtig sind: etwa die Müllabfuhr, die Straßenbahngesellschaft oder das Krankenhaus. Es hat Sinn, auch die Kirche einen Dienstleistungsbetrieb zu nennen. Nur muß man dann fragen: Welche Dienste hat die Kirche anzubieten? In einer Volkskirche müßte man zunächst freilich umgekehrt fragen: Welche Dienstleistungen erwarten die Kirchensteuerzahler von ihrer Kirche? Wir sind dafür nicht auf Vermutungen angewiesen. Die meisten Mitglieder sagen in Gesprächen geradeheraus, was sie erwarten, und es gibt auch genügend Umfragen, die deutlich machen, wozu den Menschen die Kirche gut ist. Was dabei zu erfahren ist, läßt sich in fünf Punkten zusammenfassen:

Erstens: Die große Mehrzahl erwartet von der Kirche *Begleitung auf ihrem Lebensweg,* vor allem dort, wo die wichtigen Einschnitte im Leben liegen, die Übergänge zu einem neuen Lebensabschnitt. Das sind vor allem die Geburt, die Pubertät, der Eheschluß, der Tod. Übergang zu etwas Neuem bedeutet ja immer auch Unsicherheit über das, was kommt. Was bei diesen Übergängen an Wünschen, Hoffnungen, Ängsten mitschwingt, will ausgesprochen werden. Und noch immer erwarten die meisten Menschen, daß die Kirche das am besten kann. Darum treten auch die nicht aus der Kirche aus, die selten oder nie in den Gottesdienst gehen; darum bringen sie auch ihre Kinder wieder zur Taufe.

Zweitens: Von der Kirche erwarten viele Menschen *Stützung.* Der Glaube ist für sie das Unwandelbare in einer Welt, in der sich fast alles ständig verändert, der feste Halt, der nicht wankt. Es ist darum sehr begreiflich, daß sich in den Gottesdiensten und Gemeindeveranstaltungen vor allem die Alten einfinden, die Alleinstehenden, die beruflich Unselbständigen, die vom Leben Benachteiligten. In den anderen Lebensbereichen erfahren diese Menschen ständig, wie sie zurückgesetzt, übergangen und übersehen werden. In der Kirche dagegen erleben sie oder hoffen sie doch zu erleben, daß sie ernstgenommen werden und gleichberechtigte Mitglieder sind.

Aber auch im Leben des Selbständigen und Erfolgreichen gibt es Ereignisse, die ihm seine Sicherheit nehmen und ihn Ausschau halten lassen nach etwas, das ihn abstützt. Schwere Konflikte im Beruf und in der Ehe, Krankheit und Schuld - alle schlechten Erfahrungen, die man gemacht haben mag, können die Hoffnung nicht vertreiben, daß die Kirche immer noch am besten den abstützen kann, der seiner selbst nicht mehr sicher ist. Und darum schimpfen zwar viele Leute darüber, daß die Kirche nicht da ist, wenn man sie braucht, aber sie geben die Hoffnung auf bessere Erfahrungen nicht auf.

Drittens: Von der Kirche erwarten fast alle Menschen, daß sie *für die Schwachen eintritt.* So stumpf ist niemand, daß er nicht sähe, wie viele Benachteiligte es in unserer auf Leistung, Gewinn, Erfolg gerichteten Gesellschaft gibt. Irgendjemand muß doch für diese Menschen eintreten. Am ehesten von allen Organisationen traut man dies der Kirche zu. Und darum bezahlen viele, die selbst nicht glauben, doch ihre Kirchensteuer. Sie sagen sich: Wenn wir uns schon nicht selbst um die Schwachen kümmern, dann wollen wir wenigstens die Kirche finanzieren, die das stellvertretend für uns besorgt.

Viertens: Viele Menschen in unserer Gesellschaft erwarten, daß die Kirche die Menschen *moralisch ausrüstet.* Darum schicken zum Beispiel viele Eltern - auch solche, die sich sonst nicht um die Kirche kümmern - ihre Kinder zum Konfirmanden-Unterricht. Dort sollen sie ein „Fundament für ihr Leben“ erhalten. Die Erwachsenen wissen natürlich genau, wie viele Abstriche man später an diesen Grundsätzen machen muß, oder jedenfalls, wie viele Abstriche sie gemacht haben. Und sie fürchten, ihre Kinder könnten in diesem harten Leben haltlos werden, heute noch eher als früher in gesicherten Zeiten. Darum soll die Kirche den Heranwachsenden sagen, wie man ein anständiger Mensch wird und wie man es bleibt. Von der Kirche sollen die Kinder lernen, Mein und Dein zu unterscheiden, die Alten zu ehren, den Gesetzen zu gehorchen, Ruhe und Ordnung im Staat zu lieben, Familienglück und eheliche Treue hochzuhalten. Die Kirche soll den Kindern beibringen, sich das anzueignen, was immer schon gegolten hat.

Fünftens: Einige, wenn auch nicht sehr viele, erwarten von der Kirche, daß sie dem Menschen hilft, *unruhig zu werden,* sich mit dem Leben, so wie es ist, nicht abzufinden. Sie hoffen, daß der christliche Glaube Menschen kritisch macht, und sie erwarten, daß die christlichen Gemeinden der Kern einer Bewegung werden, die für eine bessere Gesellschaft eintritt. (...)

(Manfred Linz)

Umkehr zum Leben

IV-26 Babylon heute I

IV-27 Babylon heute II

IV-28 Kirche: Sie hatten alles gemeinsam

In der jungen Kirche und unter den neuen Christen gab es keinen, der etwas für sich allein hatte und für sich allein behielt. Der Besitz wurde verkauft, das Geld wurde geteilt. Es wurde gegeben, wie einer es nötig hatte. Keiner schämte sich, etwas anzunehmen. Nicht *jeder für sich und Gott für alle.* Weil Gott für alle da war, darum war jeder Mensch für den anderen da. Das ist die Kirche oder besser gesagt, das sollte die Kirche sein: jeder für jeden.

Auf der ganzen Welt entstehen heute mitten in einem erstarrten Kirchenleben neue Gruppen von Basisgemeinden. Das sind Menschen, die als Christen zusammenleben wollen. Sie teilen ihre Freizeit, sie teilen oft ihren Besitz, sie teilen die Aufgaben, die sie in ihrem Stadtteil, in ihrer Nachbarschaft wahrnehmen. Die Bewegung geht nicht von den Pfarrern aus, sondern von der *Basis* der gewöhnlichen Leute. Die Pfarrer oder Priester sind Mitarbeiter wie alle anderen auch. Diese Menschen der Basisgemeinden haben oft Schwierigkeiten mit der offiziellen Kirche, weil sie nicht nur *rein religiös* beten und feiern, sondern sehr bewußt für die Armen und Unterprivilegierten da sind. Während sie sich aber noch um Schulaufgabenhilfe für türkische Kinder, die kein Deutsch können, bemühen, stoßen sie auf immer mehr Schwierigkeiten: mit ihrer Kirchenbehörde, mit den Anwohnern, denen zu viel Lärm gemacht wird, oft auch mit staatlichen Stellen. Dabei wachsen die Mitglieder der Basisgemeinde immer enger zusammen, helfen sich aus: mit Essenkochen, mit Kinderhüten, mit langen Wegen zu einem Amt, zum Arzt. Sie sind immer weniger nur für sich selber da. Sie werden immer mehr Kirche, nicht weil sie kirchlicher werden, sondern weil sie das Evangelium immer ernster nehmen. (...)

Vielleicht war es in der Wirklichkeit der ersten Christen nie ganz so. Aber in dieser Geschichte von der Urgemeinde findet jede Kirche ein Bild, an dem sie sich messen lassen muß und zeigen kann, ob sie wirklich Kirche ist.

Die jungen Christen waren ein Herz und eine Seele, heißt es im Text aus der Apostelgeschichte. Ähnlich ist der Zusammenhang der Christen an anderen Stellen der Bibel ausgedrückt. Einige Male heißt es, daß die gesamte Kirche ein Leib mit vielen Gliedern ist. Wenn eines dieser Glieder leidet, so sagt der 1. Korintherbrief (12, 26), dann leiden alle Glieder; wenn ein Glied sich freut, so freuen sich alle Glieder. (...)

Allein hat man weniger Mut und Kraft zum Leben. Allein verrennt man sich in seiner Angst. Allein kommt man nicht auf sehr viele Ideen.

Zur Kirche gehören aber mehr als die gegenwärtig Lebenden, die unter sich ihren Besitz und ihre Lebensmöglichkeiten teilen und die *ein Herz und eine Seele* sind. Zur Kirche gehören auch alle, die vor uns gelebt haben und die angelockt wurden vom Sinn, den der Jesusglauben dem Leben gibt. Zur Kirche gehören die Toten. Kirche ist der Ort, an dem die Toten nicht vergessen sind und wo ihre Geschichte weitererzählt wird. (...)

Kirche, das heißt, unsere Lebensmöglichkeiten liegen nicht in uns allein; wir haben Brüder und Schwestern, die uns zum Leben verhelfen; wir haben Väter und Mütter, wir haben Tote, deren gelungenes Leben uns ermutigt und stärkt. Wenn wir allein zu schwach sind, die großen Wünsche und Träume für das Leben zu bewahren, dann können wir uns in der Tradition Verbündete für die eigenen Träume suchen. Gerade weil wir erfahren haben, daß unser eigenes, von den anderen isoliertes und getrenntes Leben arm ist und nicht ausreicht, stellen wir uns in Zusammenhang mit den Wünschen, mit dem Mut, mit der Arbeit der vielen. Wir entdecken: man braucht ja gar nicht allein und nur man selber zu sein.

(Dorothee Sölle/Fulbert Steffensky)

IV-29 Umstrittener Kirchentag

Kirchentag 1983 als Aufgabe

Viele Christen sehen dem Kirchentag 1983 in Hannover mit Sorge entgegen; viele aber auch hoffen auf einen Kirchentag, der die Teilnehmer im Glauben stärkt, Menschen im Namen Jesu zusammenführt und jene, die lau sind, aufrüttelt. Sorge und Hoffnung bestehen gleichermaßen zu Recht. Wenn der Kirchentag zur politischen Veranstaltung degeneriert, wird er sich selbst das Urteil spre-

chen. Wenn er Gott den Herrn, *unseren* Herrn, in den Mittelpunkt rückt, wenn er Christi Liebe in jedem von uns wachsen läßt, wird er sich zu Recht Kirchentag nennen dürfen.
(Ministerpräsident Dr. Ernst Albrecht)

Der Kirchentag in der Zerreißprobe

Erhard Eppler:
Der Kirchentagspräsident hat nichts zu kommandieren

„Der Präsident des Deutschen Evangelischen Kirchentages unterscheidet sich von den alten Kaisern in China dadurch, daß er nichts zu kommandieren hat." Mit diesen Worten lehnte Kirchentagspräsident Dr. Erhard Eppler, Stuttgart, in einem Interview eine Empfehlung an die Friedensgruppen ab, auf das umstrittene Tragen violetter Tücher um der Einheit des Kirchentages willen zu verzichten. Eppler wörtlich: „Niemand – auch ich nicht – kann die Gruppen daran hindern, die Tücher zu tragen." Die meist jungen Menschen unter den erwarteten 120000 Teilnehmern am Kirchentag würden das Tragen dieser Tücher als „pure Selbstverständlichkeit betrachten" und überhaupt nicht verstehen, wie man sich darüber erregen könne. Ältere Menschen, die das Dritte Reich erlebt hätten, seien dagegen von Assoziation geplagt, für die die Jüngeren „gar kein Organ mehr haben". Eppler, der das Tuch selbst nicht tragen will, dessen Farbe in der Kirche für Umkehr bzw. Buße steht und mit dem gegen eine Nachrüstung mit atomaren Mittelstreckenraketen in Europa protestiert werden soll, hofft, daß die Friedensgruppen in Hannover „Frieden nicht nur fordern, sondern auch praktizieren und ausstrahlen". Er wünscht in diesem Zusammenhang, daß möglichst viele Soldaten am Kirchentag teilnehmen, damit die Friedensgruppen zeigen können, was Frieden zwischen Andersdenkenden bedeutet.

IV-30

Kirchentag von oben und von unten

Zu viele Amateure?

Grenzen des Wachstums? Seit Jahren werden sie sorgenvoll beschworen. Seit Berlin 1977. Doch die Zahlen stiegen weiter an, Nürnberg 1979, Hamburg 1981, nun wieder in Hannover: der Kirchentag wächst und wächst. Viele Menschen nahmen teil, die nicht gezählt werden konnten: es waren insgesamt gewiß 200000, wahrscheinlich viel mehr.

Der Kirchentag ufert aus, überschwemmt eine ganze Stadt, erobert sie sich. Überall kann man Kirchentag feiern. An tausend Stellen tut man es. Eben dies bereitet manchen Sorge. Der Vorgang widerlegt zugleich die Sorge: Die Grenzen werden tatsächlich überschritten, doch das wirkt sich im Sinne des Kirchentages aus.

Oder doch nicht? Der Kirchentag ist ein vieldeutiges Ereignis. Nimmt man ihn als ein großes Fest – Feste sollen, wenn sie gut sind, jedermann anziehen und anstecken. Grenzen kann es da nicht geben, wenn nur die Hallen nicht bersten und die Menschen nicht hysterisch werden.

Betrachtet man ihn als geistiges Ereignis, als Super-Kongreß, kommen Zweifel auf. Zweitausend und mehr Veranstaltungen überblickt niemand mehr. Welche Themen behandelt werden, unterliegt zunehmend dem Zufall und der Phantasie der vielen Gruppen, die „von unten her" das Programm füllen. Da mag man von oben nachhelfend korrigieren und ergänzen – es überwiegt der Eindruck, der Kirchentag kommt und wirkt wie ein Naturereignis: Kirche im Vollzug, Kirche er-lebt. Nicht Kirche wie eine Synode oder Tagung.

Wie kann es anders sein: Die Jugend beherrscht das Feld. Sie kommt erlebnishungrig. Sie wandelt die Szene zum Festival, tanzt, spielt, hört zu, antwortet geduldig, schweigt versenkt, dann spielt sie wieder, ausgelassen, singt, schunkelt; sie erlebt sich selbst als eine Generation, die ihren jugendlichen Stil einbringt in eine neue Weise, christliche Gemeinschaft zu gewinnen.

Da werden die Probleme nicht gerade zweitrangig, doch sie büßen ihre tragende Rolle ein, werden zum Vehikel, irgendwie teilzuhaben an der vielgestaltigen Wirklichkeit der Welt. Teilhaberisch ist denn auch vorwiegend die Arbeitsweise. Da werden Szenen gespielt, Balladen gesungen, Filme gezeigt, wird

in verteilten Sprecherrollen informiert, emotionalisiert, geworben, aktiviert. Fürwahr, man weiß inzwischen, wie man das macht. An kundigen Moderatoren, Animateuren, Entertainern, „Anwälten des Publikums" besteht kein Mangel.
Das hat der Kirchentag selbst geschafft! Nun aber muß man fragen, ob die Kunst der Veranstaltungs-Dramaturgie auch das Niveau der inhaltlichen Aussagen oder Einsichten zu sichern vermag. Jedermann kann sich beteiligen; wer immer anderen etwas vermitteln will, findet seinen Platz im gewaltigen Programm des Kirchentages, zumal im „Markt der Möglichkeiten". Die Summe des guten Willens, die so zutage tritt, ist unermeßlich, die Fülle der Ideen beeindruckend. Doch auch dieser Eindruck drängt sich auf: Qualität und Dilettantismus mischen sich.
Das ist im „Markt der Möglichkeiten" gewiß angemessen, nicht aber so sehr in den Teilen des Programms, in denen der Zeitgenosse suchen möchte, welche Gedanken der Protestantismus heute einzubringen hat in das große Gespräch der Gesellschaft – überprüfte, ausgewiesene, stichhaltige, wenn nicht gar neue Gedanken. Und dies auch zu Problemen, die zwar sehr dringlich sind, doch (noch) nicht für jedermann erkennbar, sozusagen modisch. Oder zu Problemen, die erst noch einer verschärfenden Klärung bedürfen: Die große dramatische Kontroverse wird kaum noch gepflegt. In Hannover allenfalls da, wo es um die Rüstung ging.
Das fröhliche Klima des Kirchentags in Hannover nahm die Herzen für sich ein. Erhard Eppler, der Kirchentagspräsident, konnte erleichtert loben, daß sich das Engagement der evangelischen Christen mit heiterer Gelöstheit gepaart habe, daß die große Menge nicht zur „Masse" geworden sei. Es wird also der Lebensstil des Kirchentages gepriesen. Zu Recht. Doch der Kirchentag früher, als er noch nicht so jugendlich besucht war, hat nicht nur die Herzen, sondern auch die Köpfe für sich eingenommen. Dies könnte künftig wieder stärker vorkommen. Auch die Jugend wird dafür zu gewinnen sein.

(Siegfried v. Kortzfleisch)

IV-31

KEHRT UM!

„Kehrt um, so werdet ihr leben!" Dieses Gotteswort aus dem Propheten Hesekiel bestimmt die Losung des Kirchentages in Hannover. Umkehr zum Leben – was ist das? Ein Alarmsignal auf dem Weg zum Tode. Wer den Anruf hört und doch weitergeht, handelt verantwortungslos und endet im Abgrund. Dieser Anruf Gottes geschah auf einem dunklen Hintergrund. Die Propheten hatten Israel gewarnt, die Politik weder nach Assyrien noch Ägypten auszurichten. Sie waren willentlich überhört worden. Die Stunde war verpaßt. Die Gefangenschaft in Babel war das Ende.

Die gleiche Botschaft gilt uns heute: Schicke dich, begegne deinem Gott! Nicht Ost noch West stehen zur Debatte. Nein, allein die Umkehr vom Holzweg des Todes und die Hinkehr zum erfüllten Leben! Wenn ein Volk die Hammerschläge Gottes zur Umkehr überhört, läutet die Gerichtsuhr.

Traditionell war man damals zweifellos religiös. Man baute Sommerhäuser. Gerechtigkeit war das Recht des Stärkeren. Man erlag der Täuschung, daß Geschichte ohne Gott machbar sei. Ist unsere Stunde nicht der Stunde Israels ähnlich? Umkehr zum Leben – ist das noch möglich? Im Anruf Gottes liegt für uns die Möglichkeit, weil die Umkehr die Lage verändert, den Blickwinkel schenkt vom Eigenen in das Geschenkte. Wer umkehrt, wagt ein Risiko. Er ergreift die Gelegenheit Gottes.

Die größte Schuld des Menschen sind nicht seine Sünden, die er begeht. Die Versuchung ist mächtiger als er, und seine Kraft gering. „Die große Schuld des Menschen ist, daß er jeden Augenblick umkehren kann und doch nicht umkehrt." Dieses Wort Martin Bubers besagt, daß wir in Wahrheit schuldig sind, wenn wir den Mut zur Besinnung, zur Einkehr und Umkehr nicht aufbringen. Weil die Kirche im Auftrag Gottes zur Umkehr rufen muß, ist sie heute mehr denn je gefordert. Jesus hat gesagt, daß die Wahrheit, die er in Kreuz und Auferstehung gebracht hat, uns frei macht in der Welt für die Welt. Christen sind das Salz der Erde, das Licht der Welt. Wir werden schuldig, wenn wir in aller Gottseligkeit und Ehrbarkeit die Welt ihrem Schicksal überlassen. Wir werden schuldig, wenn wir, wie einst Kain, sagen: Sollt ich meines Bruders Hüter sein? – Im Geheimnis der Begegnung mit Jesus Christus vergeht das Alte, wird alles neu. In dieser geschenkten Begegnung wird unser Ende immer Gottes Anfang.

Wenn der Kirchentag Zeitansage des Protestantismus ist, dann ist das Thema recht gewählt. Die Fluten der Hoffnungslosigkeit steigen. Die Frage der Jugend nach Zukunft und Lebenserfüllung wird ernster und dringlicher. Das Wettrüsten nimmt zu, und die Lebensangst wächst. Sollten wir da nicht Gott zutrauen, daß er Veränderung zum Leben schafft, wenn wir ernsthaft umkehren?

Ich hatte als Pastor einen Konfirmanden, der mir das Leben zur Hölle machte. Er zeigte mich an bei der Gestapo und wünschte mir nach einem Überfall durch die SS den Tod. Ostern 1944 traf ich ihn als jungen Offizier. Die Veränderung zeigte, daß er Christus begegnet war. Wie und wo? Nicht im Unterricht. Als seine Kompanie aufgerieben wurde, als er in den Fluß sprang, um sein Leben zu retten, und die beiden letzten Kameraden neben ihm untergingen, wurde dieser Augenblick für ihn die Umkehr zum Leben.

(Heinrich Kemner)

IV–32 Umleitung

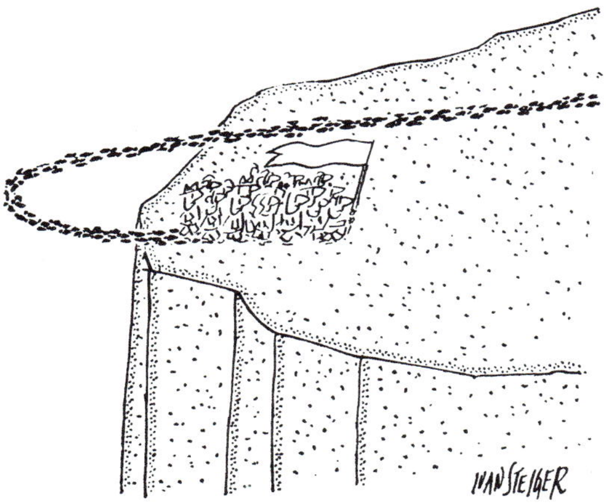

Bearbeitungsmöglichkeiten

Kirche und Heiliger Geist

IV–2 Der Turmbau zu Babel
Informieren Sie sich über das Wesen einer ätiologischen Erzählung, und beschreiben Sie die Hauptabsicht dieser alttestamentlichen Geschichte.

IV–3 Pfingsten im Neuen Testament
Auch diese ätiologische „Legende" des Lukas handelt von einer „Sprachenvielfalt" (zum Begriff „Legende" finden Sie Überlegungen in V–17):
1) Arbeiten Sie den „Kern" des Pfingstgeschehens heraus.
2) Untersuchen Sie die Funktion des Zitates aus dem Buch des Propheten Joel (V. 17–21) und seine inhaltlichen Aussagen: Fügen sie sich in ihrer Gesamtheit in den beschriebenen Vorgang und in die Deutung der Petruspredigt ein?
3) Vergleichen Sie diesen Text aus der Apostelgeschichte mit 1. Mose 11, 1–9 (IV–2): Erörtern Sie die Bedeutung der Sprache für das menschliche Zusammenleben.

IV–4 „Bla-Bla" (Karikatur)
Hier werden – im Angesicht Jesu – Türme gebaut.
1) Durchdenken Sie die Aussage der Karikatur, wobei Sie auch die Art der Türme (Kirchtürme oder weltliche Bauten?) einbeziehen.
2) Setzen Sie die Zeichnung in eine Beziehung zu der Erzählung vom Turmbau (IV–2).
3) Könnte die Karikatur auch als Kritik an der „Kirche nach Pfingsten" verstanden werden?

IV–5 Babylon – Pfingsten – Babylon
Bilden Sie gegebenenfalls Arbeitsgruppen zur Erschließung dieses Textes.
1) Vollziehen Sie den Gedankengang dieses Predigtausschnittes nach, und setzen Sie sich mit der Kritik des Predigers auseinander. Veranschaulichen Sie das Bild der Kirche, das der Prediger zeichnet. Ist seine Kritik berechtigt?
2) Diskutieren sie die Ergebnisse Ihrer Überlegungen.
3) Betrachten Sie die Karikatur IV–4, und lassen Sie sich von der Frage reizen, ob man den Schlußsatz von IV–5 so formulieren könnte: „Pfingsten endet wieder in ‚Bla-Bla-bylon'!". (Achten Sie auch einmal darauf, wo und wie in Ihrer Umgebung nur noch in Sprech- „Bla"sen geredet wird.)

IV–6 Trost und Wahrheit – die Gaben des Geistes
1) Stellen Sie heraus, was die Verfasserin mit „Trost" und mit „Wahrheit" meint und was sie unter einer „neuen Weltsprache" versteht. Könnte man ihr vorhalten, daß ihre Überlegungen schließlich auch in eine Sprech-„Bla"se einmünden: „Friede"?
2) Vergleichen Sie den unterschiedlichen Bedeutungsgehalt von „nus" und „pneuma", und stellen Sie diese Wortbedeutungen dem hebräisachen „ruach" gegenüber. Bedenken Sie, wieweit in diesem

Zusammenhang eine „Vokabel" den Sinn einer Aussage bestimmen kann.
3) „Ein Augenblick des Geistes": Überprüfen Sie das, was die Verfasserin sagen will, mit der Aussageabsicht in der Pfingstgeschichte (IV-3).
IV-7 Pfingsten: Das Fest der Veränderung
1) Eine Gruppe von Pfarrern hat eine alternative Pfingstgeschichte verfaßt. Erarbeiten Sie deren Funktion für die vorliegende Predigt.
2) Beschreiben Sie die im Text angedeuteten Wirkungen des Heiligen Geistes.
3) Diskutieren Sie das Schlußzitat, auch unter der Frage, ob jede Veränderung positiv wäre.
IV-8 Statt Konservenchristentum Salz und Licht
Die aus einem Gottesdienst erwachsenden „Folgen politischer Art" (IV-10) bedenkt Helmut Gollwitzer in einer Predigt über Matthäus 5, 13-16.
1) Welche Bedeutungen erhalten bei ihm die Begriffe „Salz" und „Licht" im Blick auf das Selbstverständnis der christlichen Gemeinde/Kirche („Beruf der christlichen Gemeinde")?
2) Vergleichen Sie seine Auffassung kritisch mit der Pfingstpredigt des Petrus in IV-3.

Gottesdienst - oder „Die Gemeinde der Heiligen"?

IV-9 Kirche im Angebot
1) Besprechen Sie die Aussageabsichten der beiden Karikaturen.
2) Geben Sie dem Zusatz-Schild in der ersten Karikatur eine inhaltliche Füllung. (Der Text IV-11 greift solche „Wirkungsmöglichkeiten des Teufels" auf: Prüfen Sie anhand eigener Erfahrungen die dort dargestellten Problemanzeigen.)
- Anregung für ein kleines Projekt: Untersuchen Sie, wie die Kirchen an Ihrem Ort für ihre Veranstaltungen werben und welchen Erfolg sie damit haben. -
IV-10 Verständnisse des Gottesdienstes
1) Legen Sie eine Tabelle an, in der Sie Vorzüge und Mängel der dargestellten Gottesdienstverständnisse gegenüberstellen.
2) Überlegen und erörtern Sie, was solche Gottesdienste für einen Jugendlichen bedeuten könnten. Vergleichen sie diese Formen mit denen, die Sie kennen.
3) Überlegen Sie, ob das Wort „Gottesdienst"
a) „Gott dient den Menschen" oder
b) „Die Menschen dienen Gott" meint.
4) Bedenken Sie die Aussage: „Wo man den Altar in der Kirche vergißt ...". Machen Sie sich dabei bewußt, daß früher am Altar Opfer dargebracht wurden, um Gott gnädig zu stimmen, und daß Jesu Tod in der frühen Christenheit als letzt- und endgültiges Sühnopfer gedeutet wurde.
IV-11 Dienstanweisung für einen Unterteufel
1) Machen Sie sich deutlich, welche Empfindungen und Gedanken eines Kirchenbesuchers als „Einflugschneise für den Teufel" angesehen werden. Welche Vorstellungen von einem idealen Christenmenschen werden hier vorausgesetzt?
2) Inwiefern relativiert dieser Text Aussagen über die Gemeinde im Gottesdienst, die sich in IV-10 finden? Wie wird dieses Problem in IV-14 bewertet?
IV-12 Weck die tote Christenheit . . .
Diese Zusammenstellung regt an, über die „schlafende Christenheit" nachzudenken. Dabei kann sowohl die Karikatur als auch das Kirchenlied für sich genommen betrachtet und intepretiert werden. Denkbar ist auch eine vergleichende Deutung („unsere Zeit" = unsere Zeit?).
IV-13 Den Seinen gibt's der Herr im Schlaf
Erstaunlich im Vergleich zum Kirchenlied in IV-12: die Aufforderung zum „Kirchenschlaf" durch einen Pastor!
1) Versuchen Sie, die Intentionen des Braunschweiger Pfarrers nachzuvollziehen.
2) Vermuten Sie, welche sachlichen Kritikpunkte die erwähnten Leserbriefe enthalten haben mögen.
3) Fragen Sie sich, warum es „das Eindösen während der Predigt" geben kann.
IV-14 Die Kirche: eine furchtbare Familie - aber wir halten zu ihr
1) „Das Problem ist die Kirche": Worin besteht es nach diesem Text? Sehen Sie es auch so?
2) „Die Pfarrer quasseln zu viel, die Gemeindemitglieder schlafen seit Jahrhunderten . . .". Vergleichen Sie dieses Statement mit den Aussagen in IV-10 und IV-13.
3) Könnte dieses Bekenntnis „Aber wir halten zu ihr" ein Gegenüber zu dem in IV-11 angedeuteten Gemeindeverständnis darstellen?

Riten als Lebenshilfe

IV-15 Die Bedeutung der nichttheologischen Faktoren für die Konfirmation
Hier finden Sie in kurzer Form eine Zusammenstellung wesentlicher Gründe für die „Popularität" der Konfirmation.
1) Stellen Sie diesen „nichttheologischen Faktoren" die naheliegenden Intentionen der Konfirmationshandlung aus der Sicht eines Pastors gegenüber.
2) Überlegen sie, ob diese „nichttheologischen Faktoren" nicht noch viel zu „idealistisch" beschrieben sind. Setzen Sie sich mit der Kritik an der Konfirmation in IV-16 auseinander.
IV-16 Konfirmation - ein bleibendes Ärgernis?
Diskutieren Sie mit! Soll und kann sich etwas ändern?
IV-17 Das Ritual des Traugottesdienstes als Lebenshilfe
Diese Thesenreihe beschreibt die Bedeutung der Kasualhandlung „Kirchliche Trauung" aus sozialpsychologischer Sicht.
1) Erläutern Sie die Situation des Brautpaares sowie die darauf bezogenen Hauptfunktionen des Traugottesdienstes.
2) Würden Sie sich kirchlich trauen lassen - aus den

im Text angeführten Gründen oder aus anderen? Wenn nein, warum nicht?
3) Versuchen Sie, im Anschluß an die Aussagen zur Trauung und die genannten Kriterien auch andere Amtshandlungen der Kirche zu analysieren: die Taufe, die Konfirmation, die Beerdigung. Beziehen Sie auch die Abendmahlsgemeinschaft in Ihre Überlegungen ein.

Könnten wir auf die Kirche verzichten?

IV-18 Die Situation der Kirche
Können die Beispiele Sie überzeugen, daß Wesentliches verloren ginge, wenn es keine Kirchen mehr gäbe?
IV-19 Kirche im Einsatz (Karikaturen)
Der festgefahrene „Kirchenkarren" wird instand gesetzt - von wem? wie? - und geht mit Schwung auf die Reise. Wohin? Die Leserbriefe in IV-20 geben unterschiedliche Zielangaben, die Materialien in IV-21 informieren über Realisierungsmöglichkeiten.
IV-20 Kirchenkarren ohne Schwung
Eine große Wochenzeitschrift legte jungen Menschen die Frage vor, ob wir auf die Kirche verzichten könnten.
1) Sortieren Sie die Antworten nach selbstgewählten Gesichtspunkten.
2) Welche Argumente der jungen Leute leuchten Ihnen ein, welche nicht?
IV-21 Die Finanzen der Kirche
Diese Zusammenstellung gibt Ihnen Einblicke in Einnahmen und Ausgaben einer großen Landeskirche in der Bundesrepublik: der Ev.-luth. Landeskirche Hannovers. Eine Auswertung der Daten können Sie unter verschiedenen Fragestellungen vornehmen.
IV-22 Kirche ohne Kirche
1) Versuchen Sie, die Äußerungen Bonhoeffers aus der damaligen kirchenpolitischen Situation heraus zu verstehen.
2) Halten Sie die von Bonhoeffer skizzierte „Kirche von morgen" für eine wünschenswerte und realisierbare Alternative zu „unserer Kirche von heute"?
3) Stellen die in IV-28 angesprochenen „Basisgemeinden" evtl. eine Form dieser Alternative dar?
IV-23 Merkt ihr denn nicht, warum es euch so schlecht geht?
1) Überlegen Sie, inwiefern die Aussagen des nachexilischen Propheten Haggai für seine Zeit wichtig waren und ob sie auf unsere Zeit und auf die Kirche übertragbar sind.
2) Welche Stellungnahmen der Leser in IV-20 werden durch Haggai in Frage gestellt?
IV-24 Vom Sinn anscheinend/scheinbar nutzloser Verschwendungen
1) Arbeiten Sie Ginters' Verständnis von „Ausdruckshandlungen" heraus, und verdeutlichen Sie es durch die Erzählung von der Salbung Jesu in Bethanien.
2) Diskutieren Sie, welche Bedeutung Ginters' Ausführungen im Blick auf die Leserbriefe IV-20 wie auch für die Ausgestaltung von Kirchen und ihrer Amtshandlungen (vgl. IV-17) haben.
IV-25 Wenn alle ihren Beitrag zahlen
Dieser Artikel kann Ausgangspunkt für ein Gespräch über die Konflikthaftigkeit gängiger Erwartungen an den „Dienstleistungsbereich Volkskirche" sein. Wie soll dieselbe Kirche das alles leisten?

Umkehr zum Leben

IV-26 u. 27 Babylon heute I/II
Die vorgelegte Bildmontage und das Foto sollen dazu anregen, „Turmbauten heute" kritisch zu reflektieren.
IV-28 Sie hatten alles gemeinsam
1) Besprechen Sie Voraussetzungen und Konsequenzen eines Verständnisses von Kirche, die „jeder für jeden" ist.
2) Erwägen Sie, ob das hier dargestellte Bild von Kirche für den einzelnen und für die Welt hoffnungsvolle Perspektiven eröffnet.
3) Informieren Sie sich über Ursprung, Gestalt und Ziele von Basisgemeinden (z. B. anhand des gleichnamigen Filmes).
4) Vergleichen Sie diesen Text kritisch mit Eindrükken aus der Gemeinde in Korinth zur Zeit des Paulus: Lesen Sie z. B. 1. Kor 1, 10-18.
IV-29 Umstrittener Kirchentag
Kirchentage sind zum „Mekka junger Christen" geworden. Umstritten sind inhaltliche Schwerpunkte. Zwei Äußerungen zum Kirchentag 1983 in Hannover machen dies deutlich. Wie wird argumentiert?
IV-30 Zu viele Amateure?
1) Welche Problemfelder werden durch die Formulierung „Kirchentag von oben und von unten" angesprochen?
2) Suchen Sie die im Text angedeuteten Kritikpunkte an der Gestalt des Kirchentages, und versuchen Sie, in diesem Zusammenhang eine Antwort auf die in der Überschrift gestellte Frage zu finden.
IV-31 Kehrt um!
Pastor Heinrich Kemner möchte in einer Auslegung der Kirchentagslosung die „Herzen und Köpfe" der Kirchentagsbesucher zur Umkehr bewegen. Welche Glaubensinhalte enthält der Text, welche von ihm ausgehenden Wirkungen sind denkbar?

Block V: Umgang mit der Bibel

Einleitung

Dieser Block thematisiert zunächst verschiedene Gesichtspunkte der Bibelauslegung:

- Bedeutung der Situation des Adressaten (V-1-3)
- Problem der Übersetzungen (V-4-6)
- Zugänge zu biblischen Texten (V-7-9)
- Synoptischer Vergleich (V-10)

Diese Überlegungen werden dann an der Glaubensaussage bzw. am Begriff „Sohn Gottes“ konkretisiert (V-11-15). Allerdings kann dieser Teil, der zugleich die Möglichkeit des religionsgeschichtlichen Vergleiches einbezieht, auch gesondert bearbeitet werden.

Die Texte V-16-17 führen in den Zusammenhang „Exegese und Wahrheit“ ein.

Dieser Block wird im Blick auf das Alte Testament ergänzt durch die Materialien des Blockes III, der außerdem die Grundgedanken der sozialgeschichtlichen Bibelauslegung (vgl. III-12) verdeutlicht.

Unter dem Stichwort „Heilige Schriften“ bieten die Materialien V-18-20 Möglichkeiten an, das Verständnis von Glaubensurkunden in den drei Weltreligionen Judentum - Christentum - Islam zu vergleichen. Das Alte Testament als Buch der Juden - Buch der Christen wird dabei besonders thematisiert. Die Beschäftigung mit dem Koran kann deutlich machen, daß gemeinsame Traditionen von einem spezifischen Offenbarungsverständnis her neu akzentuiert werden. Gleichzeitig werden wesentliche Glaubensinhalte des Islam dargestellt sowie die grundlegenden Gesetze und Regeln für das islamische Leben.

Die hier - mehr in Form einer Übersicht - gegebenen Informationen können auch in Querverbindung zu den in Block VII „RELIGIONEN UND MORAL“ und in Block VIII „CHRISTENTUM IM NATIONALSOZIALISMUS“ enthaltenen Problemanzeigen bearbeitet werden.

Wörter Worte Bücher Sprachen V-1

Lieber Fritz!

Ich kann mir vorstellen, daß Du schon lange auf meinen Brief wartest. Gerade dort! Ich denke oft an Dich. Vermißt Du nicht die anderen?

Wie schön war es, daß wir uns neulich wenigstens bei der HDB treffen konnten!

Über Deine Fragen habe ich lange nachgedacht.

Nein, Fritz, zögere nicht! Vertraue Dich ihr an. Sei nicht ängstlich – obwohl ich Deine Sorge gut zu verstehen meine. Sei ehrlich! Sonst hat alles keinen Sinn. Wenn sie Dich nicht versteht, weißt Du, woran Du bist.

Dein anderes Problem habe ich mit David besprochen. Auch er meint: Nimm besser keine Henridon F. Die Gefahr der Auslaugung ist zu groß. Allein der Einsatz der französischen Mischung verspricht Erfolg.

Hoffentlich erhältst Du meine Zeilen noch rechtzeitig. Tröste Henni!

Herzliche Grüße

Gernot

V-2 Die Einteilung der Bibel nach dem Kanon

Altes Testament

Die Fünf Bücher Mose	beginnen mit dem Satz „Am Anfang schuf Gott Himmel und Erde“ und führen bis zum Einzug Israels in Kanaan. Sie wurden von verschiedenen Verfassern geschrieben und enthalten auch die Gesetze des jüdischen Volkes.
Josua und Richter	berichten von der Eroberung Kanaans und von den Abenteuern der damaligen Führer.
Das Buch Rut	erzählt, wie eine Witwe ihren zweiten Mann findet; außerdem beschreibt dieses Buch das gute Verhältnis zwischen einer israelitischen Schwiegermutter und einer moabitischen Schwiegertochter.
Samuel, Könige und Chronik	berichten von der Zeit, in der Israel in der Geschichte des Orients eine Rolle gespielt hat (1050–587 v. Chr.). Höhepunkt sind die Erzählungen über den König David.
Esra und Nehemia	schildern, wie sich das jüdische Volk nach seiner Katastrophe und dem babylonischen Exil (587–538) um seinen Wiederaufbau bemüht (538–400).
Ester	berichtet von einer Judenverfolgung zur Zeit des persischen Königs Xerxes (485–465).
Hiob Die Psalmen, die Sprichwörter und Kohelet	zählen zu den „Lehrbüchern“, haben jedoch nichts mit trockener Lehrhaftigkeit zu tun. Die Psalmen enthalten Lieder und Gebete; vieles ist große Dichtung. Die Sprichwörter und Kohelet bieten eine Lebensweisheit an.
Das Hohelied	ist ein Liebesgedicht wahrscheinlich heidnischen Ursprungs. Es wurde schon bald mit dem Verhältnis Gottes zu Israel in Verbindung gebracht. Wegen seiner Erotik war es in der jüdischen Gemeinde der Jugend nicht erlaubt, dieses Buch zu lesen.
Die (Schrift-)Propheten	haben in der Zeit von 760–300 v. Chr. gewirkt. Der christliche Glaube ist deutlich von ihnen bestimmt, unbewußt auch der Marxismus.
Tobias, Judit 1 und 2 Makkabäer, Weisheit, Jesus Sirach und Baruch	die sogenannten Apokryphen oder Deuterokanonischen-Schriften, erst spät in Griechisch verfaßt, stehen nicht im hebräischen Urtext. (Sie sind von der katholischen Kirche, nicht jedoch von der evangelischen in den biblischen Kanon aufgenommen worden.)

Neues Testament

Die Evangelien des Matthäus, Markus und Lukas	berichten von Jesus in der Absicht, den Glauben an ihn zu wecken, zu begründen und auszulegen. Sie gehen auf mündliche Überlieferung zurück. Niedergeschrieben wurde Markus um 70, Lukas und Matthäus zwischen 70 und 90 n. Chr.
Das Johannes-evangelium	stellt das Überlieferungsgut unter ganz neuen Gesichtspunkten dar, weil gut 20 Jahre nach der Entstehung der ersten drei Evangelien eine Auseinandersetzung mit den geistigen Strömungen der Zeit, z. B. mit der griechischen Lebensweisheit, notwendig geworden war.
Die Apostelgeschichte, die Fortsetzung des Lukasevangeliums	schildert, wie sich das Evangelium über Kleinasien und Griechenland ausgebreitet hat und schließlich die Hauptstadt des Römischen Reiches erreichte.
Der Apostel Paulus	der erste christliche Theologe, hat die Briefe an die Römer, Korinther, Galater, Philipper und an Philemon geschrieben. Auch der erste Thessalonicherbrief stammt von ihm. Die Paulusbriefe entstanden zwischen 50 und 60 n. Chr.
Die Briefe an die Kolosser und Epheser, beide Briefe an Timotheus, der Titusbrief und vermutlich auch der 2. Thessalonicherbrief	stammen wohl von anderen Verfassern, sind aber unter dem Namen des Paulus überliefert, teilweise sogar unter seinen Namen gestellt. Sie zeigen die Entstehung von gemeindlicher Lebensordnung.
Die beiden Petrusbriefe, die drei Briefe des Johannes, der Hebräer-, Jakobus- und Judasbrief	stammen von unbekannten Verfassern und bezeugen das Glaubensverständnis in der Zeit um die Jahrhundertwende.
Die Offenbarung des Johannes (Apokalypse)	entstand gegen Ende des 1. Jahrhunderts, als die christliche Gemeinde vom römischen Staat verfolgt wurde.

V-3 Die Sprache des Adressaten

Wer einen Brief auf der Straße findet und ihn liest, kann mit ihm nicht allzuviel anfangen, weil ihm die Situation des Adressaten nicht bekannt ist. Das ist die Schwierigkeit vieler Bibelleser, die zum Beispiel einen Brief des Apostels Paulus lesen. Sie hören zwar, was er zu sagen hat, können aber nicht wissen, was seinerzeit in Korinth, Rom oder Saloniki gedacht und getan wurde. Bibelleser, die die Gabe der Einfühlung haben, können allerdings aus dem, was der Apostel schreibt, einiges erschließen.

Überall in der Bibel zeigt sich, daß die Verfasser die Gedanken, Traditionen, Hoffnungen und Ängste ihrer Leser ganz ernst genommen haben.

Im 29. Kapitel des nach ihm benannten Buches wendet sich der Prophet *Jeremia* an seine in Babylon gefangenen Landsleute und versucht, ihnen gefährliche Illusionen auszureden.

Der Verfasser des Buches *Jona* redet, nicht ohne Humor, in einer „Predigterzählung", also einer Legende, mit frommen Juden, die zwar ihren religiösen Schrebergarten pflegen, aber vergessen, den Heiden in ihrer Umgebung etwas von Gott zu sagen. Der Verfasser des *Kolosserbriefes* geht auf die Modephilosophie ein, die die Gemeinde in Kolossae beherrscht, und erklärt den Kolossern das Evangelium von Christus mit Hilfe der philosophischen Fachausdrücke, die den Kolossern geläufig sind.

Im *Epheserbrief* wird die religiöse Begeisterung, die seinerzeit den Mittelmeerraum ergriffen hatte und die auch der Verfasser teilte, aufgenommen und in der Sprache der Begeisterten von Chistus geredet.

Der *Hebräerbrief,* von einem Judenchristen verfaßt, wendet sich an andere Judenchristen, die einer verzweifelten Stimmung zum Opfer gefallen waren. Wir würden heute sagen: sie waren „frustrierte" Leute.

Das *Lukasevangelium* ist von einem Heidenchristen für Menschen, die früher ebenfalls Heiden gewesen waren, geschrieben worden, während *Matthäus,* der aus der jüdischen Tradition kam, ganz bewußt für seine einstigen Gesinnungsgenossen schrieb.

Die Verfasser der Bibel haben also eine Art Visitenkarte abgegeben und nicht verschwiegen, aus welchem „weltanschaulichen Lager" sie kamen. Auch haben sie von sich auf ihre Leser geschlossen und sich bewußt gemacht: kein Mensch kann alles vergessen, was ihm bisher vertraut war, und die Traditionen, die ihn bisher geprägt haben, ohne weiteres verlassen. Sie haben so von Christus gesprochen, daß die Leser das Gefühl hatten: er denkt mit uns, er hat sich in uns eingefühlt und sich unsere Denkvoraussetzungen zu eigen gemacht. Es gehörte zur Einsicht und Weisheit der biblischen Autoren, daß sie immer daran dachten: von der Liebe Gottes kann man nur reden, wenn man seinerseits die Menschen liebt.

Ungefährlich war ihre Methode sicherlich nicht. In Kolossae hätte es durchaus passieren können, daß die heidnischen, philosophischen Sprachgefäße, die der Verfasser des Kolosserbriefes zu Gefäßen für das Evangelium gemacht hatte, auf das Evangelium abfärbten, wie sich der Geruch eines Kruges auf den Wein, den man in ihn hineingeschüttet hat, überträgt. Daß der Verfasser das Risiko trotzdem einging, läßt sich nur durch das unbegrenzte Vertrauen erklären, das er dem auferstandenen Christus entgegenbrachte.

Daraus ergibt sich für die heutigen Christen, vor allem für die Bibelleser, eine Folgerung: es genügt nicht, wenn man mit anderen über den Glauben spricht, einfach vertraute Bibelworte

Polier Kranmüller und die lieben Kollegen aus Palermo

zu zitieren. Damit würde man dem Geist der Bibel nicht gerecht. Man muß sich, ähnlich wie die Verfasser der biblischen Schriften, einfühlen und mit seinem Gegenüber in der Sprache reden, die er versteht. Zu Pfingsten, das berichtet die Apostelgeschichte, ist in „neuen Zungen“ von den großen Taten Gottes geredet worden. Das heißt, in der Sprache, die jedermann, auch der nichtreligiöse Mensch, versteht.
(Hans-Georg Lubkoll)

V–4 Übersetzungen: Lukas 4, 18–19

Diese Stelle aus dem Propheten Jesaja hat Jesus in seiner ersten Predigt, die er in seinem Heimatort Nazareth hielt, ausgelegt. Solche Buchstaben hatte er vor Augen. Die hebräische Schrift wird von rechts nach links gelesen.

רוּחַ אֲדֹנָי יְהוִה עָלָי יַעַן מָשַׁח יְהוָה אֹתִי
לְבַשֵּׂר עֲנָוִים שְׁלָחַנִי לַחֲבֹשׁ לְנִשְׁבְּרֵי־לֵב
לִקְרֹא לִשְׁבוּיִם דְּרוֹר וְלַאֲסוּרִים פְּקַח־קוֹחַ׃
לִקְרֹא שְׁנַת־רָצוֹן לַיהוָה וְיוֹם נָקָם לֵאלֹהֵינוּ
לְנַחֵם כָּל־אֲבֵלִים׃

Das gleiche Bibelwort findet sich im Neuen Testament (Lukas 4, 18–19) in griechischer Sprache. Die Verfasser des Neuen Testaments schrieben griechisch, weil sie sich in dieser Sprache im ganzen Mittelmeerraum verständlich machen konnten. Griechisch war damals – wie heute Englisch – die Weltsprache. So ist es zu erklären, daß in wenigen Jahrzehnten die Botschaft von Christus bis nach Spanien bekannt wurde. Griechisch wird wie alle europäischen Schriftarten von links nach rechts gelesen.

πνεῦμα κυρίου ἐπ' ἐμέ, οὗ εἵνεκεν ἔχρισέν με
εὐαγγελίσασθαι πτωχοῖς, ἀπέσταλκέν με,
κηρῦξαι αἰχμαλώτοις ἄφεσιν καὶ τυφλοῖς ἀνάβλε-
ἀποστεῖλαι τεθραυσμένους ἐν ἀφέσει, [ψιν,
κηρῦξαι ἐνιαυτὸν κυρίου δεκτόν.

Diesen Wortlaut hat die Bibelstelle Lukas 4, 18–19 in der „Vulgata“, der lateinischen Bibelübersetzung, die in der katholischen Kirche als verbindlich gilt. Diese Übersetzung gibt es seit dem Jahre 382.

Spiritus Domini super me propter
quod unxit me
evangelizare pauperibus misit me
praedicare captivis remissionem et
caecis visum
dimittere confractos in remissionem
praedicare annum Domini acceptum
et diem retributionis

Martin Luther hat im Jahre 1522 innerhalb weniger Monate das Neue Testament ins Deutsche übersetzt. Das Bibelwort, über das Jesus seine Antrittspredigt hielt, hatte in der Ausgabe, die 1533 von Hans Lufft gedruckt wurde, diesen Wortlaut.

Der geist des Herrn ist bey mir/der halben er mich gesalbet hat / vnd gesand zuuerkündigen das Euangelion den armen/zu heilen die zustossen hertzen/zu predigen den gefangen/das sie los sein sollen/vnd den blinden das gesicht/vnd den zuschlagenen/das sie frey vnd ledig sein sollen/vnd zu predigen das angeneme iar des Herrn.

Die neue Bibelausgabe von 1984 nach der Übersetzung Luthers bietet den folgenden Text.

„Der Geist des Herrn ist auf mir,
weil er mich gesalbt hat,
zu verkündigen das Evangelium den Armen;
er hat mich gesandt,

zu predigen den Gefangenen,
daß sie frei sein sollen,
und den Blinden, daß sie sehen sollen,
und den Zerschlagenen,
daß sie frei und ledig sein sollen,
zu verkündigen das Gnadenjahr des Herrn."

Sehr verbreitet ist auch die „Zürcher Bibel", die auf die Reformation Zwinglis zurückgeht.

„Der Geist des Herrn ruht auf mir, weil er mich gesalbt hat; er hat mich gesandt, den Armen frohe Botschaft zu bringen, den Gefangenen Befreiung zu verkündigen und den Blinden das Augenlicht", „die Zerschlagenen zu befreien und zu entlassen", „ein angenehmes Jahr des Herrn zu verkündigen."

Eine Bibelausgabe mit dem Namen „Die Gute Nachricht" versucht eine Übersetzung der Textstelle in unser heutiges Deutsch.

ca 15 J. alt

„Der Geist des Herrn hat von mir Besitz ergriffen.
Denn der Herr hat mich erwählt, den Armen
die Gute Nachricht zu bringen;
er hat mich gesandt, den Gefangenen zu
verkünden, daß sie frei sein sollen,
und den Blinden, daß sie sehen werden.
Den Unterdrückten soll ich die Freiheit bringen
und das Jahr ansagen,
in dem Gott sein Volk retten will."

Auch Jörg Zink, Pfarrer und Verfasser zahlreicher Bücher, überträgt das Wort des Propheten Jesaja in die Sprache unserer Zeit.

Gott wirkt durch mich,
er hat mich zu seinem
Bevollmächtigten berufen,
er hat mich gesandt, den Armen zu sagen,
daß Gott sie lieb hat,
die verwundeten Herzen zu verbinden,
den Gefangenen die Befreiung zu bringen,
den Blinden das Licht zu geben,
die Mißhandelten zu erlösen
und zu sagen, daß Gottes Stunde da ist,
die Stunde, die ihm gehört.

V-5 Die Lutherbibel ist der verbindliche und irrtumslose Bibeltext

M. Luthers Text ist irrtumslos

Der für Kirche und Theologie verbindliche und darum wörtlich irrtumslose Bibeltext ist für uns die deutsche Übersetzung Martin Luthers, wie sie als Text und Kanon der Kirche vorliegt. (...)

Wer das frevelhafte Unternehmen einer Textrevision [der Lutherbibel] wagt, stellt sich (...) extra ecclesiam [= außerhalb der Kirche].
(Helmut Echternach)

V-6 Beispiel für Unterschiede in Bibelübersetzungen

Text: 2. Samuel 12, 31: König David nach der Eroberung Rabbas

Lutherbibel nach dem Text von 1912:
Aber das Volk drinnen führte er heraus und legte sie unter eiserne Sägen und Zacken und eiserne Keile und verbrannte sie in Ziegelöfen.

Lutherbibel nach dem Text von 1975
(schon 1964 revidiert):

Aber das Volk darin führte er heraus und stellte sie als Fronarbeiter an die Sägen, die eisernen Pickel und an die eisernen Äxte und ließ sie an den Ziegelöfen arbeiten.

Zürcher Bibel nach dem Text von 1931:

Die Bewohner aber, die darin waren, führte er weg und beschäftigte sie an den Sägen, an den eisernen Pickeln und eisernen Äxten und ließ sie mit Ziegelformen arbeiten.

Gute Nachricht nach dem Text von 1982:

Die Einwohner setzte er für Bauarbeiten ein; sie mußten Steine brechen und sie zurechtsägen, Ziegel herstellen und Baumstämme mit der Axt bearbeiten.

Jörg Zink nach dem Text von 1966: läßt die Stelle aus.

Der Schriftsteller Arno Schmidt schrieb in einer Stellungnahme zum Christentum unter dem Titel „Atheist?: Allerdings!“ (1957) u. a.:

Freilich ist da der Knabe Isais priesterfolgsamer; er, der die Weiber verführt; weitblickend die 7 Prinzen des früheren Königshauses beseitigt; die toten Feinde unten rum skalpiert und die noch Lebenden „unter eiserne Sägen und Zacken legte und eiserne Keile, und verbrannte sie in Ziegelöfen“ – dafür wird er dann aber auch als „Mann nach dem Herzen Gottes“ bezeichnet: Der Himmel behüte mich, daß ich je ein Mann nach dem Herzen Gottes werde!!

Das Wort in den Wörtern

V-7 Historisch-kritische Bibelauslegung

Was Glauben in einer Zeit jeweils ist, wird am schärfsten deutlich am Verhältnis zur biblischen Überlieferung. Am Wandel dieses Verhältnisses läßt sich zugleich ablesen, wie auch der Glaube neue Gestalten findet und wie die Verkündigung zu neuem Reden gezwungen wird. Der Einschnitt, auf den es in unserem Zusammenhang im wesentlichen ankommt, ist mit dem Stichwort *„historisch-kritische“* Auslegung der Bibel bezeichnet. Was verbirgt sich hinter diesem Stichwort?

Im Laufe eines Jahrhunderte währenden Prozesses haben wir mehr und mehr verstehen gelernt: Wir werden der Bibel nicht dadurch gerecht, daß wir ihre Einzelaussagen unbesehen in unsere Zeit herübernehmen und in der Gegenwart dann wie eine Art Urgestein, dessen Bedeutung insbesondere im Alter und in der Fremdartigkeit besteht, respektieren. Zuerst für das Alte Testament, dann aber nicht minder auch für das Neue Testament, wurde erkannt, daß jede einzelne Aussage, angefangen bei der Art zu reden und bei dem Denken, das sich dahinter verbirgt, bis hin zu den verwendeten Bildern und Vorstellungen, zeitgebunden ist: gebunden an die Menschen, die sich in ihrer jeweiligen historischen, geistigen, religiösen, soziologischen Situation mit ihrer ganzen Person und mit ihrer Überzeugungskraft zu überliefernden Zeugen dieser Botschaft gemacht haben. Wer diese Zeitgebundenheit erkennt, bemerkt zugleich auch den ganzen Abstand zwischen uns als heutigen Lesern und Hörern und den damaligen Autoren der Bibel. Sehen wir aber noch genauer auf die verschiedenen biblischen Verfasser und ihre Aussagen, so kommen wir zu einer zweiten Beobachtung: Der Abstand, der uns heute von biblischen Aussagen trennt, herrscht – freilich in anderen Maßen – auch innerhalb der Bibel selbst zwischen früheren und späteren Schriften. In sich ist weder das Alte noch das Neue Testament eine spannungslose Einheit, denn die biblischen Autoren sind keine Zeitgenossen, sondern leben nacheinander. Das aber heißt, daß sie selber schon mit den Aussagen der früheren das getan haben, was wir heute mit ihren Aussagen tun müssen, nämlich sie wiederum in die jeweilige eigene Zeit übersetzen, um sie verstehen und weitersagen zu können. Die beiden in dem einen Begriff zusammengenommenen Wörter „historisch“ und „kritisch“ meinen also: Wir nehmen die einzelne biblische Aussage in ihrer Bindung an die jeweilige Zeit, die jeweiligen Menschen, das jeweilige Denken, die jeweiligen Umstände, worin sie ursprünglich gesprochen ist. Und zum anderen: Wir nehmen sie kritisch, nicht als Besserwisser, sondern als solche, die den verschlungenen Weg der biblischen Überlieferung kennen und die urteilend, also stellungnehmend, die Wandlungen, die innerhalb der Bibel deutlich werden, berücksichtigen.

Solche historisch-kritische Art zu fragen, ist natürlich zugleich an ein bestimmtes Verständnis gebunden, das der Mensch von sich und seiner Stellung in der Welt hat. Wenn der Mensch einsieht, daß er in seiner Existenz an die jeweilige Weltzeit und Weltstunde, in der er lebt, gebunden ist, daß er also nicht denken kann, ohne sich dieser Zeit- und Weltgebundenheit bewußt zu sein, stellt er sich der Überlieferung gegenüber historisch-kritisch ein. Mit einer Formel, die sich in der gegenwärtigen Diskussion nicht nur in der Theologie für diesen Sachverhalt eingebürgert hat, kann man abgekürzt sagen: Das *geschichtliche Denken* – das Verständnis der Welt und des Menschen als wechselseitige Teilhaber eben dieser Geschichte der Welt und des Menschen – dieses Denken zieht historisch-kritischen Umgang mit Aussagen aus früheren Epochen der Welt und ihrer Geschichte nach sich.

Was wir damit festgestellt haben, gilt für den Umgang mit der Bibel. Aber es dürfte bereits deutlich sein, daß hier kein Sonderfall vorliegt. Wenn unsere Überlegungen zutreffen, dann werden sie für jede Art von Überlieferung gelten müssen. Das hat weitreichende Folgen gegenüber manchen herkömmlichen Vorstellungen. Wenn geschichtliches Denken und historisch-kritisches Fragen einander entsprechen, dann muß das ja für die Bibel wie für Aristoteles oder für Plato gelten – dann gilt es also für das Lukas-Evangelium ebenso wie für antike religiöse Aussagen außerhalb des christlichen Glaubens, dann gilt es für die biblische Schöpfungsgeschichte wie für außerbiblische Schöpfungsmythen. So wird denn die Bibel unter denselben Voraussetzungen interpretiert wie jeder andere alte Text. Die Bibel lesen bedeutet, sich gerade nicht von vornherein in eine Sondersituation begeben, sondern in der Situation bleiben, in der ein Mensch schlechterdings sich befindet, wenn er sich der Überlieferung aussetzen will. Für viele ist dadurch der Eindruck entstanden, daß so der Bibel auf eine unsachgemäße Weise ihre Sonderstellung genommen wird. (...)

Die Autorität der Bibel entsteht nicht dadurch, daß ich sie ihr zuvor zuspreche, sondern sie beruht umgekehrt darin, daß ich sie im Umgang mit den Texten erfahre. Die Autorität der Bibel ist kein Dekret, sondern ein Prozeß, in den ich hineingenommen werde, wenn ich mich ihm aussetze.

So zeigt sich, daß der Leser heute gegenüber der Überlieferung des Glaubens in einem eminenten Sinne auf sein Denken angewiesen ist.

(Gert Otto)

V–8 Pneumatische Bibelauslegung

Kann man mit der Bibel umgehen wie mit jedem anderen Buch der Weltliteratur?
Die Antwort muß lauten: Nein!
Der Sonderheitscharakter der Bibel vor allen anderen Literaturerzeugnissen bedingt auch einen dementsprechenden Zugang und Umgang. Das Wesensmerkmal der Bibel besteht in ihrem Offenbarungscharakter. Die Offenbarung geschah durch den Heiligen Geist. „Getrieben durch den Heiligen Geist." Das ist das entscheidende Stichwort. Auf Grund dieses Selbstzeugnisses der Bibel ergibt sich die einschneidende Antwort auf die obige Frage. Die Antwort lautet:
Was durch den Heiligen Geist offenbart wurde, kann nur durch den Heiligen Geist verstanden werden.
Das Wort Gottes bezeugt dies ausdrücklich. Wir lesen: „Der natürliche Mensch aber vernimmt nichts vom Geist Gottes; es ist ihm eine Torheit, und er kann es nicht erkennen; denn es muß *geistlich gerichtet werden*" (1. Kor. 2, 14).

Wenn wir dies einmal in der Fachsprache mit der jeweiligen Umschreibung ausdrücken dürfen, so lautet es folgendermaßen: Der letztlich legitime, der Sache entsprechende Zugang zur Heiligen Schrift
ist kein *rationaler* = kein Weg über die sich selbst zum Maßstab machende Vernunft,
ist kein *historischer* = kein Weg mit den Mitteln der Geschichtserforschung,
ist kein *philologischer* = kein Weg unter Zuhilfenahme der hebräischen und griechischen Ursprache der Bibel,
ist kein *philosophischer* = kein Weg mit der Waffenrüstung, d. h. dem Wissenschaftsbegriff und der Weltanschauung eines philosophischen Systems;
der Zugang zur Bibel ist auch kein *naturwissen-*

schaftlicher = kein Weg, der mit den Denkprinzipien und dem Weltbild der Neuzeit verkoppelt wäre, nein, das alles nicht, sondern der entscheidende Zugang zur Bibel ist ein *pneumatischer* = ein vom Heiligen Geist ermöglichter und durch den Heiligen Geist ausgewiesener. „Es muß geistlich gerichtet (beurteilt) werden."

Es gibt entweder einen persönlichen, mitten durch das Herz, das Zentrum des Menschen, gehenden Zugang zur Bibel und Umgang mit ihr, oder es gibt keinen ... Es gibt also keinen voraussetzungslosen Umgang mit der Bibel. Göttliches will göttlich begriffen sein. Gott aber übersteigt die Möglichkeiten unseres winzig kleinen Verstandes. Wir dürfen aber zu Ihm finden. Gerade darum erfolgte ja die Gabe des Heiligen Geistes. Der Heilige Geist hat Jesus zum Inhalt. „Von dem Meinen wird er's nehmen", sagt Jesus. Dieser Heilige Geist schafft in uns – um einen Ausdruck aus unserer modernen Welt zu nehmen – die gleiche Wellenlänge mit Jesus Christus, der Sendestation.

(Gerhard Bergmann)

V-9 Am Anfang war die Erfahrung

Die Bibel ist nicht in wunderbarer Weise vom Himmel gefallen. Sie ist im Laufe von über 1000 Jahren entstanden. Ihre Verfasser wollten keine „Literatur" schaffen, was der Ehrgeiz der modernen Schriftsteller ist. Sie wollten Erfahrungen, die sie für lebensentscheidend hielten, festhalten und weitergeben. Alle biblischen Bücher gehen von einer Urerfahrung aus, die in der Geistesgeschichte der Menschheit etwas Einmaliges und eigentlich Unbegreifliches ist. Will man diese Urerfahrung verstehen, muß man sich zunächst bewußt machen, was vor 3200 Jahren im Orient allgemeine Überzeugung war: innerhalb der Welt gibt es göttliche Mächte. Für die Bewohner Babylons waren es Sonne, Mond und Sterne; für die Ägypter überirdische Wesen, die Tierköpfe trugen; für die Kanaaniter geheimnisvolle Spender der Fruchtbarkeit, die in der Gestalt eines Stieres auftraten. Allen damaligen Religionen war eine Überzeugung gemeinsam: die Gottheit kann innerhalb der Natur gefunden werden; sie ist ein Teil der Welt. Darauf bezieht sich die Bemerkung des Apostels Paulus: „Die Heiden haben die Schöpfung mit dem Schöpfer verwechselt" (Römerbrief 1, 25).

Etwa 1200 Jahre vor Christi Geburt kam es zu einem Ereignis, das allen Gesetzen der Geistesgeschichte widerspricht. Ein Nomadenvolk unter Führung des Mose (wahrscheinlich bestand es nur aus zwei kleinen Stämmen) bekannte: der wahre Gott ist nicht innerhalb unserer Welt aufzufinden. Er ist nirgendwo mit der Natur identisch. Er ist der Herr der Welt, unbegreifbar und nicht den eigenen Wünschen dienstbar zu machen. Er kann nicht hergezeigt werden, was die anderen Völker von ihren Göttern behaupten. Er wohnt in einem Licht, das völlig unzugänglich bleibt. Über die Bemerkung, Gott sei bei den bisherigen Weltraumfahrten noch nie gesehen worden, hätten Mose und seine jüdischen Zeitgenossen nur laut gelacht.

Es ist zu verstehen, daß sich Israel mit seiner Vorstellung von Gott bald das Mißtrauen der übrigen Völker zuzog. Denn Israels Gottesglaube verletzte das herkömmliche religiöse Gefühl. Schon im Altertum galten die Juden als Atheisten, als gottlose Menschen. Der Antisemitismus ist auch darin begründet, daß ein kleines Volk dem widersprach, was allgemein und überall geglaubt wurde.

Schon oft hat man vom „abstrakten Gottesbild" Israels gesprochen. Aber dieses Urteil ist einseitig. Der unfaßbare, jenseitige Gott hat – das ist Israels Glaubensbekenntnis – gehandelt, das kleine Volk zu seinem Beauftragten bestimmt und es „aus Ägypten, dem Sklavenhaus, herausgeführt". Immer wieder reden die Verfasser des Alten Testaments von diesem Ereignis. Die Befreiung, mit der die Geschichte des kleinen Volkes begann, ist der Grundakkord, der das ganze Alte Testament durchzieht. Die *Erfahrung* war das erste; die *Niederschrift* der biblischen Bücher war ein zweiter Schritt.

Dasselbe gilt für das Neue Testament. Die „Urerfahrung", die den Evangelien und Briefen vorangeht, ist die Auferweckung Christi. Sie ließ das Leben des Jesus von Nazareth plötzlich in einem völlig anderen Lichte erscheinen. Nun durfte nicht mehr geschwiegen werden. Zunächst wurde lediglich weitererzählt, doch als die Zeugen starben, begann man das, was geschehen war, aufzuschreiben. „Die großen Taten Gottes“, von denen die Apostelgeschichte spricht, sollten nicht in Vergessenheit geraten.

Daraus ergibt sich für den heutigen Bibelleser: Der Buchstabe ist nicht das Ursprüngliche. Er ist auch nicht das Entscheidende. Das haben diejenigen übersehen, die meinten, jeder Buchstabe der Bibel sei den Schreibern wörtlich von Gott eingegeben worden. Der Vorgang war natürlicher und dramatischer zugleich: Menschen, die erlebt hatten, daß Gott handelt, und davon bis in die Tiefe ihres Herzens erschüttert waren, konnten nicht mehr schweigen; sie mußten reden und schreiben.

Ein Mensch, der durch ein Erlebnis aufgewühlt worden ist, kann keine trockenen Protokolle verfassen. Er will gewinnen und überzeugen; es genügt ihm nicht, in kühler Distanz zu berichten. Diese Leidenschaft hat die Verfasser der biblischen Bücher getrieben.

Viele Bibelleser haben sich das noch nicht bewußt gemacht. Sie gehen von der Überlegung aus, daß die biblischen Schriftsteller lediglich berichten wollten, und zwar so genau wie möglich, was sie gesehen und gehört hatten. Ohne es zu merken, tragen sie die Geschichtsbetrachtung des neunzehnten Jahrhunderts in die Bibel hinein. Im vergangenen Jahrhundert hatte man gemeint, es käme vor allem darauf an, vergangene Ereignisse zu erforschen und möglichst leidenschaftslos von ihnen zu berichten. Diese Art Geschichtswiedergabe hat einen großen Mangel: sie erzählt und zählt auf, aber sie kann die Leidenschaft, die Menschen getrieben hatte, nicht übertragen und verständlich machen. Was Menschen einmal erregt hat, erstarrt zu dürren Buchstaben. Aus sprudelndem Leben werden Kataloge, die Namen und Zahlen enthalten.

Die biblischen Schriftsteller erzählen von den großen Ereignissen der Geschichte auf ganz andere Weise. Sie hatten nicht den Ehrgeiz, alles bis in die letzten Einzelheiten hinein im Stile eines Protokolls zu berichten. So erklären sich zum Beispiel die Abweichungen in den Passions- und Ostererzählungen. Die biblischen Erzähler wollen vor allem eines zeigen: *Gott hat gehandelt, er übersieht euch nicht!* Was sie geschrieben haben, ist Predigt, Ermutigung zum Glauben.

Dabei waren sie alles andere als eng und kleinlich. Der Palette, die seinerzeit einem Schriftsteller zur Verfügung stand, haben sie sich ausgiebig bedient. Deshalb finden wir in der Bibel Lieder, Briefe, Gleichnisse, volkstümliche Erzählungen, Legenden (...), Militärberichte, Reden, Skandalgeschichten, Stammbäume, Liebesgedichte, Liturgien und Erzählungen, die an einen Kurzkriminalroman erinnern. Alle diese Mitteilungsweisen werden zu Gefäßen der großen Botschaft.

Die Vielfalt der Formen ist eine Chance für den heutigen Bibelleser. Irgendwo in der Bibel wird so geredet, daß er sich unmittelbar angesprochen fühlt und spürt: so ähnlich empfinde und denke ich auch. Der sprachliche Reichtum drückt die große Liebe zu den Menschen aus.
(Hans-Georg Lubkoll)

Evangelium und Evangelien

V-10 Synoptischer Vergleich

Eine Synopse (griech. Wort für „Zusammenschau“) zeigt, daß Matthäus, Markus und Lukas untereinander viel mehr übereinstimmen als mit dem Johannesevangelium. Daher ist es gebräuchlich, die Evangelien des Markus, Matthäus und Lukas als die „synoptischen Evangelien“ zu bezeichnen. Das Johannesevangelium unterscheidet sich von ihnen allen, es hat andere Texte (Erzählungen, Reden) und eine andere Darstellungsweise.

Das Markusevangelium hat den beiden „Großevangelien“ als Quelle gedient.

Zu dieser begründeten Annahme ist die neutestamentliche Wissenschaft durch eine Fülle von Beobachtungen gelangt. Die Ähnlichkeit der Texte bei Matthäus, Markus und Lukas fordert ja jeden kritischen Leser zu einer Erklärung heraus. Um sie zu finden, bedarf es natürlich eines vollständigen Vergleichs aller drei synoptischen Evangelien. Dabei ergibt sich: alle Geschichten des Markus – mit nur wenigen Ausnahmen – finden sich bei Matthäus und Lukas wieder; einige davon allerdings nur bei Matthäus. Ferner: Matthäus und Lukas haben, aufs Ganze gesehen, den Aufbau ihrer Evangelien mit Markus gemeinsam:

Jesu Wirksamkeit in Galiläa – seine Reise nach Jerusalem – seinen Aufenthalt in Jerusalem mit Passionsgeschichte.

Im Unterschied dazu spricht das Johannesevangelium von mehrmaligem Aufenthalt Jesu in Jerusalem.

Aus diesen – und weiteren – Feststellungen ist die Annahme erwachsen: das Markusevangelium hat den beiden Großevangelien des Matthäus und des Lukas als Vorlage gedient. *Matthäus und Lukas haben neben dem Markusevangelium noch aus weiteren Quellen geschöpft.*

Die Bezeichnung der Evangelien des Matthäus und des Lukas als Großevangelien erklärt sich aus ihrer Länge, die die des Markusevangeliums weit übertrifft.

Matthäus und Lukas haben viele und wichtige Stücke ihrer Darstellung gemeinsam, die bei Markus fehlen und die untereinander in der sprachlichen Formulierung weitgehend übereinstimmen. Beispiele dafür finden sich unter anderem in Worten der „Bergpredigt“ (vgl. Mat. 5 und 6 mit Luk. 6 sowie 11 und 12).

Diese Feststellung führt zu der weiteren Annahme: Matthäus und Lukas haben neben dem Markusevangelium eine zweite Quelle benutzt. Diese liegt nun freilich nicht wie das Markusevangelium vor, ist aber, wenigstens teilweise, aus den Texten des Matthäus und Lukas zu rekonstruieren. Da es sich dabei vorwiegend um Reden oder Sprüche handelt, wird diese Quelle „Reden- oder Spruchquelle“ (abgekürzt: Q) genannt. Ob sie schriftlich gefaßt oder nur mündlich überliefert war, ist nicht sicher ausgemacht. Diese Sammlung ist sehr wahrscheinlich älter als das Markusevangelium. Nun haben aber Matthäus und Lukas außerdem noch Textstücke, die jeder für sich aus besonderer Überlieferung kannte. Wir nennen diese das „Sondergut“ (abgekürzt: S) des Matthäus und des Lukas. Dazu gehören u. a. die Geburtsgeschichten.

Verhältnis der synoptischen Evangelien nach der „Zwei-Quellen-Hypothese“

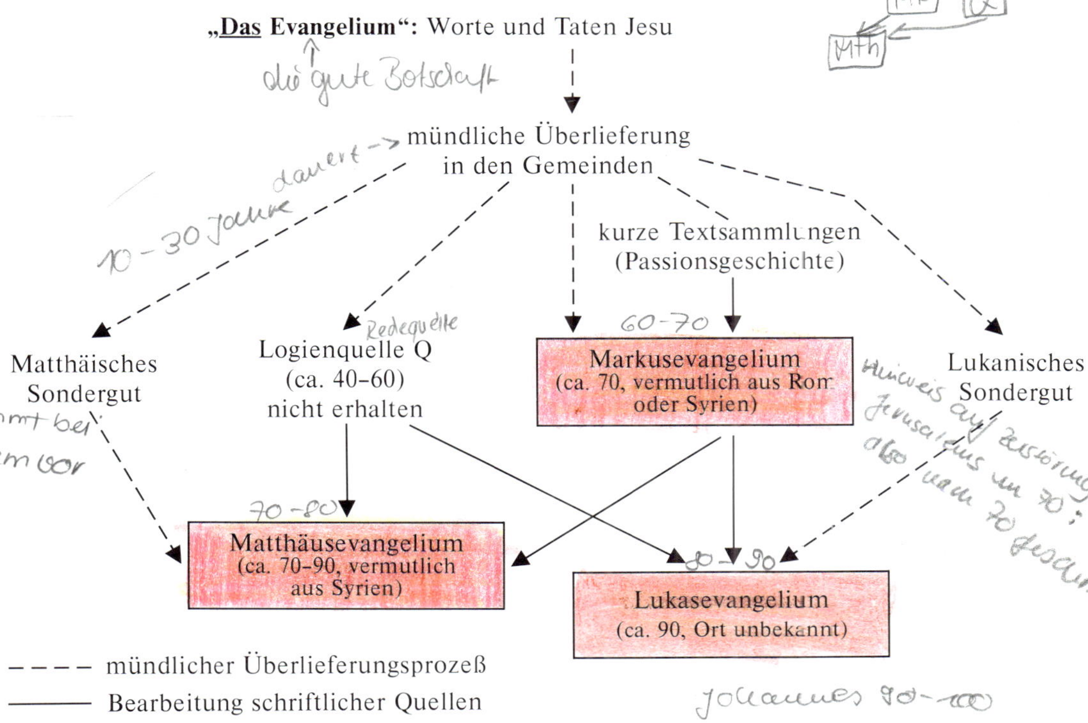

- **Evangelisten** sammeln und ordnen das Überlieferungsmaterial
- **Evangelisten** gestalten nach theologischen Konzeptionen im Hinblick auf ihre Gemeinden

Jesus: Menschensohn – Gottessohn

V-11 „Vater“ und „Sohn“

> Ich glaube an Jesus Christus,
> Gottes eingeborenen Sohn, unsern Herrn,
> der empfangen ist vom Heiligen Geist,
> geboren von der Jungfrau Maria, . . .

Glaubensbekenntnis (Apostolikum)

2. Mose 4, 19–23

19 Und der Herr sprach zu Mose in Midian:
Geh, kehre nach Ägypten zurück; denn sie sind
alle tot, die dir nach dem Leben stellten. 20 Da
nahm Mose sein Weib und seine Kinder und
setzte sie auf den Esel und kehrte nach Ägypten
zurück; auch nahm Mose den Stab Gottes zur
Hand. 21 Darauf sprach der Herr zu Mose: Wenn
du wieder nach Ägypten kommst, so siehe zu:
alle die Wunder, die ich in deine Hand gegeben
habe, die sollst du vor dem Pharao tun. Ich aber
werde sein Herz verstocken, daß er das Volk
nicht wird ziehen lassen. 22 Dann sollst du zum
Pharao sagen: So spricht der Herr: „Israel ist
mein Sohn, mein Erstgeborner, 23 und ich befehle
dir: Laß meinen Sohn ziehen, daß er mir diene!
Weigerst du dich aber, ihn ziehen zu lassen, siehe,
so werde ich deinen Sohn, deinen Erstgeborenen,
töten.“

Psalm 2, 1–12

1 Warum toben die Völker und sinnen die
Nationen vergebliche Dinge? 2 Könige der Erde
stehen auf, und Fürsten ratschlagen miteinander
wider den Herrn und seinen Gesalbten: 3 „Laßt
uns zerreißen ihre Bande und von uns werfen
ihre Fesseln!“ 4 Der im Himmel thronet, lacht,
der Herr spottet ihrer. 5 Alsdann redet er sie an in
seinem Zorn, und in seinem Grimme schreckt er
sie: 6 „Habe doch ich meinen König eingesetzt
auf Zion, meinem heiligen Berge!“ 7 Kundtun
will ich den Beschluß des Herrn: er sprach zu
mir: „Mein Sohn bist du; ich habe dich heute
gezeugt. 8 Heische von mir, so gebe ich dir Völ-
ker zum Erbe, die Enden der Erde zum Eigen-
tum. 9 Du magst sie zerschlagen mit eisernem
Stabe, magst sie zerschmeißen wie Töpferge-
schirr.“ 10 Nun denn, ihr Könige, werdet weise,
lasset euch warnen, ihr Richter auf Erden! 11 Die-
net dem Herrn mit Furcht, und mit Zittern küs-
set seine Füße, 12 daß er nicht zürne und euer Weg
nicht ins Verderben führe; denn leicht könnte
sein Zorn entbrennen. Wohl allen, die ihm ver-
trauen!

Markus 1, 9–11

9 Und es begab sich in jenen Tagen, daß Jesus
aus Nazareth in Galiläa kam und sich von Johan-
nes im Jordan taufen ließ. 10 Und sobald er aus
dem Wasser stieg, sah er die Himmel sich öffnen
und den Geist wie eine Taube auf sich her-
abschweben. 11 Und eine Stimme erscholl aus den
Himmeln: „Du bist mein geliebter Sohn, an dir
habe ich Wohlgefallen gefunden.“

Lukas 1, 26–38

26 Im sechsten Monat aber wurde der Engel
Gabriel von Gott in eine Stadt Galiläas namens
Nazareth gesandt 27 zu einer Jungfrau, die verlobt
war mit einem Mann namens Joseph aus dem
Hause Davids; und der Name der Jungfrau war
Maria. 28 Und er kam zu ihr herein und sprach:
Sei gegrüßt, du Begnadete! Der Herr ist mit dir.
29 Sie aber erschrak über das Wort und sann dar-
über nach, was das für ein Gruß sei. 30 Da sprach
der Engel zu ihr: Fürchte dich nicht, Maria! denn
du hast Gnade bei Gott gefunden. 31 Und siehe,
du wirst schwanger werden und einen Sohn
gebären; und du sollst ihm den Namen Jesus
geben. 32 Dieser wird groß sein und Sohn des
Höchsten genannt werden, und Gott der Herr
wird ihm den Thron seines Vaters David geben,
33 und er wird König sein über das Haus Jakob in
Ewigkeit, und seines Königtums wird kein Ende
sein. 34 Maria aber sagte zu dem Engel: Wie soll
das zugehen, da ich von keinem Mann weiß?
35 Und der Engel antwortete und sprach zu ihr:
Der heilige Geist wird über dich kommen und die
Kraft des Höchsten wird dich überschatten;
daher wird auch das Heilige, das gezeugt wird,
Sohn Gottes genannt werden. 36 Und siehe, Eli-
sabeth, deine Verwandte, auch sie erwartet einen
Sohn in ihrem Alter; und dies ist der sechste
Monat für sie, die unfruchtbar hieß. 37 Denn
„kein Wort, das von Gott kommt, wird kraftlos
sein“. 38 Maria aber sprach: Siehe, ich bin des
Herrn Magd; mir geschehe nach deinem Wort!
Und der Engel schied von ihr.

(Zürcher Bibel)

Mark - schreibt für Judenchristen
Matth. - griech. Christen

V-12 Herakles-Sage und Geburtsgeschichte des Matthäus

I. Aus den Herakles-Sagen

Und also zog Amphitryon, ehe er seine junge Frau berührt hatte, in den Krieg. Nun hatte aber Zeus, der Himmelsgott, Gefallen an der schönen Alkmene gefunden, und während Amphitryon noch im Kriege war, kam Zeus in der Gestalt des Amphitryon zu Alkmene, und da er ihr die Heldentaten berichtete, die Amphitryon unterdessen wirklich vollbracht hatte, und ihr einen goldenen Becher brachte, den jener in seinen Kämpfen erbeutet hatte, nahm sie ihn ganz für den Amphitryon (...) Doch kam auch in derselben Nacht Amphitryon nach dem Sieg über seine Feinde wieder heim und vermählte sich mit Alkmene, die, ohne es zu wissen, in dieser Nacht von zwei verschiedenen Gatten Zwillinge empfing, von Zeus den Herakles, von Amphitryon den Iphikles.

Bei anderen Erzählern schöpft aber Amphitryon Verdacht und glaubt den Versicherungen der Alkmene nicht, daß er selbst doch schon bei ihr gewesen sei, und als er sie bedroht und sie sich an einen Altar flüchtet, da schichtet er um den Altar Holz auf und setzt den Scheiterhaufen in Brand. Da aber geht ein Gewitter nieder, ein prasselnder Regen löscht die Flammen, und Zeus erscheint in Donner und Blitz, erzählt, wie alles gewesen ist, und sagt die Taten des Herakles voraus.

(nach Wolfgang Schadewaldt)

II. Matthäus 1, 18–25

18 Mit der Geburt Jesu Christi aber verhielt es
sich so: Als seine Mutter Maria mit Joseph verlobt war, fand es sich, ehe sie zusammengekommen waren, daß sie vom heiligen Geiste schwanger war.
19 Weil indessen Joseph, ihr Mann, rechtschaffen war und sie (doch) nicht in Schande bringen wollte, gedachte er sie heimlich zu entlassen.
20 Doch als er dies im Sinn hatte, siehe, da erschien ihm ein Engel des Herrn im Traum, der sprach: Joseph, Sohn Davids, scheue dich nicht, Maria, dein Weib, zu dir zu nehmen; denn was in ihr gezeugt ist, das ist vom heiligen Geiste.
21 Sie wird aber einen Sohn gebären, und du sollst ihm den Namen Jesus geben, denn er wird sein Volk erretten von ihren Sünden.
22 Dies alles jedoch ist geschehen, damit erfüllt würde, was vom Herrn durch den Propheten gesprochen worden ist, welcher sagt:
23 „Siehe, die Jungfrau wird schwanger werden und einen Sohn gebären, und man wird ihm den Namen Immanuel geben", was übersetzt heißt: „Gott mit uns."
24 Als aber Joseph vom Schlaf erwacht war, tat er, wie ihm der Engel des Herrn befohlen hatte, und nahm sein Weib zu sich.
25 Und er erkannte sie nicht, bis sie einen Sohn geboren hatte; und er gab ihm den Namen Jesus.

(Zürcher Bibel)

V-13 Informationen zur Herakles-Religion

Neben den alten Heraklessagen gab es auch ein philosophisches Heraklesbild und eine Heraklesreligion. Sie war zur Zeit Jesu in Syrien ebenso bekannt wie in Griechenland, in Rom und am Rhein. Ihre wichtigsten Aussagen waren:

- Schon als Kind wurde Herakles in der Wiege verfolgt.
- Er starb mit den Worten „Es ist vollbracht".
- Bei seinem Tode bebte die Erde, sie spaltete sich, und eine Finsternis trat ein.
- Er schwebte zum Himmel empor, so vom göttlichen Vater für alle Mühen belohnt.
- Der unmittelbar an seinem Tod Schuldige erhängte sich voll Reue und Entsetzen.
- In seinem Leben gehorchte Herakles dem Auftrag seines göttlichen Vaters, er verließ Vater und Mutter; sein Lebensweg war ein Weg des Leidens.
- Er wandelte auf dem Wasser, wurde Heiland genannt und galt als Wohltäter der Menschheit.

Das philosophische Heraklesbild wurde im 5. vorchristlichen Jahrhundert geschaffen und dann weiter idealisierend ausgestaltet. Schon um 500 weiß man, daß Herakles, der Gottessohn, als Mittler für die Menschen bittet. Zur Zeit Jesu gibt es eine Heraklesreligion. Herakles liefert unter den sittlich hochstehenden Persönlichkeiten das erhabenste Vorbild. Er ist zum Ideal der Weisen und Weltheiland geworden. Selbst den Unterirdischen bringt er Erlösung.

(nach Karlheinz Deschner)

V-14 Jesus – Gottes Sohn?

Mancher Leser wird fragen, warum eigentlich hinter dieser Überschrift ein Fragezeichen steht. Für einen Christen sollte es doch eindeutig und ohne jeden Zweifel sicher sein, daß Jesus Gottes Sohn ist. Dann müßte man doch aber ein Ausrufungszeichen setzen.

Das Problem

Nun hat dieses Fragezeichen keineswegs den Sinn, Zweifel zu wecken. Es möchte aber auf ein Problem hinweisen, das sehr leicht übersehen wird, vor allem dann, wenn man die Frage zu schnell beantworten will, bevor man sie überhaupt – verstanden hat. Was ist denn eigentlich mit „Gottes Sohn" gemeint? Das muß doch geklärt sein, wenn gefragt wird, ob diese Bezeichnung auf Jesus angewandt werden darf. Und genau das läßt sich nun nicht ganz eindeutig angeben – sogar nicht einmal in der Bibel. Das hängt zusammen (...) mit dem Übergang der Kirche aus dem palästinensischen in den hellenistischen Raum. In beiden Bereichen nämlich wurde Jesus „Gottes Sohn" genannt; beide Bereiche aber verstanden unter Sohn Gottes etwas Unterschiedliches. Der Begriff „Gottes Sohn" wurde ja nicht erst für Jesus ganz neu geprägt, sondern war schon lange vorher bekannt und in Gebrauch. Mit ihm verbanden sich ganz bestimmte Vorstellungen.

„Gottes Sohn" im jüdischen Verständnis

Im Judentum begegnet der Ausdruck in zwei- (oder drei-) facher Verwendung. Er kann einmal das Volk Israel bezeichnen (2. Mos. 4, 22–23; Hos. 11, 1 usw.). Sodann kann auch der König diesen Titel tragen (2. Sam. 7, 14). – Ob man in späterer Zeit – also etwa in den beiden letzten vorchristlichen Jahrhunderten – auch den erwarteten Messias Gottes Sohn nannte, ist nicht sicher. Die außerbiblischen Texte aus der sogenannten spätjüdischen Apokalyptik sind hier nicht ganz eindeutig.

Diese (letztgenannte) Unsicherheit braucht uns aber nun nicht zu beunruhigen, denn wir können ganz sicher feststellen, was ein Jude meinte, wenn er vom Sohn Gottes sprach. Er wollte damit die (für ihn) denkbar engste Verbindung des so Bezeichneten zu Gott zum Ausdruck bringen – und das ist eben die des Verhältnisses des Vaters zum Kind. Nun geht es hier um ein Vater-Sohn-Verhältnis besonderer Art. Gott ist selbstverständlich nicht der „natürliche" Vater des Volkes oder des Königs; Volk und König haben natürliche Väter. Aber zu einem bestimmten Zeitpunkt hat Gott nach seinem freien Ermessen das Volk erwählt – und eben damit zu seinem „Sohn" gemacht. Entsprechendes gilt für den König. Besonders interessant ist in diesem Zusammenhang Ps. 2 (ein sogenannter Königspsalm), in dessen Vers 7 eine sogenannte „Adoptionsformel" begegnet: „Du bist mein Sohn, heute habe ich dich gezeugt." Diese Wendung wurde am Tag seiner Thronbesteigung über dem erwählten König gesprochen – und eben damit wurde er Gottes Sohn.

Gottes Sohn wird man also nach jüdischem Verständnis durch „Adoption", durch einen von Gott ausgehenden Rechtsakt, durch eine Willenserklärung Gottes. Gott ruft in das Sohnes-Verhältnis hinein – und eben durch diesen Ruf kommt es auch zustande. Man muß sich darüber klar sein, daß ein weitergehendes Verständnis der Gottessohnschaft im jüdischen Raum so gut wie undenkbar war. Gottessohnschaft als Ausdruck physischer Abstammung des Sohnes von Gott – das wäre für die Juden eine Gotteslästerung gewesen, weil das nach ihrer Meinung Gottes Gottheit angetastet hätte. – So ist im jüdischen Sprachbereich das Verständnis von „Sohn Gottes" einheitlich und eindeutig.

„Gottes Sohn" im hellenistischen Verständnis

Nicht so eindeutig ist das Verständnis desselben Begriffes im Bereich des Hellenismus, also in der griechisch sprechenden Welt. Zwar werden auch hier sehr oft Könige Söhne Gottes genannt (schon die alten Ägypter waren davon überzeugt, daß ihre Könige direkte Nachkommen des Sonnengottes waren) – doch ist der Begriff sehr viel verbreiteter. Als Söhne Gottes galten alle möglichen Menschen, denen man irgendwie besondere Kräfte zuschrieb, die Wunder taten oder sonstige Machterweise vollbrachten. Nicht selten war es auch so, daß diese Menschen selbst sich den Titel „Sohn Gottes" beilegten. Wenn also ein Grieche hörte, daß jemand ein Gottessohn war oder von sich behauptete, das zu sein, dachte er dabei immer zuerst an einen Menschen, der Dinge tun konnte, die das Alltägliche weit überschreiten. Gelegentlich dachte man dann auch darüber nach, wie denn diese Menschen Gottessöhne geworden waren. Bei diesen Überlegungen spielte aber die im Judentum begegnende rechtliche Seite überhaupt keine Rolle. Man führte vielmehr die Gottessohnschaft auf eine wunderbare Geburt zurück. Dann konnte man z. B. behaupten, daß dieser Gottessohn keinen irdischen Vater hatte; irgendeine Gottheit sollte dieses Kind mit einer irdischen Frau gezeugt haben – oder aber der Gott hatte durch seine Macht die Schwangerschaft der Frau bewirkt, die nun ohne Beteiligung eines Mannes zustande kam. Handelte es sich hier um das erste Kind, sprach man dann von einer Jungfrauengeburt. – Das sind, wie gesagt, sehr verbreitete Vorstellungen im griechisch-hellenistischen Raum in neutestamentlicher Zeit. Gottessohn wird benutzt als Bezeichnung für einen Menschen, der außerordentliche Macht beweist; fragt man, wie es zur Gottessohnschaft kam, wie sie entstand, dann stellt man Überlegungen im Zusammenhang mit der Geburt an.

Man erkennt ja sofort, daß die jüdische und die griechisch-hellenistische Vorstellung von der Gottessohnschaft sehr weit auseinandergehen. Zwar ist ihnen gemeinsam, daß dieser Titel eine Ausnahmestellung seines Trägers ausdrückt, aber Zustandekommen und Art dieser Ausnahmestellung sind völlig unterschiedlich gedacht. Und nun, meine ich, leuchtet ein, daß man sich nicht einfach auf die Behauptung der Gottessohnschaft Jesu zurückziehen darf, sondern man muß sagen, was man darunter versteht.

Der Gottessohn im Neuen Testament

An diesem Punkt ist nun aber auch das Neue Testament keineswegs eindeutig. Zwar ist auch hier von der Gottessohnschaft Jesu immer in dem Sinne die Rede, daß damit die Ausnahmestellung Jesu ausgedrückt werden soll – das geschieht aber unterschiedlich (und zwar je nachdem, in welchem Raum man diese Ausnahmestellung jeweils ausdrückte). Und man verstand dann die Gottes-Sohnschaft eben so, wie man sie aus seiner jeweiligen Tradition kannte.

Besonders deutlich wird das, wenn wir einmal die Frage stellen: Von wann an galt Jesus als Gottessohn? – in der ältesten erhaltenen Geschichte von der Taufe Jesu (Mark. 1, 9–11) hören wir von der Himmelsstimme, die die (nur wenig veränderte) Adoptionsformel aus Ps. 2, 7 zitierte. Jeder jüdische Hörer dieser Geschichte mußte – und sollte! – sie so verstehen, daß Gott Jesus bei seiner Taufe zu seinem Sohn erklärt hat, ihn also adoptiert hat – und er nun fortan in der Vollmacht des Geistes als Gottessohn wirken konnte.

Es ist nun gar kein Zweifel, daß diese Vorstellung, wenn man sie unmittelbar mit der anderen, nämlich mit der von der Zeugung Jesu durch den Geist bzw. der jungfräulichen Geburt vergleicht, nicht mit ihr zu vereinbaren ist. Denn wenn Jesus von Geburt an Gottes Sohn war, dann war eine „Adoption" Jesu durch Gott bei seiner Taufe nicht mehr nötig, sondern geradezu überflüssig. Bei so auseinandergehenden Vorstellungen pflegt man nun leicht zu fragen: Welche von beiden ist denn nun richtig? Aber genau diese Frage läßt sich so nicht beantworten, denn korrekt müßte die Antwort lauten: Für den Judenchristen war die jüdische, für den Heidenchristen die griechisch-hellenistische Vorstellung richtig (...)

Erkennt man das, wird deutlich, daß die benutzten Vorstellungen gewissermaßen zufällig waren. Man nahm eben die, die man kannte. Hat man das schon im palästinensischen Raum getan, tut man dasselbe im hellenistischen. Und hier entstehen dann die Geburtsgeschichten, die später an den Anfang des Lukas- und des Matthäus-Evangeliums treten. Man will mit ihnen nicht etwa biologisch beschreiben, wie es bei der Geburt Jesu zuging, sondern man will damit sagen, wer Jesus war: eben ein Mensch, der, wiewohl er ganz auf die Seite der Menschen, zugleich auch ganz auf die Seite Gottes gehört. – Man kann das nun geradezu so formulieren: Die späteren Geburtsgeschichten sind „Übersetzungen" der älteren Taufgeschichte (Mark. 1, 9–11). Und es handelt sich um gute Übersetzungen, denn diese Geschichten konnten nun einem Griechen viel besser verdeutlichen, wer Jesus ist, als die Taufgeschichte es hätte machen können.

(Willi Marxsen) (040)

Matth und Lukas geht es nicht darum, eine biolog. Beschreib. d. Geburt Jesus vorzulegen

x umschreiben für die Leute, für die ihr Evangelium sein soll.

V-15 Jesus – Gottes Sohn!

Wer ist Jesus von Nazareth? Für uns Christen ist es *die Frage aller Fragen.* Und wenn wir darauf antworten, so beinhaltet die Antwort letzte und wichtigste Antwort, die wir zu geben vermögen. Sie kommt aus dem schweigenden Hören auf das Evangelium, auf das uns kundgewordene Zeugnis von Jesus.

Diese Antwort ist eine *unbedingte Antwort.* Sie ist Antwort aus einem Hören, das uns bezwungen hat. Wir wurden überführt, erkannten, wer Er ist und wer wir sind, und damit wurden wir zu einem neuen Hören und Verstehen gebracht. Die Antwort läßt uns nicht mehr „frei" sein, sondern sie bringt zum kritischen Denken und Stellungnehmen gegenüber anderen Antworten, die auf diese Frage gegeben werden und gegeben worden sind. Die eigene Antwort ist zugleich kritisch gegenüber anderen Antworten, wer Jesus von Nazareth sei, weil sie eine unbedingte, nicht auswechselbare Antwort ist.

Die Frage ist nicht neu, und auch die kritische Prüfung der Antworten ist alt. Jesus selbst stellt diese Frage: „Wer sagen die Leute, daß ich sei?" (Mark. 8, 27; Matth. 16, 13; Luk. 9, 18). Und wir kennen die Antworten, die darauf gegeben wurden: Johannes der Täufer, Elia, Jeremia oder einer der Propheten. Das besagt nichts anderes als: er ist einer der Großen, der ganz großen Männer. Aber diese gegebene Antwort besagt damit zugleich: man kann Jesus vergleichen, in Analogie und Korrelation setzen, ihn einordnen und damit „historisch" und religionsgeschichtlich verstehen und zum Verstehen bringen und ihm damit sogar einen bedeutenden Rang einräumen.

Dann aber stellt Jesus seinen Jüngern selbst die gleiche Frage: „Wer sagt denn ihr, daß ich sei?" Die Antwort, die Petrus im Namen der übrigen Jünger gibt, ist klar. Sie geht in ihrer Klarheit weit über die Antworten der anderen hinaus. Sie führt in die Nachfolge, sie führt mit in das Leiden – nach Jerusalem hinauf, sie wird der Ostertatsache ansichtig, und sie begründet die Kirche. „Du bist der Christus" (Mark.), der „Christus Gottes" (Luk.), „du bist Christus, der Sohn des lebendigen Gottes" (Matth.).

Hier ist nun aller Vergleich zu Ende. Hier ist etwas völlig Neues, Einzigartiges, nicht mehr Vergleichbares. Hier ist nur eine Beziehung zu nennen: *Jesus und Gott gehören zusammen: Gott in Christus.* Das ist analogielos, unvergleichbar. Das ist *das Neue,* das Wunder, das man künftig wird nicht auseinanderdividieren können, außer man verlöre das Evangelium Gottes.

Sehen wir ins Neue Testament hinein, so haben wir dort zahlreiche und verschiedene Würdebezeichnungen. Hier wird Jesus bekannt als der „Herr" (Kyrios), der „Messias", „Sohn Davids", „Menschensohn", der „Sohn" bzw. mit der besonderen Unterstreichung „der eingeborene Sohn" (Johannes) und andere Bezeichnungen mehr. Gerade wenn wir sie als Bekenntnisaussagen der Urgemeinde verstehen, also als Antwort des betroffenen Glaubens, so drücken sie direkt oder indirekt die ihnen als Glaubenden klargewordene Einzigartigkeit Jesu von Nazareth aus.

Wer ist Jesus von Nazareth? Der Glaube antwortete: Er ist der Christus Gottes. Hier ist mehr als ein Prophet, mehr als einer der großen Männer und Boten Gottes. *Jesus und Gott gehören zusammen.* Das ist der Sinn des Petrusbekenntnisses: Er erkennt die Gegenwart Gottes in Jesus. Er sagt in seiner Art, was bei Johannes heißt: Das Wort ward Fleisch. (...)

Wenn wir als Christen im Apostolischen Glaubensbekenntnis sprechen: „Ich glaube an Jesus Christus, Gottes eingeborenen Sohn, unsern Herrn ...", so bekennen wir mit den Worten: „Christus", „Gottes Sohn" und „Herr" Jesu *Einzigartigkeit und Ausschließlichkeit für uns* und unser ganzes Leben. Wir bekennen damit zugleich, daß Jesus für uns in einer bei keinem anderen sich findenden, einzigartigen Weise auf die Seite Gottes zu stehen kommt. *Was Jesus spricht, spricht Gott. Was Jesus handelt, handelt Gott. (...)*

Durch Jesus als den Sohn Gottes, den Sohn des Vaters, empfangen wir allein den totalen Freispruch für unser Leben. Solcher Zuspruch der Vergebung und die Gewißheit der Freiheit, der Rettung vor dem Gericht Gottes, wird uns mit dem Zeugnis der Christen zu allen Zeiten zur eigenen Gewißheit und zum Grund des Glaubens, weil Jesus nicht nur Gottes Barmherzigkeit ansagt, sondern diese Barmherzigkeit Gottes selbst – in Person – *ist.* Darum bekennt der Christ in seinem Bekenntnis zu Jesus Jesu Einheit mit dem Vater, aus der er spricht und handelt, und er sagt, daß Jesus der Sohn des Vaters *ist.*

Es ist daher außerordentlich wichtig, sich klarzumachen, daß die Christenheit niemals bekannt hat, daß Jesus durch seinen vollkommenen Gehorsam Gott gegenüber erst zum Sohne Gottes erklärt *wurde*, sondern daß Jesus von Anfang an der Sohn Gottes *war* und als solcher in freier und gehorsamer Tat den Willen Gottes für uns vollzogen *hat.* (...)

Gerade dieses bezeugen die Evangelisten Matthäus und Lukas in ihren Vorgeschichten von der Geburt des Heilands: in einmaliger, unvergleichlicher Weise hat Gott in der Geburt Jesu – der Menschwerdung seines Sohnes – gehandelt. Diese Gottestat faßt das Glaubensbekenntnis in den Satz zusammen: „Empfangen vom Heiligen Geist, geboren von der Jungfrau Maria", was Luther in seine Erklärung faßt: „Wahrhaftiger Gott, vom Vater in Ewigkeit geboren, und auch wahrhaftiger Mensch, von der Jungfrau Maria geboren." (...)

Damit soll bekannt werden, *wer* Jesus ist, und nicht beantwortet werden, *wie* solches zu glauben und zu denken möglich sei.

An diesem eigentlich unaussprechlichen Mysterium und Wunder und nicht an einem mythologischen Mirakel sind wir interessiert, wenn wir mit der Vorgeschichte bei Matthäus und Lukas im Bekenntnis unseres Glaubens an Jesus, den Christus Gottes, mitbekennen: „empfangen vom Heiligen Geist, geboren von der Jungfrau Maria".

Es handelt sich also bei diesen beiden Bekenntnissätzen nicht um den Gedanken einer mirakulösen geschlechtlichen Zeugung – also nicht um die Beantwortung der Wie-Frage. (...) Sondern wir bekennen damit, daß Jesus von Nazareth das Wunder und der Eingriff Gottes überhaupt ist. *Nicht die Jungfrauengeburt ist das Wunder, sondern Jesus als Ganzes in Person ist das Wunder Gottes in dieser Welt, das personale Geschenk Gottes in diese Welt hinein.* Und das besagt: eben nicht von dieser Welt, aber für sie *von Anfang an* bestimmt, um sie zu retten.

Von hierher ist es verständlich, daß in der Urgemeinde – so bei Matthäus und Lukas – diese Tatsache – Jesus das Wunder Gottes schlechthin – schon mit der Empfängnis und Geburt Jesu bezeugt worden ist. Sie haben geglaubt und erkannt, daß er der Christus Gottes ist. Ihr Glaube gründet sich nicht auf eine wunderbare Geburt, die Jesu Gottheit beweisen könnte; aber er umfaßt die Gewißheit: Er ist geboren von der Jungfrau Maria. So bezeugen Matthäus und Lukas Jesus als den Sohn Gottes, indem sie berichten: *Mit der Geburt Jesu hat Gott in der Kraft seines Geistes eine neue Schöpfungstat heraufgeführt.* (...)

Wir glauben – wenn wir es scharf formulieren – nicht wegen der Jungfrauengeburt an Jesus, den Christus Gottes, sondern umgekehrt, weil Jesus der Christus Gottes von Anfang an war, bezeugen wir mit zwei Evangelisten das Wunder seiner Geburt und mit weiteren Zeugen des Neuen Testaments seine Gottheit von Ewigkeit her. (...)

Solches Bekenntnis läßt sich für uns Christen letztlich nicht aus eigener Vernunft noch Kraft erbringen. Sondern wo dieses bekannt wird, haben Christen es immer nur so verstehen können, daß auch *solcher Glaube und solches Bekennen ein Wunder ist, das Gottes Geist bewirkt hat.* (...)

(Joachim Heubach)

Aspekte der Wahrheit

V–16 Bibelauslegung und Wahrheit

Das Neue Testament ist für uns gleichsam ein Naturschutzgebiet, in dem für unser heutiges Denken ein Stück der alten Welt lebendig gegenwärtig geblieben ist. Dieses Stück der alten Welt stand ursprünglich aber in einer innigen Verbindung mit der angrenzenden Umwelt, die sich in mannigfacher Weise im Neuen Testament spiegelt. In diesem Zusammenhang muß man die Einzelheiten des Neuen Testaments sehen. Sonst raubt man sich die Möglichkeit, wirklich zu verstehen, was damals gemeint war.

Die Frage, was mit den verschiedenen Bezeichnungen Jesu im Neuen Testament gemeint ist, läßt sich darum nicht allein im Blick auf das Neue Testament entscheiden. Das muß notwendig zu einer Verkürzung oder gar Verschiebung ihres Sinnes führen. Vielmehr ist die Zeit zu berücksichtigen, in der die verschiedenen Aussagen gemacht wurden. (...)

Und da zeigt sich, daß man mit all den

Bezeichnungen, die man auf Jesus übertrug, außerhalb des Neuen Testaments ganz bestimmte Vorstellungen verband. Das gilt auch für die uns allen geläufige Christus-Bezeichnung. Daß dies die höchste Würdebezeichnung war, ergibt sich doch erst, wenn man weiß, welche Vorstellungen man mit diesem wie mit den anderen Titeln verband. Auf diese vorgegebenen Vorstellungen griff man zurück, um sich mit ihrer Hilfe zu verdeutlichen, wer dieser Jesus eigentlich war. Nur so hatte man auch die Möglichkeit, anderen verständlich zu machen, was man an Jesus fand. (...)

Freilich genügt es nun heute nicht, lediglich nachzuweisen, woher eine bestimmte Vorstellung stammt, die man auf Jesus übertrug. Es muß vielmehr auch gezeigt werden, mit welchem Recht man das tat, welcher Art die Wirklichkeit war, die man auf diese Weise zu verdeutlichen suchte. Auf diese Wirklichkeit, die man mit aus der damaligen Umwelt vertrauten, uns aber fremd gewordenen Vorstellungen zur Sprache brachte, kommt es entscheidend an.

Hier scheint mir der eigentliche Kern unseres Streites heute zu liegen. Dabei geht es um folgendes Problem: Auf der einen Seite sucht man die Wirklichkeit der gegenwärtigen Heilserfahrung des Glaubens zu sichern, indem man auf der Tatsächlichkeit vergangener Heilsereignisse besteht. Wieweit ergeben diese Ereignisse sich aber lediglich aus den Vorstellungen, mit deren Hilfe man sich zur Zeit des Neuen Testaments die Wirklichkeit des Heils zu verdeutlichen suchte, das Jesus vermittelt? Diese Frage beschäftigt die andere Seite, die kritische Forschung. Denn hier sieht man, daß diese Vorstellungen auch andernorts außerhalb des Neuen Testaments bekannt waren und auf andere Heilsbringer der alten Welt angewandt wurden. Das gilt auch von dem Motiv der Zeugung durch den Geist Gottes und der jungfräulichen Geburt. Es gibt Belege dafür, daß man auch von zahlreichen anderen außerchristlichen Heilsbringern sagte, sie seien vom Geist Gottes gezeugt und von einer Jungfrau geboren. Insbesondere scheint dieser Gedanke in Ägypten beheimatet gewesen zu sein. Christen, die in dieser geistigen Welt lebten, konnten sich darum mit Hilfe dieser vorgegebenen Vorstellung verdeutlichen, wer Jesus war. Sie konnten es freilich nur dann, wenn Jesus von Nazareth es war, durch den ihnen Heil widerfuhr.

(Alfred Suhl)

V-17 Anschauliche Wahrheit

Das Wort „Legende“, das in der wissenschaftlichen Erforschung der Bibel eine Rolle spielt, hat bei vielen Bibellesern Abneigung und Kritik ausgelöst. Man vermutet, Legenden seien Phantasiegebilde, Träumereien, Erzählungen, die mit der Wahrheit nichts zu tun haben.

Doch diese Befürchtung ist unbegründet. „Legende“ heißt aus dem Lateinischen übersetzt: das, was gelesen werden sollte. Hinter der Legende steht also die Absicht, etwas mitzuteilen, was für den Menschen sehr wichtig ist. Nur ist diese Mitteilung nicht in einen Tatsachenbericht, sondern in eine dichterische Erzählung gekleidet.

Das macht nicht wenige erneut mißtrauisch. Denn für viele bedeuten „Dichtung und Wahrheit“ (so hat Goethe seine Lebenserinnerungen überschrieben) nicht einen Zusammenhang, sondern einen Gegensatz: entweder wird etwas erfunden und gedichtet, oder die Wahrheit wird mitgeteilt. Vielen macht dieses Vor-Urteil das Lesen der Bibel schwer.

Von diesem Vorurteil kann man sich lösen, wenn man über Predigterzählungen ruhig nachdenkt. Dabei kann man von einer modernen Legende ausgehen, die Ernest Hemingway geschrieben hat. Sie trägt den Titel: „Der alte Mann und das Meer“. Er beschreibt das Leben eines alten Fischers, den offenbar das Glück verlassen hatte. Aber eines Tages hat er den großen Fisch an der Angel. Nach hartem Kampf besiegt er ihn; tot schwimmt er im Kielwasser des Bootes. Aber die Haie kommen und fressen das Fleisch des erbeuteten Tieres. Er kehrt in den Hafen zurück, und von seiner großen Beute ist nur ein Skelett übriggeblieben. Hemingway hätte natürlich im Stile eines Statistikers feststellen können: das Gefühl, erfolglos zu sein, haben soundsoviele Menschen. Aber was hätte das schon besagt? Seine Erzählung dagegen hat durchgeschlagen, wahrscheinlich deshalb, weil viele sich in der Gestalt des Fischers wiederentdeckt haben. Das kann eine gut erzählte Legende erreichen:

Wahrheit vermitteln.

Wahrheit kann unbequem sein und wird deshalb oft verdrängt. Auch wer behauptet, die alten biblischen Erzählungen beschreiben ausschließlich Ereignisse, die in grauer Vorzeit stattgefunden haben, flüchtet vor der Wahrheit, die auch ihn heute angeht. Ein Beispiel hierfür ist die Erzählung vom Sündenfall. Der Verfasser hat selbst darauf hingewiesen, daß vom Schicksal aller Menschen die Rede ist.

„Adam" heißt aus dem Hebräischen übersetzt „Mensch". Jeder Mensch – das erzählt die alte Geschichte ganz anschaulich – möchte über sein Leben selbst bestimmen; Anordnungen, selbst wenn sie von seinem Schöpfer kommen, widerstreben ihm. Er möchte sein eigener Gesetzgeber sein. Aber diese Absicht führt nicht zur Freiheit. Er fühlt sich schuldig und kann deshalb dem Mitmenschen nicht mehr unbefangen gegenübertreten. Adam und Eva verstecken sich hinter Büschen, aus Scham voreinander und aus Angst vor Gott. Solche „Büsche" haben die Menschen zu allen Zeiten gesucht, wenn auch das Strauchwerk der biblischen Erzählung in späterer Zeit durch gegen Gott errichtete Argumente ersetzt worden ist. Schließlich kommt es zu Entschuldigungsreden; die Schuld wird – man kann es im dritten Kapitel des ersten Mosebuches nachlesen – dem anderen und Gott selbst in die Schuhe geschoben. So ist der Mensch!

Die Wahrheit über den Menschen ist in der Bibel in eine Legende gekleidet. Eine andere Erzählungsweise hätte die bittere Wahrheit über uns selbst nicht so deutlich ausdrücken können – ein Bußpsalm ausgenommen. Aber auch die Bußpsalmen sind ja Dichtung. Deshalb macht es sich der Bibelleser unnötig schwer, der sich an die Geschichtsbetrachtung des 19. Jahrhunderts kettet und meint, nur Tatsachenberichte seien von Bedeutung. Gott hat in seiner Liebe zu den Menschen auch die Dichtung in den Dienst seiner Sache gestellt. Sie ist anschauliche Wahrheit.

(Hans-Georg Lubkoll)

kann Legende:

Heilige Schriften

V-18 Das Alte Testament: Buch der Juden – Buch der Christen

Christen und Juden berufen sich auf die Bibel. Aber die Bibel sieht für sie nicht gleich aus. Für die Christen besteht die Bibel – die „Heilige Schrift" – aus dem „Alten" und dem „Neuen Testament". Den Juden jedoch gilt als Bibel oder „Heilige Schrift" nur der erste dieser beiden Teile. Die Christen fügten das „Neue Testament" hinzu und nannten den ersten Teil „Altes Testament". Da es für beide zur Bibel gehört, ist das Alte Testament als Grundlage des Glaubens das wichtigste Bindeglied zwischen Juden und Christen.

1. Das Buch der Juden

Der Wortlaut des Alten Testaments stimmt bei Juden und Christen überein. Allerdings sind seine Schriften zum Teil unterschiedlich angeordnet. (...) „Mose empfing die Tora vom Sinai her und gab sie weiter ..." Dieser Satz der jüdischen Überlieferung spricht aus, worin das Judentum die grundlegende Offenbarung sieht: Alle weitere Offenbarung und Schriftauslegung – mündlich wie schriftlich – ist auf das Geschehen am Sinai zu beziehen und daran zu messen. Darum haben für Juden die 5 Bücher Mose in der Bibel das größte Gewicht; in ihnen wird von der Sinaioffenbarung berichtet.

Die Sprache des Alten Testaments ist das Hebräische, in wenigen Stücken auch das zur Zeit Jesu gesprochene Aramäisch. Man bezeichnete das Alte Testament daher auch als „hebräische Bibel". Sie wurde schon vor Christus in die Weltsprache des späten Altertums – das Griechische – übersetzt; die Schriften des Neuen Testaments sind von vornherein in dieser Weltsprache verfaßt.

2. Das Buch Jesu und der ersten Christen

Das Alte Testament ist die Bibel Jesu und der ersten christlichen Gemeinden. Wie die Erzählung vom zwölfjährigen Jesus im Tempel (Lukas 2, 41–52) voraussetzt, ist Jesus von Kind an mit der Bibel vertraut. Er wird in der Lebensordnung der Tora erzogen (Galater 4, 4). Am Kreuz noch betet er Worte aus den Psalmen. Er

*Gott gibt sich zu erkennen

beruft sich immer wieder auf „Mose und die Propheten" (Lukas 16, 31), also auf „die Schrift". Er versteht sich als Erfüller der Prophetenworte: „Heute ist dies Wort der Schrift erfüllt vor euren Ohren" (Lukas 4, 21).

Die ersten Gemeinden bildeten sich aus Juden, die sich zu Jesus als dem Messias, dem Christus bekannten. Für sie trat nun die Offenbarung von dem gekreuzigten, auferstandenen und wiederkommenden Messias Jesus zu „Gesetz und Propheten" (Matthäus 22, 40) hinzu. Von ihm als dem „Herrn" her verstanden sie jetzt die „Schrift" neu. Im Alten Testament fanden sie das Werk Jesu vorgezeichnet und entdeckten darin auch ihren eigenen Weg und Auftrag innerhalb des Planes Gottes.

Die Auseinandersetzung mit dem Teil des Judentums, der nicht an Jesus glaubte, hat bei den ersten Christen nicht zu einer Gegnerschaft gegen das Alte Testament geführt. Im Gegenteil: Von Jesus her als dem Erfüller der Schrift konnten sie den Anspruch herleiten, die Schrift erst in ihrem vollen Umfang zu verstehen. Freilich wurde dadurch der Gegensatz zu den jüdischen Lehrern unvermeidlich. Diese verstanden die Bibel wesentlich als Weisung für das Leben des Gottesvolkes, für die Christen dagegen war die Weissagung auf die im Messias Jesus erfolgte Erfüllung der entscheidende Schlüssel der Schriftauslegung.

Für die weitere Entwicklung war es von großer Bedeutung, daß die christliche Gemeinde schon früh über die Grenzen des jüdischen Volkes hinausging und die Botschaft der Christen von der Mehrheit der Judenschaft als etwas Fremdes abgelehnt wurde. Die Kirche nahm schließlich einen Bestand eigener Schriften als „Neues Testament" in die „Heilige Schrift" auf und machte sie für Christen verpflichtend.

3. Das Buch der Juden – das Buch der Christen

Da Christen und Juden dieselben Schriften lesen, kann es den einen nicht gleichgültig sein, wie sie von den anderen ausgelegt werden. In der Vergangenheit ist dabei vor allem der Gegensatz betont worden. Aus christlicher Sicht blieb die jüdische Auslegung des Alten Testaments hinter dem entscheidenden Heilsgeschehen in Jesus Christus zurück. Sie wurde entweder bekämpft oder vergessen. Das führte soweit, das Alte Testament insgesamt gegenüber dem Neuen Testament abzuwerten. Beispielsweise galt das Alte Testament als Offenbarungsurkunde nur des Judentums und das Neue Testament allein als Offenbarungsurkunde des Christentums. Es konnte so aussehen, als enthielte das Alte Testament nur Fragen, das Neue Testament die Antwort, – das Alte nur Gesetz, das Neue das Evangelium, – das Alte nur Verheißung, das Neue die Erfüllung. Schließlich galt das Alte Testament als „alt" und abgetan, während nur das Neue Testament als zeitlos gültig und immer „neu" angesehen und verstanden wurde.

Bei den Juden blieb die hebräische Bibel durch die Jahrhunderte hindurch die Grundlage für Unterricht und Gottesdienst. Die Bewährung jüdischen Glaubens in der Verfolgung und die Neubelebung hebräischer Sprache und Kultur im Staat Israel können nicht ohne die Bibel verstanden werden. Die tiefen Erfahrungen, die im Judentum im Laufe der Geschichte mit der Bibel gemacht wurden, treten heute wieder in das Blickfeld christlicher Ausleger. Diese Erfahrungen könnten zu einer umfassenden Neubesinnung in der Kirche beitragen. Der Austausch mit jüdischer Bibelauslegung führt mit Notwendigkeit auch dazu, daß die Grundfragen des christlichen Glaubens neu in den Blick kommen: Ist Jesus der verheißene Messias? Haben wir allein durch ihn Zugang zu Gott? Erfüllt Jesus auch die jüdische Hoffnung? Das neue jüdische Interesse an der Gestalt Jesu kann dazu beitragen, den jüdischen Hintergrund des Neuen Testaments und damit auch die Einheit der gesamten Heiligen Schrift besser zu verstehen.

4. Das Buch der Kirche

Die Christenheit hat sich trotz aller gegenläufigen Tendenzen doch immer wieder dafür entschieden, daß das Alte Testament unveräußerlicher Bestandteil der Heiligen Schrift bleibt. Altes und Neues Testament bilden eine untrennbare Einheit, sie erzählen eine Geschichte: Die Geschichte Gottes mit den Menschen. Sie berichtet, wie der eine Gott diese Welt und die eine Menschheit geschaffen hat und erhält, wie die Menschen sich gegen ihren Schöpfer empören und wie Gott die von ihm abgefallene Menschheit zu sich zurückführt. Die besondere Geschichte der Erlösung

+ eine einseitige Geschichte.
Gott erwählt sich einen (Abraham), grün
Bund (10. Gebote). Bund wird gebrochen
Gott läßt Menschen nicht fallen...

beginnt mit Abraham, in dem „alle Geschlechter auf Erden gesegnet“ sind (1. Mose 12, 3), und führt bis zu Jesus Christus.

So spannt sich ein Bogen von der ersten bis zur letzten Seite der Bibel. Das Neue Testament läßt sich nicht ohne das Alte verstehen. Es setzt dessen Aussagen über Gottes Wirken in der Schöpfung ständig voraus, die das Leben umgreifende Erfahrung des Segens, des Friedens und des Heils Gottes und die Anweisungen zum verantwortlichen Leben vor Gott.

Für Christen erschließt sich die Botschaft der Bibel in der Offenbarung des einen Gottes durch Jesus Christus. Es bleibt ständige Aufgabe der Christen, die Botschaft der gesamten Bibel in die Wirklichkeit des Lebens umzusetzen. Gerade dafür ist es wichtig, daß das Alte Testament auch als Buch der Christen nicht aufhört, zugleich das Buch der Juden zu sein. Die Kirche bleibt durch dieses Buch auf das Volk Israel hingewiesen. Indem sie Gottes Wege mit diesem Volk ernst nimmt, wird sie ihre eigene Berufung recht erkennen.

(Arbeitskreis „Kirche und Judentum“ der VELKD)

V-19 Der Koran

Der Koran ist für die Muslime die grundlegende Quelle ihres Glaubens. Sie entnehmen diesem Buche Vorschriften, Hinweise und Anleitung darüber, wie sie sich in den verschiedenen Situationen ihres Lebens zu verhalten haben. Von klein auf werden sie mit seinem Inhalt vertraut gemacht. Auch nichtarabische Muslime sind angehalten, ihn in seiner arabischen Urform zu lesen, und zwar möglichst mit lauter Stimme. Indem sie mit derselben Sprache des Korans vertraut sind, fühlen sich alle Muslime in einer weltweiten Gemeinschaft verbunden.

Das Rezitieren des Korans erinnert an das Singen liturgischer Texte bei Juden und Christen. Es ist eine Kunst, ihn richtig und schön vorzutragen. In vielen Ländern finden daher Wettbewerbe statt, in denen die besten Koranrezitatoren ihre Kunst vortragen.

1. Der Koran: Das Wort Gottes

Die Muslime bezeichnen den Koran als das „Wort Gottes“. Sie unterscheiden sich darin von den Christen, für die das „Wort Gottes“ Mensch wurde, nämlich Jesus Christus.

Nach dem Glauben der Muslime wurde der ganze Text des Korans an Mohammed (Muhammad) offenbart. Dies geschah nicht auf einmal, sondern erstreckte sich über eine Zeitspanne von 22 Jahren, nämlich von 610 bis 632, dem Todesjahr Mohammeds.

Wie verstehen die Muslime nun den Vorgang dieser Offenbarung? Er vollzieht sich in vier Stufen:

(1) Im Himmel ist bei Gott seine *Rede* oder sein Wort, das ewig ist wie er selbst. Manchmal wird in bildlicher Sprache diese Rede als „die Mutter des Buches“, d. h. als die himmlische Urform des Korans bezeichnet (Sure 13, 39; 43, 4).

Aus ihr entnimmt

(2) ein *Engel* jene Teile, die zu einem bestimmten Zeitpunkt auf die Erde hinabgebracht und dem Gesandten Gottes mitgeteilt werden sollen. In der Regel ist der Erzengel Gabriel mit dieser Aufgabe betraut.

Er sucht

(3) den *Gesandten Gottes* auf und flüstert ihm Wort um Wort den Text ein, den der Gesandte anschließend seiner Gemeinde oder seinem Volke vorzutragen hat, ohne daß er dabei Worte auslassen oder hinzufügen darf. Besondere Vertraute schreiben den Text auf und sammeln ihn.

So entsteht schließlich

(4) das *Buch* als die Sammlung aller Offenbarungen. An ihm darf auch von den Schreibern und Sammlern der Texte nichts verändert werden, da sonst die Rede Gottes mit menschlichen Gedanken vermischt würde.

Diese Form der Offenbarung ist nach dem Glauben der Muslime nicht auf Mohammed und den Koran beschränkt. Als andere große Gesandte nennt der Koran insbesondere Moses und seine fünf Bücher, David und den Psalter, aber auch Jesus und das Evangelium, von dem die Muslime annehmen, daß es ebenfalls zuerst als Buch vorgetragen worden war. Teile dieser Bücher der früheren Gesandten Gottes seien allerdings später von deren Gemeinden und Anhängern verändert worden; deshalb stimmten sie nun nicht mehr mit der himmlischen Urschrift überein. Aus diesem Grunde habe Gott noch einmal einen Gesandten berufen, nämlich Mohammed, der nun endgültig ein vor künftigen Verfälschungen sicheres Offenbarungsbuch vermitteln soll.

Mohammed hörte die Offenbarungen in seiner arabischen Muttersprache und trug sie auch in dieser seinen Anhängern vor. Die stilistische Schönheit des koranischen Arabisch beeindruckte sowohl seine Anhänger als auch seine Gegner. Auch nichtarabische Menschen, die später zum Islam übertraten, schlossen sich der Ehrfurcht vor dem arabischen Text des Korans an. Nur zögernd kam es zu ersten Übersetzungen; diese wurden *tafsîr* genannt, Auslegung. Sie sollen helfen, den Inhalt des Korans besser zu verstehen. Doch können sie die ganze Fülle des arabischen Originals nur unvollkommen wiedergeben. Aus diesem Grunde steht neben jeder Übersetzung, die von Muslimen erarbeitet wurde, immer der arabische Urtext.

2. Was heißt „Koran"?

Das Wort „Koran", im Arabischen *Qur'ân*, heißt Lesung, Rezitation, und zwar eines heiligen Textes. Es wird auf das Verb *qara'a* zurückgeführt. Mit diesem Wort beginnt der älteste Text, den Mohammed als Offenbarung vortrug. Nach alter Überlieferung findet er sich in Sure 96, 1–5:

„Lies *(iqra)!*
Im Namen deines Herrn, der erschuf,
Erschuf den Menschen aus Samen;
Lies! Denn dein Herr ist der Edle,
Der (den Menschen) mit dem Schreibrohr lehrt,
Der den Menschen unbekannte Dinge lehrt."

Ursprünglich wurde jede Offenbarung, die Mohammed zu einer bestimmten Zeit vortrug, *qur'ân* genannt; es gab also viele *qur'âne*. Diese wurden von einigen Anhängern Mohammeds, die gerade anwesend waren, aufgeschrieben und gesammelt. Einige von ihnen besaßen eine umfangreiche Sammlung, andere eine weniger vollständige. Manche Gefährten kannten die *qur'âne* auch auswendig.

Die erste Offenbarung erhielt Mohammed, der Überlieferung zufolge, im Jahre 610 in der „Nacht der Macht" *(lailat al-qadr)* (Sure 97). Dieses Ereignis wird alljährlich in einer der letzten Nächte des Fastenmonats Ramadan als die „Herabsendung des Korans" gefeiert.

3. Der Koran als Buch

Solange Mohammed lebte, sah niemand ein Problem in der unsystematischen Art und Weise, in der die *qur'âne* gesammelt wurden. Gab es Schwierigkeiten mit einem Text, so konnte Mohammed um Auskunft gebeten werden.

Als nach Mohammeds Tod 632 immer mehr Sammler und Kenner der koranischen Texte in den Kämpfen mit abtrünnigen arabischen Stämmen fielen, wurden sich die Muslime der Gefahr bewußt, daß eines Tages mit dem Tode der Gefährten Mohammeds auch das Wissen um den Text der Offenbarungen verloren gehen könnte. Zwanzig Jahre nach Mohammeds Tod gelang es dem dritten Khalifen Osman *(Uthmân)* im Jahre 653, mit Hilfe der besten Kenner der Offenbarungen einen Korantext zusammenzustellen, der alle als echt anerkannten Texte enthielt. Besonders bemühte man sich, die als Offenbarung unter bestimmten Begleiterscheinungen vorgetragenen Texte von anderen Aussprüchen Mohammeds zu trennen, die nicht dem himmlischen Urtext entstammten. Während eines feierlichen Gottesdienstes verkündete Osman, daß hinfort nur noch dieser nun festgesetzte Korantext im Gottesdienst, aber auch bei der Urteilsfindung in Rechtsstreiten oder in theologischen Fragen gebraucht werden dürfe. Alle abweichenden Textfassungen seien zu vernichten. Damals war allerdings die arabische Schrift noch nicht ganz entwickelt. Manche Buchstaben konnten verwechselt werden; zudem schrieb man noch keine Vokale. Wollte man den Text richtig lesen, so war man auf die Hilfe derjenigen angewiesen, die den Text auswendig kannten. Unter ihnen gab es jedoch verschiedene Ansichten über die Aussprache bestimmter Texte. Auch unterschieden sie sich in der Verszählung. Erst im Jahre 1923 haben die Gelehrten der berühmten islamischen Universität al-Azhar in Kairo einen durchgesehenen Text drucken lassen, von dem sie erhofften, daß er eines Tages von allen Muslimen als der einzige Lesetext anerkannt werde. Sie versuchten auch, die Verszählung festzusetzen.

4. Zur Einteilung des Korans

Der koranische Text ist in Kapitel und Verse eingeteilt. Die Kapitel heißen *Sûra,* die ursprüngliche Bedeutung dieses Wortes ist bis heute ungeklärt. Insgesamt gibt es 114 Suren. Ein Vers heißt *Àya,* Zeichen, denn jeder Vers wird als göttliches Wunderzeichen betrachtet.

Mit Ausnahme der ersten Sure, die als Gebet das Buch „eröffnet" – deshalb ihr Name *al-Fâtiha,* die Öffnende – sind die Suren meist entspechend ihrer Länge angeordnet. Die langen Suren stehen also vorn, die kürzeren entsprechend weiter hinten. Da sich die unterschiedliche Länge der Suren hinderlich für das Rezitieren, insbesondere im Fastenmonat Ramadan, auswirkte, wurde der ganze Text noch einmal in dreißig Leseabschnitte unterteilt. Jede Sure hat einen Namen, der sich in der Regel auf ein Thema oder ein Stichwort in ihr bezieht.

Die meisten Suren sind aus verschiedenen Abschnitten zusammengesetzt, die zu verschiedenen Zeiten von Mohammed vorgetragen worden waren. Deshalb sind sie oft in sich sehr uneinheitlich. Gelehrte in Ost und West haben sich darum bemüht, diese Abschnitte entsprechend ihrer zeitlichen Aufeinanderfolge zu ordnen. Allgemein unterteilt man sie in mekkanische und medinensische Abschnitte, je nachdem, ob sie von Mohammed in Mekka oder nach seiner Übersiedlung *(Hidschra)* nach Medina 622 vorgetragen wurden.

5. Zum Inhalt des Korans

Im Koran findet der Muslim alles, was ihn zu einem Gott wohlgefälligen Leben anleitet und damit auf das ewige Leben vorbereitet. Der Koran enthält grundsätzliche Aussagen über
(1) die *Glaubensüberzeugungen,* wie den Glauben an Gottes Einheit, die Propheten und Gesandten, die Engel und das Jüngste Gericht;
(2) die *gottesdienstlichen Ordnungen,* zu denen auch das Fasten im Monat Ramadan und die Wallfahrtsriten beim *Hadsch* (Wallfahrt) nach Mekka gehören;
(3) die *sozial-gesellschaftlichen Ordnungen,* insbesondere über das Familienrecht;
(4) die *sittlich-ethischen Maßstäbe,* an denen sich jeder Muslim zu orientieren hat.

Die Glaubensüberzeugungen wurden später in der islamischen Theologie behandelt. Mit den anderen drei Themenkreisen beschäftigte sich die islamische Rechtswissenschaft, die sich damit ebenfalls auf die Offenbarung bezieht und keine säkulare Wissenschaft darstellt.

6. Zur Auslegung des Korans

Obwohl der Koran nach dem Glauben der Muslime göttlichen Ursprungs ist, stießen auch sie auf Schwierigkeiten bei der Auslegung. Einige versuchten sie dadurch zu lösen, daß sie nach den Anlässen im Leben Mohammeds forschten, die eine Offenbarung veranlaßt haben könnten. Die Kenntnis dieser „Gründe des Herabsendens" konnte den Sinn eines Textes erhellen. Manche Verse behielten gleichwohl einen „dunklen" oder zweideutigen Sinn. In diesem Falle sind sie durch andere Verse mit einem klaren Sinn zu interpretieren. Schließlich konnten auch einmal vorgetragene Verse durch eine spätere Offenbarung wieder für ungültig erklärt werden. An diesen Fragen entzündeten sich die Lehrgegensätze der islamischen Gruppen. Manche waren in der Auslegung sehr frei und gaben selbst an sich klaren Versen einen übertragenen Sinn, falls eine wörtliche Bedeutung zu theologischen Schwierigkeiten führen könnte. So sei z. B. Gottes Sitzen auf dem Thron nicht wörtlich zu verstehen – dann wäre Er ja den Menschen ähnlich –, sondern als Bild für Seine Macht. Andere Gruppen, die man heute zumeist als „fundamentalistisch" bezeichnet, versuchen sich so weit wie möglich an den koranischen Text und seine wörtliche Bedeutung zu halten. Das führt heute, insbesondere etwa im Bereich des Strafrechts, zu Konflikten mit modernen Rechtsauffassungen.

(Arbeitsgruppe „Information Islam" der VELKD)

V–20 Islam – Hingabe an den einen Gott

Etwa 700 Millionen Anhänger hat der Islam und ist somit die zweitgrößte Weltreligion. In der Bundesrepublik Deutschland bekennen sich mehr als 1,8 Millionen Menschen zu ihm. Es sind vor allem Arbeitnehmer aus der Türkei und Jugoslawien, aber auch Menschen aus den arabischen Ländern, aus Afrika und Asien. Die kleine Gruppe deutschstämmiger Muslime umfaßt nur einige Tausend Gläubige. Worum geht es in ihrer Religion?

1. Das Zeugnis von dem einen Gott

„Ich bezeuge, daß es keine Gottheit gibt außer Gott.
Ich bezeuge, daß Mohammed der Gesandte Gottes ist."

So lauten die beiden Sätze des islamischen Glaubensbekenntnisses.
Sure 112 entfaltet den ersten Satz:
„Sprich: Er, Gott, ist Einer. Er ist der Ewige. Er zeugt nicht, noch wurde er gezeugt. Nichts ist ihm ebenbürtig."

Mit diesen Sätzen stellt sich der Islam in einen unversöhnlichen Gegensatz zu allen Religionen, die an viele Götter glauben.

Gleichzeitig wird die Nähe zum Judentum und zum Christentum deutlich: Auch dem Islam geht es um das richtige Verhältnis des Menschen zu dem einen und einzigen Gott. Wenn Muslime Gott *Allâh* nennen, greifen sie das arabische Wort *ilâh* auf, das schon in vorislamischer Zeit den höchsten Gott bezeichnete. Dieses Wort ist mit den hebräischen Gottesbezeichnungen *elôah* und *elôhîm verwandt. Die Silbe al* kennzeichnet den Artikel. So heißt *Allâh,* aus *al-ilâh* zusammengezogen, wörtlich „der Gott" – der wahre Gott. Auch die arabischen Christen verwenden diese Gottesbezeichnung.

Mohammed selbst sah sich als Glied in der Kette aller Propheten, die die Menschen vor Gottes Gericht warnen und sie zur Umkehr und einem verantwortlichen Leben aufrufen sollen. Diese Kette beginnt mit Adam und Noah und führt über Abraham, Mose, David und Jesus zu Mohammed. Abraham wurde für alle Zeiten durch seinen Gehorsam Gott gegenüber ein Vorbild des Glaubens und der richtigen Lebensgestaltung. Deswegen ruft der Koran dazu auf, der „Religion Abrahams" zu folgen (Sure 4, 125). Mose und Jesus hatten nach dem Koran die Aufgabe, diesen Glauben von Verirrungen und Entstellungen zu reinigen. Auch Mohammed selbst wollte nichts Neues bringen, sondern in Übereinstimmung mit allen Propheten vor ihm den Glauben lediglich zu seinem Ursprung zurückführen. Dabei weichen seiner Meinung nach die Christen vom Glauben an den einen Gott ab durch ihr Bekenntnis zur Gottessohnschaft Jesu und zur Dreieinigkeit Gottes. Hier wird auch das Trennende zwischen Islam und Christentum sichtbar.

So sieht der Islam Juden und Christen zwar als „Leute der Schrift", die sich auf das Gesetz des Mose, die Tora, beziehungsweise auf die Botschaft Jesu, das Evangelium, gründen. Aber der Koran ruft sie gleichzeitig auf: „Kommt her zu einem Wort, das gemeinsam ist, zwischen uns und euch: daß wir allein Gott dienen und nichts neben ihn stellen" (Sure 3, 64).

In der Sicht der Muslime ist im Koran alles, was in den früheren Offenbarungsschriften stand, aber teilweise verfälscht wurde, vollkommen mit enthalten.

2. Die Stellung des Menschen vor Gott

Gott, der Eine, erwartet von den Menschen, daß sie ihn in seiner Größe und Erhabenheit anerkennen, sich ihm unterordnen und ihm gehorchen. Das ist *Islam,* die vollständige Hingabe. Islam bedeutet Selbstauslieferung und Dienst. Darin ist zugleich die Verheißung eingeschlossen, daß der Mensch durch diese Hingabe den ihm von Gott zugewiesenen Platz findet und so Frieden *(salâm,* vgl. das biblische *schalôm)* erlangt. Er wird zum *'abd Allâh,* zum Knecht und Diener Gottes. Darin besteht seine Menschenwürde. Sie verpflichtet ihn, für den Dienst seines Herrn verfügbar zu sein und die ganze Erde unter die Herrschaft Gottes zu stellen.

Auch wenn dem Menschen Gott gegenüber Unterordnung angemessen ist, wird er doch zugleich über die gesamte Schöpfung erhoben. Gottes Wort offenbart ihm nämlich im Koran, daß er zum Statthalter *(khalîfa,* vgl. Kalif) über die Erde und alles Geschaffene eingesetzt ist (Sure 2, 30).

Gott hat ihm im Koran die rechte Kenntnis seiner heilsamen Lebensordnung gegeben, aber auch die Weisungen, die er braucht, um das Leben in der Welt nach Gottes Willen zu gestalten. Darin besteht Gottes Erbarmen, daß er den Menschen diese „Rechtleitung" offenbarte (Sure 55). Damit wird der Mensch für sein Leben verantwortlich und hat für alles Tun und Lassen vor Gott Rechenschaft abzulegen. Auch der Islam erwartet die Auferstehung der Toten zum Jüngsten Gericht. Glaube und Gehorsam sollen das Leben in allen Bereichen bestimmen. Darum gilt es als größte Sünde, wenn Menschen sich auf etwas anderes als auf Gott verlassen. Denn dadurch lehnen sie Gottes alleinige Führung ab. Sie stellen etwas neben Gott, das sie als zusätzliche Kraftquelle im Leben ansehen. Das ist die unvergebbare Sünde des *schirk,* der „Beigesellung“: Der Mensch aber soll Gott allein vertrauen. „Gott ist größer als alles – *Allâhu-akbar.*“ So sagt es die kürzeste Form des Bekenntnisses.

Damit die Muslime ihr Leben in der rechten Weise vor Gott gestalten können, haben sie, neben dem Koran, Berichte über das beispielhafte Handeln des Propheten Mohammed und seine Entscheidungen in vielen Fragen des Lebens der ersten Gemeinde, sowie Erzählungen über vorbildliches Tun bei den Gefährten des Propheten. Diese Berichte und Erzählungen lassen erkennen, wie die Grundregeln des Korans anzuwenden sind. Sie gelten als verbindliche Tradition *(sunna)* und als zweite Quelle für die rechte Lehre und das rechte Handeln der Muslime. Da sie ursprünglich mündlich überliefert wurden, werden diese Lehrgeschichten auch *hadîth* genannt.

Ihr Inhalt hat in der *scharî'a* Gestalt bekommen: Gesetze und Regeln für das islamische Leben, die oft bis in kleinste Einzelheiten gehen. In der *scharî'a* haben sich auch Entwicklungen der ersten Jahrhunderte des islamischen Gemeinde- und Glaubenslebens niedergeschlagen.

Grundlegend für die Selbsthingabe an Gott ist das Leben gemäß den *„fünf Säulen“,* auf denen der Islam aufgebaut ist:

- Die Bezeugung des Glaubens im Bekenntnis, die *schahâda.*
- Die Verrichtung des rituellen Gebetes, *salât,* fünfmal täglich. Das Gebet wird – wie das Bekenntnis – arabisch gesprochen.
- Die Selbstbesteuerung für die Armenhilfe, *zakât.* Sie folgt klaren Richtsätzen und verwirklicht die soziale Verantwortung füreinander.
- Die Übung in Selbstbeherrschung und Disziplin durch das Fasten, *ṣaum,* während des ganzen Monats Ramadan.
- Die Pilgerfahrt nach Mekka, der *hadsch.* Sie soll möglichst einmal im Leben durchgeführt werden; aber nur, wenn die Familie dadurch nicht in wirtschaftliche Not gerät.

3. Selbsthingabe im Gebet

Der Tagesablauf der Muslime erhält durch das fünfmalige rituelle Gebet vor dem Aufgang der Sonne, am Mittag, nachmittags, zur Zeit des Sonnenuntergangs und vor dem Schlafen seinen festen Rhythmus. Durch das Gebet wird das Tagesgeschehen immer wieder unterbrochen, und der Mensch wird daran erinnert, daß er sein Leben vor Gott führen und verantworten muß. Kann der Muslim das Gebet jedoch nicht zur festgesetzten Stunde durchführen, so kann und soll er es zu einem späteren Zeitpunkt nachholen.

In den Gesten beim rituellen Gebet drückt sich die innere Hingabe aus. Wenn der Beter sich dabei der Kaaba in Mekka zuwendet, erinnert er sich damit an die Einheit aller Muslime und ihren zentralen Ort der Anbetung.

Gleichzeitig verbinden die äußeren Formen des Betens und die dabei gebrauchten Worte die Muslime aller Länder und Zeiten, denn sie stammen aus der Gebetspraxis Mohammeds und werden überall in der gleichen Weise vollzogen.

Noch augenfälliger drückt sich die Gemeinschaft im Freitagsgebet aus, zu dem alle Männer verpflichtet sind. In enggeschlossenen, langen Reihen treten sie hinter die Vorbeter, die sie im Gebet anführen.

(Arbeitsgruppe „Information Islam“ der VELKD)

Bearbeitungsmöglichkeiten

Wörter Worte Bücher Sprachen

V-1 „Lieber Fritz!“

Stellen Sie sich bitte vor, Sie hätten diesen Brief auf der Straße gefunden. Neugierig haben Sie ihn aufgehoben, nach einigem Zögern geöffnet und dann gelesen.

1) Fassen Sie bitte Gernots Anliegen kurz zusammen.

2) Durchdenken Sie die Frage, woran es liegt, daß wesentliche Teile des Briefes Ihnen unverständlich bleiben.

3) Notieren Sie stichwortartig, welche Einzelinformationen für ein wirkliches Verständnis des Briefes nötig wären.

V-2 Die Einteilung der Bibel nach dem Kanon

Diese Übersicht über die Einteilung der Bibel gibt Ihnen Einblicke in Inhalt bzw. Entstehungssituation der jeweiligen Bücher und Briefe.

1) Überlegen Sie – unter Einbeziehung Ihrer Erkenntnisse zu Gernots Brief – über welche Informationen ein Leser, der den Texten gerecht werden möchte, verfügen sollte.
2) Diskutieren Sie die Frage, ob aus Ihrer Sicht der Vergleich zwischen dem Brief V-1 und biblischen Büchern im Blick auf einen angemessenen Zugang sinnvoll und erlaubt ist.

V-3 Die Sprache des Adressaten

Dieser Text zeigt Ihnen vertiefend, wie wichtig es für ein wirkliches Verständnis der biblischen Schriften ist, die jeweilige Situation der Verfasser wie der Adressaten zu kennen und zu berücksichtigen.
Er soll Sie zugleich anregen, mögliche – damalige und heutige – Gefahren und Chancen zu reflektieren, die sich ergeben können, wenn man über Glaubensfragen mit seinem Gegenüber in der Sprache redet, die er versteht.

V-4 Übersetzungen: Lukas 4, 18–19

Lesen Sie die Beispiele aus der langen Geschichte der Übersetzungen der Bibel aufmerksam durch.
1) Stellen Sie wesentliche Unterschiede fest.
2) Versuchen Sie, an einigen Stellen Gründe herauszufinden, die die Übersetzer zu ihrer Wortwahl bewogen haben mögen.

V-5 Die Lutherbibel ist der verbindliche und irrtumslose Bibeltext

1) Vergleichen Sie Echtnernachs These, aufgestellt vor 1964!, mit dem Beispiel 2. Sam 12, 31 (V-6).
2) Stellen Sie Gründe zusammen, warum die Bibelauslegung von den „Urtexten" ausgehen sollte.
3) Beurteilen Sie die Frage, ob eine moderne Bibelübersetzung (z. B. „Die Gute Nachricht" oder die Übertragung von J. Zink [vgl. V-6]) die Verstehensschwierigkeiten, die uns die Bibel stellt, lösen kann.

V-6 Beispiel für Unterschiede in Bibelübersetzungen

Dieser Vergleich zeigt Ihnen beispielhaft, wie wichtig die jeweilige Übersetzung für das Verständnis biblischer Texte sein kann.
1) Machen Sie sich die wesentlichen Unterschiede in den Übersetzungen bewußt und überlegen Sie, welche Konsequenzen für den Leser sie haben können.
2) Durchdenken Sie, warum J. Zink diese Textstelle in seiner Übersetzung ausgelassen haben mag.
3) Interpretieren Sie die Stellungnahme von A. Schmidt.

Das Wort in den Wörtern

V-7 Historisch-kritische Bibelauslegung

Dieser Text faßt Grundzüge einer heutigen Bibelexegese zusammen.
1) Kennzeichnen Sie den Begriff „historisch-kritische" Auslegung.
2) Überlegen Sie, welchen Standpunkt G. Otto zu V-5, Frage 3 vertreten würde und welche Argumente er heranziehen könnte.
3) Erörtern Sie, ob für G. Otto zwischen Glauben und Denken ein Widerspruch besteht.

V-8 Pneumatische Bibelauslegung

Einen anderen Standpunkt vertritt G. Bergmann, engagierter Pfarrer im Evangelisationsdienst.
1) Verdeutlichen Sie mit eigenen Worten die von G. Bergmann abgelehnten fünf Zugänge zur Bibel.
2) Arbeiten Sie heraus, welche der kritisierten Zugangswege die „historisch-kritische" Auslegung der Bibel betreffen.

V-7 u. 8 Stellen Sie Möglichkeiten und Gefahren der beiden Zugangsformen zur Bibel einander gegenüber.

V-9 Am Anfang war die Erfahrung

Vor einigen Jahren lag in vielen evangelischen Kirchen ein kleines Buch „zum Mitnehmen" aus. Titel: „Wie liest man die Bibel?" Untertitel: „Eine Gebrauchsanweisung für Neugierige, Anfänger und Fortgeschrittene". Einige Seiten enthalten wichtige Hinweise zur Auslegung der Bibel.
1) Vergleichen Sie die „Urerfahrung" des Alten Testaments mit der des Neuen Testaments.
2) Erarbeiten Sie, welche Aussagen den Standpunkt von G. Otto (V-7) bzw. G. Bergmann (V-8) stützen können.

Evangelium und Evangelien

V-10 Synoptischer Vergleich

Diese Information zu den Synoptikern gibt Ihnen Einblick in die Entstehung der Evangelien des Markus, Matthäus und Lukas nach einer – aus der Sicht heutiger neutestamentlicher Forschung – begründeten Hypothese.
Formulieren Sie Kritik an der Synoptiker-Forschung aus der Perspektive von G. Bergmann (V-8) und nehmen Sie zu dieser Kritik Stellung.

Jesus: Menschensohn – Gottessohn

„Bist du Gottes Sohn, so sprich, daß diese Steine zu Brot werden." So versucht nach Mt 4 der Satan Jesus. Das apostolische Glaubensbekenntnis formuliert: „Ich glaube an Jesus Christus, Gottes eingeborenen Sohn, unsern Herrn, der empfangen ist vom Heiligen Geist, geboren von der Jungfrau Maria, . . ."
58 % der Schüler einer 11. Klasse gaben auf die Frage: „Wer war Jesus?" die Antwort: „Jesus war der Sohn Gottes."
Die folgenden Texte führen Sie in eine Auseinandersetzung mit verschiedenen Auffassungen dieses theologischen Begriffes ein.

V-11 „Vater" und „Sohn"

Die Zusammenstellung dieser alttestamentlichen und neutestamentlichen Texte regt Sie zu einem Vergleich an.
Bitte betrachten Sie dabei besonders
1) wer jeweils mit „Sohn" gemeint ist und wie er dazu wird;
2) wie dabei das Verhältnis des „Sohnes" zum

„Vater" beschrieben wird;
3) welche Konsequenzen sich für den „Sohn" aus dieser Zusage ergeben (und wieweit die damit verbundenen Verheißungen in Erfüllung gegangen sind; erörtern Sie insbesondere die Stelle Lk 1, 32–33).

V–12 Herakles-Sage und Geburtsgeschichte des Matthäus
Auch die hellenistische Kultur erzählt von „Gottessöhnen".
1) Vergleichen Sie die Vorstellungen der griechischen Sagen mit dem neutestamentlichen Text Mt 1, 18–25.
2) Reflektieren Sie die Frage, welche Schlüsse der Vergleich hinsichtlich der Entstehung und Aussageabsicht des Matthäus-Textes zuläßt.
3) Eine Gegenüberstellung von Mt 1 und Lk 1 zeigt interessante Unterschiede.

V–13 Informationen zur Herakles-Religion
Dieser Text verdeutlicht Ihnen weitere Parallelen von hellenistischer Religion und christlicher Darstellung Jesu in den Evangelien.

V–14 Jesus – Gottes Sohn?
Willi Marxsen, Professor für Neues Testament in Münster, faßt Ergebnisse neutestamentlicher Forschung zum Begriff „Sohn Gottes" zusammen.
1) Charakterisieren Sie die Bedeutung des Titels im Bereich des Judentums, des Hellenismus wie des Neuen Testaments.
2) Diskutieren Sie, ob die getroffenen Beobachtungen eine Relevanz für den Glauben eines Christen haben können. Denken Sie dabei auch an die Formulierung des Apostolikums.

V–15 Jesus – Gottes Sohn!
Auf dem Evangelischen Kirchentag 1969 in Stuttgart entfaltete Professor Joachim Heubach in der Arbeitsgruppe „Streit um Jesus" seinen Standpunkt.
1) Beschreiben Sie Hauptzüge seines Verständnisses der Aussage „Jesus war der Sohn Gottes".
2) Vergleichen Sie Heubachs Auffassung von den Vorgeschichten des Mt und Lk mit der Interpretation Marxsens (V–14).
3) Kennzeichnen Sie den Zugangsweg zum christlichen Glauben, wie ihn der Verfasser versteht. Versuchen Sie eine Stellungnahme.

Aspekte der Wahrheit

V–16 Bibelauslegung und Wahrheit
Dieser Text beschreibt das Verhältnis von exegetischer „Kleinarbeit" und „Wirklichkeit des Heils" aus der Sicht eines neutestamentlichen Wissenschaftlers.

V–17 Anschauliche Wahrheit
Auch hier wird nach „Wahrheit" gefragt. „Vieles in der Bibel ist ja Legende." Diese oft zu hörende Meinung ist richtig. Doch was folgt daraus für den Bibelleser im Blick auf die Frage nach der „Wahrheit"?
1) Erläutern Sie den Begriff „anschauliche Wahrheit".
2) Durchdenken Sie die Frage, ob sich die Überlegungen zur Erzählung vom Sündenfall auch auf Aussagen über Jesus als den „Sohn Gottes" übertragen lassen.
3) Wesentlich für die Ausführung von J. Heubach (V–15) ist die Alternative, ob Jesus der „Sohn Gottes" war oder ob die christliche Gemeinde ihm diesen Titel beigelegt hat.
Reflektieren Sie diese Alternative in Hinsicht auf Aussagen dieses Textes zur „anschaulichen Wahrheit".
4) Erörtern Sie vor dem Hintergrund dieses Textes abschließende Probleme, die sich aus dem Ansatz einer ausschließlich „pneumatischen" Bibelinterpretation ergeben können.

Heilige Schriften

V–18 1) Stellen Sie Gemeinsamkeiten und Gegensätze zusammen, die sich für Juden und Christen im Verständnis von „Bibel", Altes Testament", „Neues Testament" ergeben.
2) Welche Folgen für die Bibelauslegung hat die jeweils grundlegende Offenbarung in den beiden Religionsgemeinschaften?
3) Am Beispiel „Exodus" können Sie nachvollziehen, daß bestimmte alttestamentliche Glaubensüberzeugungen im Selbstverständnis Israels und in der christlichen Tradition unterschiedlich fortwirken: dort „wörtlich-konkret" (Israel und Ägypten damals und heute), hier „übertragen-symbolisch" (Negersklaven in USA sangen „Go down, Moses!", Christen in Lateinamerika heute proklamieren eine „Theologie der Befreiung" – in Anknüpfung an das Alte Testament und unter Berufung auf denselben befreienden Gott, aber in veränderten geschichtlichen Situationen).
4) Die orthodoxen Juden in Mea-Schearim, einem Stadtteil Jerusalems, sprechen im Alltagsleben – im Gegensatz zum normalen Sprachgebrauch in Israel – „Jiddisch"; „Hebräisch", als heilige Sprache, ist dem gottesdienstlichen Bereich vorbehalten.
Informieren Sie sich über die Rolle des „Lateinischen" in der römisch-katholischen Kirche.
In V–19 finden Sie ähnliche Überlegungen zum „Arabischen" im Islam.
Wägen Sie ab, ob solche „Spracheigentümlichkeiten" eine tiefere Bedeutung haben könnten.
5) Für die christliche Auslegung der Bibel kann es nicht nur hilfreich sein, zu sehen, wie jüdische Gelehrte das Alte Testament verstehen, sondern auch, wie sie neutestamentliche Aussagen interpretieren.
Hinweis für Referate bzw. zusätzliche Lehrerinformation: Pinchas Lapide hat in seinem Buch „Wie liebt man seine Feinde?" bedenkenswerte Anstöße zum Verständnis der Bergpredigt gegeben.

V–19 1) Machen Sie sich die vier Stufen der Entstehung des Korans und seine wesentlichen Inhalte klar.

2) Vergleichen Sie zu (1) Joh 1, 1–18: „Im Anfang war das Wort . . .“: Stellen Sie Ähnlichkeiten und Unterschiede fest.

3) Bedenken Sie das unterschiedliche Verständnis von „Wort Gottes“ im Islam und im Christentum. – Martin Luther hat einmal gesagt, daß in der Bibel das wichtig sei, „was Christum treibe“. So hat er z. B. den Jakobusbrief eine „stroherne Epistel“ genannt. – Wäre im Islam ein solcher Umgang mit dem Koran – oder im Judentum ein solcher Umgang mit der Tora – möglich?

4) Zu den Stufen (2) – (4) gibt es eine vergleichbare Auffassung im Christentum, die mit „Verbalinspiration“ bezeichnet wird. Ebenfalls vergleichbar sind Probleme der Auslegung und Anwendung der „Schrift“ auf das heutige Leben, wie sie in Abschnitt 6 angedeutet werden. In diesem Block V – aber auch in anderen Blöcken – finden Sie für eine Diskussion dieser Frage zusätzliche Materialien.

5) Was versteht man im Islam unter „Offenbarung“?

V–20 Hier werden die Grundlagen der Lehre des Islam gerafft dargestellt. – Sie haben die Möglichkeit, schwerpunktmäßig und in Auswahl Glaubensfragen oder/und Anweisungen zur gelebten Frömmigkeit/Ethik aufzugreifen und im Vergleich mit jüdischen und christlichen Auffassungen zu verfolgen:

- Monotheismus
- Rolle der Propheten, Mohammed als „Siegel der Propheten“
- Aufnahme von Tora und Evangelium, d. h. von Judentum und Christentum, im Koran/Islam
- Stellung des Menschen in der Welt: Glaube, Hoffnung, Verpflichtung
- Die „fünf Säulen“ als grundlegende Anweisungen zum rechten Handeln und Verwirklichung der Hingabe an Gott (Islam).

Konkrete Fallbeispiele finden Sie in Block VII: RELIGIONEN UND MORAL.

Stellen Sie sich der Frage, ob/wie der christliche Missionsauftrag weiterhin verbindlich sein kann im Spannungsfeld von „Bekehrung-Toleranz-Dialog“ zwischen Judentum, Christentum und Islam.

Block VI: „Es begab sich aber zu der Zeit“ – Weihnachten

Einleitung

In diesem Block geht es nicht um die geläufige Kritik am „Weihnachtsrummel“. Es soll vielmehr untersucht werden, wie die beiden „Weihnachtsgeschichten“, die im Matthäus- und die im Lukasevangelium, dieses Ereignis erzählen und welche Bedeutung sie ihm geben. Von daher können wir uns allerdings fragen, welche Bedeutung wir ihm zumessen.

Am Beispiel „Weihnachten“ läßt sich auch die Frage verfolgen: Was ist denn damals wirklich geschehen? Es geht also um eine Unterscheidung von Geschichts- und Glaubenswahrheiten. Ausgehend von der für uns anscheinend belanglosen Frage: „Wo ist Jesus geboren?“, kann geprüft werden, wie unterschiedlich die Christenheit heute eine solche Unterscheidung, ihre Problemstellungen und Sichtweisen, einschätzt.

Informationen

VI–1 Palästina zur Zeit Jesu

Israel war in den Jahren 37–4 v. Chr. ein mit den Römern „verbündetes“ Königreich unter HERODES dem Großen. Nach seinem Tod wurde sein Gebiet, praktisch ein Vasallenstaat, von den Römern unter seine Söhne geteilt. Zur Zeit Jesu sah die Landkarte so aus:

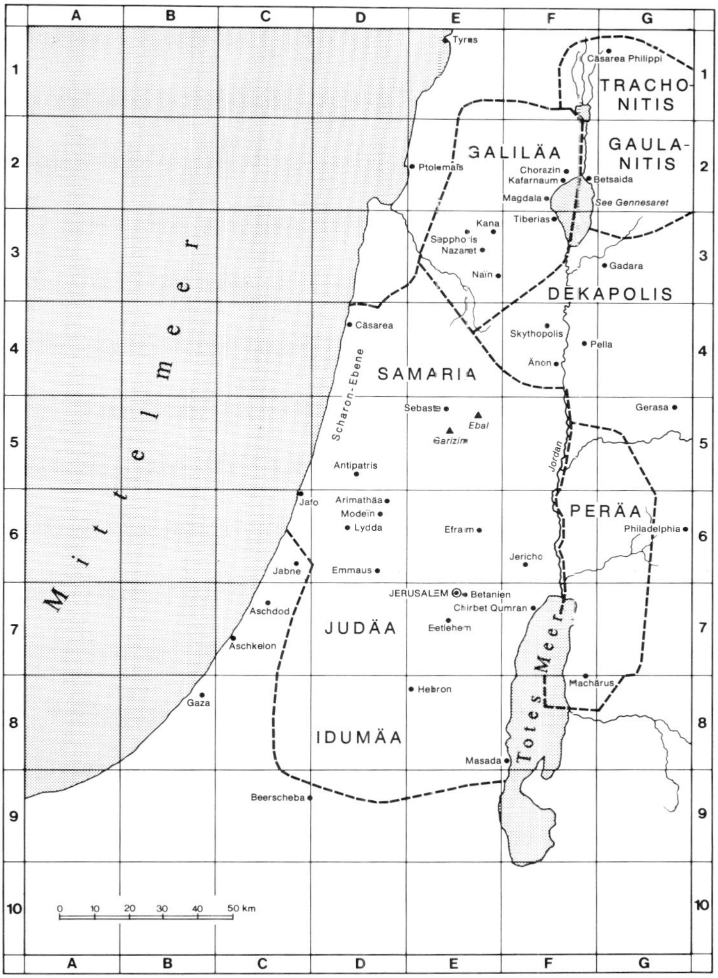

VI-2 Die politischen Verhältnisse zur Zeit Jesu

Israel umfaßt das Gebiet zwischen dem Mittelmeer im Westen und dem transjordanischen Hochplateau im Osten, zwischen der Sinaiwüste im Süden und den Gebieten des heutigen Libanon und Syrien im Norden. Wir müssen uns aber bewußt sein, daß diese Bezeichnung nicht eindeutig ist: Bewohnt war es zur Zeit Jesu von Juden, Samaritanern und von einer nichtjüdischen, vorwiegend semitischen Bevölkerung mit einer hellenisierten, griechischsprachigen Oberschicht vor allem im Küstengebiet und im Ostjordanland. Die makkabäischen Könige und auch HERODES verstanden sich als Könige „Israels" (obwohl HERODES über ein „gemischtes" Gebiet regierte); die römische Provinz, die im Laufe des ersten Jahrhunderts nach und nach aus den Herodeischen Gebieten entstand, hieß „Judäa" und war ein besonderes Teilgebiet der größeren Provinz Syrien. Seit dem letzten großen jüdischen Aufstand um 135 n. Chr. trägt die Provinz den Namen „Palästina", der an die Philister anknüpft. Mit diesem Namen wollten die Römer den alten Namen „Judäa" vermeiden.

Judäa und *Samarien* standen seit dem Jahr 6 n. Chr. unter direkter römischer Verwaltung als Prokuratur (Provinzgebiet mit .besonderen Verhältnissen), weil der dort zunächst regierende Herodessohn von den Römern wegen Unfähigkeit abgesetzt werden mußte. Der Prokurator residierte in Caesarea, einer überwiegend hellenistischen Neugründung des HERODES am Meer, und kam nur gelegentlich nach Jerusalem.

Galiläa stand mit Teilen des Ostjordanlandes (Peräa) bis 39 n. Chr. unter der Regierung des Herodessohns HERODES ANTIPAS, nicht unter direkter römischer Verwaltung. HERODES ANTIPAS war also der „Landesherr" Jesu (vgl. Lk 13, 31 ff.). Residenzstadt war das neu gegründete Tiberias am See Gennesaret (See von Galiläa).

Nordostpalästina, östlich des Jordan, stand unter der Herrschaft des Herodessohns PHILIPPUS, der in der kleinen Stadt Julias (früher: das Dorf Betsaida) am See Gennesaret regierte.

Außerdem gab es in Palästina zahlreiche *hellenistische Städte,* die sich politisch selbst verwalten konnten. Solche mehrheitlich von Nichtjuden besiedelten Städte gab es vor allem im Küstengebiet am Mittelmeer, etwa Caesarea, Ptolemais (Akko), und im Nordosten einen Städtebund („Dekapolis") mit u. a. Skythopolis (Bethsean), Gerasa, Damaskus, Philadelphia (Amman).

Außerbiblische Daten	**Biblische Daten**
66: Pompeius römischer Befehlshaber im Osten	
64: Syrien römische Provinz	
51-30: Kleopatra VII., Königin in Ägypten	
46-44: Alleinherrschaft des Julius Caesar	
30: Tod des Marcus Antonius	(40) 37 bis 4 v. Chr.: Herodes der Große (bzw. der Ältere), Sohn des Antipater, König über Judäa, Galiläa, Samarien, Idumäa und Peräa
30 v. Chr. - 14. n. Chr.:	Caesar Octavianus, seit 27 v. Chr. mit dem Ehrennamen Augustus, Herrscher in Rom
6-4 v. Chr.: Quintilius Varus, Statthalter von Syrien	4 v. Chr.: Tod des Herodes und Verteilung seines Reiches unter die Söhne Archelaus (Ethnarch von Judäa, Idumäa und Samarien), Anti-

	pas (bis 39 n. Chr. Tetrarch von Galiläa und Peräa) und Philippus (bis 34 n. Chr. Tetrarch von Nordtransjordanien)
6/7 n. Chr.: Quirinius, Statthalter von Syrien	6 n. Chr.: Archelaus wird entthront; Judäa, Idumäa und Samarien werden römische Provinz. Volkszählung. Zensus des Quirinius. Zusammenschluß der sog. Zeloten; Unruhen unter Judas dem Galiläer
	6 – 15 n. Chr.: Hannas Hoherpriester
14–37: Tiberius, Kaiser von Rom	26–36: Pontius Pilatus, römischer Statthalter in Judäa
	29: Enthauptung des Täufers
	30?: Kreuzigung Jesu (7. April/14. Nisan)
	um 33: Märtyrertod des Stephanus
	33/35: Bekehrung des Paulus

(Nach: Die Bibel. Einheitsübersetzung der Heiligen Schrift)

„Als aber die Zeit erfüllet ward . . .“

VI-3 Der Anfang der Evangelien

Um 1890 wurde in der kleinasiatischen Stadt Priene eine Inschrift gefunden:

Dieser Tag, der Geburtstag des . . ., hat der ganzen Welt ein anderes Aussehen gegeben. Sie wäre dem Untergang verfallen, wenn nicht in dem heute Geborenen für alle Menschen ein gemeinsames Glück aufgestrahlt wäre (...) Wer richtig urteilt, wird in diesem Geburtstag den Anfang des Lebens und der Lebenskräfte für sich erkennen. Unmöglich ist es, in gebührender Weise Dank zu sagen für die großen Wohltaten, die dieser Tag gebracht hat. Die Vorsehung, die über allem Leben waltet, hat diesen Mann zum Heile der Menschen mit solchen Gaben erfüllt, indem sie ihn uns und den kommenden Geschlechtern als Heiland gesandt hat. Allem Krieg wird er ein Ende setzen und alles herrlich ausgestalten. In seiner Erscheinung sind die Hoffnungen der Vorfahren erfüllt. Er hat nicht nur die früheren Wohltäter der Menschheit alle übertroffen, sondern es ist auch unmöglich, daß je ein Größerer käme. Der Geburtstag des Gottes war für die Welt der Anfang der Evangelien, die seinetwegen ergangen sind.

VI-4 Der Apostel Paulus zur Geburt Jesu

(Gal 4, 4–5)

Als aber die Zeit erfüllt war, sandte Gott seinen Sohn, geboren von einer Frau und unter das Gesetz getan, damit er die, die unter dem Gesetz waren, erlöste, damit wir die Kindschaft empfingen.

(Luther-Bibel 1984)

VI-5 Geburt Jesu mit Bagger

VI-6 Hemel und Pansa oder von der Notwendigkeit der richtigen Herkunft bedeutender Menschen

Im Lande Pansa war es der Brauch, daß das Amt des Kanzlers jeweils von zwei Männern verwaltet wurde. Als wieder einmal die Zeit gekommen war, daß die neuen Kanzler eingesetzt werden sollten, bewarben sich zwei Brüder, die die politischen Reformpläne ihres verstorbenen Vaters zum Segen des ganzen Volkes verwirklichen wollten.

Nun gab es aber zu Pansa eine Bestimmung, nach der nur die Männer Kanzler werden konnten, deren Vater im Hemel, im Heiligen Bezirk der Stadt, geboren war. Aber es hieß, daß diese Voraussetzung für die beiden Brüder nicht zutreffen konnte; ihr Vater, so sagte man, sei ein einfacher Pansaner gewesen, gewiß ein bedeutender Mann, vielleicht der bedeutendste, den es je in Pansa und in allen Ländern geben werde, aber eben nicht aus dem Hemel stammend. Da sagten sich die beiden Brüder: „Unser Programm rettet das ganze Land - wir müssen es verwirklichen!“ Also verbreiteten sie die Kunde, daß ihr Vater im Hemel geboren sei.

Das einfache Volk schenkte ihnen Glauben, denn sie waren sehr beliebt und angesehen, und man setzte eigentlich als selbstverständlich voraus, daß so bedeutende Männer auch die entsprechende vornehme Abstammung hätten.

Leider konnten die Brüder aber keine Belege für ihre Behauptung vorbringen. Da das Archiv des Standesamtes im Hemel bei einem Brand völlig zerstört worden war, forderte der Hemel-Standesbeamte sie auf, eine einleuchtende Begründung dafür zu geben, wie es zu erklären sei, daß ihr Vater zwar im Hemel geboren, aber sonst dort nicht bekannt sei, sondern als einfacher Pansaner gelte, von dem man doch eigentlich nichts Besonderes erwarten könne.

Da setzten sich die beiden Brüder hin und schrieben, jeder für sich, eine Geschichte . . .

(Wolfgang Bukowski)

Bethlehem und Nazareth: Wo wurde Jesus geboren?

VI-7

Micha 5, 1
Und du, Bethlehem Ephrata, die du klein bist unter den Städten in Juda, aus dir soll mir der kommen, der in Israel Herr sei.

VI-8

Lukas 2, 1–21. 39–40

Es begab sich aber zu der Zeit, daß ein Gebot
von dem Kaiser Augustus ausging, daß alle Welt
geschätzt würde. 2 Und diese Schätzung war die
allererste und geschah zur Zeit, da Quirinius
Statthalter in Syrien war. 3 Und jedermann ging,
daß er sich schätzen ließe, ein jeder in seine Stadt.
4 Da machte sich auf auch Josef aus Galiläa, aus
der Stadt Nazareth, in das jüdische Land zur
Stadt Davids, die da heißt Bethlehem, weil er aus
dem Hause und Geschlechte Davids war, 5 damit
er sich schätzen ließe mit Maria, seinem vertrau-
ten Weibe; die war schwanger. 6 Und als sie dort
waren, kam die Zeit, daß sie gebären sollte. 7 Und
sie gebar ihren ersten Sohn und wickelte ihn in
Windeln und legte ihn in eine Krippe; denn sie
hatten sonst keinen Raum in der Herberge.

8 Und es waren Hirten in derselben Gegend
auf dem Felde bei den Hürden, die hüteten des
Nachts ihre Herde. 9 Und der Engel des Herrn
trat zu ihnen, und die Klarheit des Herrn leuch-
tete um sie; und sie fürchteten sich sehr. 10 Und
der Engel sprach zu ihnen: *Fürchtet euch nicht!*
Siehe, ich verkündige euch große Freude, die allem
Volk widerfahren wird; 11 *denn euch ist heute der*
Heiland geboren, welcher ist Christus, der Herr, in
der Stadt Davids. 12 Und das habt zum Zeichen:
ihr werdet finden das Kind in Windeln gewickelt
und in einer Krippe liegen. 13 Und alsbald war da
bei dem Engel die Menge der himmlischen Heer-
scharen, die lobten Gott und sprachen:

14 *Ehre sei Gott in der Höhe*
und Friede auf Erden
bei den Menschen seines Wohlgefallens.

15 Und als die Engel von ihnen gen Himmel
fuhren, sprachen die Hirten untereinander: Laßt
uns nun gehen nach Bethlehem und die
Geschichte sehen, die da geschehen ist, die uns
der Herr kundgetan hat. 16 Und sie kamen eilend
und fanden beide, Maria und Josef, dazu das Kind
in der Krippe liegen. 17 Als sie es aber gesehen hat-
ten, breiteten sie das Wort aus, das zu ihnen von
diesem Kinde gesagt war. 18 Und alle, vor die es
kam, wunderten sich über das, was ihnen die Hir-
ten gesagt hatten. 19 Maria aber behielt alle diese
Worte und bewegte sie in ihrem Herzen. 20 Und
die Hirten kehrten wieder um, priesen und lob-
ten Gott für alles, was sie gehört und gesehen hat-
ten, wie denn zu ihnen gesagt war.

21 Und als acht Tage um waren und man das
Kind beschneiden mußte, gab man ihm den
Namen Jesus, wie er genannt war von dem Engel,
ehe er im Mutterleib empfangen war. (...)

39 Und als sie alles vollendet hatten nach dem
Gesetz des Herrn, kehrten sie wieder zurück
nach Galiläa in ihre Stadt Nazareth. 40 Das Kind
aber wuchs und wurde stark, voller Weisheit, und
Gottes Gnade war bei ihm.

(Luther-Bibel 1984)

VI-9

Matthäus 2, 1–23

Die Weisen aus dem Morgenland

1 Als aber Jesus in den Tagen des Königs Hero-
des zu Bethlehem in Judäa geboren war, siehe, da
kamen Weise [1]) aus dem Morgenland nach Jeru-
salem, 2 die sagten: Wo ist der neugeborene
König der Juden? Wir haben nämlich seinen
Stern im Morgenland gesehen und sind gekom-
men, ihm zu huldigen. 3 Als jedoch der König
Herodes das hörte, erschrak er und ganz Jerusa-
lem mit ihm. 4 Und er ließ alle Hohenpriester und
Schriftgelehrten des Volkes zusammenrufen und
erfragte von ihnen, wo der Christus geboren
werden sollte. 5 Die aber sagten ihm: Zu Bethle-
hem in Judäa; denn so steht es durch den Prophe-
ten geschrieben:

6 *„Und du, Bethlehem" im Lande Judas, bist*
keineswegs „die kleinste unter den Fürstenstädten
Judas; denn aus dir wird ein Herrscher hervorge-
hen, der mein Volk Israel weiden wird."

7 Da berief Herodes heimlich die Weisen und
erkundigte sich bei ihnen genau nach der Zeit,
wann der Stern erschienen sei, 8 und sandte sie
nach Bethlehem und sagte: Ziehet hin und for-
schet genau nach dem Kindlein! Wenn ihr es aber
gefunden habt, so meldet es mir, damit auch ich

komme und ihm huldige. 9 Und nachdem sie den
König angehört hatten, zogen sie hin. Und siehe,
der Stern, den sie im Morgenland gesehen hatten,
ging vor ihnen her, bis er über dem Orte still-
stand, wo das Kindlein war. 10 Als sie aber den
Stern sahen, wurden sie sehr hoch erfreut 11 und
gingen in das Haus hinein und sahen das Kindlein
mit Maria, seiner Mutter. Und sie warfen sich nie-
der, huldigten ihm, taten ihre Schätze auf und
brachten ihm Gaben dar, Gold und Weihrauch
und Myrrhe. 12 Und da sie im Traum die Weisung
empfingen, nicht zu Herodes zurückzukehren,
zogen sie auf einem andern Weg in ihr Land
zurück.

2: 1. Mos. 49, 10; 4. Mos. 24, 17; 2. Pet. 1, 19 / 5: Joh. 7, 42 / 6: Mi 5, 2. 4; 2. Sam. 5, 2 / 11: Ps. 72, 10. 15; Jes. 60, 6.

1) 2, 1. Wörtlich: „Magier" (das sind Sterndeuter).

Die Flucht nach Ägypten

13 Als sie aber hinweggezogen waren, siehe, da
erscheint ein Engel des Herrn dem Joseph im
Traum und sagt: Steh auf, nimm das Kindlein
und seine Mutter mit dir und fliehe nach Ägypten
und bleibe dort, bis ich es dir sage; denn Herodes
will das Kindlein aufsuchen, um es umzubringen.
14 Da stand er auf, nahm des Nachts das Kindlein
und seine Mutter mit sich und zog hinweg nach
Ägypten. 15 Und er blieb dort bis zum Tode des
Herodes, damit erfüllt würde, was vom Herrn
gesprochen worden ist durch den Propheten,
welcher sagt:

„Aus Ägypten rief ich meinen Sohn"

13: 4. Mos. 23, 22; 24, 8 / 15: Hos. 11, 1.

Der Kindermord in Bethlehem

16 Als darauf Herodes sah, daß er von den Wei-
sen getäuscht worden war, wurde er sehr zornig,
sandte hin und ließ in Bethlehem und in dessen
ganzem Gebiet alle Knäblein töten, die zweijährig
und darunter waren, gemäß der Zeit, die er von
den Weisen genau erkundet hatte. 17 Da wurde
erfüllt, was durch den Propheten Jeremia gespro-
chen worden ist, welcher sagt:
18 *„Eine Stimme hört man in Rama, viel Weinen
und Jammern; Rahel weint um ihre Kinder und
will sich nicht trösten lassen, weil sie nicht mehr
sind."*

18: Jer. 31, 15; 1. Mos. 35, 19.

Die Rückkehr aus Ägypten

19 Als aber Herodes gestorben war, siehe, da
erscheint ein Engel des Herrn dem Joseph in
Ägypten im Traum 20 und sagt: Steh auf, nimm
das Kindlein und seine Mutter mit dir und ziehe
in das Land Israels; denn die, welche dem Kind-
lein nach dem Leben trachteten, sind gestorben.
21 Da stand er auf, nahm das Kindlein und seine
Mutter mit sich und ging in das Land Israels.
22 Als er jedoch hörte, daß Archelaus anstatt sei-
nes Vaters Herodes über Judäa regierte, fürchtete
er sich, dahin zu gehen. Nachdem er aber im
Traum eine Weisung empfangen hatte, zog er
hinweg in das Gebiet von Galiläa 23 und kam in
eine Stadt namens Nazareth und nahm [dort]
Wohnung, damit erfüllt würde, was durch die
Propheten gesagt worden ist:

Er wird „Nazoräer" heißen. 1)

23: Luk. 1, 26; 2, 39; Jes. 11, 1; 53, 2; Sach. 6, 12; Joh. 1, 46.

1) 2, 23. In dieser Form findet sich die Weissagung im Alten Testament nirgends. Gemeint ist Jes. 11, 1: „Ein Schoß aus seinen [d. h. Isais] Wurzeln wird Frucht tragen." „Schoß" heißt nämlich im Hebräischen nezer, und von diesem Worte konnte „Nazoräer" herzustammen scheinen.

(Zürcher Bibel)

Jesus erzählt sein Leben selbst

VI-10 Jesus-Memoiren

In meinem dreizehnten Jahr nahmen meine Eltern mich beiseite und erzählten mir seltsame Dinge. Es war an einem Abend, in Josephs Werkstatt. (...)

„Mein Sohn", sagte er zu mir, „es ist an der Zeit, daß du die merkwürdigen Umstände deiner Geburt erfährst." (...)

„Als die Schwangerschaft deiner Mutter sich dem Ende zuneigte", fuhr Joseph in dem Bericht fort, „ordnete der Kaiser Augustus in einem Erlaß eine Volkszählung in Syrien und seinen Vasallenstaaten an. Das Volk wurde gezählt, als Quirinius Statthalter in Antiochia war. Du weißt, daß unsere Familie aus Bethlehem stammt. So mußten wir Nazareth verlassen, damit man uns am Wohnsitz unseres Stammes zählen konnte. Du bist nie wieder nach Bethlehem zurückgekehrt. Es ist heute nur noch ein kleines Dorf, ein Vorort von Jerusalem. Bei unserer Ankunft bekam deine Mutter die Wehen. Die Karawanserei war überfüllt, und es ziemte sich nicht, daß sie inmitten der Menge niederkam. Man zeigte uns einen leeren Stall auf dem Land. Ich brachte frisches Stroh und saubere Linnen hin. Der Wirt der Herberge ließ eine Hebamme holen, die uns half. Du kamst zur Welt – es war eine recht leichte Geburt, ich meine in Anbetracht der Tatsache, daß du ein erstes Kind warst. Es war mitten in der Nacht. Die Hebamme schnitt die Nabelschnur durch, wusch dich, wickelte dich in Windeln und legte dich in die Krippe. Die Hirten, denen der Stall gehörte, hatten von der Geburt erfahren und kamen herbeigeeilt, um die Mutter zu begrüßen."

Maria unterbrach ihn: „Am meisten beeindruckte mich aber ihr Bericht, man sage überall, der Messias habe soeben in Bethlehem das Licht der Welt erblickt, in eben jenem Stall. Sie hörten nicht auf, Gott zu preisen."

„Aber du weißt doch, daß Hirten einfache Menschen sind", sagte Joseph. „Niemand glaubt ihnen. Sie leben ganz allein in den Bergen und werden von Halluzinationen heimgesucht." (...)

„Und wie erklärst du dir den Besuch der Weisen? Wir wohnten damals noch in dem Stall bei Bethlehem und warteten, bis ich wieder bei Kräften war, um nach Galiläa zurückkehren zu können, als plötzlich drei arabische Astrologen kamen. Sie knieten vor mir und der Krippe nieder, und statt um Geld zu bitten, wie es Wahrsager gewöhnlich tun, haben sie uns Gold, Weihrauch und Myrrhen geschenkt – wie bei der Geburt eines Königssohns."

„Es gibt solche und solche Sterngucker", wagte mein Vater einzuwenden.

„Es waren keine Sterngucker wie die anderen", entgegnete meine Mutter. „Sie waren reich und von so hoher Geburt, daß sie von König Herodes empfangen wurden. Er wollte den Grund ihres Besuchs erfahren. Sie suchten den Messias der Juden, dessen Horoskop sie in ihrer Heimat gestellt hätten, berichteten sie ihm. Herodes hielt sie nicht für unglaubwürdig. Er nahm sie ernst. Er hat alle Neugeborenen in Bethlehem umbringen lassen, um den Messias zu beseitigen, falls er tatsächlich unter ihnen sein sollte. Ihr Blut möge über ihn und seine Nachfahren kommen!"

„Du sagst die Wahrheit, Frau. (...) Einige Wochen nach unserer Flucht hörte ich von Händlern, daß der Tyrann in Bethlehem alle männlichen Neugeborenen bis zu zwei Jahren hatte umbringen lassen. Bethlehem war ein kleiner Ort, und es waren nur sechs oder sieben Knaben gewesen, aber ich glaube, die Klagen ihrer Mütter noch heute im Schlaf zu hören. Warum hat deine Geburt, die uns soviel Freude bereitete, anderen Menschen soviel Unglück gebracht, mein Sohn?"

Joseph schwieg erschüttert und konnte erst nach einer Weile fortfahren: „Nach dem Tod des Tyrannen kehrten wir zurück nach Galiläa, wo nun einer seiner Erben regierte, unser Herodes, der viel gutmütiger ist. (...)

Du bist jedenfalls groß geworden wie alle anderen Kinder. Du hast gelacht, gespielt und uns mit deinen Streichen geärgert. Aber noch mußt du uns gehorchen."

„Doch ich habe nichts vergessen", schloß meine Mutter, „und ich werde die Erinnerungen sorgfältig in meinem Herzen bewahren."

Das hörte ich von meinen Eltern. Für mich waren die Dinge von nun an nicht mehr so wie vorher.

(Jean-Claude Barreau)

VI–11 Ein Vater im Gespräch mit dem Evangelisten Lukas

Zu den theologischen Fragen der Weihnachtsgeschichte

Vater: Bald ist Weihnachten. Und ich will doch meinen Kindern (...) Näheres über die Geburt Jesu sagen. Sie fragen mich nämlich immer, wenn ich Geschichten von Jesus erzähle: War das genau so? Überlegen Sie einmal: Wenn ich von Ihnen erstmals authentische Berichte über die Geburt Jesu erhalten könnte! Wie wären meine Kinder begeistert! Nur einige kleine Einzelheiten! (...)

Lukas: Bitte, fragen Sie!

Vater: Waren Sie bei der Geburt Jesu dabei?

Lukas: Nein! Damals habe ich noch gar nicht gelebt.

Vater: Haben Sie mit der Mutter Jesu gesprochen?

Lukas: Nein!

Vater: Auch nein!? Nun sagen Sie einmal, Herr Lukas: Woher haben Sie nur Ihre Kenntnisse, Ihren Bericht? (...)

Lukas: Aus Predigten und Erzählungen der Apostel. Auch aus Erzählungen, die Gemeindeglieder vom Zusammensein mit anderen mitbrachten. Von Mund zu Mund gingen die Erzählungen über Jesus. Zum Teil die gleiche Erzählung in verschiedenen Fassungen.

Irgendwo gebrauchten sie die Apostel oder andere Prediger in ihrer Verkündigung. (...) Legen Sie also bitte nicht Ihren modernen historischen Maßstab an diese Geschichte an. Sonst zerstören Sie diese Geschichte. Und Sie helfen sich und Ihren Kindern gar nicht. Vertrauen Sie mehr der Predigt, die in dieser Geschichte verborgen ist. Das hilft auch Ihnen, wenn Sie Ihren Kindern erzählen.

Vater: Sie stecken mir neue Lichter auf. Besten Dank! Doch möchte ich als Probe aufs Exempel noch einige Zusatzfragen stellen. Aus welchem Ort stammt Jesus?

Lukas: Aus Bethlehem.

Vater: Ich habe aber schon von Theologen gehört, die sagen, Jesus sei in Nazareth geboren. Das hätten sie wissenschaftlich erarbeitet. Ich möchte es nun von Ihnen gültig erfahren.

Lukas: Nazareth, – ich muß Ihnen entgegenkommen und Antwort geben. Es kann sein, es ist sogar ziemlich sicher, daß die Leute recht haben, die Jesus in Nazareth geboren sein lassen. Aber ...

Vater: Sie sagen und schreiben aber „Bethlehem“!

Lukas: Mit Recht, lieber Herr Müller! Denn Bethlehem ist die prophetische, oder, wenn Sie so wollen, die theologische Antwort auf Ihre Frage. Denn Bethlehem ist der Ort, von dem im Propheten Micha zu lesen ist. Dort wird gesagt, der Messias komme aus Bethlehem. (...) Sie dürfen also eine theologische Aussage nicht in eine historische umändern.

Vater: Das sehe ich ein. Nur ist das alles nicht ganz so einfach herauszuhören. Wenn Sie so erzählen, ist alles einsichtig. – Entschuldigen Sie: Wann ist Jesus geboren?

Lukas: Trotz genauer Forschungen haben wir nichts Genaues finden können. Das ist aber nicht so schlimm. Das Bekenntnis der Gemeinde zu meiner Zeit lautete: „Der Retter ist in Jesus als Mensch geboren!“ Und zwar in einer für das Römische Reich wichtigen Zeit. Ich selber hatte Interesse daran, von Augustus kurz zu erzählen. Ich wollte von Rom nach Rom einen Bogen spannen, vom Kaiser in Rom bis zur Botschaft von Jesus in Rom, von Augustus, dem Heiland der Welt in Glanz und Macht, bis zu Jesus, dem Heiland der Welt in Armut und Hilflosigkeit. (...)

(Kurt Rommel / Martin Schmeißer)

VI-12 Der Stern und die Magier

Forschung zur babylonischen Astronomie

Der Evangelist Matthäus berichtet, daß die „Weisen vom Morgenland“ den Stern des „neugeborenen Königs der Juden“ sahen und deshalb nach Jerusalem aufbrachen, um ihn anzubeten. Als sie von dort nach Bethlehem weiterzogen, „ging der Stern vor ihnen hin“. Schon Johannes Kepler hat diese Erzählung Anfang des 17. Jahrhunderts damit verbunden, daß die Planeten Jupiter und Saturn im Jahre 7 vor unserer Zeitrechnung auf demselben Längengrad am Nachthimmel standen. Eine solche Konjunktion ist freilich ein Ereignis, das dem Laien damals kaum aufgefallen sein dürfte und wohl auch heute nicht auffallen würde. Weshalb es die „Weisen“ dennoch als einzigartig verstanden haben, läßt sich nur aus der Kenntnis der Methodik der spätbabylonischen Sternkunde erklären, die erst in jüngster Zeit durch die Forschung erschlossen wurde.

In der deutschen Matthäus-Übersetzung sind einige astronomische Fachausdrücke verlorengegangen, die mit der scheinbaren Bewegung der Planeten zusammenhängen, wie wir sie am Nachthimmel beobachten können. Drei Phasen dieser schleifenförmigen Planetbahnen nennt jedoch der ursprüngliche griechische Text: den Abendaufgang, das Erscheinen im Frühaufgang und das scheinbare Stehenbleiben im Umkehrpunkt der Schleife. Diese und noch zwei weitere Phasen konnten die babylonischen Astronomen für mehrere Jahrzehnte vorausberechnen, wie neuere Funde von Keilschrifttafeln und -fragmenten gezeigt haben. Darunter sind auch zwei astronomische Kalender für das Jahr, das nach unserer Zeitrechnung das Jahr 7 vor Christi Geburt ist.

Wie Konradin Ferrari d'Occhieppo, Professor für theoretische Astronomie in Wien, in den „Sitzungsberichten der Österreichischen Akademie der Wissenschaften“ mitteilt, ergab die Rekonstruktion der babylonischen Berechnungen, daß im Jahr 7 v. Chr. Jupiter und Saturn am 15. September einen fast gleichzeitigen Abendaufgang hatten. Noch merkwürdiger war aber der westliche Stillstand am 12. November mit einer minimalen Längendifferenz von nur drei Bogenminuten zwischen den Wendepunkten von Jupiter und Saturn: Ein solcher Planetenstand kommt in einem Jahrtausend nur einmal vor.

Um die Besonderheit dieser Konstellation zu erkennen, mußte man Priester in Babylon sein. Im Griechischen hießen diese Priester Magier, also Astrologen und Traumdeuter. Es kam ihnen offensichtlich weniger auf die wissenschaftlichen Beobachtungen an als vielmehr auf die Deutung der Gestirnphasen für das Menschenleben. Die Unterlagen, die man heute über die babylonische Astrologie besitzt, lassen jedoch das rekonstruieren, was die Magier damals aus dieser ungewöhnlichen Konjunktion herausgelesen haben.

Für sie trat Jupiter, der Stern des höchsten babylonischen Gottes, an die Seite Saturns, der dem jüdischen Volke zugeordnet war. Beide Planeten blieben im Sternbild der Fische stehen, das ein Symbol für Palästina war. Daraus folgerten die „Weisen“, daß den Juden ein König geboren wurde, der die Gnade des höchsten babylonischen Gottes genoß. Diese Deutung wurde durch eine historische Parallele noch bekräftigt. Bei einer ähnlichen Konjunktion 119 Jahre früher war Alexander Jannaj geboren worden, der erste selbständige und lange regierende König der Juden seit dem Exil.

Die noch seltenere Konjunktion im Jahre 7 ließ einen noch bedeutenderen König erwarten. Auch die Babylonier erhofften ihr Heil von ihm, denn unter der festen Hand der Parther war Babylon, einst das Zentrum einer eigenständigen hohen Kultur, verödet. Der Entschluß, über 1000 Kilometer nach Israel zu reisen, wird damit begreiflich. Vielleicht handelte es sich um eine größere Gesandtschaft und nicht lediglich um die „drei Weisen“, denn in Volkserzählungen beschränkte man damals die Vielzahl gerne auf die Standardzahl drei.

Daß den Magiern auf ihrer Reise nach Westen ständig der Stern voranging, ist nicht gesagt. Nach den Berechnungen bedurfte es dessen auch nicht. Erst in Jerusalem, als sich herausstellte, daß König Herodes I. (gest. 4 v. Chr.) keinen neugeborenen Sohn hatte oder erwartete, werden die Priester unsicher geworden sein. Die jüdischen Schriftgelehrten wiesen auf Bethlehem als geweissagten Geburtsort des Messias hin. Die Juden erwarteten ihn gerade damals, als sie unter die Herrschaft der Römer gefallen waren und sich Herodes prorömisch verhielt. Sie sahen im Messias hauptsächlich einen Erlöser im politischen Sinn.

Die Magier zogen also nach Bethlehem, vielleicht am 12. November, den sie als Tag der engsten Jupiter-Saturn-Konjunktion vorausberechnet hatten. Bethlehem liegt etwa acht Kilometer westsüdwestlich von Jerusalem. Hier sahen sie nun ein Phänomen, das die moderne Astronomie ebenfalls rekonstruieren konnte: Genau in der Richtung ihres Weges war in den Abendstunden – im Orient reiste man nachts – der stark glänzende Jupiter zu sehen.

Er schien während der ganzen „ersten Nachtwache“ über dem nordwestlichen Hügel von Bethlehem zu verharren und stand überdies im schimmernden Glanz des Zodiakallichtes, das in diesen Breiten sehr eindrucksvoll sein kann: Jupiter bildete den scheinbaren Ausgangspunkt dieses diffusen Widerscheins, den man in etwa mit einem unscharf begrenzten Lichtkegel aus einem Schweinwerfer vergleichen kann, dessen Licht sich abwärts zum Horizont ergießt. Es heißt im griechischen Matthäus-Text, daß die Magier darüber „froh wurden in großer Freude gar sehr“. Ob die erregte Gesandtschaft in Bethlehem ein neugeborenes Kind im Stalle fand? Hier vermischen sie die Erzählungen über die Geburt Jesu.

Manche Geschichtsbücher verzeichnen Christi Geburt für das Jahr 7 vor unserer Zeitrechnung. Dem steht ein anderes Datum entgegen: die von Professor Horst Braunert, Kiel, erforschte Steuerschätzung der römischen Provinz im Jahre 6 n. Chr. Manche moderne Bibel-Ausleger sprechen den Kindheitsberichten über Jesus jeden historischen Wert ab. Gerade die Geschichte vom „Weihnachtsstern“ hielt man vielfach für ein Märchen. Sie ist nunmehr durch weitere historische Belege erhärtet. Zwar nur als ein Dokument für die Messiashoffnung jener Zeit, aber damit doch auch als ein wichtiger Beitrag zur Lebensgeschichte Jesu.

(Walter Nippert)

„Was kann aus Nazareth Gutes kommen?“ – Stellungnahmen

VI-13 So war es

Anerkannt ist, daß die Schreiber der neutestamentlichen Berichte mit Herzblut und innerster Beteiligung geschrieben haben, nicht aber in kühler, sachlicher Distanziertheit eines Historikers mit staatlichen Gehaltsbezügen. Anerkannt ist, daß sie zum Glauben an den rufen wollen, der ihnen ihr Herz abgewonnen hat. Gerade darum kommt es auf eine biographische Detaildarstellung mit genauesten Orts- und Zeitangaben nicht entscheidend an. Wenn gemeint ist, daß in diesem Sinne „die Evangelien nicht historische Berichte über das Leben Jesu sind oder sein wollen“, dann handelt es sich wirklich um ein „anerkanntes Ergebnis“.

Die Bibel will weder ein naturwissenschaftliches, noch ein historisches Lehrbuch sein. (...) Die biblischen Aussagen verdienen in bezug auf die historische Echtheit unser volles Vertrauen. Sie können durch keine bisherige Forschung und Methode erschüttert werden, auch nicht durch die historisch-kritische Forschung. (...)

Um es ganz praktisch zu sagen: Ende März 1962 stand ich im Kreis einer Pilgerschar auf dem Hirtenfeld bei Bethlehem. Ich habe auch nicht den Bruchteil einer Sekunde daran gezweifelt, daß es sich damals in jener hochheiligen Nacht nicht so zugetragen haben sollte, wie es uns der Evangelist in Lukas 2 berichtet. Ich bin davon überzeugt, daß es uns allen so ging. Ich möchte mich dieser „Naivität“ wegen gerne auslachen lassen. Jedenfalls glaube ich, daß eine intellektuell bedingte Wirklichkeitsverkürzung keine Ahnung von den Tiefen der Dimensionen hat, in die wir blutleeren und blassen Menschen des 20. Jahrhunderts hineingebettet sind. Darum ist es in Wirklichkeit gar nicht wissenschaftich, aus dem engen Gefängnis menschlicher Verstandeserfahrung überlegen feststellen zu wollen, wie dies die moderne Theologie tut, beim Weihnachtsevangelium handele es sich um eine Legende, die entmythologisiert werden müsse.

(Gerhard Bergmann)

VI-14 Wir haben ihn gefunden

Joh 1, 43–46; 7,40–43. 52

1 43 Am nächsten Tag wollte Jesus nach Galiläa
gehen und findet Philippus und spricht zu
ihm: Folge mir nach! 44 Philippus aber war aus
Betsaida, der Stadt des Andreas und Petrus.
45 Philippus findet Nathanael und spricht zu ihm:
Wir haben den gefunden, von dem Mose im
Gesetz und die Propheten geschrieben haben,
Jesus, Josefs Sohn, aus Nazareth. 46 Und Nathanael sprach zu ihm: Was kann aus Nazareth
Gutes kommen! Philippus spricht zu ihm:
Komm und sieh es!

7 40 Einige nun aus dem Volk, die diese Worte
hörten, sprachen: Dieser ist wahrhaftig der
Prophet. 41 Andere sprachen: Er ist der Christus.
Wieder andere sprachen: Soll der Christus aus
Galiläa kommen? 42 Sagt nicht die Schrift: aus
dem Geschlecht Davids und aus dem Ort Bethlehem, wo David war, soll der Christus kommen?
43 So entstand seinetwegen Zwietracht im Volk.
52 Sie *(gemeint: die Pharisäer)* antworteten
und sprachen zu ihm: Bist du auch ein Galiläer?
Forsche und sieh: Aus Galiläa steht kein Prophet
auf.

(Luther-Bibel 1984)

VI-15 Ewig verloren?

Wär' Christus tausendmal in Bethlehem geboren und nicht in dir, du bleibst noch ewiglich verloren.

(Angelus Silesius [Johannes Scheffler], 1624 bis 1677)

Weihnachten und Ostern

VI-16

. . . und taten ihre Schätze auf

Matthäus 2, 10 und 11:

Da sie den Stern sahen, wurden sie hocherfreut und gingen in das Haus und fanden das Kindlein mit Maria, seiner Mutter, und fielen nieder und beteten es an und taten ihre Schätze auf und schenkten ihm Gold, Weihrauch und Myrrhe.

VI-17 Weihnachten – Verdrängung des Ärgernisses „Kreuz"

Wenn wir Mahatma Gandhi sagen, stellen wir uns nicht einen nackten, rosigen Säugling auf dem obligatorischen Krabbelfell im Studio des Familienfotografen vor. Wir sehen vielmehr einen ausgezehrten Mann, der sich in die Gefängnisse der Besatzungsmacht schleppen läßt, der langfristige Hungerstreiks durchsteht, der in der Volksmenge zu Hause ist, der in der Volksmenge sein Konzept von der gewaltlosen Veränderung der Verhältnisse erklärt und der aus der Volksmenge heraus ermordet wird.

Wenn wir Martin Luther King sagen, denken wir nicht an ein Negerbaby, sondern an einen Erwachsenen in der Spitzengruppe eines Demonstrationszuges, an den zwingenden Formulierer von „I have a dream ...", an den Gemeuchelten von Memphis, Tennessee.

Aber sagt man Christus, dann schrumpft bei vielen Zeitgenossen das Vorstellungsvermögen auf das Krippenkind zusammen; auf ein von manchen Künstlern kosmetisch behandeltes, barock ausgestattetes Krippenkind eher als auf den Säugling, der nach einem selbstsicheren Gesellschaftskodex als in der „unteren Unterschicht zur Welt gekommen" registriert wird: Geburt im Futtertrog eines Viehschobers, für dessen Betreten keine Erlaubnis des Eigentümers vorliegt, also: Hausbesetzung. Ob realistisch, ob idealisiert: wenn der Geburtstag von Jesus Christus gefeiert wird, bekommen die ersten Stunden seines Lebens eine gesteigerte Aufmerksamkeit, die seinem dreiunddreißigjährigen irdischen Dasein insgesamt nie wieder zuteil wird.

Dabei tritt der biographische Stellenwert dieser ersten Lebensstunden zurück gegenüber den späteren Jahren, als Christus „Öffentlichkeit herstellt", als er Ungewöhnliches verkündet, als er gegen Gewöhnliches demonstriert, als er so handelt, daß damalige Gesetzesauffassung ihn als Illegalen brandmarkt.

Warum verbraucht sich die Vorstellungs-Energie, die ein Teil der Menschheit immerhin noch für Christus aufzubringen bereit ist, so intensiv und fast ausschließlich für den Beginn seines Lebens?

Es würde einem vielverbreiteten theologischen Wunschbild entsprechen, wenn die Antwort lauten könnte: Die Geburt Christi bekommt eine derart unproportional große Aufmerksamkeit, weil hier die Unfaßbarkeit verarbeitet werden muß: Gott ist Mensch geworden!

Gegenüber dieser Interpretation muß die schlichtere Vermutung gestattet sein, daß viele Menschen sich das Dasein Christi so willkürlich zurechtkürzen, daß viele seine ersten Lebensstunden derart angestrengt feiern und ihn dann später kaum mehr beachten, weil fast alles an seinem kommenden Wirken sie irritiert.

Der Säugling Jesus verbreitet in den meisten Krippendarstellungen ständig jenes mit dem Attribut „holdselig" umschriebene Lächeln, in dem sich nahezu jeder Charakter bestätigt fühlen kann. (In Wahrheit wird der Säugling in dem windschiefen Feldgehäuse und auf der spelzigen Spreu häufig und mit jener Ausdauer gebrüllt haben, wie es junge Elternpaare in dünnwandigen Zellen des sozialen Wohnungsbaus allnächtlich fürchten.)

Offenbar ist man der Überzeugung, daß die vermeintlich permanente Vergnügtheit der ersten Stunden des Christus in Säuglingsgestalt weidlich genutzt werden muß, denn späterhin lächelt und lacht er nicht mehr, jedenfalls läßt keine Passage des Neuen Testaments auf eine Heiterkeitsbekundung des Jesus Christus schließen.

Darum vielleicht die Verbissenheit, der merkantile Aufwand, die Ausgepumptheit, mit der wir die erste Lebensphase Christi abfeiern. Noch verpflichtet dieses Wesen uns zu nichts. Noch werden seinetwegen keine Altersgenossen gemordet, noch reißt er als Junge nicht aus, noch gibt er seinen Eltern nicht jene merkwürdigen Antworten, die nun nicht gerade als Dokumentationen des Gehorsams gegenüber Autoritätsträgern vorgezeigt werden können.

Noch ist Christus ein Neugeborener. Noch fehlt ihm die Sprache als Transportmittel für die Wesenselemente seiner Verkündigung, noch kann er seine Gleichnisse nicht artikulieren, um die ihn heute noch jeder Rhetoriker, jeder Schriftsteller beneiden muß.

Noch hat Christus nicht gesagt, daß es ein himmelschreiendes Unrecht ist, wenn wenige alles haben und die meisten nichts. Noch hat er nicht lehren können, daß die Anbetung lauten sollte „Vater unser ...“ und nicht etwa „Profit unser ...“

Noch hat er nicht zu verstehen gegeben, daß seine Maßstäbe nicht an bestimmte Tarifordnungen, Besoldungsgruppen, Honorare und Gagen gebunden sind.

Noch ist Christus wenige Stunden alt. Noch hat er die Geldscheffler nicht aus dem Tempel gejagt, die aus dem Glauben, der Arbeitskraft und der mangelnden Informiertheit anderer Kapital schlagen.

Noch liegt Christus zwischen den Krippenbrettern. Noch ist er nicht auf den Berg gegangen, und noch hat er seine Predigt nicht in die Welt hineingesagt, sein Programm. Noch hat er nicht eindeutig klargemacht, daß Schwerter, Panzer, Napalm- und Atombomben nicht von seinem Geiste sind, sondern gegen ihn gerichtet sind, gegenchristlich und damit unchristlich sind, gegenmenschlich und damit unmenschlich sind. Noch ist Christus nicht an sein Kreuz geheftet.

Es steckt soviel an neuem, ungewohntem Muster in dem, was er drei Jahrzehnte nach seiner Geburt gesagt hat. Und weil wir sein Muster nicht begreifen wollen, weil wir diesen unbequemen, ärgerlichen Entwurf Christi so schwer mit dem Modus unseres Lebens in Einklang bringen können, darum schaffen wir Abstand von den entscheidenden Jahren seines Lebens und begnügen uns mit dem Szenarium seiner Geburt.

Aber – lebte Christus nur ein paar Stunden?
(Josef Reding)

VI-18 Weihnachten – Ostern für Kinder

(...) Erst Lukas schuf, was dann jahrhundertelang das Denken Tausender mit Freude erfüllen sollte, insbesondere der Kinder. Nur das Lukas-Evangelium ist im wörtlichen Sinn eine „frohe Kunde“, ist wirklich eine Botschaft der Freude, und das gerade durch die Entfaltung der Weihnachtsbegebenheiten. In konservativen kirchlichen Kreisen ist noch heute die Meinung häufig, daß man um jeden Preis die „Geschichtlichkeit“ zumindest des Kerns dieser Passagen verteidigen muß, das heißt der Überliefungen von Matthäus und Lukas über die Geburt und Kindheit Jesu, obwohl die historische Kritik schon lange gezeigt hat, daß diese Geschichten weder miteinander noch mit der übrigen synoptischen Tradition in Einklang zu bringen sind, übrigens auch nicht mit dem gesunden kritischen Urteil. Die konservative Position, die berechtigt ahnt, daß diese Geschichten einen gewissen Wert haben, muß jedoch, um ihre „Geschichtlichkeit“ zu retten, so phantastische Hypothesen aufstellen, daß „Jesu Mutter das alles in ihrem Herzen bewahrt hat“ (vgl. Lukas 2, 19; 2, 51) und sie es ein halbes Jahrhundert darauf, schon als als alte Frau, Lukas oder irgendeinem seiner Informanten erzählte. Es gibt aber viel einfachere und dabei natürlichere Erklärungen.

Der ideelle und emotionelle Wert der Lukas-Passagen von der Kindheit schwindet nicht, sondern steigt eher, wenn wir uns klarmachen, daß diese „Weihnachtsverkündigung“ erst nach Ostern entstand, daß sie Resultat jener damals alles überwindenden und formenden Vorstellung vom auferstandenen Jesus ist, daß sie eigentlich selbst eine gewisse Variante der Osterverkündigung darstellt. Das Evangelium wurde ja, wie es Jesus gewollt hatte, auch Kindern verkündet. Kinder konnten mit Vorstellungen vom „Menschensohn“ in seiner Herrlichkeit nichts anfangen. Sie konnten nicht ständig über Jesu Leiden nachdenken, auch die „Auferstehung“ gehörte nicht zu den realen Problemen derjenigen, die noch keine Ahnung vom Leben haben und davon, was der Stachel des Todes bedeutet. Deshalb wurde es selbstverständlich, ja notwendig, die frohe Botschaft Jesu und über Jesus auch dem kindlichen Denken zugänglich und angemessen zu machen. Die Weihnachtsbotschaft war die Projektion der Osterfreude in die kindliche Mentalität. Beachten wir den Höhepunkt des „Weihnachtsevangeliums“, die sogenannte „Engelsverkündigung“, für viele die wirksamsten Worte der ganzen Bibel: „Fürchtet euch nicht, denn ich verkündige euch große Freude, die über das ganze Volk kommen wird. Denn ein Retter und Helfer ist für euch am heutigen Tage geboren in der Stadt Davids: der Christus, der der Herr ist ...“ (Lukas 2, 10 – 11). Vergleichen wir das mit der grundlegenden eschatologischen Botschaft Jesu vom Reich des künftigen Zeitalters: „Die Stunde ist gekommen! Gottes Herrschaft bricht an! Ändert euch! Verlaßt euch auf mein Wort!“ (Markus 1, 15). Bestehen nicht Parallelen? Ist es nicht hinsichtlich der psychologischen Wirkung eigentlich dasselbe? In der Weihnachtsbotschaft ist dasselbe poetisiert und der kindlichen und volkstümlichen Mentalität angenähert. Doch sonst besteht hier eine ähnliche Art des „Ansprechens“, eine ähnliche Betonung der Freude, ein ähnlicher Appell an jene, zu denen gesprochen wird, eine ähnliche Betonung des Heute – und vor allem selbstverständlich eine ähnliche Betonung der Erlösung, Rettung, des Heils. Der zweite Teil der Weihnachtsverkündigung „Ehre sei Gott in den Höhen und auf Erde Frieden den Menschen, die Gott liebhat und die Gott liebhaben!“ (Lukas 2, 14) – der ursprüngliche Sinn war eher „Ehre sei dem Gott des künftigen Zeitalters, Frieden auf Erden den Menschen guten Willens“ – steckt ebenfalls voller humanistischer Momente, und es ist nicht ohne Interesse, daß in jenen Kreisen der modernen Zeit, die bereits den Großteil christlicher Gepflogenheiten abgelegt haben, sich diese Traditionen am hartnäckigsten von allen halten. Auch die drei Hymnen Marias (Lukas 1, 46–55), Zacharias' (68–79) und Simeons (Lukas 2, 29–32), die in ihren wesentlichen Teilen offenbar aus einer älteren Zeit als die Redaktion des Lukas stammen, enthalten bemerkenswerte Höhepunkte des menschlichen Gefühls, zum Beispiel den Ausdruck des mütterlichen oder väterlichen Glücks: „Und du, Kind, wirst ein Prophet des Höchsten heißen. Du wirst vor dem Herrn hergehen, seinen Weg zu bereiten“ (Lukas 1, 76). (...)

(Milan Machovec)

VI-19 Die Peanuts: Lieber Weihnachtsmann

Bearbeitungsmöglichkeiten

Landkarte und historische Information

VI-1 u. 2 Verschaffen Sie sich anhand der wichtigsten Orte und Daten einen Überblick über die Lage in Palästina um die Zeitwende.

„Als aber die Zeit erfüllet ward . . .“

VI-3 u. 4 Erarbeiten Sie die Inhalte der Inschrift, vergleichen Sie sie mit den Aussagen des Paulus, und versuchen Sie, in VI-3 in der ersten Zeile ein passendes Wort einzusetzen. Diskutieren Sie dieses Ergebnis unter dem Satz: „Als aber die Zeit erfüllet ward.“

VI-5 Welche verschiedenen Assoziationen weckt die Karikatur?

VI-6 Hemel und Pansa: Schreiben auch Sie eine kurze Geschichte! Ihre Lösungsversuche lassen sich vermutlich auf wenige Grundmuster zurückführen.

Bethlehem oder Nazareth: Wo wurde Jesus geboren?

VI-7 Diese Weissagung des Propheten Micha kennen Sie sicherlich aus Weihnachtsgottesdiensten (In VI-11 wird darauf eingegangen.).

VI-8 u. 9 Untersuchen Sie, ob die Darstellungen bei Lk und Mt dieser Verheißung gerecht werden. – Untersuchen Sie darüber hinaus, welche Gemeinsamkeiten und Unterschiede diese – unabhängig voneinander entstandenen – Geschichten haben.

1) Setzen Sie für „Hemel und Pansa“ (VI-6) „Bethlehem und Nazareth“: Welche Grundmuster verwenden Lk und Mt?

2) Vergleichen Sie, wieweit Lukas und Matthäus an das Alte Testament anknüpfen.

3) Erörtern Sie die Frage nach einer geschichtlichen Einordnung der Geschichte anhand der Daten in VI-1 u. 2.

Jesus erzählt sein Leben selbst

VI-10 Die Jesus – Memoiren

1) Welche Eindrücke vermittelt Ihnen der kurze Ausschnitt aus dem Buch? Wie werden hier die Weihnachtsgeschichten vermarktet?

2) Wie beurteilen Sie das Vorhaben des Autors, Jesus dem Leser heute „begreiflich“ zu machen?

VI-11 Interview mit Lukas

In der literarischen Form eines erdachten Gesprächs eines Vaters mit dem Evangelisten Lukas soll darauf verwiesen werden, was der eigentliche Inhalt des Christfestes ist und was die Geburtsgeschichte besagen soll: Nicht das Kind Jesus ist der wahre Grund für das Christfest, sondern der erwachsene, gekreuzigte, auferweckte Christus. Das Gespräch kann

- Auseinandersetzungen mit der Kindheitsgeschichte Jesu auslösen und zur persönlichen Klärung helfen,
- zum Nachdenken über den Unterschied von theologischen und historischen Aussagen veranlassen. Interessierte könnten sich selbst an einem „Interview mit Matthäus“ versuchen!

VI-12 Der Stern und die Magier

Dieser Artikel soll Ihnen Informationen zu den bei Mt erwähnten „Weisen aus dem Morgenland“ geben. Zusätzlich sei erwähnt, daß die Römer die hier erwähnte „Coniunctio Magna“ so deuteten: Jupiter = Augustus, Saturn = Stern des Goldenen Zeitalters: mit Augustus kommt das Goldene Zeitalter.
Eine Variante kommt noch hinzu: Im Frühjahr des Jahres gab es eine entsprechende Konstellation von Jupiter und Venus: Venus aber galt als Stern des julischen Hauses, dem Augustus entstammte.
Betrachten Sie mit diesen Kenntnissen noch einmal VI-3: Inschrift von Priene. Sie gilt dem Augustus!

Was kann aus Nazareth Gutes kommen?

VI-13-15 Die hier angeführten unterschiedlichen Stellungnahmen sollen Ergebnisse und Fragen, die sich bisher ergeben haben, bündeln und weiterführen. Auf welche Weise stellen sich die drei Autoren der Frage nach der Herkunft Jesu? Wägen Sie im Gespräch diese Standpunkte gegeneinander ab.

Weihnachten und Ostern

VI-16 . . . und taten ihre Schätze auf

Der Zeichner hat sich zum Textausschnitt Mt 2, 10 und 11 Gedanken gemacht. Versuchen Sie, diese Gedanken „nachzudenken“.

VI-17 Weihnachten – Verdrängung des Ärgernisses „Kreuz“

Der Schriftsteller Josef Reding wurde um einen Beitrag für das Buch „Was fällt Ihnen zu Weihnachten ein“ gebeten.

1) Geben Sie Redings Überlegungen mit eigenen Worten wieder.

2) Setzen Sie den Gedankengang zu der hier gewählten Überschrift in Beziehung. Berücksichtigen Sie auch, in welchem Sinne dabei „Kreuz“ verstanden wird.

3) Diskutieren Sie, an welchen Punkten Sie das Anliegen des Schriftstellers nachvollziehen können.

4) Vergleichen Sie Redings Aussagen mit denen der Karikatur VI-16.

VI-18 Weihnachten – Ostern für Kinder

Dieser Text setzt die Weihnachtsbotschaft in eine enge Beziehung zur Osterverkündigung und regt damit an, über deren Verhältnis nachzudenken.
Überlegen Sie auch, welche Chancen und Gefahren für heutige Christen der Verfasser in den Weihnachtstraditionen sieht.

VI-19 „Lieber Weihnachtsmann!“

1) Verfolgen Sie die Interaktion der beiden Kinder. Warum überrascht die Betrachtung des vorletzten Bildes? Interpretieren Sie Charlie Brauns Ausdruck „Wischi-Waschi“.

2) In der Bildfolge versucht der amerikanische Zeichner Charles M. Schulz, „Weihnachtserfahrungen“ wiederzugeben.
Welche Bezüge zu den Aussagen des Textes VI-18 sind erkennbar?

Block VII: Religionen und Moral

Einleitung

Eine normative Ethik geht davon aus, daß Normen/Gebote/Sitten/Gebräuche als Ersatz für die mangelnde Instinktgebundenheit des Menschen Orientierungshilfen zur Gestaltung individuell-verantwortlichen Lebens im Rahmen jeweiliger gemeinschaftlicher Wertsysteme darstellen. Sie können zur Stabilisierung des Verhaltens führen, sie können auch als Entlastung von einer dauernden Reflexion über gut und schlecht bzw. richtig und falsch hilfreich sein. – Aber als „absolute Setzungen", bis hin zu kasuistisch ausgeformten Verhaltensmustern, bergen sie auch die Gefahr einer unkritischen Übernahme, was zu Erstarrungen und Verhärtungen gegenüber einer sich wandelnden Wirklichkeit und den Mitmenschen führen kann. Das kann besonders dann geschehen, wenn Normen und Gebote in einem religiösen Begründungszusammenhang auf einen nicht mehr hinterfragbar scheinenden „göttlichen Willen" zurückgeführt werden. Demgegenüber besteht die Gefahr einer zunehmenden Relativierung von Normen in einer Anpassung an das jeweils konventionell Geltende. So erscheint es wichtig, die Einbindungen von Moralen in unterschiedliche religiöse, weltanschauliche und sozial-gesellschaftliche Zusammenhänge zu beachten. Die Frage nach einer „christlichen Moral" stellt sich in einem Bezugsrahmen von „Kontinuität und Wandel", von „Zuspruch und Forderung" oder – theologisch formuliert – von „Evangelium und Gesetz" immer wieder neu.

In diesem Block werden vier Akzente gesetzt:

1) Die 10 Gebote: Überlegungen zu ihrer Zeitgemäßheit,
2) Die Stellung Jesu zum Gesetz – Weiterführungen,
3) Die Bergpredigt: Unterschiedliche Verstehensmöglichkeiten,
4) Die Frage nach der rechten Frömmigkeit: Beispiele aus Christentum, Judentum und Islam.

Diesen vier Fragebereichen sind die Materialien – unbeschadet vielfältiger Überschneidungen – so zugeordnet worden:

zu 1) VII-1 bis 6
zu 2) VII-7 bis 19
zu 3) VII-20 bis 24
zu 4) VII-25 bis 32; 6, 8, 9 bis 14.

Der Abschnitt „Fasten" (VII-25-32) kann zum Bereich 2 hinzugezogen werden, sollte aber auch Ausgangspunkt für eine Untersuchung darüber sein, wie ein „Motiv", in diesem Fall ein rituelles Verhalten, ein breites Spektrum von Verstehensmöglichkeiten, Wertungen und Verhaltensweisen eröffnet. Eine solche Untersuchung kann somit zu verständigeren Einschätzungen von Riten führen und Einsicht in die Vielfalt religiösen Lebens und religiöser Vorstellungen vermitteln, auch im Vergleich mit Judentum und Islam.

Mose, der Mittler des Alten Bundes

VII-1 Michelangelo: Mose

VII-2 Mose

VII-3

Aus den Strahlen sind Hörner geworden

K. B., Braunschweig. Seit langem suche ich nach einer Erklärung, warum Michelangelo seine berühmte Skulptur des Moses mit zwei Hörnern versehen hat. Auch einige Kunstwissenschaftler und Geistliche konnten die Hörner auf dem Kopf nicht deuten. Ich habe so manche ausführliche Antworten auf Leserfragen bei Ihnen gelesen, daß ich mir von Ihnen auch hierüber eine Auskunft verspreche. Darf ich Ihnen schon im voraus herzlich danken?

Die von Ihnen gestellte Frage hat mich auch schon häufig bewegt – Ihr Brief war mir nun Anlaß, ihr einmal nachzugehen. Die Erklärung nun, die ich einfach in einem Nachschlagewerk gefunden habe, war so einfach, daß man es kaum glauben kann. Dem Ganzen liegt lediglich eine – falsche Lesart zugrunde! In der lateinischen Bibel wird nämlich von „facies coronata" gesprochen, das soviel wie „strahlend" bedeutet – daraus wurde „facies cornuta" = gehörnt!

Ähnliches hat sich ja häufiger ereignet – ich erinnere in diesem Zusammenhang gern wieder einmal an die Geschichte von den 3000 enthaupteten Sachsen, die angeblich Karl der Große hinrichten ließ, weil die sich nicht zum Christentum bekehren wollten. Auch hierbei handelt es sich mit größter Wahrscheinlichkeit um einen Schreibfehler: Der Frankenkönig siedelte die widerspenstigen Sachsen einfach um – im Lateinischen „delocare". Daraus wurde „decolare" = enthaupten.

Doch nun zurück zu dem Moses des Michelangelo, den ich Ihnen hier im Bild zeigen kann. Der Künstler krönte die Statue mit zwei Hörnern, dem Symbol des Moses, seit, wie gesagt, die hebräische Bezeichnung für „Lichtstrahlen" irrtümlich in der Vulgata mit „Hörner" übersetzt wurde. (...)

(Braunschweiger Zeitung)

VII-4 Interaktionsspiel: Elf Gebote

Ziele

Unser Tun und Lassen wird ebenso bestimmt von unseren Gefühlen, Stimmungen und Wünschen wie von ethischen Grundsätzen, mit denen uns die kulturelle und religiöse Überlieferung konfrontiert. Für jeden Erwachsenen scheint es sinnvoll zu sein, wenn er aus der Fülle ethischer Prinzipien diejenigen bewußt auswählt und zur Richtschnur seines Handelns macht, die er mit seiner Existenz verbinden möchte, weil sie in einem umfassenden Sinn zu ihm „passen". Für Jugendliche besteht in besonderem Maße die Aufgabe, die in den frühen Jahren oft ungeprüft übernommenen und „heruntergeschluckten" Werthaltungen ihrer Autoritäten bewußt ins Auge zu fassen und erste Schritte zu einer Neuordnung des eigenen Wertekanons zu tun. Dazu kann dieses Experiment helfen.

Teilnehmer
ab 15 Jahren

Zeit
ca. 20 Minuten

Material
Papier und Schreibstift; Formular „Elf Gebote".

Anleitung

Im folgenden sind die Zehn Gebote in der Reihenfolge nach Luthers Kleinem Katechismus abgedruckt. Bitte bringen Sie sie in die Reihenfolge, die Ihrer persönlichen Überzeugung entspricht. Notieren Sie, welche Position dieses Gebot haben soll.

1. Ich bin der Herr, dein Gott. Du sollst nicht andere Götter haben neben mir.
2. Du sollst den Namen des Herrn, deines Gottes, nicht unnützlich führen, denn der Herr wird den nicht ungestraft lassen, der seinen Namen mißbraucht.
3. Du sollst den Feiertag heiligen.
4. Du sollst deinen Vater und deine Mutter ehren, auf daß dir's wohlgehe und du lange lebest auf Erden.
5. Du sollst nicht töten.
6. Du sollst nicht ehebrechen.
7. Du sollst nicht stehlen.
8. Du sollst nicht falsch Zeugnis reden wider deinen Nächsten.
9. Du sollst nicht begehren deines Nächsten Haus.
10. Du sollst nicht begehren deines Nächsten Weib, Knecht, Magd, Vieh oder alles, was sein ist.

Bitte überprüfen Sie, ob irgendein für Sie wichtiger Grundsatz in den Zehn Geboten fehlt. Wenn das der Fall ist, fügen Sie diesen Grundsatz als 11. Gebot hinzu!
Begründen Sie kurz die von Ihnen gewählte neue Reihenfolge der biblischen Gebote. Erläutern Sie insbesondere Ihre Entscheidung für das Ihnen wichtigste Gebot.
Begründen Sie, weshalb Sie einen Grundsatz als 11. Gebot hinzugefügt haben bzw. weshalb Sie keine Ergänzung vorgenommen haben.

(Klaus W. Vopel)

VII-5

Die zehn Gebote nicht mehr zeitgemäß?

Junge Leute diskutieren den Versuch, sie neu zu interpretieren

Die Diskussion geht um den von einer Hamburger Konfirmandengruppe erarbeiteten Versuch, die Zehn Gebote für unsere Zeit neu zu interpretieren. Zum besseren Verständnis der Zuschriften bringen wir die Grundsätze noch einmal.

I. Kinder haben

Eltern können sich in ihren Kindern positiv verwirklichen. Deshalb sollst du dich als Vater oder Mutter so verhalten, daß deine Kinder dich lieben können.

II. Finanziell gesichert sein

Der Staat hat seinen Bürgern durch einen angemessenen Wohlstand ihre Existenz zu sichern. Du selber sollst bereit sein, deine Fähigkeiten für die Gesellschaft voll einzusetzen.

III. Freizeit gestalten

Freizeit ist nicht nur dafür da, um sich für die Arbeit zu erholen. In deiner Freizeit sollst du vor allem deine eigenen Interessen wahrnehmen und deine persönlichen Fähigkeiten entfalten.

IV. Leben schützen

Das Recht auf Leben ist unantastbar. Versuche, Leben nicht nur da zu schützen, wo biologischer Tod droht, sondern auch da, wo es durch soziale Mißstände verelendet.

V. Gesundheit pflegen

Gesundsein ist Voraussetzung, sein Leben bestmöglich zu gestalten. Deshalb sollst du alle – vor allem auch vorbeugende – Möglichkeiten nutzen, um deine Gesundheit zu erhalten.

VI. Sich Schönes leisten

Der Mensch kann das Leben auch genießen. Versuche, dir dein Leben über die Bedürfnisbefriedigung hinaus durch Luxus zu verschönern.

VII. Erfolg haben

Jeder Mensch braucht Erfolgserlebnisse. Bring deshalb eigene gute Leistungen, die dir Anerkennung verschaffen – ohne anderen ihre Erfolge zu mißgönnen.

VIII. Liebe schenken

In der Liebe geben sich Menschen einander ganz hin. Bemühe dich, Menschen zu verstehen, ihnen zu vertrauen, zu ihnen zu halten, ihnen Gutes zu tun, für sie Opfer zu bringen und deinen Partner körperlich zu befriedigen.

IX. Mitleid haben

Barmherzigkeit ist Verzicht darauf, Rechte durchzusetzen, Anspruch auszuüben, Urteile zu vollstrecken oder eigenen Vorteil wahrzunehmen. Wenn du erkennst, daß jemand im Unglück steckt, zögere nicht, ihm zu helfen.

X. Gott denken

Religion ist der Versuch der Menschen, im Leben Sinn zu finden. Du kannst dir Gott vorstellen als Höchstwert deines Lebens, um dir so die Fülle deiner Lebensmöglichkeiten bewußtzumachen.

Leserbriefe

Mir scheint, die Hamburger Gruppe hat es sich etwas zu einfach gemacht. Ihre neuen Gebote sind nichts anderes als Forderungen nach Bedürfnisbefriedigung des Menschen. Damit möchte ich diese Forderungen keineswegs zurückweisen, vielmehr möchte ich sie unterstützen. Es gibt kein Buch, in dem öfter von der Freude die Rede ist, als die Bibel. Allerdings auch keins, in dem das Leid der Freude so oft und eindringlich gegenübergestellt wird.

Ich kann die Zehn Gebote der Hamburger Gruppe aber nicht vergleichend neben die Gebote der Bibel stellen, denn sie schießen am Eigentlichen vollkommen vorbei. Sie sind auf die Bedürfnisse der Menschen abgestellt und erfassen dabei sogar Gott nur als ein Mittel zum Zweck. Wir sollen uns Gott als den Höchstwert unseres Lebens vorstellen. Aber nicht, um uns die Fülle unserer Lebensmöglichkeiten bewußtzumachen. Die Fülle der Lebensmöglichkeiten ist nicht das Ziel, sondern ein erfreuliches „Abfallprodukt" des Glaubens. Nicht mehr und nicht weniger. Hier wurde der Versuch gemacht, sich Gott so zu schaffen, wie wir ihn gerne haben möchten. Er muß letztlich scheitern, weil Gott vor dem Menschen war.

Peter S., 20 Jahre

Die Zehn Gebote sind nach dem Auszug des jüdischen Volkes aus Ägypten formuliert worden und waren notwendig, um ein Volk, das sich in unsicherem Zustand zwischen Agrargesellschaft und Nomadentum befand, zu festigen und durch Leitvorstellungen zusammenzuhalten. Diese Situation ist nicht die unsere. Wir leben in einer hochindustrialisierten Gesellschaft, die ihre eigenen Probleme hat. Diese Probleme müssen sich in der Interpretation der Gebote des Alten Testaments widerspiegeln und in heute möglichen moralischen Leitsätzen ausgedrückt werden. Ich glaube, daß in dieser Hinsicht die Formulierungen der Hamburger Konfirmandengruppe nachdenkenswert sind.

Bettina D., 16 Jahre

Die Gebote sind im allgemeinen noch gültig. Aber die Gebote eins, zwei, drei und vier müßten umgeändert werden, damit sie in unsere Zeit passen. Das erste Gebot paßt nicht in unsere Zeit, weil manche Menschen an Gott glauben und manche nicht. Man könnte ja sagen: Stelle dir die Frage nach Gott. Was ist für dich das Wichtigste im Leben? Achte Menschen, die einen anderen Glauben haben als du.

Im zweiten Gebot weiß man ja gar nicht, was Mißbrauch des Namens ist. Das könnte man also ganz weglassen.

Zum dritten Gebot: Manche Menschen müssen ja auch am Feiertag arbeiten; da könnte man sagen: Gebrauche deine Freizeit sinnvoll. Nimm dir Zeit für deine Mitmenschen.

Das vierte Gebot müßte man auch umändern. Beide, Eltern und Kinder, sollten die Mühe und das Bemühen des anderen anerkennen. Man könnte sagen: Versuche, eine richtige Gemeinschaft in der Familie zu bilden. Sorge für ein gutes Verhältnis in deiner Familie, für Anerkennung und gegenseitiges Verständnis.

Klasse 6 d, Bildungszentrum Mettenhof, Kiel
(DIE ZEIT)

VII-6 AT: Leben mit 613 Geboten

Es ist ziemlich kompliziert, als gläubiger Jude in der modernen Welt zu leben. 613 Gesetze umstellen den Alltag des Orthodoxen. In Israel sehen sich auch nichtreligiöse Bürger durch manche der Vorschriften zu einem Hürdenlauf gezwungen. Einigen der Regelungen – das fängt beim koscheren Hotelfrühstück an – kann sich selbst der andersgläubige Tourist nicht entziehen.

„Du sollst das Böcklein nicht kochen in seiner Mutter Milch", heißt es zweimal im zweiten Buch Mose und einmal im fünften. Das dreifache Gebot, dessen ursprünglicher Sinn nicht ganz klar ist, hatte weitreichende Auswirkungen auf den jüdischen Alltag. Was kritische Wissenschaftler lediglich für das Verbot eines alten kanaanitischen Fruchtbarkeitszaubers aus biblischen Zeiten halten, gewann in der Auslegung der israelitischen Bibelgelehrten im Lauf der Jahrtausende den eindeutigen Sinn, daß Milchiges und Fleischiges grundsätzlich nicht zusammen gegessen werden dürfen.

In frommen jüdischen Haushalten werden darum niemals Butter oder Käse zusammen mit Wurst oder Braten aufgetischt. Auch das Porzellan, das mit der einen oder mit der anderen Art von Speisen in Berührung gekommen ist, muß auseinandergehalten werden. Das gilt selbst beim Geschirrspülen, wofür es zwei getrennte Waschbecken gibt.

Dieses eine der Hunderte von Gesetzen, die die orthodoxen Juden zu beachten haben, hat besonders weitreichende Folgen für die israelischen Hotels, die durch finanziellen Druck zur Einhaltung der Kashrut, der jüdischen Reinheitsvorschriften, gezwungen sind. Selbst in Luxusherbergen müssen darum die Touristen – gleich welchen Glaubens sie sind – zum Frühstück mit „Milchigem" vorliebnehmen: Zu Käse, Quark und Joghurt gibt es darum – neben Brötchen und Marmelade – pikanten Fisch und Eier, was weder dem Milchigen noch dem Fleischigen zugerechnet wird. Beim Mittag- oder

Abendessen, das gewöhnlich auch in anderen Räumen serviert wird, fragt man den Ober vergeblich nach Butter zum Brot, Käse zum Nachtisch oder Milch zum Kaffee – wenn nicht aus pflanzlichen Grundstoffen hergestellter Ersatz bereitgehalten wird.

Zur Erleichterung der Einhaltung dieser Gesetze gibt es in den Hotelküchen jeweils zwei getrennte Arbeitsbereiche für Milchiges und Fleischiges. Es gibt zweierlei Kühlschränke und zweierlei Spülmaschinen. Das Geschirr hat unterschiedliche Farben, damit es nicht durcheinanderkommt. Denn gerät einmal ein Steak auf einen Teller für Milchiges, so muß er zerbrochen werden. Gibt es Verwechslungen beim Besteck, so ist eine Rettung nur durch Auskochen möglich.

Damit bei der Befolgung dieser Anordnung weder gemogelt noch geschlampt wird, wachen Aufseher des Rabbinats im Schichtdienst Tag und Nacht über die Kashrut im Hotel – was die erhöhten Aufwendungen des Gastgewerbes dafür noch verteuert: Die in manchen Häusern – die rechtgläubigen Reisenden wieder nicht koscher genug sind – als lästig angesehenen Aufpasser müssen auch noch vom Hotel bezahlt werden. Ihre Aufgabe beschränkt sich freilich nicht nur darauf, die Trennung von Milchigem und Fleischigem zu beaufsichtigen, sondern ihnen kommt auch die Verantwortung über die Einhaltung der anderen religiösen Reinheitsgebote zu (die nichts mit der Sauberkeit der Unterkunft zu tun haben). Einer ihrer wichtigsten Aufträge ist es, das Fleisch zu „koschern". Ihre Arbeit beginnt dabei allerdings erst, wenn ein anderer Experte des Rabbinats seines Amtes gewaltet hat: Er mußte etwa den Rinder- und Hammelhälften aus dem Schlachthaus den Ischiasnerv, einige Fettstücke und die großen Venen entnehmen. Zuvor schon hatte ein anderer religiöser Aufseher bei der Tötung der Tiere darüber gewacht, daß sie fehlerfrei waren und rituell geschächtet sowie sorgfältig entblutet wurden. Außer um die Beseitigung der Teile, die einst zur Verbrennung auf dem Altar im Tempel gedacht waren, geht es bei der Prozedur vor allem um die Entfernung von Blut, dessen Genuß nach dem mosaischen Gesetz strikt verboten ist. Der Rabbinatsaufseher im Hotel muß darum die Fleischstücke in einem besonderen Arbeitsraum waschen und von allen Seiten einsalzen. Noch einmal wird auf diese – für Kochkünstler erschreckende – Weise Blut ausgesogen. Erst nach dreimaliger Wäsche kann das Bratgut dann der Küche ausgehändigt werden.

Der Rabbinatsaufseher tut dabei etwas, was in frommen Familien der Hausfrau zufällt. Es sind insgesamt 613 Gesetze, die das Leben der orthodoxen Juden umstellen. Sie sind gesammelt im Shulhan Aruh, dem „Gedeckten Tisch", einem über 400 Jahre alten Sammelwerk des Rabbi Josef Karo. Der Shulhan Aruh regelt jeden Lebensbereich auf der Grundlage der zehn Gebote und des ganzen in den fünf Büchern Mose enthaltenen Gesetzes – der Thora – sowie der in Mischna und Talmud gesammelten Auslegungen der alten Rabbiner. Den Strenggläubigen kommt es dabei auf die Erfüllung jeder Vorschrift an – nicht nur jener, deren Sinn auch der Unreligiöse einsieht: Gott erwartet ihrer Meinung nach eine ganz bestimmte Art des Verhaltens. Weil der Sinn oder Nutzen eines Gebots nicht ohne weiteres einleuchtet, ist dies für sie noch kein Grund, es nicht zu halten.

Rationale Begründungen für diese Verhaltensmaßnahmen kamen ohnehin erst im Mittelalter auf, ursprünglich hatten sie rein religiösen Charakter – oft bei der Abwehr fremder Kulte: Das unreine (Wild-)Schwein war zum Beispiel für die alten Kanaaniter und Ägypter ein heiliges Tier. Die kompromißlose Befolgung seiner Diätvorschriften hat andererseits dem jüdischen Volk seine Identität durch die Jahrhunderte trotz aller Wechselfälle bewahren helfen und seine Assimilation an Bewohner anderer Länder im Exil seit der Babylonischen Gefangenschaft im 6. vorchristlichen Jahrhundert verhindert.

Dies wirkt in Israel heute noch nach: In dem zu einem guten Teil gegenüber der Religion und ihren Ansprüchen indifferenten oder auch ablehnenden Volk wird trotzdem den Forderungen der Rabbiner Verständnis entgegengebracht. Dabei hält sich noch nicht einmal ein Drittel aller jüdischen Landesbewohner an die mosaischen Gesetze und auch davon nur die Hälfte peinlich genau. Aber den meisten ist eben bewußt, daß eigentlich nur die gemeinsame religiöse Basis das Volk verbindet, das in

Theokratie = da herrscht Gott / Religion herrscht
Orthodox = richtiger Weg
x Assimilation = Angleichung

Israel aus allen Kontinenten zusammengeströmt ist und keineswegs eine einheitliche „Rasse“ darstellt.

Auf der anderen Seite haben die liberaleren Bewohner des Heiligen Landes viele pragmatische Wege gefunden, um die Weisungen der gestrengen Rabbiner zu umgehen. Gerade deshalb drängen wiederum Orthodoxe und Ultraorthodoxe seit der Gründung Israels darauf, der Religion im Staat ein stärkeres Gewicht zu geben. Da ohne ihre Parteien eine Regierungsbildung angesichts der Kräfteverteilung im Parlament kaum möglich war, hatten sie stets einen unverhältnismäßig großen Einfluß, obwohl ihre Wählerschaft allenfalls 15 Prozent erreicht.

Generelle Verbote – merkwürdige Auswege

Vor allem die Ultraorthodoxen meinen, dem ganzen Volk ihre Lebensweise aufdrängen zu müssen. So verlangen sie zum Beispiel ein generelles Verbot des Verkaufs von Schweinefleisch, trotz der gesichtswahrenden Lösung dieser Frage in Verordnungen der Lokalbehörden: Danach ist der Verkauf des „weißen Fleisches“ – wie es beschönigend heißt – unter Androhung von Geldstrafen verboten. Die Schweinemetzger bezahlen jedoch einfach diese Strafen – und schlagen diese „Sondersteuer“ auf die Preise auf. Erfolgreich waren die Ultraorthodoxen hingegen bei der weitgehenden Verhinderung von Autopsien gegen den Protest der Ärzte. Den wehrpflichtigen Mädchen wurde es erleichtert, sich vom Militärdienst befreien zu lassen – damit sie den „sittlichen Gefährdungen“ dort entgehen können. Die Schließung der nicht-koscheren Restaurants zu verlangen – von denen es im Gegensatz zu den Hotels sehr viele gibt –, wäre freilich auch den religiösen Extremisten zu extrem erschienen; doch wurde die Aufsicht über die koscheren Lokale verschärft, um vor allem ambitiösen Küchenchefs – die vielleicht auch einmal eine Bratensoße mit Rahm verfeinern möchten – solche „Kompromisse“ unmöglich zu machen.

Besonderen Nachdruck aber legen Orthodoxe wie Ultraorthodoxe auf die Vorschriften zur Heiligung des Sabbats – die wahrscheinlich hinderlichste Regelung für die weniger gläubigen Volksmassen –, herrscht doch unter den Frommen der Glaube, daß der Messias kommt, wenn alle Juden nur einmal den biblisch verordneten Feiertag vollkommen einhalten. Es gibt freilich viele lokale Unterschiede bei der Wahrung der samstäglichen Ruhe: So bleiben etwa in Tel Aviv die Cafés offen, in der heiligen Stadt Jerusalem sind sie – außer im arabischen Teil – geschlossen. Doch auch in Tel Aviv gibt es immer wieder Kämpfe darum, was die Stadtverwaltung während des Ruhetages an öffentlichen Vergnügungen erlauben darf und soll. Ausnahmeregelungen – die lediglich zur „Lebensrettung“ gestattet sind – werden für Samstagsarbeit nur wenigen Institutionen erteilt: Wasser- und Elektrizitätswerken, Krankenhäusern und der Armee. Reguläre Busse fahren am Sabbat – außer in Haifa – kaum, was den vielen Israelis ohne eigenen Wagen den Weg zum Strand, zum beliebten Picknick oder zur Verwandtschaft am Feiertag wesentlich erschwert. Die Stadtviertel, in denen Orthodoxe wohnen, sind dann für die Durchfahrt mit Autos gesperrt.

Den gläubigen Juden, die am Sabbat ohnehin nicht fahren, sind nur beschränkte Spaziergänge erlaubt – außer dem Gang zur Synagoge, wo der Tag mit besonderen Gebeten und Bibellesungen gefeiert wird. Da auch das Feueranmachen auf der Verbotsliste steht, gibt es in den koscheren Haushalten und Hotels nur Warmgehaltenes – wiewohl drei festliche Mahlzeiten vorgeschrieben sind. Das Rauchen ist ebenfalls untersagt, auch das Fernsehen – um dessen Programmgestaltung und -dauer am Feiertag immer wieder gestritten wird – und ebenso das Radiohören.

Das Rundfunkverbot hätte sich beinahe einmal als Verhängnis erwiesen: am Yom-Kippur-Tag des Jahres 1973, beim Überraschungsangriff Ägyptens und Syriens auf Israel. Für den Bußtag Yom Kippur – den fast alle Israelis mit Fasten, in Ruhe und aufs Autofahren verzichtend begehen – gelten nicht nur die üblichen Sabbat-Beschränkungen, sondern es ist auch regelrechte Funkstille verordnet: Damit war die Alarmierung der Soldaten erschwert, bis der Rundfunk wieder zu arbeiten begann.

Streng sind auch die Vorschriften für Pessah: Zur Erinnerung an den Auszug aus Ägypten wird nicht nur ein Festmahl abgehalten, sondern es wird auch jeder Sauerteig aus dem

Hause verbannt. Die Supermärkte führen dann außer der ungesäuerten Matze keine Getreideprodukte – weder Brot noch Nudeln oder Bier. Selbst Strohhalme sind tabu: Der Leim aus Weizenstärke, der sie zusammenhält, könnte in Gärung geraten sein.

Freilich bemühen sich auch die Rabbiner, die „Halaha" dem modernen Leben dort anzupassen, wo es geht. Dabei werden oft merkwürdige Auswege gefunden: Aufzüge können etwa am Feiertag auf eine Automatik umgestellt werden, so daß sie benutzbar sind, obwohl das Einschalten von Elektrizität dann nicht gestattet ist – ebensowenig wie das Anzünden von Licht. Die israelischen Flugzeuge starten zwar auch an Feiertagen nach ihrem gewöhnlichen Fahrplan, doch Starts und Landungen sind dann als „Sonderflüge" deklariert. Einmal – im Jahre 1976 – stürzte allerdings sogar eine Regierung darüber, daß Kampfflugzeuge aus den USA kurz vor Sabbatbeginn am Freitag feierlich empfangen wurden und die Ehrengäste nicht rechtzeitig vor Beginn des Feiertags, 45 Minuten vor dem Einbruch der Nacht, zu Hause sein konnten. Auch dort, wo toleranter verfahren wird, gilt es große Widerstände aus dem eigenen Lager zu überwinden: Wenn etwa einer der beiden Chefrabbiner die Anti-Baby-Pille in bestimmten Fällen für anwendbar hält, so ist der andere mit Sicherheit dagegen.

Einheitlich kompromißlos sind die orthodoxen Rabbiner aber gegen Änderungen des Personenstandsrechts: So gibt es in Israel weder Zivilehe noch Zivilscheidung. Und die Rechtsprechung auf diesem Gebiet beruht zum Teil auf abstrusen Vorschriften, die vielen die Hochzeit in Israel unmöglich macht. Wer auf den Segen der Rabbiner verzichten muß, kann sich allerdings im nahen Zypern bürgerlich trauen und zu Hause als verheiratet registrieren lassen. Kinder aus solchen Ehen stehen dann jedoch wieder auf den schwarzen Listen, die die Rabbinatsgerichte über alle führen, die sich nicht ihren Gesetzen fügen. So kann in Israel ein Mann eine geschiedene Frau nicht ehelichen, zu der er Beziehungen unterhielt, während sie noch verheiratet war – auch oder gerade, wenn sie ein Kind von ihm erwartet. Daß gegen solche Entscheidungen die Zivilrechtler und ihr Anhang aufbegehren, ist verständlich. Doch den strengen Frommen geht es um die Reinhaltung des israelischen Volkes.

(Manfred F. Schröder)

VII-7 Wie hielt es Jesus mit der Moral?

Wie bewertete Jesus die Vielzahl der religiös-rituellen und religiös-sozialen Gebote, Normen, Ausführungsbestimmungen seiner Zeit? Was können wir daraus lernen?

Zur Untersuchung dieser Fragen wird aus der Fülle der möglichen Themen folgender Bearbeitungsvorgang vorgeschlagen:

Untersuchen Sie die angegebenen *Bereiche* anhand der zugeordneten *Bibelstellen* unter der *Fragestellung:*

a) Wo finden Sie Bestätigungen bzw. Verschärfungen von Normen durch Jesus und verurteilende Reaktionen Jesu auf Normenverletzungen? Unterscheiden Sie „äußerliche Handlung" und „innere Haltung"!

b) Wo finden Sie Relativierungen bzw. Entschärfungen von Normen durch Jesus und „milde" Reaktionen Jesu auf Normenverletzungen?

in den *Bereichen:*	anhand der *Bibelstellen:*			
Reinheit:	Mk 7, 1–5;	Mk 7, 14–23;	vgl. 3. Mose 11	
Fasten:	Mt 6, 16–18;	Mk 2, 18–22		
Sabbat:	Mk 2, 23–28;	vgl. 4. Mose 15, 32–36		
Gewaltverzicht:	Mt 5, 38 f. 43–46;	Mt 5, 21–22;	Lk 23, 33–34 a)	
Sexualität und Ehe:	Mk 10, 1–12;	Mt 5, 27–28;	Joh. 8, 3–11	
Wahrheit:	Mt 5, 33–37;	Mt 12, 34;	Lk 22, 54–62;	Joh. 21, 15

(Wolfgang Bukowski)

VII-8 Zum Sabbath-Gebot

Die Thorafrömmigkeit der Wüstenleute

[In] der Damaskusschrift (...) heißt es: „Niemand spreche am Sabbath ein törichtes oder unnützes Wort. Man darf nicht von Geschäften und Arbeiten reden, die man am nächsten Morgen tun will. Keiner soll aufs Feld gehen, um sich die Wochenarbeit zu überlegen. Man darf am Sabbath seine Angelegenheiten nicht durch einen Nichtjuden erledigen lassen. Störrisches Vieh darf man am Sabbath nicht aus dem Stall zerren. Man darf ein verpichtes Gefäß am Sabbath nicht öffnen. Wenn man am Sabbath ausgehen will, dann darf man sich nicht parfümieren. Der Wärter darf am Sabbath den Säugling nicht aufnehmen, um mit ihm hin- und herzugehen. Man darf seinem Vieh am Sabbath keine Geburtshilfe leisten. Wenn es in eine Zisterne oder Grube fällt, dann darf man es am Sabbath nicht herausholen. Wenn ein Mensch am Sabbath in ein Wasserloch oder in eine Grube fällt, dann darf man ihn nicht (!) herausholen mit einer Leiter, einem Seil oder irgend einem anderen Gerät".

Man sieht sofort, hier ist eine juristische Ethik und Thoraexegese am Werk, die das mosaische Sabbathgebot kasuistisch auslegt und festlegt. Diese Festlegung erfolgt in lauter Verboten. Die Qumranethik lebt von Verboten. Man sieht aber auch, daß in diesen kasuistischen Ausführungsbestimmungen viel mehr verboten ist als im Dekalog. Hier sind sogar mehr Dinge verboten als im Jerusalemer Rabbinat, als bei den Rabbinen Hillel, Schammai, Gamaliel, Jochanan ben Sakkai und wie sie alle heißen. Die Rabbinen erlauben ausdrücklich, daß man am Sabbath einem Tiere beispringt, wenn es in akuter Lebensgefahr ist und – wenn es ohne Zuhilfenahme von Geräten gerettet werden kann. Die Wüstenleute verbieten diese Rettungsaktion unter allen Umständen. Es gibt für sie überhaupt keinen Fall, in dem es erlaubt ist, einem gefährdeten Tier am Sabbath beizuspringen. Die Rabbinen erlauben, einen Menschen am Sabbath *unter allen Umständen* aus akuter Lebensgefahr zu retten. Die Wüstenleute erlauben diese Rettungsaktion nur *unter Vorbehalt*. Wenn nämlich ein Menschenleben am Sabbath nur unter Zuhilfenahme von Geräten gerettet werden kann, dann soll man den Menschen lieber zugrunde gehen lassen als seinetwegen den Sabbath Gottes brechen. Die ganze Qumranbewegung hat damit begonnen, daß bestimmte Leute sich geweigert haben, am Sabbath zu den Waffen zu greifen, daß sie sich von ihren Gegnern am Sabbath niedermetzeln ließen, nur um den Sabbath nicht zu brechen. Aus diesem Ethos ist ihre Ethik erwachsen, die von dem Grundsatz regiert wird: Das Gebot Gottes steht über der Wohlfahrt des Menschen. Das ist der Geist der Wüstenleute: Ihre Ethik ist Thorafrömmigkeit, ihre Thorafrömmigkeit aber ist Extrafrömmigkeit. Diese Extrafrömmigkeit wiederum lebt von der Erschwerung, der Verschärfung, der Radikalisierung der Thora. Darum sind die Wüstenleute des göttlichen Wohlgefallens so gewiß, weil sie die Thora so bitter ernst nehmen und durch so viele Extrabestimmungen sich selber das Leben so schwer wie möglich machen.

(Ethelbert Stauffer)

„... der werfe den ersten Stein!"

VII-9

Vier Männer gesteinigt und enthauptet

Todesstrafe für Vergewaltigung

ap. Al Khobar (Saudi-Arabien), 30. März

Polizisten packten die drei braunhäutigen Männer, wickelten sie in Jutesäcke und verschnürten die Bündel.

Ein Polizist nahm einen faustgroßen Stein und schleuderte ihn auf einen der Säcke. Das Opfer darin schrie – das Sackleinen färbte sich rot.

Nach dem ersten Steinwurf sammelte die Menge vom Wüstenboden Steine auf. Von allen Seiten schleuderten die Männer und Frauen die Steine auf die Opfer in den Säcken und schrien: „Allah Akbar!" – Gott ist groß.

20 Minuten lang steinigte der Pöbel die drei

verheirateten Männer zu Tode. Das geschah vor wenigen Tagen im Osten Saudi-Arabiens – es war die Strafe dafür, daß sie zusammen mit einem ledigen Araber während des islamischen Fastenmonats Ramadan eine junge Frau aus Al Khobar in die Wüste entführt und vergewaltigt hatten.

Nach den Vorschriften des Koran – des heiligen Buches des Islam – werden verheiratete Ehebrecher öffentlich gesteinigt, unverheiratete Männer werden mit 100 Peitschenhieben gezüchtigt. In diesem Fall wertete es das Gericht als strafverschärfend, daß die Vergewaltigung während der Fastenzeit geschah, wo sexuelle Handlungen sogar zwischen Eheleuten vom Morgengrauen bis zur Abenddämmerung verboten sind.

Deshalb wurde der vierte, unverheiratete Täter öffentlich enthauptet. Der Henker verband ihm die Augen und fesselte ihm die Hände auf dem Rücken. Dann mußte sich das Opfer hinknien – und der Scharfrichter hieb ihm mit einem Krummschwert mit einem Streich den Kopf ab. Als der Kopf in den Sand rollte und das Blut aus dem Rumpf schoß, gröhlte die Menge „Allah Akbar!“

(Bild)

VII-10

Unerlaubter Intimverkehr: Liebespaar wird gesteinigt

ABU DHABI (dpa) Ein Koch aus Indien und eine Hausgehilfin aus Sri Lanka – beide 27 Jahre alt – sind von einem Gericht in El-Ain in den Vereinigten Arabischen Emiraten (VAE) nach der Scharia, der islamischen Rechtstradition, wegen unerlaubten Intimverkehrs zum Tode durch Steinigen verurteilt worden. Dies berichtete am Dienstag die kuwaitische Nachrichtenagentur kuna.

Die Todesstrafe für die Hausgehilfin wurde vom Richter zunächst nur deshalb ausgesetzt, weil sie im sechsten Monat schwanger ist, aber ausdrücklich nur so lange, bis sie ihr Kind geboren hat und solange sie das Baby noch stillt. Der Mann soll am kommenden Montag gesteinigt werden.

Die Zeitung „Emirates News“ berichtete ergänzend, der Arbeitgeber der Hausgehilfin habe der Polizei gemeldet, daß sie mit dem indischen Koch Geschlechtsverkehr hatte.

Da beide in ihrer Heimat verheiratet sind, trifft sie die mittelalterliche grausame Strafe. Andernfalls würden sie nicht öffentlich zu Tode gesteinigt, sondern hätten nach islamischem Recht „nur“ je einhundert Peitschenhiebe bekommen.

(Braunschweiger Zeitung)

VII-11

Liebespaar wurde nicht gesteinigt, sondern ausgewiesen

BONN (dpa) Das Todesurteil gegen ein ehebrechendes Liebespaar in dem Golfstaat Abu Dhabi wird nach Aussage des SPD-Politikers Hans-Jürgen Wischnewski nicht vollstreckt.

Wie der stellvertretende SPD-Parteivorsitzende am Montag dpa erklärte, hat ihm die Regierung dieses arabischen Landes jetzt bei einem Besuch in Abu Dhabi versichert, daß die beiden jungen Leute inzwischen ausgewiesen worden seien.

Der Fall hatte international Aufsehen erregt. Ein Gericht hatte eine 27jährige schwangere Hausangestellte aus Sri Lanka und deren indischen Freund wegen Ehebruchs mit dem Tod durch Steinigen bestrafen wollen. Die beiden sind in ihren Heimatländern verheiratet.

(Braunschweiger Zeitung)

VII-12 Jesus und die Ehebrecherin

(Joh 8, 3–11)
3 Aber die Schriftgelehrten und Pharisäer
brachten eine Frau zu ihm, im Ehebruch ergriffen, und stellten sie in die Mitte
4 und sprachen zu ihm: Meister, diese Frau ist ergriffen auf frischer
Tat im Ehebruch.
5 Mose aber hat uns im Gesetz geboten, solche zu steinigen. Was sagst du?
6 Das sprachen sie aber, ihn zu versuchen, auf daß sie eine Sache wider ihn hätten. Aber Jesus bückte sich nieder und schrieb mit dem Finger auf die
Erde.
7 Als sie nun anhielten, ihn zu fragen, richtete er sich auf und sprach zu ihnen: Wer unter euch ohne Sünde ist, der werfe den ersten Stein
auf sie.
8 Und bückte sich wieder nieder und
schrieb auf die Erde.
9 Da sie aber das hörten, gingen sie hinaus, einer nach dem andern, von den Ältesten an; und Jesus ward allein gelassen und
die Frau in der Mitte stehend.
10 Jesus aber richtete sich auf und sprach zu ihr: Weib, wo sind sie, deine Verkläger? Hat dich niemand verdammt?
11 Sie aber sprach: Herr, niemand. Jesus aber sprach: So verdamme ich dich auch nicht, gehe hin und sündige hinfort nicht mehr.

(Luther-Bibel 1964)

VII–13 Bibelworte als „Beweis" vor Gericht

Kündigung einer Schwesternschülerin in Bad Pyrmont

BAD PYRMONT (epd) Die evangelische Christophorus-Schwesternschaft in Bad Pyrmont hält nach den Worten ihrer Oberin Annette Corrinth an ihrer Auffassung fest, daß Schwestern und Schwesternschülerinnen nur mit Männern zusammenleben dürfen, mit denen sie auch verheiratet sind.

Einer 20jährigen Schwesternschülerin, die aus Platzmangel außerhalb des Schwesternwohnheimes wohnen durfte, war im September gekündigt worden, weil sie eine Beziehung zu einem verheirateten Mann unterhielt. Der Kündigungsgrund wurde jedoch vom Arbeitsgericht in erster Instanz nicht anerkannt.

Da die Schwesternschaft – ein eingetragener Verein, der zum Diakonischen Werk der Hannoverschen Landeskirche gehört – dies Urteil nicht akzeptieren will, werden sich beide Parteien im Februar vor dem Landesarbeitsgericht in Hannover wiedertreffen.

In erster Instanz hatte der Richter festgestellt: „Zwar verstößt die Klägerin gegen das 6. Gebot. Aber die Nachfolge Jesu Christi führt dazu, die Klägerin nicht deswegen zu verdammen. Jesus hat zum Entsetzen der Pharisäer und Schriftgelehrten mit einer Ehebrecherin gesprochen und sie anerkannt. Er hat sie nicht verstoßen. In seiner Nachfolge kann der Beklagte der Klägerin nicht kündigen ..."

Der Richter habe die Bibel nur halb zitiert, kritisierte Oberin Corrinth das Urteil. Die Geschichte von der Ehebrecherin gehe nämlich mit dem Satz weiter „und sündige hinfort nicht mehr."

Pastor Harald Mätz aus Bad Pyrmont, der dem Vorstand der Schwesternschaft angehört, bestätigte, daß mit Billigung des Vorstandes ein Fragebogen existiert, an Hand dessen die Oberin „von Frau zu Frau" Einstellungsgespräche führt.

(Braunschweiger Zeitung)

VII–14 Die neuen Pharisäer

„Triff nur gut, Gottliebchen!
Er hat die Ehebrecherin in Schutz genommen."
(O. Gulbransson, 1906)

Grenzen der Vergebung?

VII–15 Parabel von der Vergebung

(Mt 18, 21–35)

21 Da trat Petrus zu ihm und fragte ihn: „Herr,
wie oft darf mein Bruder gegen mich sündigen,
und ich muß ihm vergeben? Ist beim siebenten
Mal die Grenze erreicht?" 22 Jesus sagte zu ihm:
„Ich sage dir: Nicht beim siebenten, sondern
beim siebenundsiebzigsten Mal![1]) 23 Darum ist
das Himmelreich mit einem König zu vergleichen, der mit seinen Knechten abrechnen
wollte.[2]) 24 Als er mit der Abrechnung begann,
wurde ihm einer vorgeführt, der ihm 10.000
Talente[3]) schuldete. 25 Da er zur Rückzahlung
nicht imstande war, befahl der Herr, man solle
ihn, seine Frau, seine Kinder und all seinen Besitz
verkaufen und den Erlös einziehen. 26 Da warf
sich der Knecht ihm zu Füßen und flehte ihn an:
„Hab Geduld mit mir, ich will dir alles zurückzahlen!" 27 Da ergriff den Herrn Mitleid mit seinem Knecht: er schenkte ihm die Freiheit und
erließ ihm die Schuld. 28 Kaum aber hatte der
Knecht den König verlassen, traf er einen seiner
Mitknechte; der schuldete ihm 100 Denare[4]). Da
packte er ihn, würgte ihn und sagte: „Bezahle,
was du mir schuldest!" 29 Da warf sich sein Mit-

knecht vor ihm nieder und flehte ihn an: „Hab
Geduld mit mir, ich will dir alles zurückzahlen!"
30 Er aber lehnte ab, ging hin und ließ ihn ins
Gefängnis werfen, bis er den geschuldeten Betrag
zurückzahle. 31 Wie nun die andern Knechte
sahen, was da geschah, wurden sie sehr erregt,
gingen hin und berichteten ihrem Herrn alles,
was geschehen war. 32 Da rief der Herr ihn zu sich
und sagte: „Du böser Knecht, deine ganze Schuld
habe ich dir erlassen, weil du zu mir flehtest:
33 Hättest du nicht auch mit deinem Mitknecht
Mitleid haben müssen, so wie ich Mitleid hatte
mit dir?" 34 Und voller Zorn ließ er ihn so lange
Frondienste tun, bis er die ganze Schuld zurück-
gezahlt habe. 35 So wird auch mein himmlischer
Vater mit euch verfahren, wenn ihr nicht jeder
seinem Bruder von Herzen vergebt!"

(Wilckens: Das Neue Testament)

1) 77 = „Zahlenspiel" für: immer wieder
2) Himmelreich = hier: Der Wille Gottes
3) 1 Talent = 6000 Denare
4) 10 Denare = ungefähr 8,- DM

VII-16 Der Schneider im Himmel

Es trug sich zu, daß der liebe Gott an einem schönen Tag in dem himmlischen Garten sich ergehen wollte und alle Apostel und Heiligen mitnahm, also daß niemand mehr im Himmel blieb als der heilige Petrus. Der Herr hatte ihm befohlen, während seiner Abwesenheit niemand einzulassen; Petrus stand also an der Pforte und hielt Wache. Nicht lange, so klopfte jemand an. Petrus fragte, wer da wäre und was er wollte. „Ich bin ein armer ehrlicher Schneider", antwortete eine feine Stimme, „der um Einlaß bittet." - „Ja, ehrlich", sagte Petrus, „wie der Dieb am Galgen, du hast lange Finger gemacht und den Leuten das Tuch abgezwickt. Du kommst nicht in den Himmel, der Herr hat mir verboten, solange er draußen wäre, irgend jemand einzulassen." - „Seid doch barmherzig", rief der Schneider, „kleine Flicklappen, die von selbst vom Tisch herabfallen, sind nicht gestohlen und nicht der Rede wert. Seht, ich hinke und habe von dem Weg daher Blasen an den Füßen, ich kann unmöglich wieder umkehren. Laßt mich nur hinein, ich will alle schlechte Arbeit tun. Ich will die Kinder tragen, die Windeln waschen, die Bänke, darauf sie gespielt haben, säubern und abwischen und ihre zerrissenen Kleider flicken." Der heilige Petrus ließ sich aus Mitleid bewegen und öffnete dem lahmen Schneider die Himmelspforte so weit, daß er mit seinem dürren Leib hineinschlüpfen konnte. Er mußte sich in einen Winkel hinter die Türe setzen und sollte sich da still und ruhig verhalten, damit ihn der Herr, wenn er zurückkäme, nicht bemerkte und zornig würde. Der Schneider gehorchte; als aber der heilige Petrus einmal zur Türe hinaustrat, stand er auf, ging voll Neugierde in allen Winkeln des Himmels herum und besah sich die Gelegenheit. Endlich kam er zu einem Platz, da standen viele schöne und köstliche Stühle und in der Mitte ein ganz goldener Sessel, der mit glänzenden Edelsteinen besetzt war; er war auch viel höher als die übrigen Stühle, und ein goldener Fußschemel stand davor. Es war aber der Sessel, auf welchem der Herr saß, wenn er daheim war, und von welchem er alles sehen konnte, was auf Erden geschah. Der Schneider stand still und sah den Sessel eine gute Weile an, denn er gefiel ihm besser als alles andere. Endlich konnte er den Vorwitz nicht bezähmen, stieg hinauf und setzte sich in den Sessel. Da sah er alles, was auf Erden geschah, und bemerkte eine alte häßliche Frau, die an einem Bach stand und wusch und zwei Schleier heimlich beiseite tat. Der Schneider erzürnte sich bei diesem Anblick so sehr, daß er den goldenen Fußschemel ergriff und durch den Himmel auf die Erde hinab nach der alten Diebin warf. Da er aber den Schemel nicht wieder heraufholen konnte, so schlich er sich sachte aus dem Sessel weg, setzte sich an seinen Platz hinter die Türe und tat, als ob er kein Wasser getrübt hätte.

Als der Herr und Meister mit dem himmlischen Gefolge wieder zurückkam, ward er zwar den Schneider hinter der Türe nicht gewahr; als er sich aber auf seinen Sessel setzte, mangelte der Schemel. Er fragte den heiligen Petrus, wo der Schemel hingekommen wäre; der wußte es nicht. Da fragte er wieder, ob er jemand hereingelassen hätte. „Ich weiß niemand", antwortete Petrus, „der dagewesen wäre, als ein lahmer Schneider, der noch hinter der Türe sitzt." Da ließ der Herr den Schneider vor sich treten und fragte ihn, ob er den Schemel weggenommen und wo er ihn hingetan hätte. „O Herr", antwortete der Schneider freudig, „ich habe ihn im Zorne hinab auf die Erde nach einem alten Weibe geworfen, das ich bei der Wäsche zwei Schleier stehlen sah." – „O du Schalk", sprach der Herr, „wollt ich richten, wie du richtest, wie meinst du, daß es dir schon längst ergangen wäre? Ich hätte schon lange keine Stühle, Bänke, Sessel, ja keine Ofengabel mehr hier gehabt, sondern alles nach den Sündern hinabgeworfen. Fortan kannst du nicht mehr im Himmel bleiben, sondern mußt wieder hinaus vor das Tor: da sieh zu, wo du hinkommst. Hier soll niemand strafen denn ich allein, der Herr."

Petrus mußte den Schneider wieder hinaus vor den Himmel bringen, und weil er zerrissene Schuhe hatte und die Füße voll Blasen, nahm er einen Stock in die Hand und zog nach Warteinweil, wo die frommen Soldaten sitzen und sich lustig machen.

(Brüder Grimm)

VII–17 Die Liebe Gottes muß vermittelt werden

Politische Theologie als das Nachdenken über den Glauben muß die gesellschaftliche Situation der Beschädigten wahrnehmen und die gesellschaftlichen Ursachen ihrer Beschädigung aufdecken. Sie kann es sich nicht leisten, einem Menschen unvermittelt zu sagen: Gott liebt dich! Weil alle Realität welthaft, gesellschaftlich vermittelt ist, darum muß auch dieser Satz politisch vermittelt werden; er hat nur Sinn, wenn er eine Bewegung der Veränderung des Status quo bedeutet. Angenommen, er wird zu einem Menschen gesagt, der seit fünfzehn Jahren in den Slums unserer Städte wohnt. Die Verachtung, die er erfahren hat, macht ihm diesen Satz unglaubhaft, läßt ihn nicht an die Liebe Gottes glauben. Er hat erfahren, daß er keine Arbeit bekommt, weil er aus einer Obdachlosensiedlung kommt, daß seine Kinder, obwohl begabt wie andere, in Sonderschulen geschickt werden. Die Gesellschaft, die ihn nicht angenommen hat, hat sich ihm durch die Erfahrung seiner Lebensgeschichte als ein so großer Feind aufgebaut, daß die Situation nicht durch ein Wort übersprungen werden kann. Die Liebesfähigkeit und die Fähigkeit, jemandem zu vertrauen, ist an die Geschichte und an die Erfahrungen, die einer gemacht hat, gebunden. Darum können gesellschaftliche Vorgegebenheiten dem einzelnen die Entscheidung, zu vertrauen oder zu mißtrauen, unmöglich machen. Sie ist ihm genommen. Er kann nicht zum Glauben, Hoffen oder Lieben kommen, er muß erst gesund gemacht werden. Im Johannesevangelium wird von den Kranken am Teich Bethesda erzählt, die auf einen Engel warten, der das Wasser bewegt. Wer danach zuerst ins Wasser steigt, der wird gesund. Jesus spricht mit einem der Kranken, der schon viele Jahre wartet. Er ist nicht in der Lage, zum Wasser zu gehen, und sagt zu Jesus: „Herr, ich habe keinen Menschen, der mich in den Teich bringt, wenn das Wasser bewegt wird" (Joh 5, 7). Solange er so sprechen muß, so lange ist er allein, darum hilflos und zum Kranksein verurteilt. Ohne andere Menschen erhält er keine Chance. Seine Krankheit, sei sie nun physisch oder sozial – das ist im Neuen Testament sehr viel näher beieinander als in unseren die Trennung der Bereiche manifestierenden Vorstellungen –, ist nicht seine private Angelegenheit, mit der er allein fertig werden muß, sie wird vielmehr sozialisiert, zur Frage an die anderen gemacht. Jesus hebt die Lage, in der einer sagen muß, „ich habe keinen Menschen", die Vereinsamung, die Folge und neue Ursache des Unglücks ist, auf. Im Sinne dieser Geschichte bedeutet Heilung: nicht mehr sagen zu müssen „ich habe keinen Menschen".

(Dorothee Sölle) (politische Theologie)
Den Menschen helfen, damit sie wissen, daß Gott sie liebt.

Vergebung zwischen Polen und Deutschen

VII–18 Vergebung und Wiedergutmachung

(...) Auch der einzelne Pole kann mir als einer einzelnen Deutschen doch nur vergeben, daß seine Familie von meinen Volksgenossen ermordet worden ist, wenn mein Land die Grenze eines neuen Friedens anerkennt, wenn Angst politisch überwunden wird. Der politische Sachverhalt begründet zwar nicht die Sündenvergebung, weil ich in dieser gänzlich auf den anderen angewiesen bin; aber er ist eine unabdingbare Voraussetzung, ohne die

Ergebnis: Egal welche soziale Stellung; Gott liebt jeden.

mir weder der Pole noch etwa Gott, der dies ja wohl nicht hinter dem Rücken des Polen inszeniert, vergeben kann und will. (...)
(Dorothee Sölle)

(...) Wir formulieren (...) unsere Einwände in drei Fragen:

1. Konnte ein Pole einem Deutschen, das seinem Volke von den Deutschen angetane Unrecht nicht, auch schon vor dem Abschluß des Warschauer Vertrages, also ohne politische Grenzänderungen vergeben? (...)

2. Wird mancher Pole einem Deutschen nicht auch künftig – nach dem Abschluß des Warschauer Vertrages und der Anerkennung der neuen Grenze – nicht vergeben können? (...)

3. Darf die Vergebung eines Polen gegenüber einem Deutschen letzten Endes davon abhängig gemacht werden, ob es in Bonn eine sozial-liberale Regierung unter Brandt oder eine christlich-demokratische unter Barzel beziehungsweise Strauß gibt? (...)

Und nun wenden wir unsere kritischen Fragen unsererseits in positive theologische Behauptungen: Die einzige unabdingbare Bedingung dafür, daß mir als Deutschem das von meinen Volksgenossen dem polnischen Volke zugefügte Unrecht vergeben wird, ist das Bekenntnis meiner Schuld und Gottes Vergebung. Freilich wollen Gottes Vergebung und mein Schuldbekenntnis (...) „wahrgemacht" sein. Solche „Wahrmachung" aber geschieht durch Wiedergutmachung, und zwar nicht allein im privaten, sondern auch im politischen Bereich, in unserem konkreten Falle durch die Anerkennung der Oder-Neiße-Linie als neuer politischer Grenze. (...) Was die Vergebung als zwischenmenschliche Beziehung, also die Vergebung des einzelnen Polen mir gegenüber, betrifft, so muß ich es darauf ankommen lassen, wenn ich mir meiner Schuld bewußt und der göttlichen Vergebung gewiß bin. Verhielte es sich anders, so würde dies bedeuten, daß ich bis an mein Lebensende mit meiner nicht vergebenen Schuld herumlaufen muß. (...)
(Heinz Zahrnt)

VII-19

Drei Millionen Vertreibungs-Tote

Über 20 Millionen zählte einst die Aufenthaltsbevölkerung im Osten des Deutschen Reiches und in den deutschen Streusiedlungen zwischen Balkan und Wolga. Fast drei Millionen davon starben bei der Liquidation dieser Volksgruppen durch Vertreibung und Verschleppung, hauptsächlich in den Jahren 1945 bis 1947.

Diese erschreckende Bilanz zog der Zeitgeschichtsforscher Dr. Heinz Nawratil als Ergebnis seiner zeithistorischen Recherchen bei einem wissenschaftlichen Kolloquium der Zeitgeschichtlichen Forschungsstelle Ingolstadt am Wochenende. Zum ersten Mal wird damit der Öffentlichkeit ein Überblick über die Gesamtverluste der deutschen Zivilbevölkerung im Osten geboten.

Die letzte Untersuchung dieser Art legte 1958, also vor einem Vierteljahrhundert, das Statistische Bundesamt in Wiesbaden vor. Auf Grund der seinerzeit schwierigen Quellenlage mußten sich die Statistikwissenschaftler damals mit Teilergebnissen zufrieden geben und bei ihren Berechnungen große Personenkreise außer Betracht lassen, vor allem die über 1,5 Millionen Rußlanddeutschen und die 2 bis 2,5 Millionen nach Kriegsausbruch in den Osten zugezogenen Menschen wie etwa Luftkriegsevakuierte, Verwaltungsbeamte mit ihren Familien, Belegschaften ausgelagerter Betriebe oder landverschickte Kinder und Jugendliche.

Wie Nawratil nach mehrjährigen Nachforschungen und mit Hilfe von teilweise unveröffentlichten Materialien des Kirchlichen Suchdienstes zuverlässig ermittelte, starben bei der Vertreibung insgesamt mindestens 2,8, wahrscheinlich aber 3 Millionen Menschen deutscher Abstammung.

Die wichtigsten Todesursachen waren: Unmenschliche Verhältnisse in jugoslawischen, sowjetrussischen, tschechischen und polnischen Konzentrationslagern nach Art des Todeslagers Lamsdorf in Oberschlesien, Pogrome des Pöbels, Massenerschießungen, vor allem durch jugoslawische Partisanen, Ausrottung ganzer Dörfer, wie sie zum Beispiel durch die Rote Armee im ostpreußischen Nemmersdorf stattfand. Und schließlich hielten Hunger und Kälte furchtbare Ernte unter denen, die 1944/45 um ihr Leben laufen mußten, und unter jenen, die später zum Teil ohne ausreichende Verpflegung und Bekleidung in Vertreibungstransporte zusammengepfercht wurden.

(ZFI)

(Braunschweiger Zeitung)

Welches ist der Sinn der Bergpredigt?

VII–20 Perfektionistische Auffassung und Unerfüllbarkeitstheorie

Die erste Antwort auf die Frage nach dem Sinn der Bergpredigt gibt die *perfektionistische Auffassung.* Sie sagt: In der Bergpredigt sagt Jesus seinen Jüngern, was er von ihnen fordert. Er entfaltet den Willen Gottes, wie er ihre Lebensführung bestimmen soll. (...)

Jesus stellt hier ganz ungeheuer schwere Forderungen, obwohl er weiß, daß kein Mensch sie voll erfüllen kann; aber er hofft, daß er auf diese Weise die Menschen dazu bringt, sich ernstlich darum zu bemühen, daß sie wenigstens ein Teilziel erreichen. (...)

Wir wenden uns einer zweiten Antwort auf die Frage nach dem Sinn der Bergpredigt zu. Es ist die Antwort, die von der lutherischen Orthodoxie gegeben worden ist: *die Unerfüllbarkeitstheorie.* Sie hat nicht nur in vergangenen Jahrhunderten eine große Rolle gespielt, sondern hat noch heute zahlreiche Anhänger. (...)

Wenn wir die Bergpredigt mit Ernst lesen, so sagt diese zweite Deutung, müssen wir zutiefst erschrecken. Jesus fordert die Freiheit vom Zorn; selbst das unfreundliche Wort ist des Todes wert. Jesus fordert eine Keuschheit, die bis zur Vermeidung des unreinen Blickes geht. Jesus fordert die absolute Wahrhaftigkeit, die Liebe zum Feind. Wer lebt denn so? Wer kann so leben? Wer kann das erfüllen? Hier setzt die Unerfüllbarkeitstheorie ein. Sie sagt: Es ist ein großer Irrtum, anzunehmen, daß die Bergpredigt erfüllbar sei. Diese Worte Jesu sind unerfüllbar, und Jesus weiß das. Welche Absicht verfolgt er aber dann mit diesen Worten? Die Antwort der Unerfüllbarkeitstheorie lautet: Das kann man am besten verstehen, wenn man sich die Augen durch die Aussagen des Apostels Paulus über das Gesetz hat schärfen lassen. Das Gesetz, sagt Paulus, ist nicht gegeben, um zum Leben zu führen. Nicht das Gesetz rettet, sondern der Glaube. Das Gesetz weckt die Erkenntnis der Sünde. Das Gesetz reizt zur Übertretung. Das Gesetz ist „praeparatio evangelica", indem es dem Menschen sein Unvermögen enthüllt; dadurch, daß es ihn in die Verzweiflung führt, öffnet es ihm erst die Augen für die Herrlichkeit der Gnade Gottes. Genau so ist es mit der Bergpredigt, und genau so hat Jesus sie gemeint. Er will seinen Hörern zum Bewußtsein bringen, daß sie die Forderung Gottes aus eigener Kraft nicht erfüllen können. Er hat die Absicht, sie durch die Erfahrung ihres Versagens dazu zu führen, daß sie an sich selbst verzweifeln. Seine Forderung will unsere Selbstsicherheit zerbrechen; nichts anderes ist beabsichtigt. Die Bergpredigt, sagt diese zweite Theorie, ist „Mosissimus Moses", um ein Wort Luthers aufzugreifen, Moses im Quadrat, Moses bis zum äußersten übertrieben.

Zu diesen beiden Antworten schreibt Joachim Jeremias noch folgendes:

Die Worte Jesu, die in der Bergpredigt zusammengestellt sind, wollen nicht ein gesetzliches Joch auf Jesu Jünger legen, weder in dem Sinn, daß sie sagen: „Das alles mußt du tun, damit du selig wirst", noch in dem Sinn: „Das alles solltest du eigentlich tun; nun sieh, wie armselig du bist", (...) sondern diese Worte Jesu schildern den gelebten Glauben.

(Joachim Jeremias)

VII–21 Vom Sinn verschärfter Normen

(...) Wir können den Umschlag von ethischem Radikalismus zur radikalisierten Gnadenpredigt letztlich nicht begründen. Wir können ihn aber an einigen Stellen in der synoptischen Tradition beobachten. Da wird im Anschluß an die Geschichte vom reichen Jüngling die Frage aufgeworfen: Wenn kein Reicher ins Gottesreich kommen kann, wer kann dann gerettet werden? Die Antwort ist: „Bei den Menschen ist es unmöglich, aber nicht bei Gott. Denn bei Gott ist alles möglich" (Mk 10, 27). Die Unerfüllbarkeit der verschärften Norm wird hier zum Hinweis auf die Gnade Gottes. Das gilt auch für einige normverschärfende Antithesen der Bergpredigt. Gewiß wollen sie verwirklicht werden. Aber es werden doch feine Unterschiede gemacht. Zweimal wird nur die Normwidrigkeit des Verhaltens festgestellt: „Jeder, der seinem Bruder zürnt, ist des Gerichts schuldig" (Mt 5, 22). „Jeder, der eine Frau ansieht, um sie zu begehren, hat mit ihr die Ehe schon in seinem Herzen gebrochen" (Mt 5, 28). Die gewählten Formulierungen sind sinnvoll. Die Verschärfung des Tötungs- und Ehebruchsverbots überfordert jeden Menschen: Aggressive Affekte und erotische Faszination können nicht dem menschlichen Willen unterworfen werden. Wer das verlangt, verlangt Unrealisierbares. Auch die Jesusbewegung schien das zu ahnen. Denn innerhalb der jetzigen Komposition bei Mt folgen weitere Mahnungen, die das zuvor Verbotene de facto voraussetzen: Mt 5, 23 fordert Versöhnung angesichts schon bestehenden Zerwürfnisses, Mt 5, 29 Selbstverstümmelung im Falle von Ärgernissen, setzt also „ärgerliche“ Affekte voraus. Es ist also sinnvoll, daß die jeweiligen Verbote nicht als Handlungsanweisungen formuliert sind. Es heißt nicht imperativisch: „Du sollst nicht zürnen“, „Du sollst keine sexuellen Gefühle gegenüber einer anderen Frau haben!“. Es wird nur indikativisch festgestellt, daß der Zürnende nicht besser als der Mörder, der Begehrende nicht besser als der Ehebrecher ist. Solche Schuldfeststellungen machen die selbstgerechte Verurteilung von Normwidrigkeiten unmöglich. Sie zwingen zu der Erkenntnis, daß es kein Verbrechen gibt, zu dem wir nicht in uns den Antrieb besitzen! Im Unterschied zu den untersuchten zwei Antithesen ist das Verbot des Eids als Handlungsanweisung formuliert: Der Eidesverweigerung stehen in der Tat keine physischen Schranken entgegen. Sie wurde von einigen Gruppen im Judentum geübt.

Ansonsten aber zielen viele radikalisierte Normen (auch) auf die Erkenntnis, daß alle Menschen versagen, daß alle auf Gnade angewiesen sind, daß es sinnlos ist, andere zu verdammen, wenn man den Balken im eigenen Auge nicht wahrhaben will (Mt 7, 3 ff). Daß es sinnlos ist, sich von den Sündern zu separieren, wenn niemand gut ist außer Gott (Mk 10, 18). Daß es absurd ist, den ersten Stein zu werfen (Joh 8, 1 ff). Daß Selbstgerechtigkeit Sünde ist, auch wenn man sich keiner Sünde bewußt ist: Darum geht der Zöllner gerechtfertigt in sein Haus, anders als der selbstgerechte Pharisäer (Lk 18, 10 ff). Im Neuen Testament wurde zum ersten Mal die bestürzende und heilsame Erkenntnis gemacht, daß jede ernst genommene ethische Forderung den Menschen seiner Unzulänglichkeit überführt, daß Ethos ohne Vergebung pervertiert und zur Moral mehr als Moral gehört, wenn sie menschlich bleiben soll. (...)

Das alttestamentliche „Auge um Auge, Zahn um Zahn“ soll nicht mehr gelten. Geboten wird vielmehr, „daß ihr nicht widerstreben sollt dem Übel; sondern wenn dir jemand einen Streich gibt auf deine rechte Backe, dem biete die andere auch dar“ (Mt 6, 39). Der Sinn dieses demonstrativen Verzichts auf Gegenwehr ist, den aggressiven Mitmenschen zur Besinnung zu bringen. Es ist, als postuliere die Jesusbewegung dabei eine noch nicht existierende menschliche Aggressionshemmung, wie wir sie bei Tieren beobachten können, wenn der Unterlegene seinen Verzicht auf Gegenwehr durch eine provozierend schutzlose Haltung signalisiert. Im Tierbereich ist diese Aggressionshemmung instinktiv abgesichert; im menschlichen Bereich aber bedarf sie bewußter Verhaltenssteuerung und ist eine ethische Aufgabe. M. Gandhi und M. L. King haben sie für unsere Zeit neu und nachdrücklich formuliert. Auch sie hofften auf den paradoxen Umschlag von Gewalt in Gewaltlosigkeit, von Aggression in Versöhnung, indem sie durch Verzicht auf Gegenwehr an das Ethos des anderen appellierten. Natürlich enthält dieser Appell eine sublime Aggression, nämlich einen Vorwurf, der darauf baut, daß der andere sich ihn aus freien Stücken zu eigen macht – ohne Zwang. Man hofft, daß ein Teil seiner Aggression nach innen gelenkt wird, so daß neue aggressive Handlungen Schuldbewußtsein und Scham auslösen.

(Gerd Theißen)

VII–22 Das Evangelium ging voran

„Ihr habt gehört, daß gesagt ist: Auge um Auge, Zahn um Zahn. Ich aber sage euch: Ihr sollt nicht prozessieren (so ist zu übersetzen) mit dem, der euch beleidigt (wörtlich: mit dem Schlechten), sondern wenn du einen Schlag auf die rechte Wange bekommst, dann biete auch die andere dar.“ (...) Jesus sagt seinen Jüngern: Was den Rechtsschutz durch das Zivilrecht anlangt, so verbiete ich euch die Klage, wenn ihr beleidigt werdet. Als Beispiel wählt er eine besonders kränkende Beleidigung. Denn der Schlag auf die rechte Wange, der Schlag mit dem Handrücken, ist noch heute im Orient der entehrende Schlag. Jedoch redet Jesus – das ist sehr wesentlich für das Verständnis – nicht von

Beleidigung schlechthin; vielmehr ist der entehrende Schlag aus einem ganz bestimmten Anlaß erfolgt: er trifft den Jünger Jesu als Ketzer (...)

Wenn du als Ketzer entehrt wirst, sagt Jesus, dann sollst du nicht den Rechtsweg beschreiten; dann sollst du dich vielmehr in der Fähigkeit, den Haß und die Beschimpfung zu tragen, Böses zu überwinden, Unrecht zu vergeben, als mein Jünger bewähren. Wieder ging etwas voran: der Eintritt in die Nachfolge Jesu und das öffentliche Bekenntnis zu ihm, durch das der fanatische Haß erst provoziert wird. Möglicherweise können wir noch genauer präzisieren, was voranging, wenn wir fragen: wie kommt Jesus darauf, gerade den Schlag auf die beiden Wangen zum Beispiel zu nehmen? Der Anlaß könnte natürlich die konkrete Erfahrung gewesen sein, daß einer der Jünger in dieser Weise entehrt worden war. Vielleicht ist aber die Feststellung nicht belanglos, daß es im gesamten Alten Testament nur eine einzige Stelle gibt, die vom freiwilligen Erdulden des Schlages auf beide Wangen redet. Das ist Jes. 50, 6, wo der Prophet sagt: „Ich bot meinen Rücken denen dar, die mich schlugen, und meine Wangen (im Plural!) denen, die mich rauften." Steht diese Schriftstelle vor Jesu Augen, dann besagt das Wort vom Schlag auf die Wange, daß Jesus den Jüngern das Prophetenschicksal ankündigte. Dann aber ging diesem Wort die Sendung voran, bei der Jesus die Jünger in die Reihe der Propheten stellte, und die Ankündigung, daß auch ihm selbst das Leidensschicksal bestimmt sei. Es geht also bei dem Wort vom Ketzerschlag nicht – noch einmal sei es gesagt – um die Reaktion auf eine beliebige Beleidigung, sondern um Schmach in der Nachfolge des leidenden Heilands. Trifft die Jünger um des Bekenntnisses zu Jesus willen der entehrende Schlag, dann sollen sie ihm freudig das Kreuz nachtragen.

Es ging etwas voran. Jedem Wort der Bergpredigt ging etwas voran. Es ging voran die Predigt von der Königsherrschaft Gottes. Es ging voran der Zuspruch der Kindschaft an die Jünger (Matth. 5, 16; 5, 45; 5, 48 u.ö.). Es ging voran die Selbstbezeugung Jesu in Wort und Tat. Das Vorbild Jesu steht hinter jedem Wort der Bergpredigt.

(Joachim Jeremias) Die Erfahrung mit Jesus

VII–23 Samuel T. Cohen

„Krieg liegt in der Natur des Menschen"

Europa sei „immer ein sehr kriegerischer Weltteil" gewesen, darum glaube er, daß der Dritte Weltkrieg in Europa stattfinden werde – mit Kernwaffen. Auszüge aus einem Interview des Journalisten Frank Wiering von Hollands Fernsehstation VPRO mit dem Erfinder der Neutronenwaffe, dem Amerikaner Samuel T. Cohen:

FRAGE: Wann haben Sie die Bombe erfunden?

COHEN: Das geschah im Sommer 1958. Ein Ausschuß des Verteidigungsministeriums hatte mich aufgefordert, die Möglichkeiten der Herstellung von Kernwaffen für den Einsatz auf dem Gefechtsfeld zu untersuchen. Ich bin dann zu einem der Laboratorien gefahren, und da habe ich eine bestimmte Entdeckung gemacht, woraus die Neutronenbombe entstanden ist.

FRAGE: Was war das für eine Entdeckung?

COHEN: Sie basiert darauf, was wir Kernfusion nennen. Die entsteht in Form von Energie, aus ungefähr der gleichen Quelle wie die Sonne da oben *(zeigt nach oben).* Und es ist, was wir eine saubere Kernwaffe nennen. Nämlich mit wenig Radioaktivität, die als schädlich betrachtet wird. Also, es ist eigentlich ein riesiger Röntgenapparat. Das ist meine künstlerische Darstellung *(zeichnet eine Reihe Häuser)* von der Silhouette einer Stadt. Und hoch oben in der Luft, so 600 bis 900 Meter über der Stadt, lasse ich meine Neutronenbombe explodieren.

FRAGE: Entwickeln Sie gerne Waffen?

COHEN: Ehrlich gesagt, ja. Es ist eine Herausforderung. Eine sehr faszinierende Beschäftigung.

FRAGE: Was ist Ihnen das Liebste auf der Welt?

COHEN: Das Wesen, das mich hoffentlich sehr bald begrüßen kommt, mein Hund. Aber verraten Sie das bloß nicht meiner Frau und meinen Kindern.

FRAGE: Wie denkt Ihre Frau über die Bombe?

COHEN: Meine Frau beschäftigt sich absolut nicht mit der Bombe. Sie spielt Tennis und beschäftigt sich mit dem Haushalt und überhaupt nicht mit dieser Art scheußlicher Dinge. In einer herkömmlichen Kriegssituation, zum Beispiel dem Kampf um eine Stadt, bestrahlen wir die Armee des Feindes. Aber der Luftdruck, der bei dieser Explosion hoch oben in der Luft entsteht, erreicht die Erdoberfläche nicht, weil er eingeschränkt wird. Dadurch wird die verwüstende Wirkung von Hitze und Luftdruck weit von der Erdoberfläche ferngehalten. Darum wird die Neutronenbombe als eine Bombe beschrieben, die Menschen tötet, aber Eigentum verschont. Wenn ich gefragt werde, ob es nicht unmoralisch sei, Menschen zu töten, aber Eigentum zu verschonen, dann sage ich immer: Die Menschen sind feindliche Soldaten, und Zivileigentum zu verschonen ist sehr richtig. Wollen Sie eine Cola?

Die Bürger können zwei Dinge tun: Die Stadt verlassen, bevor die Schlacht beginnt, was meistens passiert, wenn es genügend Zeit gibt, oder Schutz unter der Erde suchen. In Schutzkellern. Die sind sehr einfach und auch billig. Über der Erde wütet die Schlacht, und sie sitzen sicher unter der Erde. Wenn die Nato beschließen würde, Neutronenwaffen in Europa zu stationieren, dann ist es für die Zivilbevölkerung einfach und billig, Schutzkeller zu bauen. Die Kosten liegen bei hundert Dollar pro Person. Das ist alles. Es ist so billig möglich, weil nur gegen Strahlung geschützt wird. Schutz gegen Luftdruck ist nicht nötig. Dafür würde man große Mengen Stahl und Beton brauchen.

FRAGE: Sie reden immer über Europa, einen Krieg in Europa. Ich wohne in Europa. Ihre Geschichte hört sich für mich nicht so gut an.

COHEN: Das ist logisch. Darauf kann ich nur sagen, daß Sie das Pech haben, Nachbarn des Sowjetblocks zu sein. Sie werden bedroht. Wir sind durch den Ozean von ihnen getrennt.

(Das Fernsehgerät wird eingeschaltet, und wir sehen Ronald Reagan auf dem Fernsehschirm.) Das ist mein Präsident.

FRAGE: Er kann die Produktion weitergehen lassen, nicht wahr?

COHEN: Ja, er hat das entscheidende Wort.

FRAGE: Denken Sie, daß er es tut?

COHEN: Ja, ich denke schon.

FRAGE: Was passiert mit den Soldaten, über denen die Bombe explodiert?

COHEN: Die werden schwer verletzt durch eine intensive Bestrahlung mit Neutronen. Die meisten Soldaten innerhalb des Strahlungsgebietes sind in ein paar Minuten außer Gefecht gesetzt, gelähmt. Die Strahlung greift das zentrale Nervensystem an. Sie können nicht mehr kämpfen. Auf größeren Abstand greift die Strahlung den Magen-Darm-Kanal an. Die Symptome sind: Übelkeit, Erbrechen, Durchfall und so weiter.

FRAGE: Sterben sie danach?

COHEN: Ja, die meisten Soldaten in diesen ersten zwei Kategorien sterben nach einiger Zeit. Je dichter sie dran sind, desto schneller sterben sie. Diejenigen, die am dichtesten beim Zentrum sind, bekommen einen Schock und sterben sehr schnell.

FRAGE: Ist das nicht ein schrecklicher Tod?

COHEN: Sterben ist immer schrecklich, wenn es soweit ist. Wenn man die physiologischen Auswirkungen der Neutronenbombe mit denen der konventionellen Waffen vergleicht, dann kommen Sie wahrscheinlich zu dem Ergebnis, daß, wenn Sie zwischen den beiden wählen müßten, Sie sich für die Neutronenbombe entscheiden würden.

Der moderne Krieg ist mechanisiert. Man drückt nur noch auf Knöpfe. Es gibt keinen Platz für Helden mehr. Der nächste Krieg wird keine Wiederholung der Schützengräben- und Sturmangriffe des Ersten Weltkrieges sein, auch dessen Wiederholung, des Zweiten Weltkrieges, nicht. In diesen zwei Kriegen konnte man ruhig sagen: Ich bin tödlich verwundet, also werde ich wohl sterben, aber ich nehme noch eine ganze Reihe Feinde mit. Im Dritten Weltkrieg kommt das kaum mehr vor.

FRAGE: Wie reagieren Ihre Kinder auf Ihre Erfindung?

COHEN: Mit einer enormen Gleichgültigkeit. *(Zu seiner Tochter):* Wie findest du es, daß dein Papa die Bombe erfunden hat?

TOCHTER: Das ist mir völlig gleichgültig.

COHEN: Ich nehme an, daß Sie alles andere erwartet haben als völlige Gleichgültigkeit. Wie reagieren deine Mitschüler in der Schule? Sprechen die darüber?

TOCHTER: Ja, die finden es merkwürdig. Sie wissen nicht, was sie davon halten sollen. Aber sie sehen meinen Vater anders als ich. Ich sehe ihn völlig getrennt von dem Monstrum Bombe.

FRAGE: Verstehst du, warum andere Schüler die Bombe ungeheuerlich finden?

TOCHTER: Weil sie Menschen tötet. Alles, was Menschen tötet, ist natürlich irgendwie ungeheuerlich.

COHEN: Stell dir vor, du hättest 1939 gelebt, als die Nazis fast ganz Europa besetzten. Wärest du damals auch gegen das Töten gewesen, auch wenn du sie damit aus dem Land gehalten hättest?

TOCHTER: Natürlich nicht. Aber ich finde die Bombe nicht ungeheuerlich, weil sie unser Land beschützt, sondern weil sie Menschen tötet. Genauso scheußlich wie eine Schußwaffe. Töten ist töten. Aber zur Verteidigung kann sie sehr nützlich sein.

COHEN: Dann sind Menschen Monstren, weil sie sich gegenseitig umbringen.

TOCHTER: Da bin ich hundertprozentig mit dir einverstanden. Nicht alle Menschen. Die meisten Menschen. Du verallgemeinerst zuviel.

COHEN: Ich halte alle Menschen für Monstren. Wer nicht tatsächlich tötet, hegt solche Gedanken.

TOCHTER: Woher weißt du das?

COHEN: Das weiß ich. Ich lese. Und die Menschen sprechen.

TOCHTER: Also, du hältst alle Menschen für Monstren? Dann bist du auch eins!

COHEN: Natürlich.

FRAGE: Ihr Sohn ist bei der Marine. Wie fänden Sie es, wenn er Opfer Ihrer Bombe würde?

COHEN: Oh, nein, nein, nein, die Bombe wird auf dem Land eingesetzt. Wenn mein Sohn jemals in eine Kriegszone kommt, gehört die Neutronenbombe nicht zu den Gefahren, die ihn bedrohen. Wohl Torpedos und ferngesteuerte Raketen.

FRAGE: Sehen Sie ihn lieber von Torpedos oder von einer Neutronenbombe bedroht?

COHEN: Eigentlich lieber von einem Torpedo. Ich sagte gerade, wie die Neutronenbombe wirkt. Torpedos arbeiten anders, die vernichten Material, kein Leben. Ein Torpedo bringt das Schiff zum Sinken, dann kann mein Sohn auf einem Floß oder einem Rettungsboot entkommen und am Leben bleiben. Mir wäre es also lieber, wenn sein Schiff mit Torpedos angegriffen würde.

FRAGE: Haben Sie in den letzten 20 Jahren nie gedacht: O Gott, was hab' ich da erfunden?

COHEN: Nein, niemals. Es ist mit Abstand die genaueste Selektivwaffe, die jemals erfunden worden ist. Das klingt angeberisch. Aber es ist zufällig wahr. So etwas hat es noch niemals gegeben.

FRAGE: Wer ist das auf jenem Photo?

COHEN: Kardinal Casaroli, Außenminister des Vatikan. Ich war vor zwei Jahren sein Gast. Im Vatikan. Der Höhepunkt des Besuches war, als er mich dem Papst vorgestellt hat. Keinem Geringeren.

FRAGE: Wie lief das ab?

COHEN: Ich wurde vorgestellt als der Vater der Neutronenbombe.

FRAGE: Wie reagierte der Papst?

COHEN: Der Papst reagierte bemerkenswerterweise sehr ruhig, während andere Geistliche recht schockiert waren, als ich mit diesem Titel vorgestellt wurde. Der Papst fragte, ob ich für den Frieden arbeite. Ich versicherte ihm, daß ich mein Bestes getan hätte und daß ich durch sein Vorbild inspiriert gewesen sei.

FRAGE: Glauben Sie, daß es Krieg gibt?

COHEN: Ja. Es ist schrecklich, das zu sagen. Ja, ich denke schon. Ich glaube, daß es einfach in der Natur des Menschen liegt, das Kämpfen. Es hat immer Krieg gegeben, vor allem in Europa. Das ist, gelinde gesagt, immer ein sehr kriegerischer Kontinent gewesen. In jedem Krieg haben die Parteien stets alle Waffen eingesetzt, die zu ihrer Verfügung standen. Ich befürchte also nicht nur, daß es wieder Krieg gibt, auch wenn niemand sagen kann, wann, sondern daß dann auch Kernwaffen eingesetzt werden.

Im Moment arbeite ich an einem Verteidigungsplan, in dem Kernwaffen – also auch Neutronenbomben – gebraucht werden, um sehr große Armeen von der Besetzung solcher Länder abzuhalten, die defensiv eingestellt sind. Dieser Plan umfaßt auch eine Kernwaffenbatterie. Die will ich der Einfachheit halber mal als eine nationale Verteidigungslinie entlang der Grenzen beschreiben. Dabei wird von der einen oder anderen Form der Kernenergie Gebrauch gemacht, um hoffentlich zu garantieren, daß der Feind nicht einfällt.

FRAGE: Diese Linie befindet sich in Europa?

COHEN: Ich denke da in erster Linie an Europa. Ein derartiges System sollte logischerweise sehr gut für die Grenze zwischen Ost- und Westdeutschland geeignet sein – der Eiserne Vorhang. Aber die Deutschen wehren sich sehr heftig gegen derartige Dinge.

FRAGE: Sehen Sie sich selbst als Wissenschaftler?

COHEN: Nicht mehr. Nicht ganz. Sie haben natürlich von der Psychoanalyse gehört und vom Unbewußten. Nun, die erste spontane Assoziation, die bei mir hochkam, war, daß ich mich selbst als Humanisten betrachte. Ist das nicht merkwürdig?

FRAGE: Ja, ziemlich.

COHEN: Aber ich war wohl ehrlich, als ich das aus meinem Unbewußten hervorholte.

FRAGE: Wie kann man eigentlich kreativ sein, wenn man an zerstörerischen Sachen arbeitet?

COHEN: Verzeihung, mein Herr. Die Neutronenbombe ist keine zerstörerische Waffe ...

FRAGE: Aber sie tötet Menschen.

COHEN: Feindliche Militärs. Das gehört nun leider mal zum Krieg. So war es immer.

(Der Spiegel)

VII-24 Fragen an die Bergpredigt

Die Bergpredigt ist eine uns tief bewegende Mahnung zur Gewaltlosigkeit, und der Christ, der sich für seine Person entscheidet, Gewalt hinzunehmen und Unrecht widerstandslos zu dulden, kann sich gewiß auf die Bergpredigt berufen. Aber eine ganz andere Frage ist es jedoch, ob derjenige, der für andere Verantwortung trägt, diese anderen schutzlos der Gewalt überantworten darf oder ob es nicht vielmehr gerade seine christliche Pflicht ist, die ihm Anvertrauten vor Gefahr, vor Unrecht, vor Gewalt oder vor Aggression zu schützen.

Oder sollte etwa ein Vater seine Familienangehörigen, ohne Widerstand zu leisten, Gewalttätern ausliefern? Als Christen werden wir über diese Fragen noch intensiv sprechen müssen.

(Karl Carstens)

Individual-Ethik = betrifft mich
Verantwortungs-Ethik = betrifft Verantw. in Bezug auf Gruppe

Fasten – nur ein Ritus?

VII-25 Grund zum Glücklichsein

Anzeige

Ein neues Leben mit „schlank und satt"

„... Wenn ich mich mal nackt im Spiegel ansah, kamen mir die Tränen. Ich mochte mich selber nicht mehr leiden, vor Freunden und Bekannten hatte ich Hemmungen, in meiner Ehe kriselte es – und eines Tages kam der große Schock: Auf 78 Kilo war der Zeiger der Waage gestiegen. Da erfuhr ich, daß es die „schlank und satt"-Diät gibt. Ein letzter Versuch, nach vielen vergeblichen anderen. – Und jetzt, nach einem halben Jahr, fühle ich mich wie ein neuer Mensch: glücklich und befreit..."

Frau Lisa N., 42, aus H., nach ihrer „schlank und satt"-Kur.

Es klingt wie ein Wunder: Der Diät-Computer von „schlank und satt" hat der verzweifelten Lisa N. ihr Glück und Selbstvertrauen wiedergegeben.

Ein wissenschaftlich erprobtes, individuelles Eßprogramm, das schlank, aber auch satt macht. Kein Hungern, sondern ein gezieltes Fasten, ganz auf die vertrauten Eßgewohnheiten abgestimmt.

Im Verlauf von 6 Monaten nahm Frau N. Pfund um Pfund ab. „Ich konnte es im Spiegel mitverfolgen, wenn ich der Waage nicht recht glauben wollte. Denn ich durfe ja essen, wurde satt, und alles schmeckte köstlich. Heute wiege ich 58 Kilo; 40 Pfund Speck: einfach weg! Die Kleider und Hosen passen wieder, und ich bin rundherum glücklich."

Dieses Glück erfuhren vor Frau Lisa N. schon viele tausend „schlank und satt"-Teilnehmer, unter ihnen auch Ärzte, Apotheker und ihre Ehefrauen.

Auch Sie sollten sich dem Computer anvertrauen, der den Speiseplan von „schlank und satt" speziell für Sie ausarbeitet.

Unverbindlich und kostenlos erhalten Sie ausführliche Informationen bei . . .

Bei psychisch bedingter Fettsucht und Magersucht ist ärztliche Behandlung angezeigt.

VII-26

Fasten für den Frieden

Neun Menschen wollen gegen Wettrüsten unbefristet hungern

MAINZ, 11. Juli. Neun Menschen verschiedener Nationalität, darunter die 52jährige Deutsche Johanna Maria Jordan, wollen ab dem 6. August, dem Jahrestag des Atombomben-Abwurfs von Hiroshima, unbefristet für den Frieden fasten. Damit sollen, wie Frau Jordan am Montag in Mainz sagte, „sehr energische Zeichen" gesetzt werden, „damit die dickfelligen Politiker endlich begreifen". Die neun Menschen sind entschlossen, in San Francisco, Paris und Bonn solange zu hungern, „bis der Durchbruch zur Beendigung des atomaren Wettrüstens erzielt worden ist". „Wir werden uns nicht geschlagen geben, wenn ein oder zwei von uns sterben", sagte Frau Jordan.

Das „Friedensfasten" soll von verschiedenen Aktionen weltweit unterstützt werden. Unter anderen haben sich nach Darstellung der bundesdeutschen Koordinationsgruppe einige US-Bischöfe ebenso bereiterklärt, eine Zeitlang mitzufasten, wie Baptisten in der Sowjetunion. (...)

(Frankfurter Rundschau)

VII-27

Prügel für Ungläubige

RIAD, 11. Juli (dpa). Im jetzt zu Ende gegangenen Fastenmonat Ramadan sind in Saudi-Arabien über 300 ausländische – asiatische – Bauarbeiter zu je 40 Stockhieben verurteilt worden, weil sie die islamischen Fastengebote gebrochen hatten. Wie die Presse am Sonntag berichtete, hatten die Ausländer während der Arbeitszeit auf den Baustellen etwas gegessen oder bei der tropischen Hitze auch einen Schluck getrunken – wobei sie von den Moslems gesehen werden konnten.

(Frankfurter Rundschau)

Passionszeit: Aschermittwoch – Ostersamstag (Fastenzeit)

VII–28

Bürgermeister klagt über den Ramadan

Schwäbischer Dorfvorsteher bittet Betriebe, keine Türken mehr einzustellen / „Fastenzeit macht kraftlos“

Zu einer Ausländerpolitik auf eigene Faust und auf ungewöhnliche Art hat sich der Bürgermeister der 3100 Einwohner zählenden Gemeinde Gosheim auf dem Heuberg, einer Hochebene am Südrand der Schwäbischen Alb, entschlossen. In einem mit dem Vermerk „vertraulich“ versehenen Brief wandte sich Hans Fortenbacher an die etwa 30 Betriebe seines Sprengels. In dem dienstlichen Schreiben „erlaubt sich das Bürgermeisteramt den Hinweis und die Bitte, nach Möglichkeit keine Arbeitskräfte türkischer Staatsangehörigkeit einzustellen“.

Der Bürgermeister begründete seine Bitte damit, daß die türkischen Bewohner sich in der Regel nicht integrieren ließen. Sie würden ihre Kinder nicht in den Kindergarten schicken, und „große Probleme entstehen beim Schulbesuch türkischer Kinder, die kaum lösbar sind“, erinnert Fortenbacher die Unternehmen an die Folgen ihrer Einstellungspolitik. Bisher seien die Probleme in der eigenen Gemeinde noch verhältnismäßig klein. Bei einer Zunahme der Zahl der Türken würden aber alle Schwierigkeiten, mit denen andere Städte und Gemeinden nicht fertig würden, auch in Gosheim zu erwarten sein.

Bisher leben dort 500 Ausländer, meist Italiener und Jugoslawen, die in den feinmechanischen Betrieben als Arbeitskräfte sehr willkommen sind. Erst fünf türkische Familien hat es nach Gosheim verschlagen; mehr sollen es nach dem Willen des Dorfoberhauptes auch nicht werden. „Die vielfältigen Probleme basieren auf einer völlig anderen Lebensauffassung und Einstellung zu unseren Lebensgewohnheiten, begründet durch den Islam“, klärte der Bürgermeister die Industriellen über die besondere Unverträglichkeit von Türken in einer streng katholischen Gegend auf. Die Religion sei das große Problem, ergänzte er gegenüber der Lokalzeitung. „Wenn die Leute ihre Fastenzeit haben, dann halten die das“, klagte er. Das bedeutet, daß sie nach 14 Tagen Ramadan „saft-und kraftlos“ an den Maschinen stehen.

Der Fall, so kommentierte der zuständige Tuttlinger Landrat Hans Volle, sei „in der Tat außergewöhnlich, aber ich sehe mich nicht veranlaßt, einzugreifen.“

(Süddeutsche Zeitung)

VII–29 Das Fasten im Monat Ramadan

Der Fastenmonat *Ramadan* stellt für jeden Muslim eine besondere Herausforderung dar, weil die Fastenvorschriften – wie durch Koran 2, 183–87 beschrieben – einen radikalen Eingriff in die üblichen Lebensgewohnheiten darstellen.

Fasten heißt für den Muslim – und zwar für Mann und Frau –, auf Essen, Trinken, Rauchen, jedwede geschlechtliche Betätigung und alle anderen leiblichen Genüsse einen ganzen Monat hindurch jeweils von Sonnenaufgang bis Sonnenuntergang zu verzichten. Diese Umstellung des üblichen Rhythmus und der Eß- und Lebensgewohnheiten setzt ein hohes Maß an persönlicher Willenskraft und Selbstdisziplin voraus, und viele moderne Autoren der islamischen Welt sehen gerade in der Entfaltung dieser Selbstdisziplin den eigentlichen Sinn der Fastenvorschrift. Obwohl der Mensch wie das Tier das Triebverlangen kennt und ihm gewöhnlich auch entspricht, besitzt er im Unterschied zum Tier die Kraft, frei über die Befriedigung dieser Bedürfnisse zu entscheiden. Diese Freiheit soll durch das Einhalten der Fastenvorschriften während eines ganzen Monats unter Beweis gestellt werden. Das Fasten kann darüber hinaus bewirken, daß die Wohlhabenden die Bedürfnisse der Mittellosen am eigenen Leibe verspüren und auf sie aufmerksam werden, wenn sie wie die Notleidenden Hunger und Durst haben. Indem sie dies erleiden, können sie menschliches Mitleid oder Mit-Leiden erlernen und sind nachher wohl eher bereit zu helfen, wo Hilfe notwendig ist.

Es versteht sich von selbst, daß die geforderte Selbstdisziplin besonders groß sein muß, wenn der Ramadan in den Sommer fällt (1983 lag er im Juni/Juli); denn wie alle Monate des islamischen Jahres durchwandert auch der Ramadan sämtliche Jahreszeiten.

Das ist so, weil das reine Mondjahr nur 354 Tage hat und somit 11 Tage kürzer ist als unser Sonnenjahr. Die Folge davon ist, daß der Neujahrstag im Vergleich zum Kalender des Sonnenjahres stets um 11 Tage nach vorne rückt (d.h. beispielsweise vom 19. Oktober 1982 auf den 8. Oktober 1983), und dementsprechend wandern alle Feste und Monate über die Jahreszeiten hinweg. (...)

Fasten im Islam meint also etwas anderes als bei den Christen. Es ist weder ein zeitweiliges Verbot bestimmter Speisen (z.B. Fleisch, Fisch oder Eier) noch die Verringerung der Essensmenge beabsichtigt, sondern ausschließlich die Verschiebung der Essenszeiten gefordert. Sobald es Abend ist, darf wieder gegessen und getrunken werden, was in der Praxis oft zu ausgiebigen Nachtmählern führt, so daß man in den Ramandannächten lange aufbleibt und gerne feiert. Mit jedem Tag steigert sich die Festesfreude. Sie findet am 27. Ramadan, der „Nacht der Bestimmung", wo man der Offenbarung des ersten Passus aus dem Koran gedenkt, einen ersten Höhepunkt und gipfelt im „Fest des Fastenbrechens" (...) zum Abschluß des Ramadan.

Die Einhaltung der Fastenvorschriften bringt in der modernen Welt mancherlei Schwierigkeiten mit sich. Die Arbeitskraft ist durch Hunger und Durst und eine gewisse Übermüdung infolge der nächtlichen Feiern eingeschränkt. Dadurch erhöht sich die Zahl der Betriebsunfälle, während die wirtschaftliche Leistungskraft im Vergleich zu den anderen Monaten des Jahres nachläßt. Besonders hart ist der Ramadan für Muslime, die außerhalb der islamischen Welt leben und auf welche die Ausnahmeregelungen für Reisende deshalb nur eingeschränkt Anwendung finden können. Sie haben daher nicht nur mit ihrem eigenen Hunger und Durst zu kämpfen, sondern auch noch mit der Verständnislosigkeit von Arbeitskollegen oder Mitstudenten, die nicht einsehen, daß die angebotene Zigarette oder der Kaffee im Gegensatz zu sonst in dieser Zeit abgelehnt werden. Hinzu kommt, daß die nächtlichen Feiern oft zu Ruhestörungen führen und daß in diesem Monat durch die Festessen sowie durch die einfache Tatsache, daß nachts die Kantine oder die Mensa geschlossen bleibt, erhebliche Mehrausgaben notwendig werden. Der europäische Tourist wird in der islamischen Welt insofern vom Ramadan berührt, als meist nur die großen Touristenrestaurants tagsüber geöffnet sind und es nicht ratsam ist, in aller Öffentlichkeit am Tage etwas zu essen oder zu trinken bzw. zu rauchen.

Im Zuge der Erneuerung des Islam ist zu beobachten, daß der Ramadan gegenwärtig wieder stärker befolgt wird als etwa vor einigen Jahren. Auch verzichten viele, die aufgrund von Krankheit oder irgendwelchen Gebrechen von der Einhaltung des Fastens befreit sind, auf die konsequente Anwendung der Ausnahmeregelung, indem sie wenigstens den Versuch unternehmen, einige Tage lang mitzufasten. Dabei spielt der Gedanke der Solidarität mit den anderen in der *umma* zweifellos eine sehr wichtige, motivierende Rolle. So kann man etwa in Ägypten heute davon ausgehen, daß mindestens 60 % den Ramadan streng einhalten, ja es scheint, daß selbst die sich ihm noch verpflichtet fühlen (im Sinne einer kulturellen Gewohnheit und einer Solidaritätsbekundung), die sonst eine eher lasche Religionspraxis haben und distanziert bis kritisch eingestellt erscheinen. Diese emotional-sozio-kulturelle Bindung an das Fasten im Ramadan kann daher nicht hoch genug eingeschätzt werden.
(Funkkolleg Religion)

VII-30 Aussagen zum Fasten in der Bibel
(Zusammenstellung)

Fasten. Völlige oder teilweise Enthaltung von Speise und Trank, bisweilen auch von geschlechtlichem Verkehr, gilt im AT als Ausdruck bewußter Selbstminderung. Sie wird erforderlich beim Tod von Angehörigen (1 Sam 31, 13), in kultischer Form als Bußritus, bei Unheilsschlägen und bei öffentlichem Sündenbekenntnis, aber auch als Selbsterniedrigung des Menschen vor einer Manifestation Gottes, die zu erwarten ist (2 Mose 34, 28; Dan 9, 3). Bei solchen Anlässen wird das F. mit Asche begleitet. Kollektives Fasten ist für bestimmte Tage des Jahres-Festkreises geboten (4 Mose 29, 7; Sach 7, 3.5; 8, 19). Aber auch bei außerordentlichen Anlässen wie Niederlagen vor dem Feind (Richt 20, 26; 1 Sam 7, 6), Heuschreckenplage (Joel 1, 14) wird ein außerordentlicher Fasttag durch Priester einberufen. Daneben gibt es individuelles Fasten; so fastet David um seines kranken Kindes willen (2 Sam 12, 16) und Nehemia wegen des schlimmen Zustandes seines Volkes (Neh 1, 4).

Bei einigen Propheten wird bloßes zeremonielles F. als Äußerlichkeit gerügt (Jes 58, 3–7; Joel 2, 13; Sach 7, 5), ohne daß dem

Ritus damit grundsätzlich der Sinn abgestritten wird. Im Unterschied zu Johannes dem Täufer und seiner Bußbewegung hielt Jesus mit seinen Jüngern kein F. (Mk 2, 18; Mt 11, 18 f.): Durch die Nähe des Reiches Gottes war für ihn bereits die Gegenwart als Freudenzeit ausgewiesen, die für die Selbstminderung durch F. keinen Raum bot (Mk 2, 19). Das Urchristentum kehrte erst allmählich wieder zu F.-Bräuchen zurück (Mt 6, 16–18). Während die Juden am Dienstag und Donnerstag fasteten, waren Mittwoch und Freitag (wohl in Erinnerung an den Tod Jesu) christl. F.-Tage (Did 8, 1).

(Reclams Bibellexikon)

VII-31 Wahre und falsche Frömmigkeit

(Jes 58, 3–10)
3 „Warum [so sprechen sie] fasten wir, und du
siehst es nicht? Warum kasteien wir uns, und du
beachtest es nicht?“ Siehe, an eurem Fasttag geht
ihr dem Geschäfte nach, und alle eure Arbeiter
drängt ihr. 4 Siehe, ihr fastet zu Zank und Streit
und zum Schlagen mit ruchloser Faust. Ihr fastet
zur Zeit nicht so, daß eure Stimme in der Höhe
gehört würde. 5 Ist das ein Fasten, das mir gefällt:
ein Tag, da der Mensch sich kasteit? Daß man den
Kopf hängen läßt wie die Binse und in Sack und
Asche sich bettet – soll das ein Fasten heißen und
ein Tag, der dem Herrn gefällt? 6 Ist nicht das ein
Fasten, wie ich es liebe: daß du ungerechte Fesseln öffnest, die Stricke des Joches lösest? daß du
Mißhandelte ledig läßt und jedes Joch zerbrichst?
7 daß du dem Hungrigen dein Brot brichst und
Arme, Obdachlose in dein Haus führst? wenn du
einen Nackten siehst, daß du ihn kleidest und
dich den Brüdern nicht entziehst? 8 Dann wird
dein Licht hervorbrechen wie die Morgenröte
und deine Heilung eilends sprossen; deine
Gerechtigkeit wird vor dir her gehen, und die
Herrlichkeit des Herrn wird deinen Zug schließen. 9 Wenn du dann rufst, so wird der Herr antworten; wenn du schreist, so wird er sprechen:
Siehe, hier bin ich! Wenn du das Joch entfernst
aus deiner Mitte, nicht mehr mit Fingern zeigst
und aufhörst, ruchlos zu reden, 10 wenn du dem
Hungrigen dein Brot darreichst und die gebeugte
Seele sättigst: dann wird dein Licht aufstrahlen in
der Finsternis und dein Dunkel werden wie der
helle Mittag.

(Zürcher Bibel)

VII-32 Aussagen Jesu zum Fasten

(Mk 2, 18–19. 21–22)
18 Und die Jünger des Johannes und die Pharisäer hatten Fasttag. Und die Leute kamen und sagten zu ihm: Warum fasten die Jünger des Johannes und die Jünger der Pharisäer, deine Jünger aber fasten nicht?
19 Da sprach Jesus zu ihnen: Können etwa die Hochzeitsleute fasten, während der Bräutigam bei ihnen ist? Solange sie den Bräutigam bei sich haben, können sie nicht fasten.
20 Doch es werden Tage kommen, wo der Bräutigam von ihnen genommen sein wird, und dann werden sie fasten an jenem Tage.
21 Niemand näht ein Stück ungewalktes Tuch auf ein altes Kleid; sonst reißt das Flickstück (einen Teil) von ihm ab, das neue von dem alten, und der Riß wird schlimmer.
22 Und niemand füllt neuen Wein in alte Schläuche; sonst wird der Wein die Schläuche zerreißen, und der Wein geht zugrunde samt den Schläuchen. Sondern neuen Wein (füllt man) in neue Schläuche.

(Zürcher Bibel)

Bearbeitungsmöglichkeiten

Mose, der Mittler des Alten Bundes

VII-1-3 Betrachten Sie die beiden Bilder, auf denen Ihnen Mose, der Gesetzgeber, vorgestellt wird.
1) Äußern Sie Ihre Gedanken darüber, warum der Zeichner der Karikatur noch ein Buch mit Ausführungsbestimmungen hinzugefügt hat. Lesen Sie dazu VII-6: Leben mit 613 Geboten.
2) Aus Strahlen sind Hörner geworden
VII-3 klärt, wie es dazu kam. Darüber hinaus könnte man sich fragen, ob diese Formulierung unbeabsichtigt noch einen inhaltlichen Sinn andeutet: Die Gebote, auch die „Zehn großen Freiheiten“ genannt, wollten Lebensermöglichungen sein. Stellen die Ausführungsbestimmungen, wie beispielsweise in VII-6, nicht eher Lebensverengungen dar, an denen man sich stößt wie an Hörnern?
3) Die in VII-4 vorgestellten 10 Gebote in der Fassung von Luthers Kleinem Katechismus entsprechen in der Formulierung nicht immer denen des Alten Testaments. Machen Sie eine Stichprobe zum 1. Gebot im Vergleich mit Ex 20, 2 und zum 4. Gebot im Vergleich mit Ex 20, 12.
Was hat Luther geändert? Warum? Erörtern Sie die Frage, ob solche Veränderungen statthaft sind.
VII-4 Elf Gebote
Die Einladung zu diesem Experiment knüpft an den

Dekalog an und führt weiter zu der Frage, ob einmal und für alle Zeiten festgelegt werden kann, was für das menschliche Zusammenleben gelten soll. Ihr „11. Gebot" wird einen breiten Spielraum für Diskussionen eröffnen.

VII-5 kann alternativ zu VII-4 bearbeitet oder im Anschluß daran behandelt werden. Die „Leserbriefe" lassen sich besprechen, auch ohne den „Versuch der Hamburger Konfirmandengruppe", auf den sie sich beziehen, in allen Einzelheiten und vollständig ausgewertet zu haben.

VII-6 AT: Leben mit 613 Geboten
Dieser Aufsatz vermittelt Einblicke in die Lebenswirklichkeit des heutigen Staates Israel, in der alte religiöse Traditionen und moderne Strömungen aufeinandertreffen.

VII-7 Mit diesem Arbeitsgang werden Sie dazu angeregt, eine Untersuchung anzustellen, wie Jesus zu den Normen seiner religiösen Umwelt stand. Sie soll zu vielfältigen Beobachtungen anregen. Ihre Ergebnisse werden im Verlauf der Bearbeitung dieses Blockes immer wieder zur Überprüfung gestellt werden. Zur vertiefenden Besprechung sollen VII-6, 8, 9-14, 25-32 dienen.

VII-8 greift aus den in VII-7 untersuchten Bereichen weiterführend die Frage nach dem rechten Verständnis des Sabbath-Gebotes auf. Es zeigt, daß im Judentum zur Zeit Jesu die strengsten Vorschriften von den sogenannten Wüstenleuten, den Essenern in Qumran, aufgestellt wurden, strenger als bei den Rabbinen und Pharisäern, die im Neuen Testament allgemein als Kontrahenten Jesu genannt werden. (Zum Bereich „Fasten" werden in VII-25-32 zusätzliche Erörterungsmöglichkeiten angeboten.)

„. . . der werfe den ersten Stein!"

VII-9-14 Die Materialien führen von den in VII-7 untersuchten Bereichen unter dem Stichwort „. . . der werfe den ersten Stein!" den Bereich „Ehe" aus. Joh 8, 3-11 (VII-12) könnte als Ausgangspunkt für eine Diskussion der vielfältigen Problemstellungen gewählt werden.

Grenzen der Vergebung?

VII-15-16 Die Parabel vom Schalksknecht aus dem Neuen Testament greift den Aspekt der Vergebungs-Notwendigkeit auf. Das Märchen „Der Schneider im Himmel" variiert die in der Parabel angesprochene Thematik.
Diskutieren Sie die beiden Texte unter Berücksichtigung der These: „Alles wird vergeben, nur Nicht-Vergeben wird nicht vergeben".
Einige Ausleger des Neuen Testaments vertreten die Ansicht, daß die Parabel in Mt 18 ursprünglich mit Vers 33 endete und erst durch Matthäus den Zusatz der Verse 34/35 erfahren hat. Was meinen Sie: Macht das einen Unterschied?

VII-17 Die evangelische Theologin Dorothe Sölle versucht, unter dem Stichwort politische Theologie die Notwendigkeit einer konkreten Vermittlung von Glaubensaussagen darzulegen.
Untersuchen Sie den Text unter dieser Fragestellung und erörtern Sie, ob das „nur" in Zeile 10 im Zusammenhang mit der Zusage „Gott liebt dich" den einzigen Sinn ergibt!

Vergebung zwischen Polen und Deutschen

VII-18-19 Können Polen Deutschen vergeben?
Erläutern Sie die Stellungnahme des evangelischen Theologen und Journalisten Heinz Zahrnt in Auseinandersetzung mit Dorothee Sölles „Politischer Theologie", und diskutieren Sie die unterschiedlichen Positionen.
Nawratil-Untersuchung
Können die Ergebnisse dieser Untersuchung die verhandelte Fragestellung verändern? Berücksichtigen Sie bei Ihren Überlegungen die in VII-21 gemachten Aussagen zur Selbstgerechtigkeit, und wägen Sie Ursachen und Folgen von Handlungen ab!

Welches ist der Sinn der Bergpredigt?

VII-20-22 Sinn der Bergpredigt
Anhand der vorgegebenen Materialien können Sie einen Eindruck davon gewinnen, daß die radikalen Forderungen Jesu unterschiedliche Deutungsmuster veranlaßt haben. Besprechen Sie diese, und stellen Sie sich der Frage, ob die Bergpredigt trotzdem für Christen heute verbindlich bleibt.

VII-23 Krieg liegt in der Natur des Menschen
1) Charakterisieren Sie die Einstellung von Samuel T. Cohen!
2) Kontrastieren Sie sie mit den Deutungen der Bergpredigt in VII-20-22.
3) Diskutieren Sie die widersprüchlichen Auffassungen von Wesen und Bestimmung des Menschen.

VII-24 Der ehemalige Bundespräsident Karl Carstens zur Bergpredigt (Ostersonntag 1981 in Bremen): Welche Unterschiede in der Berufung auf die Bergpredigt spricht Carstens an? Besprechen Sie – wie es Carstens dem Leser nahelegt – die Konsequenzen intensiv!

Fasten – nur ein Ritus?

VII-25-32 Am Beispiel „Fasten" werden unterschiedliche Intentionen eines auf den ersten Blick rituellen Verhaltens in ihrer Komplexität und ihren verschiedenartigen Begründungszusammenhängen vorgestellt. Lassen Sie sich auf eine Motivuntersuchung ein, um festzustellen, ob und wieweit ein „alter Ritus" neue Bedeutung gewinnen könnte!
Erörtern Sie, indem Sie VII-6, 8 und 9-14 einbeziehen, Berührungspunkte und Schwierigkeiten, die sich in Begegnungen von Menschen unterschiedlicher Religionszugehörigkeit in unserer kleiner werdenden Welt zeigen.

Block VIII: Christentum im Nationalsozialismus

Einleitung

Das Thema dieses Blockes ist in drei Bereiche unterteilt, die je nach Lernzielen, Voraussetzungen und Interessen schwerpunktmäßig bearbeitet werden können:

1) Nationalsozialismus: Christentum der Tat? VIII-1-12
2) Deutsche, Arier, Juden, Christen - und die Rolle der Kirche? VIII-13-24
3) Jesus, der Jude? VIII-25-28

Allem übergeordnet - sei es als Ausgangsfrage, sei es als Schlußfrage im Unterricht ausführlicher thematisiert - sind Überlegungen angebracht, welche Bedeutung diese Erfahrungen der Vergangenheit für Gegenwart und Zukunft haben können.

In diesem Block werden somit auch zwei Themenbereiche erschlossen, die in Richtlinien und Lehrplänen als verbindlich erscheinen:

1) Das Selbstverständnis der Kirche in Auseinandersetzung mit Weltanschauungen und Ersatzreligionen. (Zugleich ein Beitrag zur „Kirchengeschichte".)
2) Das Christentum im Dialog mit dem Judentum, orientiert an der umstrittenen Frage nach der Bedeutung Jesu für die beiden Religionsgemeinschaften.

VIII-1

Ein BDM-Mädchen betet

„Lieber Gott, hilf, daß Vater unseren Führer versteht."

„Eintopf“: Nationalsozialismus = Christentum der Tat?

VIII–2

Grosskampftag gegen Hunger und Kälte

Berlin, 21. September (WTB). —

Wie bereits angekündigt worden ist, wird am 1. Oktober nicht nur in den Privathaushaltungen, sondern auch in sämtlichen Hotels und Gaststätten im Deutschen Reich das Eintopfgericht zugunsten des Kampfes gegen Hunger und Kälte auf den Tisch kommen.

Das Hotel- und Gastwirtschaftsgewerbe hat dieser nationalsozialistischen Gemeinschaftsaktion des deutschen Volkes weitgehendes Verständnis entgegengebracht und sich tatbereit in den Dienst der guten Sache gestellt, trotzdem dem Gewerbe durch das Eintopfgericht beträchtliche Opfer auferlegt werden.

Das Eintopfgericht wird ab 1. Oktober zu einem der üblichen Preise verabreicht, wobei in jedem Falle der Mehrpreis des Eintopfgerichts über 50 Reichspfennig dem Winterhilfswerk (Postscheckkonto Berlin 77100) abgeliefert wird.

Die Verwirklichung des Volksgemeinschaftsgedankens verdient die Unterstützung des gesamten Volkes durch guten Besuch der Gaststätten am 1. Oktober, dem Großkampftag gegen Hunger und Kälte.

Bericht des Wolff'schen Telegraphenbüros vom 21. September 1933

VIII–3

Rezept für Eintopfgericht

Billig und gut! – Der Ueberschuß für das Winterhilfswerk

Wie der Städtische Nachrichtendienst mitteilt, hat das Pestalozzi-Fröbelhaus die nachstehenden Rezepte, die jeweils für vier Personen gelten, erprobt.

Weiße Bohnen, Mohrrüben und Schweinebauch

500 g weiße Bohnen ...	0,26 RM
Einweichwasser	
500 g Mohrrüben	0,10 RM
500 g Schweinebauch ..	0,78 RM
1—2 Eßlöffel Mehl, Wasser	0,02 RM
Salz nach Geschmack ...	0,01 RM
1 Eßlöffel gehackte Petersilie	0,01 RM
	1,18 RM
	: 4 = 30 Rpf

Die am Abend vorher eingeweichten Bohnen mit dem Einweichwasser und dem Fleisch ankochen, nach 1 bis 1½ Stunden die in Stifte geschnittenen Mohrrüben hinzufügen, garkochen. Das Mehl anrühren, das Gericht damit binden, das Fleisch in Würfel schneiden, abschmecken. Mit gehackter Petersilie bestreuen.

Aus: Berliner Lokal Anzeiger vom 27. September 1933

VIII–4 **Eintopf statt Sonntagsbraten**

Die evangelische Jugend der westfälischen Dorfgemeinde M., die bereits im vergangenen Jahr durch eine Verlosungsaktion 15000 DM für BROT FÜR DIE WELT aufgebracht hatte, ließ sich etwas Neues einfallen. Mit Lautsprecherwagen, selbstgestalteten Plakaten und Handzetteln wurden die über 4000 Gemeindemitglieder aufgerufen, auf ihren Sonntagsbraten zu verzichten und das gesparte Geld zu spenden. Dafür gab es im Gemeindehaus kostenlos Erbsensuppe zu essen. Der Posaunenchor spielte zur Unterhaltung auf. Die Kleinkinder wurden vom Mädchenkreis betreut, damit auch die Mütter am Gottesdienst und am gemeinsamen Essen teilnehmen konnten.

(Kursbuch Religion 7/8)

VIII-5 „Deutscher Volksgenosse!"

N. S. D. A. P. Braunschweig, den 16. 10. 1934

Zelle Altewiekring

....

Deutscher Volksgenosse !

Am vergangenen Sonntag sind Sie dem Rufe unseres Führers und Reichskanzlers, aus Anlaß des Eintopfgerichtes eine entsprechende Geldabgabe zu machen, leider nicht gefolgt.

Ich setze voraus, daß Sie dazu in der Lage sind und Ihre Weigerung auch nicht aus Mangel an gutem Willen, sondern aus Verkennung der ganzen Sachlage erfolgte. Ich gestatte mir daher, Sie darauf hinzuweisen, daß die Eintopfsammlung ein Glied in der Kette des großen Winterhilfswerks und eine Angelegenheit des ganzen deutschen Volkes ist. Jeder Deutsche kann und darf es sich nicht nehmen lassen, sofern er dazu irgend in der Lage ist, in Grenzen der Möglichkeit mit zu sorgen für die Ärmsten der Armen. Danken Sie Gott, daß Sie nicht zu diesen gehören und nicht wie diese auf die Sammelgroschen warten müssen oder auf die Winterhilfe angewiesen sind.

Darum hoffe ich bestimmt, daß Sie sich nun nicht weiter Ihrer Ehrenpflicht als Deutscher entziehen werden.

Der betr. Blockleiter wird in den nächsten Tagen zur Entgegennahme einer Ihren wirtschaftlichen Verhältnissen entsprechenden Spende nochmals bei Ihnen vorsprechen.

Heil Hitler !

[illegible signature]

Zellenleiter

Herrn

W. Regener

No. 39 II

Hilfeleistungen VIII-6 Ein Hitlerjunge hilft

„Hallo Mütterchen, kann ich Ihnen behilflich sein?“

„Diese Juden legen einen doch immer wieder rein!“

„Verdammt!“

VIII-7 Hilfe für die Dritte Welt

Ein Kamel kommt leichter durch das Nadelöhr

Erziehung zur Volksgemeinschaft

VIII-8 Informationen zum Winterhilfswerk

Wie der Bau der Autobahnen oder die Gründung des freiwilligen Arbeitsdienstes ursprünglich keine NS-Erfindungen waren, so gab es auch das Winterhilfswerk schon vorher. Bereits Ende 1931, auf dem Höhepunkt der Wirtschaftskrise, wurde von den freien Wohlfahrtsverbänden unter dem Leitsatz „Wir wollen helfen“ eine Winterhilfe organisiert. Mit Hilfe von Sammlungen und Wohlfahrtsveranstaltungen, allerdings auch mit erheblichen Zuschüssen der Reichsregierung, wurden im Winter 1931/32 97 Mio. RM und im Winter 1932/33 91 Mio. RM aufgebracht. Bei der großen Not waren solche Summen nur ein Tropfen auf den heißen Stein. Die Spendenfreudigkeit war gering, es fehlte an Gemeinschaftsgefühl angesichts der Zerrissenheit des deutschen Volkes in viele Parteien und Gruppierungen.

Lebendige Gemeinschaft

Die neuen Machthaber von 1933 wußten, daß sie den Aufwind der sich langsam wiederbelebenden Weltwirtschaft durch schnelle Arbeitsbeschaffung und umfassende Hilfsmaßnahmen für die notleidende Bevölkerung verstärken mußten.

Bereits im Mai 1933 wurde die NS-Volkswohlfahrt vom „Führer“ als NS-Organisation anerkannt. Sie begann gleich mit den Vorbereitungen für das „1. Winterhilfswerk des Deutschen Volkes 1933/34“. Ihr sollten noch fünf weitere Winterhilfswerke und vier Kriegswinterhilfswerke folgen.

Der NSDAP und ihrer Führung ging es bei der Schaffung des WHW nicht allein darum, die Not zu lindern. Wichtiger als im „Kampf gegen Hunger und Kälte“ war das WHW bei der Entwicklung einer Volksgemeinschaft im Sinne der NSDAP. „Gemeinnutz geht vor Eigennutz“ hieß das Schlagwort, das in jedem Winter als jeweilige Jahreslosung des WHW neu variiert wurde und in dem immer das Wort „Opfer“ vorkam. Damit wurden Wünsche und Hoffnungen sehr vieler Deutscher angesprochen, die sich durch ihr „Opfer“, durch ihre Spende zum „Tag der nationalen Solidarität“ wieder als Glied einer „Gemeinschaft“ fühlen konnten.

Solchen Empfindungen entsprachen Hitlers Worte, mit denen er beispielsweise das WHW 1935/36 eröffnete. Er sagte, daß die Reichsregierung natürlich auch erwogen hätte, durch besondere Steuern eine großangelegte Hilfsaktion einzuleiten. „Wir sind aber von diesen Erwägungen sofort wieder abgekommen, weil wir glauben, daß wir damit den einzelnen Deutschen freisprechen würden von seiner Verpflichtung. Er würde sich wieder denken, das sei die Aufgabe des Staates. Wir aber wollen ihm eine lebendige Gemeinschaft zeigen.“

Und bei der WHW-Eröffnung 1937/38 erklärte er: „Gewiß würde dieser Weg viel einfacher und für unzählige Menschen viel weniger beschwerlich sein; allein, er würde gerade das vermissen lassen, was wir durch das WHW mit erreichen wollen: die Erziehung zur deutschen Volksgemeinschaft."

Die WHW-Abzeichen

Besonders die Reichsstraßensammlungen, die im Winter allmonatlich mit großem Aufwand inszeniert wurden, erlangten bei der Bevölkerung eine gewisse Popularität:

Nicht zuletzt, weil es bei diesen Sammlungen WHW-Abzeichen gab, die zum Kauf animierten und zum Sammeln anregten. Vom WHW 1936/37 an wurden ganze Serien von Abzeichen aufgelegt, die das Sammelmotiv verstärkten. Man macht es sich zu leicht, wenn man davon ausgeht, daß damals überflüssiges Geld vorhanden war, weil es sonst nichts zu kaufen gab. Wohl gab es einen Preis-, Miet- und Lohnstopp, und hochwertige Konsumgüter bekam man nach Ausbruch des Krieges nur auf Bezugscheine. Dennoch stellte es für den einzelnen ein Opfer dar, ganze Serien der WHW-Abzeichen zu kaufen, die damals in der Regel zwanzig Pfennig pro Stück kosteten. Denn für zwanzig Pfennig bekam man damals beispielsweise acht Zigaretten der billigsten Sorte „Schwarz-Weiß".

Die Abzeichenherstellung war ein nicht zu unterschätzender Posten in der Arbeitsbeschaffung. Tausende von Heimarbeitern in Notstandsgebieten fanden Arbeit und Brot. Auf werkstoffgerechte und künstlerische Ausführung wurde trotz des niedrigen Preises der Abzeichen großer Wert gelegt. Es gab holzgeschnitzte Schaukelpferdchen, Märchenfiguren aus Holz, Trachten-, Soldaten- und Berufsdarstellungen aus Porzellan. Ebenso Märchenfiguren und Schmetterlinge aus Porzellan, Glasabzeichen mit Tierdarstellungen oder mit berühmten deutschen Bauwerken, Glasgemmen mit den Köpfen berühmter Deutscher, Tierkreiszeichen aus Blech, Ton oder Keramik, außerdem gestickte und gewebte Abzeichen, Deckchen aus Plauener Spitzen, gewebte Wappen, Abzeichen aus Leder, Fischleder, Pappe, Papier, Muscheln, Metall, Gips und Bernstein. Es gab Postkartenserien, Kunstblumen, kleine Liederbücher, Taschenkalender und bebilderte Heftchen. Waren die Abzeichen beliebt, erbrachten die Straßensammlungen Rekordergebnisse, so z. B. bei der 6. Reichsstraßensammlung des 1. Kriegs-WHW, als Porzellan-Schmetterlinge verkauft wurden. An diesem Tage kamen allein 28,916 Mio. RM zusammen. Einschließlich der Sammlungen für das Rote Kreuz und für den VDA (Verein für das Deutschtum im Ausland) gab es innerhalb der Reichsstraßensammlungen von 1933 bis 1943 478 verschiedene Abzeichen. Diese Abzeichen wurden im gesamten Reichsgebiet vertrieben. Daneben führten die 42 Gaue noch sogenannte Gausammlungen durch, bei denen einschließlich der örtlichen Veranstaltungen schätzungsweise 5000 verschiedene Abzeichen aufgelegt worden sind.

Im Dienste der Kriegspolitik

Durch das steigende Spendenaufkommen wurde das WHW ein Wirtschaftsunternehmen von beachtlicher Größe. Es unterstützte die staatliche Wirtschaftspolitik, indem es in Überschußzeiten Agrar- und tierische Produkte aufkaufte, verarbeiten ließ und verteilte. Es förderte durch Regulierung des Bedarfs die Autarkie-Bestrebungen der NS-Wirtschaftsführung. So wird das WHW zu einem Beispiel für eine bewußt gesteuerte Erziehung des deutschen Volkes zur Opferbereitschaft und damit letztlich ein Beitrag zur Vorbereitung des Krieges.

VIII-9 Helft allen in eurem Volk!

(Jes 58, 7. 9 b. 10. 12)

Gebt den Hungrigen zu essen, nehmt Obdachlose in euer Haus auf, kleidet den, der nichts anzuziehen hat, und helft allen in eurem Volk, die Hilfe brauchen.

Wenn du aufhörst, andere zu unterdrücken, mit dem Finger spöttisch auf jemand zu zeigen und schlecht über ihn zu reden, wenn du dem Hungrigen zu essen gibst und ihm in seiner Not hilfst, dann wird deine Dunkelheit hell werden, rings um dich her wird das Licht strahlen wie am Mittag. Was seit langer Zeit in Trümmern liegt, wirst du mit den Deinen wieder aufbauen. Ihr werdet auf den Grundmauern vieler Generationen weiterbauen. Man wird euch das Volk nennen, das die Risse in den Stadtmauern schließt und Ruinen wieder bewohnbar macht.

Aktionen der Volkswohlfahrt

VIII-10 Eine Großtat der NS - Volkswohlfahrt

Braunschweiger Tages-Zeitung, Nr. 159 vom 11. Juli 1935

Eine Großtat der NS-Volkswohlfahrt

Wurst, Eier, Brot und Möbel für bedürftige Volksgenossen

Eine der vornehmlichsten Aufgaben der Nationalsozialistischen Volkswohlfahrt ist es, solchen Volksgenossen mit Rat und Tat zur Seite zu stehen, die unverschuldet in Not geraten sind und denen es nun am Notwendigsten gebricht. Hier schreitet sie ein, prüft die Zustände, die sich dem Beschauer darbieten, und hilft, wo es ratsam erscheint. Dabei werden naturgemäß im Wesentlichen solche Volksgenossen berücksichtigt, die erbbiologisch als einwandfrei erkannt sind und denen durch eine große Kinderzahl schwerste Sorgen erwachsen.

Am Dienstagnachmittag besuchte die Leitung der Nationalsozialistischen Volkswohlfahrt eine Anzahl Braunschweiger Familien, um einmal unter Umgehung des üblichen Weges Not lindern zu helfen. Man muß die glückstrahlenden Gesichter gesehen haben, um zu erkennen, welche Leistung hier vollbracht wurde. Da gab es keine langen Gesuche, da wurde nach dem Nötigsten gefragt, und dann wurde Milch, Brot, Eier und Wurst den Volksgenossen auf den Tisch gelegt, die durch geringes Arbeitseinkommen oder durch Krankheit Mangel an den bittersten Lebensnotwendigkeiten hatten.

Eine steile Treppe, warnender Ruf: Vorsicht, Kopf einziehen, das ist der erste Eindruck auf dem Nickelnkulk in einem der dortigen Häuser. Hier wohnt eine Frau, die es verdient hat, daß man ihr einige Zuwendungen macht. So viel Menschen hat die Stube, in der man kaum aufrecht stehen kann, sicher noch nicht auf einmal gesehen, und doch sind wir nur sieben Personen. Wohl ist alles sauber, doch könnte ein Sofa, ein zweites Bett die Bequemlichkeit erhöhen. Unsere Frau ist verschämt, wagt nicht zuzugeben, daß der Junge einmal in die Ferien müßte, daß sie selbst die Erholung bitter nötig hat, denn 23 Jahre lang arbeitet sie nun in einer Fabrik und hat sich kaum einmal einige Ferientage gegönnt. Daneben könnte man gut und gern etwas Wäsche gebrauchen, denn der Verdienst ist nur gering und die Miete frißt so viel. Bürgermeister Pg. Clahes fackelt nicht. Er kennt seine Hilfsbedürftigen und hat auch bald heraus, wo der Schuh drückt. Also werden erst einmal Eier, Brot, Butter und drei Würste geholt. Damit ist die erste Not behoben. Ferner wird die Milch für den Jungen in der Schule bezahlt, und außerdem, Mutter und Kind strahlen bei dieser Nachricht, werden beide demnächst in die Ferien fahren. Ferien! Hier erhält das Wort erst einen gewichtigen Klang.

Auf der Weberstraße ist es schlimmer. Das also nennt man Wohnung. Zwar, sie soll saniert werden, doch kann man einer Familie mit sechs Personen nicht zumuten, in einem Raum zu schlafen, zu essen und sich tagsüber aufzuhalten. Für diesen Raum nimmt der Hauswirt einen Mietpreis von 20 Mark. Man wird mit diesem Herrn reden und wird ihm das Unsoziale seiner Handlungsweise klarmachen. Hier fehlt es vor allem an den notwendigen Kleidungsstücken, an Wäsche für die Kleinen und nicht zuletzt an Lebensmitteln. Morgen werden sie frische Wäsche haben, der Säugling wird auf Wochen regelmäßig Milch bekommen, und außerdem werden die flachsblonden Kinder in dicke Wurststullen beißen können.

Das ist der stärkste Eindruck bei denen, die zusammen mit Bürgermeister Clahes, Gauamtsleiterstellvertreter der NSV, von Basse, und den Helfern der örtlichen NSV diese Wohnungen besuchen: Es sind saubere Familien, denen das Bitten schwer fällt und die nicht gern zugeben, daß ihnen ein Anzug, ein Schrank und Leibwäsche fehlen. Die auch nicht zugeben wollen, daß drüben beim Kaufmann noch 7,50 Mark Lebensmittelschulden abzutragen sind, die während der letzten Krankheit gemacht werden mußten. Da gab es freudige Gesichter, als der Hausfrau Eier, Würste, Brot und Butter vorgelegt wurden, da gab es glänzende Augen, als es hieß, daß in den nächsten Tagen ein neuer Schrank, frische Wäsche und für vier Wochen auch Milch für die Kleinen kommen würden.

So half die NSV einer ganzen Anzahl von Familien, deren Wohnverhältnisse zudem noch so dürftig sind, daß teilweise die Küchen nur aus einem Loch bestehen, in das kein Tageslicht fallen kann. Manche dieser Familien werden siedeln und freuen sich schon unbändig auf den Augenblick, wo sie im eigenen Heim die Kinder warten können, wo ihnen kein Hinterhaus, kein Dach die Aussicht in Gottes freie Natur verwehrt.

An diesem Tag hat man viele glückliche Menschen gesehen.

VIII-11 Winterhilfe im kritischen Rückspiegel

Die Winterhelfer treten
Mit Fahnen und Trompeten
Auch in das ärmste Haus.
Sie schleppen stolz erpreßte
Lumpen und Speisereste
Für die armen Nachbarn heraus.

Die Hand, die ihren Bruder erschlagen
Reicht, daß sie sich nicht beklagen
Eine milde Gabe in Eil.
Es bleiben die Almosenwecken
Ihnen im Halse stecken
Und auch das Hitlerheil.

Karlsruhe, 1937. In die Wohnung einer alten Frau, die mit ihrer Tochter am Tisch steht, bringen zwei SA-Leute ein Paket der Winterhilfe.

DER ERSTE SA-MANN: So, Mutter, das schickt Ihnen der Führer.

DER ZWEITE SA-MANN: Damit Sie nicht sagen können, er sorgt nicht für Sie.

DIE ALTE FRAU: Danke schön, danke schön. Kartoffeln, Erna. Und ein Wolljumper. Und Äpfel.

DER ERSTE SA-MANN: Und ein Brief vom Führer mit was drinnen. Machen Sie mal auf!

DIE ALTE FRAU *öffnet den Brief:* Fünf Mark! Was sagst du jetzt, Erna?

DER ZWEITE SA-MANN: Winterhilfe!

DIE ALTE FRAU: Da müssen Sie aber auch ein Äpfelchen nehmen, junger Mann, und Sie auch. Weil Sie das gebracht haben und sind die Stiegen hochgeklettert. Anderes hab ich ja nicht da. Und ich nehm auch gleich einen. *Sie beißt in einen Apfel. Alle essen Äpfel, außer der jungen Frau.*

DIE ALTE FRAU: Nimm doch auch einen, Erna, steh nicht so rum! Jetzt siehst du doch, daß es nicht so ist, wie dein Mann sagt.

DER ERSTE SA-MANN: Wie sagt er denn?

DIE JUNGE FRAU: Gar nichts sagt er. Die Alte quatscht bloß.

DIE ALTE FRAU: Nein, das ist auch nur Gerede von ihm, nichts Schlimmes, wissen Sie, was eben alle so reden. Daß die Preise ein bißchen hochgegangen sind in der letzten Zeit. *Sie deutet mit dem Apfel auf ihre Tochter.* Und sie hat ja auch tatsächlich aus dem Haushaltungsbuch ausgerechnet, daß sie hundertdreiundzwanzig Märker mehr gebraucht hat für Essen in diesem Jahr als im vorigen Jahr. Nicht, Erna? *Sie sieht, daß die SA-Leute das anscheinend krumm genommen haben.* Aber das ist ja nur, weil so aufgerüstet wird, nicht? Was ist denn? Hab ich was gesagt?

DER ERSTE SA-MANN: Wo verwahren Sie denn das Haushaltungsbuch, junge Frau?

DER ZWEITE SA-MANN: Und wem zeigen Sie denn das Haushaltungsbuch alles?

DIE JUNGE FRAU: Es ist nur zu Hause. Ich zeig es niemand.

DIE ALTE FRAU: Das können Sie ihr doch nicht übelnehmen, daß sie ein Haushaltungsbuch führt, nicht?

DER ERSTE SA-MANN: Und daß sie Greuelmärchen verbreitet, das können wir wohl auch nicht übelnehmen, was?

DER ZWEITE SA-MANN: Und daß sie besonders laut Heil Hitler! gerufen hätte bei unserm Eintritt, hab ich auch nicht gehört. Hast du?

DIE ALTE FRAU: Aber sie hat Heil Hitler! gerufen, und ich sage es auch. Heil Hitler!

DER ZWEITE SA-MANN: Das ist ja ein nettes Marxistennest, wo wir da reingestochen haben, Albert. Das Haushaltungsbuch müssen wir mal näher bekieken, kommen Sie gleich mit uns, wo Sie wohnen.

Er packt die junge Frau am Arm.

DIE ALTE FRAU: Aber sie ist doch im dritten Monat! Sie können doch nicht . . . das tun Sie doch nicht! Wo Sie doch das Paket gebracht haben und die Äpfel angenommen haben. Erna! Sie hat doch Heil Hitler! gerufen, was soll ich nur machen. Heil Hitler! Heil Hitler! *Sie erbricht den Apfel. – Die SA-Leute führen ihre Tochter ab.*

Die alte Frau *sich weiter erbrechend:* Heil Hitler!

(Bertolt Brecht)

VIII-12 Wenn es den Führer nicht gäbe

„Diese Suppe würden Sie nicht essen, wenn es den Führer nicht gäbe!"

Kirche im Nationalsozialismus

VIII-13 Entschließung der „Glaubensbewegung Deutsche Christen"

(Vom 13. November 1933)

1. Wir sind als nationalsozialistische Kämpfer gewohnt, das Ringen um die Gestaltung einer großen Idee nicht mit einem faulen Frieden abzubrechen. Der kirchenpolitische Kampf kann für uns erst dann beendet sein, wenn das an vielen Orten zwischen Geistlichen und Gemeinden bestehende Mißtrauen überall beseitigt worden ist, das durch offenen und heimlichen Widerstand der uns in der Mehrzahl noch feindlich oder verständnislos gegenüberstehenden Pfarrer entstanden ist. Ein dauernder Frieden kann hier nur geschaffen werden durch Versetzung oder Amtsenthebung aller der Pfarrer, die entweder nicht willens oder nicht fähig sind, bei der religiösen Erneuerung unseres Volkes und der Vollendung der deutschen Reformation aus dem Geist des Nationalsozialismus führend mitzuwirken.

2. Wir lassen uns keine Führer aufzwingen, die wir innerlich ablehnen müssen, weil wir weder zu ihrem Nationalsozialismus noch zu ihrem deutschen Glauben das rechte Vertrauen haben. Auf kirchlichem Gebiet können wir das Führerprinzip überhaupt nur hinsichtlich der äußeren Ordnung anerkennen.

3. Wir erwarten von unserer Landeskirche, daß sie den Arierparagraphen – entsprechend dem von der Generalsynode beschlossenen Kirchengesetz – schleunigst und ohne Abschwächung durchführt, daß sie darüber hinaus alle fremdblütigen evangelischen Christen in besondere Gemeinden ihrer Art zusammenfaßt und für die Begründung einer judenchristlichen Kirche sorgt.

4. Wir erwarten, daß unsere Landeskirche als eine deutsche Volkskirche sich frei macht von allem Undeutschen in Gottesdienst und Bekenntnis, insbesondere vom Alten Testament und seiner jüdischen Lohnmoral.

5. Wir fordern, daß eine deutsche Volkskirche Ernst macht mit der Verkündung der von aller orientalischen Entstellung gereinigten schlichten Frohbotschaft und einer heldischen Jesusgestalt als Grundlage eines artgemäßen Christentums, in dem an die Stelle der zerbrechenden Knechtsseele der stolze Mensch tritt, der sich als Gotteskind dem Göttlichen in sich und in seinem Volke verpflichtet fühlt.

Siegel der Deutschen Christen in Norddeutschland

6. Wir bekennen, daß der einzige wirkliche Gottesdienst für uns der Dienst an unseren Volksgenossen ist, und fühlen uns als Kampfgemeinschaft vor unserem Gott verpflichtet, mitzubauen an einer wehrhaften und wahrhaften völkischen Kirche, in der wir die Vollendung der deutschen Reformation Martin Luthers erblicken und die allein dem Totalitätsanspruch des nationalsozialistischen Staates gerecht wird.

VIII-14 Der Diensteid der Geistlichen

„Ich, NN, schwöre einen Eid zu Gott dem Allwissenden und Heiligen, daß ich als ein berufener Diener im Amt der Verkündigung sowohl in meinem gegenwärtigen wie in jedem anderen geistlichen Amte, so wie es einem Diener des Evangeliums in der Deutschen Evangelischen Kirche geziemt, dem Führer des Deutschen Volkes und Staates Adolf Hiltler treu und gehorsam sein und für das deutsche Volk mit jedem Opfer und jedem Dienst, der einem deutschen evangelischen Manne gebührt, mich einsetzen werde; weiter, daß ich die mir anvertrauten Pflichten des geistlichen Amts gemäß den Ordnungen der Deutschen Evangelischen Kirche und den in diesen Ordnungen an mich ergehenden Weisungen gewissenhaft wahrnehmen werde; endlich, daß ich als rechter Verkündiger und Seelsorger allezeit der Gemeinde, in die ich gestellt werde, mit allen meinen Kräften in Treue und Liebe dienen werde. So wahr mir Gott helfe!“

VIII-15 „Arierparagraph“

Aus dem Kirchengesetz betreffend die Rechtsverhältnisse der Geistlichen und Kirchenbeamten vom 6. September 1933

§ 1

1 Als Geistlicher oder Beamter der allgemeinen kirchlichen Verwaltung darf nur berufen werden, wer die für seine Laufbahn vorgeschriebene Vorbildung besitzt und rückhaltlos für den nationalen Staat und die Deutsche Evangelische Kirche eintritt.

2 Wer nicht arischer Abstammung oder mit einer Person nichtarischer Abstammung verheiratet ist, darf nicht als Geistlicher und Beamter der allgemeinen kirchlichen Verwaltung berufen werden. Geistliche und Beamte arischer Abstammung, die mit einer Person nichtarischer Abstammung die Ehe eingehen, sind zu entlassen. Wer als Person nichtarischer Abstammung zu gelten hat, bestimmt sich nach den Vorschriften der Reichsgesetze.

§ 3

1 Geistliche und Beamte, die nach ihrer bisherigen Betätigung nicht die Gewähr dafür bieten, daß sie jederzeit rückhaltlos für den nationalen Staat und die Deutsche Evangelische Kirche eintreten, können in den Ruhestand versetzt werden.

2 Geistliche oder Beamte, die nichtarischer Abstammung oder mit einer Person nichtarischer Abstammung verheiratet sind, sind in den Ruhestand zu versetzen.

3 Von der Anwendung des Absatzes 2 kann abgesehen werden, wenn besondere Verdienste um den Aufbau der Kirche im deutschen Geiste vorliegen.

4 Die Vorschriften des Abs. 2 gelten nicht für Geistliche und Beamte, die bereits seit dem 1. August 1914 Geistliche oder Beamte der Kirche, des Reiches, eines Landes oder einer anderen Körperschaft des öffentlichen Rechtes gewesen sind oder die im Weltkriege an der Front für das Deutsche Reich oder seine Verbündeten gestanden haben oder deren Väter oder Söhne im Weltkrieg gefallen sind.

(Generalsynode der Evangelischen Kirche der altpreußischen Union)

VIII-16 Wort der Bekenntnissynode der Evangelischen Kirche der altpreußischen Union an die Gemeinden

(4./5. März 1935 in Berlin-Dahlem)

Wir sehen unser Volk von einer tödlichen Gefahr bedroht. Die Gefahr besteht in einer neuen Religion. Die Kirche hat auf Befehl ihres Herrn darüber zu wachen, daß in unserm Volk Christus die Ehre gegeben wird, die dem Richter der Welt gebührt. Die Kirche weiß, daß sie von Gott zur Rechenschaft gezogen wird, wenn das deutsche Volk ungewarnt sich von Christus abwendet.

I. Das erste Gebot lautet: „Ich bin der Herr Dein Gott. Du sollst nicht andere Götter haben neben mir.“ Wir gehorchen diesem Gebot allein im Glauben an Jesus Christus, den für uns gekreuzigten und auferstandenen Herrn. Die neue Religion ist Auflehnung gegen das erste Gebot.

1. In ihr wird die rassisch-völkische Weltanschauung zum Mythos. In ihr werden Blut und Rasse, Volkstum, Ehre und Freiheit zum Abgott.

2. Der in dieser neuen Religion geforderte Glaube an das „ewige Deutschland" setzt sich an die Stelle des Glaubens an das ewige Reich unseres Herrn und Heilandes Jesus Christus.

3. Dieser Wahnglaube macht sich seinen Gott nach des Menschen Bild und Wesen. In ihm ehrt, rechtfertigt und erlöst der Mensch sich selbst. Solche Abgötterei hat mit positivem Christentum nichts zu tun. Sie ist Antichristentum.

II. Angesichts der Versuchung und Gefahr dieser Religion haben wir, gehorsam unserem kirchlichen Auftrag, vor Staat und Volk zu bezeugen:

1. Der Staat hat seine Hoheit und Gewalt durch das Gebot und die gnädige Anordnung Gottes, der allein alle menschliche Autorität begründet und begrenzt. Wer Blut, Rasse und Volkstum an Stelle Gottes zum Schöpfer und Herrn der staatlichen Autorität macht, untergräbt den Staat.

2. Das irdische Recht verkennt seinen himmlischen Richter und Hüter, und der Staat selbst verliert seine Vollmacht, wenn er sich mit der Würde eines ewigen Reiches bekleiden läßt und seine Autorität zu der obersten und letzten auf allen Gebieten des Lebens macht.

3. Gehorsam und dankbar erkennt die Kirche die durch Gottes Wort begründete und begrenzte Autorität des Staates an. Darum darf sie sich nicht dem die Gewissen bindenden Totalitätsanspruch beugen, den die neue Religion dem Staate zuschreibt. Gebunden an Gottes Wort ist sie verpflichtet, vor Staat und Volk die Alleinherrschaft Jesu Christi zu bezeugen, der allein Macht hat, die Gewissen zu binden und zu lösen: Ihm ist gegeben alle Gewalt im Himmel und auf Erden.

III. Die Kirche hat nach dem Befehl ihres Herrn allem Volk das Evangelium von der Gnade und Herrlichkeit Jesu Christi zu predigen.

1. Darum darf sie sich nicht aus der Öffentlichkeit der Welt in einen Winkel privater Frömmigkeit abdrängen lassen, wo sie in Selbstgenügsamkeit ihrem Auftrag ungehorsam würde.

2. In all ihrem Reden und Tun hat sie Gott allein die Ehre zu geben. Darum muß sie der Verweltlichung ihrer Sitte wehren, der Entheiligung ihres Sonntags, der Entchristlichung ihrer Feste widerstehen.

3. Der Auftrag Jesu Christi verpflichtet die Kirche in der Verantwortung für das gegenwärtige und zukünftige Geschlecht, für eine schriftgemäße Unterweisung und Erziehung der Jugend Sorge zu tragen. Sie muß ihre auf den Namen des dreieinigen Gottes getauften Glieder vor einem Weltanschauungs- und Religionsunterricht bewahren, der unter Verstümmelung und Beiseiteschiebung der Heiligen Schrift Alten und Neuen Testamentes zum Glauben an den neuen Mythos erzieht.

4. Die Kirche betet, daß Gottes Name bei uns geheiligt werde, daß sein Reich zu uns komme und daß sein guter, gnädiger Wille auch bei uns in Volk und Staat geschehe. Im Glauben an die Vergebung der Sünden erfleht sie über Volk und Obrigkeit den Segen des Gottes und Vaters Jesu Christi, der sich erbarmt über die, so ihn fürchten. Darum muß die Kirche darüber wachen, daß die ihr durch Gottes Wort befohlene Fürbitte und Danksagung für alle Obrigkeiten in der Wahrheit geschehe und nicht zu einer religiösen Verklärung und Weihung irdischer Mächte und Ereignisse werde. Jeder Eid wird vor Gottes Angesicht geleistet und stellt die in ihm übernommene Verpflichtung unter die Verantwortung vor Gott. Der Eid findet seine Grenze darin, daß allein Gottes Wort uns unbedingt bindet.

An Gottes Wort gebunden, ruft die Kirche ihre Glieder auf zu willigem Gehorsam, Einsatz und Opfer für Staat und Volk. Sie warnt davor, sich einer Abgötterei zu überantworten, durch die wir uns Gottes Zorn und Gericht zuziehen. „Wir sollen Gott über alle Dinge fürchten, lieben und vertrauen."

VIII–17 Diktat der Volksschule

(3. Klasse, 1934)

„Jesus und Hitler“

Wie Jesus die Menschen von der Sünde und Hölle befreite, so rettete Hitler das deutsche Volk vor dem Verderben. Jesus und Hitler wurden verfolgt, aber während Jesus gekreuzigt wurde, wurde Hitler zum Kanzler erhoben. Während die Jünger Jesu ihren Meister verleugneten und ihn im Stiche ließen, fielen die 16 Kameraden für ihren Führer. Die Apostel vollendeten das Werk ihres Herrn. Wir hoffen, daß Hitler sein Werk selbst zu Ende führen darf. Jesus baute für den Himmel, Hitler für die deutsche Erde.

VIII–18 Die Evangelische Kirche zum 50. Geburtstag Hitlers

Mit dem gesamten deutschen Volke feiert die Evangelische Kirche am 20. April in jubelnder Freude den fünfzigsten Geburtstag unseres Führers. In ihm hat Gott dem deutschen Volke einen wahren Wundermann geschenkt ... In tiefer und dankbarer Ergriffenheit erlebt das deutsche Volk, erlebt in ihm auch die deutsche evangelische Christenheit noch einmal die gewaltige Größe des Geschehens, das die mit Adolf Hitler anbrechende Stunde der Deutschen in sich faßt: Die Aufrüttelung aller völkischen Kräfte zu kampfes- und todesfreudigem Einsatz für Freiheit, Ehre und Macht des Vaterlandes ...

Daß die Ausmerzung alles wesensfremden Einflusses auf die geistige, sittliche und künstlerische Kultur unseres Volkes begleitet sei von einer immer tieferen Erschließung der Quellen, aus denen unser Volk geboren und seine Geschichte gespeist ist ... das sei unser Begehren, unser Wille, unser Gelübde zum fünfzigsten Geburtstag des Führers.

VIII–19 Leser-Zeichnung

Jesus von Nazareth als Schutzheiliger der Nazis: Das Kreuz der meisten deutschen Christen hatte Haken! (Siehe meine Zeichnung!)

Rotenburg (Nieders.) DR. ALBRECHT W. THÖNE
Buchautor „Das Licht der Arier“

(Der Spiegel)

VIII–20 Der Mann auf der Kanzel

Im Dezember 33, kurz nach dem Sportpalast-Eklat, fand im Großen Saal des Hotel Felder eine Gemeindeversammlung statt. Die Damen der Frauenhilfe hatten einen riesigen Adventskranz gewunden. Später sollten Advents- und Weihnachtslieder gesungen werden. Der Lehrer Limbach saß am Klavier, um bei Bedarf zu begleiten. Schon vor Beginn der Veranstaltung waren alle Stühle besetzt. Es hatte sich herumgesprochen, daß der Pfarrer „die Katze aus dem Sack lassen“ würde. Wer später kam, mußte stehen oder nach Hause gehen.

Das Rednerpult auf dem Podium, wo sonst die Tanzmusik spielte, paßte dem Pfarrer nicht. Er blieb lieber unten, an seinem Tisch, wollte heute nicht so hoch oben, so weit weg von seiner Gemeinde sein, sondern mittendrin, weil es ja ein „Gespräch von Mensch zu Mensch“ sein sollte, keine Predigt. Man möge ihm nur erlauben, seine Anschauung der strittigen Fragen voranzustellen, natürlich im Licht der Bibel, anders könne und wolle er die Dinge dieser Welt nicht betrachten.

Es wurde dann doch eine Art Predigt daraus, schon weil er einen Bibeltext zum Thema nahm, das Wort, das Jesus vor der Gefangennahme zu seinen Jüngern sagt: „Heute nacht werdet ihr euch an mir ärgern."

Wie üblich beginnt er mit einem unvermittelten Sprung in die Situation des Textes, möglichst in Bildern, die er sich aus zeitgenössischen Schilderungen des Heiligen Landes und religionshistorischen Forschungen zusammenreimt, in diesem Fall der Abendspazierung des Meisters mit den Jüngern unter den Ölbäumen des Gethsemane-Gartens, verhuschte Gruppe, flüsternd, umschauend, nach Geräuschen horchend unter dem Angstdruck der bevorstehenden Katastrophe. Der Verräter ist bereits ausgeschieden, das letzte gemeinsame Mahl gegessen, die Abschiedsworte gesprochen. Der Meister ergeht sich in dunklen Voraussagen. Seine Stimme, seine Haut, die sie zu berühren suchen, vermitteln Todesangst. Keine himmlischen Heerscharen, kein Blitzstrahl vom Himmel, nicht einmal das Heldenpathos eines gemeinsamen Untergangs. Die Beteuerungen des Petrus weist er kühl zurück: Heute nacht werdet ihr euch alle an mir ärgern ...

Hier schaltet der Pfarrer eine Überlegung ein: Ärger an Christus? Wer ärgert sich und warum? Erstens die Pharisäer und Schriftgelehrten – weil er ihre theologische Ordnung stört; zweitens die Besatzungsmacht – weil er Unruhe ins Volk bringt; drittens das geknechtete Volk – weil Jesus nicht als Revolutionär und Retter aus Knechtschaft auftritt; viertens und letztens die Jünger – weil er von der ihm verliehenen Kraft und Herrlichkeit keinen Gebrauch macht. Wie reagiert Jesus darauf? Obwohl der Ärger an ihm in der Zukunft liegt (Ihr *werdet* euch ärgern), gibt er keinen Hinweis, wie er zu vermeiden wäre, fordert nicht zum Nicht-ärgern auf, sagt mit keinem Wort, daß das, was sie ärgern wird, im Grunde nicht ärgerlich sei, sondern Gottes gnädiger Wille, der alles schließlich zum Guten führen wird. Er stellt nur fest, so fest, wie man eigentlich nur Gegenwärtiges oder Vergangenes feststellen kann: Sie werden sich ärgern ...

Kurz geht er auf den Fortgang der Geschichte ein: Zittern und Zagen; der Schlaf der Jünger; hinter der Mauer das Klirren von Rüstungen und Waffen; das Verschwörer-Geflüster: welchen ich küssen werde, der ist's!

Eine Pause des Nachdenkens, Nachfühlens, dann Sprung in die Gegenwart: die christliche Gemeinde heute, einerseits den Jüngern gegenüber im Vorteil, weil sie Ostern und Pfingsten kennt, andererseits im Nachteil, weil sie die lebendige Gegenwart Christi vermissen muß, verbunden durch den gemeinsamen Herrn, die gemeinsame Richtung: Nachfolge.

Also auch die Gemeinde von heute betrifft die dunkle Voraussage des Herrn, die Botschaft dieser Geschichte: daß der Ärger an Christus und seiner Gemeinde nichts Zufälliges oder Vermeidbares sei, kein Defekt, der irgendwie irgendwann behoben sein wird, keine Zeiterscheinung, keine Schwäche dieser Jünger, sondern ein Attribut christlichen Lebens in der Welt, das Gott seinem Sohn nicht abgenommen hat, das er auch seiner Gemeinde nicht abnehmen wird. So daß auch den Christen von heute nichts anderes übrig bleibt, als mit diesem Ärger zu leben.

Nun wendet sich der Pfarrer direkt an die Zuhörer, indem er diesen und jenen anblickt und seiner Stimme den ganz privaten Ton gibt, als säße er einem einzelnen gegenüber und erklärte ihm Gottes Walten in seinem einzelnen Schicksal. (Wie in der Kirche, so wird auch im Tanzsaal des Hotel Felder an diesem Punkt der Geräuschpegel des Hustens, Schnupfens, Kleiderraschelns rapide abgesunken sein, so daß Küchengeräusche hörbar wurden, das Schmettern der Tabletts in der Durchreiche, das Ausrufen der Bestellungen ...)

„Sprechen wir von uns", sagt er. „Versuchen wir, diejenigen unter uns zu verstehen, die in der Begeisterung des neuen Anfangs in unserem Volk auch ihrem Glauben eine neue Gestalt geben wollen, strahlender, stolzer, imposanter, ähnlicher den Idealen, die nach Jahren müder Resignation heute wieder zu Ehren kommen. In ihrer Liebe zum Führer möchten sie ihren Heiland gleich mitumarmen.

Und plötzlich merken sie, daß er nicht hineinpaßt in diese Umarmung, und fangen an, sich zu ärgern über das Unpassende an unserem Herrn: daß er von einer jüdischen Mutter geboren ist und dem jüdischen Volk vor anderen zum Heil gesandt wurde; daß er das Alte

Testament, die Geschichte von der Führung des Volkes Israel, nicht verwirft, sondern erfüllt, daß er, statt die Kraft und Größe des Menschen zu preisen, von Sünde und Buße spricht, von Nadelöhr vor dem Himmelreich, von der Schwachheit der Starken, von der Armut der Reichen, von der Seligkeit der Niedrigen und Ausgestoßenen. Am liebsten würden sie ihm sein Armutsgewand herunterreißen und ihn in Purpur kleiden, einen Helm oder eine Krone auf sein Haupt setzen statt der Dornenkrone, ihm ein stolzes Roß zwischen die Schenkel geben statt des kümmerlichen Esels und ihn so, als strahlenden Heliand gegen die Volksfeinde reiten lassen. Aber das läßt er nicht zu. Solche Verkleidung verweist er in das Repertoire des Versuchers, den er in der Wüste zurückgewiesen hat: Weiche von mir, Satan!"

Wieder macht er eine Pause, atmet mit geschlossenen Augen, sammelt Kraft, dann richtet er sich zu voller Größe auf, setzt zu einer Steigerung an, leise beginnend, dann immer lauter, heftiger, zorniger: „Wenn wir nun in dem Licht, das das Wort Gottes in unsere verdüsterte Wet hineinwirft, die Sportpalastversammlung der Glaubensbewegung Deutsche Christen betrachten, auf der ein Herr Krause (diesen Namen spricht er mit äußerster Verachtung aus) unser Altes Testament abschaffen will, weil es nach seiner Meinung ‚Jüdische Lehrmoral', ‚Viehhändler- und Zuhältergeschichten' enthält, auf der dieser Studienassessor zur Revision des Neuen Testamentes mit seinen, nach seiner Meinung ‚entstellten und abergläubischen Apostelberichten' und zur Ausmerzung des Apostels Paulus mit seiner ‚Sündenbocks- und Minderwertigkeitstheologie' aufruft, dann erfahren wir bei allem Entsetzen über das Übermaß menschlicher Frechheit auch eine Erleichterung: weil nun endlich die Katze aus dem Sack ist; weil der Herr Krause uns hilft, zu erkennen, daß diese sogenannte Glaubensbewegung sich mit Riesenschritten von unserem Heiland wegbewegt, ihn verläßt, verrät, verleugnet um des Ärgers willen, der nun einmal zu ihm und zu uns, die ihm nachfolgen wollen, gehört."

Er läßt die Stimme ausklingen, stützt sich mit beiden Händen auf den Tisch, beugt sich weit vor, weil er nun wieder Privates mitteilen will: Er selbst, der Pfarrer, habe mit diesem Ärger seine Erfahrungen, schmerzliche, denn er sei nun einmal empfindlich, es täte ihm weh, Ärgernis und Mißfallen zu erregen, in letzter Zeit sogar nach zwei Seiten hin. „Die einen ärgern sich über eine gewisse Zurückhaltung hinsichtlich des politischen Neuanfangs, die anderen finden mich nicht streng, nicht ausschließlich genug bei der Wahrung kirchlicher Formen, und sicher werden sich jeden Sonntagmorgen und auch heute einige Herren ärgern, weil sie meine Worte abhören und mitschreiben müssen, wo sie doch lieber daheim im Bett oder beim Bier bleiben würden." Dabei kneift er die kleinen Augen zu Schlitzen zusammen und wirft einen Blick zum anderen Ende des Saales, wo neben dem Ausgang ein Herr im Mantel eifrig in ein Notizbuch kritzelt und, als es in seiner Nähe unruhig wird, erschrocken aufschaut, dem Blick und dem andauernden Schweigen des Pfarrers begegnet, zu räuspern, zu rutschen anfängt, Notizbuch und Bleistift wegsteckt und mit gesenktem Kopf durch die Tür nach draußen schlüpft.

Während das Lächeln des Pfarrers sich durch die Reihen ausbreitet und eine gute Wärme erzeugt, kommt er zum Schluß.

Jedenfalls sei es unbequem, manchmal sogar gefährlich, ein Ärger zu sein. Deshalb sei es so wichtig, daß die Glieder dieser Gemeinde ganz fest zusammenhielten, um einander zu stützen und zu stärken. Aus diesem Grunde habe er die Versammlung zusammengerufen, nicht etwa um zu schelten, wie manche vielleicht angenommen hätten, sondern um herzlich zu bitten: laßt uns zusammenstehen! und denjenigen, die vielleicht, ohne es selbst zu wissen, auf Abwege geraten seien, zuzurufen: Kommt heim in unsere Gemeinde! Haltet euch zu unserem Herrn, der uns Ärgerliches nicht erspart, der uns aber auch die Kraft gibt, es auszuhalten und zu überwinden. Wenn wir auch nicht gerade Lämmer schlachten, so werden wir doch ein Fest miteinander feiern, ein festliches Weihnachtsabendmahl mit unserem Meister, der uns einlädt: Kommt, es ist alles bereit!

Danach ist er rasch hinausgegangen, hat im Vorübergehen dem Lehrer die Hand auf die Schulter gelegt, seinen Blick gesucht, ihm zugelächelt, als wollte er sagen: Sind wir jetzt einig? und das waren wir, sagt der Lehrer, einen Abend lang waren wir Kampfgefährten, fast

Freunde ...

Als er zurückkam und zur Gegenrede aufforderte: „Jetzt sind Sie dran!“, hat sich keiner zu Wort gemeldet. Das lag nicht an Verstimmung oder Widerstand der Versammelten, sagt der Lehrer, sondern im Gegenteil, an einem Übermaß an Übereinstimmung. Er habe danach mit verschiedenen Leuten gesprochen, auch mit solchen, die sich unter dem Einfluß eines ehemaligen Vikars zu den Deutschen Christen geschlagen hatten. Sie hätten zwar nicht mehr genau gewußt, was der Pfarrer gesagt hatte, aber alle hätten den Eindruck gehabt, es gäbe nichts mehr hinzuzufügen, alles, was sie etwa auf dem Herzen gehabt hätten, sei vom Pfarrer ausgesprochen, gelöst, entschieden.

Der Pfarrer hat ein gemeinsames Lied vorgeschlagen, zuerst vier Stophen „Macht hoch die Tür ...“, dann, auf allgemeinen Wunsch, das Reformationslied „Ein feste Burg ist unser Gott“.

Während der ersten Strophe sprang die Tür zum Flur geräuschvoll auf, und drei Männer in SA-Uniform betraten den Saal, unter ihnen der Bürgermeister, den der Pfarrer für einen beschränkten, aber „im Grunde“ braven Burschen hielt. Köpfe wandten sich, Flüstern mischte sich in den Gesang, der immer spärlicher wurde und schließlich bis auf das Klavier und die Stimme des Pfarrers versiegte. Der stand auf und grüßte mit einem sonnigen Lächeln zum Bürgermeister hinüber, der mit verlegener Miene immer noch in der Nähe der Tür stand. „Und nun“, rief er, „singen wir zum Abschluß die dritte Strophe des begonnenen Liedes.“ Dröhnend stimmte er an: „Und wenn die Welt voll Teufel wär und wollt uns gar verschlingen“. Das Klavier fiel ein, dann die Gemeinde, mit jedem Wort trotziger, kräftiger, freudiger, „so fürchten wir uns nicht so sehr, es muß uns doch gelingen. Der Fürst dieser Welt, so sau’r er sich stellt, tut er uns doch nicht, das macht, er ist gericht. Ein Wörtlein kann ihn fällen.“ Sie sangen so laut, daß vom Klavier nichts mehr zu hören war, grade, daß der Lehrer die Einsätze durchbrachte, um die glückselig steigenden Stimmen auf C-Dur festzunageln. Als er vom Choralbuch aufschaute, waren die Uniformierten verschwunden, die Tür geschlossen.

In der kurzen Zeit bis Weihnachten haben die Presbyter, die sich der Glaubensbewegung angeschlossen hatten, ihren Austritt erklärt, und der abtrünnige Teil der Gemeinde ist ihnen gefolgt. Das festliche Abendmahl am ersten Weihnachtsfeiertag hat über Mittag gedauert, obwohl kein Einzelkelch gegeben wurde. Der Küster mußte mehrmals mit dem Korb in den Gemeindehauskeller hinunter, um Wein nachzuholen, weil der Vorrat in der Sakristei nicht ausreichte.

(Ruth Rehmann)

VIII–21 Strafverfahren gegen Pastor Althaus

J III 1102/35

Braunschweigische Politische Polizei
TgbNr. Zu 2356/35 -10-
Fernruf: Nr. 5440 — 5444
Kr.

Braunschweig, den 29. Oktober 1935
Wohlweg 51
— Altes Ministerium —

…ministerium
2 NOV. 1935

An

den Herrn Braunschweigischen Minister des Innern,
- Referat J III -

B r a u n s c h w e i g .

Betr.: Pastor Althaus, Timmerlah.
Ohne Vorgang.

Am 14. Oktober ds.Js. wurde gegen den evangelischen Pfarrer Georg A l t h a u s, wohnhaft in Timmerlah, ein Strafverfahren nach § 130a des StGB. eingeleitet. Der Vorsitzende des Sondergerichts in Braunschweig hat am 21. Oktober 1935 gegen A. einen Haftbefehl wegen Vergehens gegen den § 2 Abs. 2 des Gesetzes vom 20.12.1934 erlassen, auf Grund dessen Althaus am 22. Oktober 1935 festgenommen wurde.

Althaus hat Mitte August 1935 in Timmerlah in einem Konfirmandenunterricht böswillig hetzerische Äußerungen über Anordnungen leitender Persönlichkeiten des Staates und der N.S.D.A.P. gemacht, die geeignet sind, das Vertrauen des Volkes zur politischen Führung zu untergraben. Es mußte damit gerechnet werden, daß die Äußerungen in die Öffentlichkeit dringen würden. Althaus sagte zu seinen Konfirmanden, sie sollten sich nicht an dem Geschrei gegen die Juden beteiligen. In dem Gebet setzte er sich für die Juden ein, indem er die Worte gebrauchte: " Gott beschütze das arme gehetzte Volk der Juden." Ferner untersagte er den Konfirmanden den deutschen Gruß.

gez. Jeckeln.

Für die Richtigkeit:
Sander
Kanzleiangestellte.

Jesus, der Deutsche – Jesus, der Jude

VIII-22 Jesus Christus, arisiert ...

Schon im Neuen Testament galten die Bewohner Galiläas als Juden minderen Ranges. Für das Deutschchristentum willkommene Grundlage, Jesus zum Arier zu machen.

Jeder Christ weiß: Jesus ist Sohn einer jüdischen Mutter. Umstritten ist – je nach Konfession und Glaubensstand – lediglich die Vaterschaft. Viele Christen meinen, Jesus sei in Bethlehem geboren. Aber sicher ist: Er stammt aus Nazareth. Nazareth liegt in Galiläa, dem nördlichsten Teil des Westjordanlandes. In biblischer Zeit rümpften Juden „von echtem Schrot und Korn" die Nase über die Galiläer: sie waren so etwas wie: „Beute-Preußen" aus dem Norden.

Als der christliche Antisemitismus gegen Ende des Ersten Weltkrieges eine neue Blüte erlebte, nahmen die Chefideologen dieser Bewegung die besondere Stellung der Galiläer zum Anlaß, „zu beweisen", daß in den Adern des historischen Jesus kein Tropfen jüdischen Blutes gewesen sei. Je nach Glaubensstand machte man sich folgenden Vers:

Sofern man an die Jungfrauengeburt glaubte, unterstrich man einfach die Abkunft Mariens aus der nichtjüdischen Unterschicht Galiläas, die angeblich arisch war ... und mit dem Heiligen Geist als Erzeuger gab es eh keine Schwierigkeiten, da rassisch nicht vorbelastet.

Oder, sofern man die Jungfrauengeburt als Dogma verwarf, machte man Jesus schlicht zum unehelichen Kind aus einer arisch-galiläischen mit einer arisch-römischen Verbindung ... Maria sollte schlicht einem germanischen Söldner der römischen Besatzungstruppe beigewohnt haben.

Alles weitere fügte sich fast von selbst. Als Jesus nach seinem anfänglichen Auftreten in Galiläa in den Süden, nach Judäa, gewandert sein, habe er das bereits in dem Bewußtsein getan, dort auf jüdischem Schafott sterben zu müssen. Jesus als erstes prominentes Opfer des jüdischen Hasses auf alles Nichtjüdische!

Was lag daher auch näher, als arteigene Frömmigkeit zu pflegen, Gott auf deutsche Art zu suchen und Jesus als den arischen Held zu verkündigen. Durch den Mund deutscher Propheten: Vom Heliand über Luther und Bismarck bis zu Hitler. Jesus wurde arisiert: obschon das Bild vom letzten Abendmahl, das manches Wohnzimmer süßlich-religiös verschönte, fast ausschließlich Juden abbildet.

VIII-23 Jesus, ein Mann aus Dithmarschen

(1905)

In einer Ecke des gewaltigen, zusammengestückten Reiches lag ein Land, ganz wie unser Schleswig-Holstein, ebenso groß, schmal und langgezogen am Meer entlang, im Norden stille, weite Heidehügel, im Süden eine große, prächtige Stadt. Alles wie bei uns. Es wohnte darin, in Dörfern, ein Bauernvolk, nicht ganz reiner Rasse, aber guter Mischung, aus zwei alten, edlen Stämmen. Alles wie bei uns. Aber es war ein unglückliches Volk. Fremdes Großkapital lag über ihm wie der Wolf über dem niedergerissenen Schaf. Dazu kam die Kirche mit großen Ansprüchen. In der großen Hauptstadt, im Süden, erhob sich ein ungeheures Gotteshaus mit weiten Hallen und Höfen, mit hohen und teueren Konsistorien. Die eine Partei waren die Stillen im Lande. Sie wohnten verstreut übers ganze Land, besonders in den Dörfern, besonders in der Heide. Es waren die Menschen der fleißigen Handarbeit, welche den Geist frei läßt, daß er wunderliche und tiefsinnige Grübelwege gehen kann. Die Kirche war ihnen zu vornehm, zu kalt und zu steif; sie suchten auf eigene Faust nach einer ewigen tröstlichen Wahrheit. Sie versenkten sich nach der Tagesarbeit in alte Chroniken und Gebetbücher. So sah es in diesem Bauernvolk am Meer aus. Im Norden des Landes zwischen Meer und See, in der Heide, wohnte ein Ehepaar, Joseph und seine Frau Maria, beide schwerlich aus reinem Blut, wahrscheinlich aus altem, edlem Mischblut. Das Ehepaar hatte fünf Kinder, die wuchsen in dem stattlichen Dorf auf und sahen und lernten kennen, was das Dorfleben in einem lebendigen, edlen Volke an Bildern und Erkenntnissen darbietet. Der Knabe ist mit seinen Gespielen auf den

Hügel gegangen, wenn im Felde die ersten Blumen wuchsen. Mit abgerissenen Blumen in den Händen standen sie und schauten weit übers Land, bis ans blaue Meer im Westen.

(Gustav Frenssen, geb. 1863 in Dithmarschen, 1905 Roman Hilligenlei)

VIII–24 Jesus, ein Mann aus Hamburg *(1905)*

Die Stunde ist da: An einem Abend stand er am Bollwerk am Hafen und sah die Fährdampfer landen mit den vielen Arbeitern. Da fühlte er in seinem Herzen, wie er sie alle lieb hatte, die vorübergingen. Er kannte sie, wie sie waren. Die Arbeiter fluteten in endlosen Reihen vorüber und bemerkten ihn nicht. Da erkannte er: ‚Für sie alle geschehen keine Wunder. Auch ich muß, was ich werden soll, durch Mühe und Arbeit werden.' Von nun an trat er öffentlich auf. Er sammelte einige Handwerker und Schreiber um sich, die wurden seine Freunde. Als einmal eine große Volksversammlung war, hörte er zu, stand auf und sprach zu ihnen: ‚Ihr wartet auf die große Zukunft. Ich sage Euch: Fangt bei Euch selbst an! Dann wird es keine Armen und Unterdrückten mehr geben. Die Zeit ist nahe. Sie tritt ein, wenn ihr Euch selbst erzieht und eine neue Besinnung annehmt.' Sie wurden erschüttert durch seine Rede. Aber seine Bekannten in der Straße, wo er aufgewachsen war, sagten: ‚Ist das nicht der junge Werkmeister, der in seines Vaters Stelle kam auf der Werft? Was geht er nun aus seiner Arbeit und will ein großes Licht sein?'

Wie er ein Kämpfer war: Er hatte an einem Abend in einem Arbeiterverein gesprochen; da saßen um einen Tisch Leute aus der Hauptstadt, die wollten besonders klug sein und sagten: ‚Er ist der allerschlimmste Pfaffe und wird bezahlt für seine Reden.' Da trat er plötzlich zu ihnen heran und sagte: ‚Wenn einer ein neues Geschäft eröffnet einem alten Geschäft zur Konkurrenz, so steht er wahrscheinlich im Dienst der alten Firma? So wenig bin ich ein Pfaffendiener!

Gleichnisse: „Die Gottesherrschaft ist gleich einer großen Erfindung. Davon hörte ein Kapitalist. Da kündigte er alle seine Kapitalien und machte sie flüssig. Dann kaufte er die Erfindung."

„Ein Mann ging abends in der Dämmerung draußen vor der Stadt. Da kamen an einer einsamen Stelle zwei Kerle hinter ihm her, schlugen ihn über den Kopf und entrissen ihm Uhr und Portemonnaie und ließen ihn betäubt zurück. Da kam auf dem gleichen Wege ein Geschäftsmann, der hatte es eilig. Denn er hatte am Abend eine Sitzung in einem Verein, wo er Vorsitzender war. Er dachte: Der Mann ist natürlich betrunken. Etwas später kam ein Bureaubeamter. Der blieb stehen, sah den Mann und dachte: Da haben sich ein paar angetrunkene Arbeiter geprügelt. Das ist doch gräßlich. Dann dachte er daran, daß er ja seinen neuen Überzieher anhatte. Und er ging schnell weiter. Da kamen desselben Wegs zwei polnische Arbeiter. Die waren sehr müde von der Arbeit und freuten sich auf ihr Abendbrot. Die blieben stehen, der eine kniete hin und sah den Mann an. Dann hoben sie ihn auf und trugen ihn einen langen Weg bis zu einer Wirtschaft. Dort wuschen sie ihn und machten kalte Umschläge um seinen Kopf und flößten ihm Branntwein ein. Dann lief der eine zum Arzt, der andere ging fort, fuhr ein Stück Straßenbahn und holte eine Droschke. Wer war nun der Nächste des Überfallenen?"

(Walther Classen, geb. 1874 in Hamburg, Jugendpfleger unter der Hamburger Arbeiterjugend, Lehrer an einer höheren Schule, Romandichter. 1905: Christus heute als unser Volksgenosse)

VIII–25 Jesus, der Jude

Vielen Christen ist nicht bewußt, daß Jesus aus dem jüdischen Volk hervorgegangen ist und Christen schon durch diese Tatsache mit den Juden verbunden sind. Jesus wird meist unbewußt auf die Seite der Christen gerechnet. Auch unter Juden wurde Jesus zu den Christen gezählt. Erst in neuerer Zeit wurde bei Christen und Juden klarer gesehen, daß Jesus im Judentum verankert ist. Jesus ist Jude, aber seine Bedeutung geht – wenigstens für Christen – weit darüber hinaus.

1. Jesus – von Geburt und Erziehung ein Jude

Das Neue Testament beschreibt Jesus als Juden, „geboren von einer (jüdischen) Frau und unter das Gesetz (die Weisung der Tora) getan" (Galater 4, 4). Die Vor- und Kindheitsgeschichten schildern ihn als jüdisches Kind, geboren in Bethlehem, der Heimatstadt des Königs David. Die Eltern Jesu werden als fromme Juden beschrieben, die die Vorschriften des jüdischen Glaubens für ihr Kind beachten. Durch die Beschneidung wurde Jesus in den Bund mit Abraham und damit in die jüdische Volks- und Glaubensgemeinschaft aufgenommen. Die Erzählung vom zwölfjährigen Jesus im Tempel dürfte ein Hinweis auf die Bar-Mizwa-Feier sein. Damit unterlag Jesus der Pflicht, mit und unter der Tora Israels zu leben, sie zu halten und den in ihr offenbarten Willen Gottes zu „erfüllen" (Matthäus 5, 17). Jesus hatte eine umfassende Kenntnis der biblischen Überlieferung. Kenntnisse in Lesen und Schreiben lernten junge Juden mit Hilfe der biblischen Schriften des Alten Testaments in Schulen, die den Synagogen angegliedert waren. Zugleich lernten sie dort das Beten. Jungen wurden darüber hinaus unterwiesen in der Geschichte Israels und in der „mündlichen Tora".

2. Jesus – ein Lehrer Israels

Als Erwachsener ist Jesus in den Synagogen und sonst in der Öffentlichkeit als Lehrer aufgetreten und wurde dementsprechend als „Rabbi" angeredet. Jesu Lehre war nicht gegen den jüdischen Glauben, wie ihn die Tora forderte, gerichtet. Der Wille Gottes, in der Tora offenbart, galt auch für Jesus als verbindlich (Matthäus 5, 17–19). Wie die Schule des bekannten pharisäischen Lehrers Hillel stand Jesus in Gegensatz zu jenen Lehrern Israels, die – wie die pharisäische Schule Schammais – mit der Härte ihrer Toraauslegung dem Volk eine fast unerträgliche Last auferlegten.

Die Bergpredigt Jesu (Matthäus 5–7) spiegelt die Lehrweise der ältesten Lehrer des Talmud wider. Die Seligpreisungen haben Entsprechungen im Alten Testament und in rabbinischen Schriften. Die Gleichnisse Jesu sind der rabbinischen Lehrtradition in vielem ähnlich, in der gleichfalls religiöse und ethische Erkenntnisse und Forderungen durch ein Gleichnis (hebr. maschal) verdeutlicht werden. Jesus hat sich demnach nicht grundsätzlich gegen die Pharisäer und ihre Lehrweise gestellt. Auch einige jüdische Gelehrte sehen daher in ihm einen toratreuen Juden.

Wir können uns Jesus vorstellen wie einen Juden seiner Zeit: mit Schaufäden an den vier Ecken seines Obergewandes, beim täglichen Gebet mit Gebetsriemen (hebr. Tefillin). Zu den großen Wallfahrtsfesten – Passafest, Wochenfest, Laubhüttenfest – zog er nach biblischer Vorschrift wiederholt nach Jerusalem hinauf. Er feierte mit seinen Jüngern das Passamahl und hielt die Speisegebote. Einen geheilten Aussätzigen forderte er auf, das für diesen Fall vorgeschriebene Opfer darzubringen und sich den Priestern zur Überprüfung der Heilung vorzustellen. Er verstand seine Sendung in erster Linie als Auftrag an das jüdische Volk, ohne Samaritaner und Heiden grundsätzlich davon auszuschließen.

Aus dem Neuen Testament geht nicht hervor, daß Jesus, der entsprechend der jüdischen Tradition am Sabbat in die Synagoge ging (Lukas 4, 16), die Sabbatvorschriften verachtete. Die Tora will (nach 3. Mose 18, 5) das Leben der Menschen schützen und fördern. Wenn die Heiligung des Sabbat zu ihren Kerngeboten gehört, soll jedoch nach Jesu Wort der Sabbat für den Menschen dasein und nicht umgekehrt. Auch der Talmud setzt den Schutz des Lebens über alle Sabbatgebote. Heilungen am Sabbat brachten Jesus aber in Gegensatz zu einigen frommen Mitjuden, die die Sabbatgebote enger auslegten als andere.

Durch seine Predigten und Krankenheilungen machte Jesus die Liebe Gottes sichtbar, die sich im Erbarmen für den Menschen offenbaren will, und er verband damit den Zuspruch der Vergebung. Für ihn war der in der Tora offenbarte Wille Gottes wie ein Spiegel, in dem der Mensch erkennen soll, wer Gott ist und wer er selbst ist. Die vom Menschen eingestandene Unfähigkeit, nach dem Willen Gottes gerecht zu leben, liefert ihn dem Erbarmen und der Liebe Gottes aus, der aber zur Vergebung bereit ist, wo immer sie ernstlich begehrt wird.

3. Jesus – Prophet und Messias Israels

Mit diesen Feststellungen ist Jesu Wirken und Bedeutung noch nicht vollständig beschrieben. So sehr er als Jude in seinem Volk wirkte, nahm er doch innerhalb dieses Volkes eine besondere Stellung ein. Sein Auftreten trägt auch prophetische Züge. Jesus nahm die Kritik der Propheten des Alten Testaments am eigenen Volk und an einer zu engen Auslegung der Tora auf und führte sie in seinem Lehren und Handeln weiter. Indem er Vergebung der Sünden zusprach, kündigte er zugleich das Kommen des Gottesreiches an. Er sammelte einen Kreis von 12 Schülern („Jüngern", entsprechend den 12 Stämmen Israels) um sich und berief Menschen in seine Nachfolge. Vor allem wandte er sich den Armen, Kranken und Außenseitern zu.

Damit nahm er eine Autorität wahr, die seine Anhänger mit dem Bekenntnis beantworteten, er sei der Messias, der langersehnte Retter Israels. Dieses vollmächtige Wirken brachte Jesus in Gegensatz zu andern: die politischen Machthaber fürchteten um ihre Macht, die religiösen Autoritäten sahen ihre Vorstellungen vom Erlöser in ihm nicht verwirklicht. Selbst seine Anhänger konnten Jesu Weg, auf dem er das Leiden bewußt auf sich nahm, nicht verstehen.

Jesu Leidensweg und sein Sterben am Kreuz geschahen in völliger Hingabe an den Willen Gottes. Sein Weg der Niedrigkeit war bestimmt von der Liebe zu Gott und der Liebe zu den Menschen. Noch am Kreuz betete er für seine Henker und Mitverurteilten. Er starb mit jüdischen Gebeten (z. B. Psalm 22) auf den Lippen.

Die Auferstehung Jesu – im Neuen Testament bezeugt – brachte seine Anhänger zu dem Glauben, daß sein Tod ein von Gott gewolltes Geschehen war, das für Israel und durch Israel für die Welt gelten soll. Die jüdischen Anhänger Jesu verstanden von nun an das Leiden und Sterben Jesu als stellvertretendes Tun, das jedem in ihrem Volk gilt, der „im Spiegel der Tora" seine wahre Lage vor dem heiligen Gott erkennt.

An diesen durch das Auferstehungsgeschehen entstandenen Erfahrungen entzündete sich der Glaube an Jesus als Christus inmitten des jüdischen Volkes. Daher wurde dem Namen „Jesus" der Ehrenname „Christus" (= Messias) hinzugefügt und so Jesus von Nazareth als Messias bezeugt und bekannt. Die zunächst von und für Juden verkündigte Überzeugung, daß der Opfertod des Juden Jesus Gottes Heilsangebot ist, wurde für die judenchristliche Gemeinde unaufgebbare Wahrheit. Schnell brach sich auch die Erkenntnis Bahn, daß dieses Heilsangebot auch den Heidenvölkern gilt. Darüber sollte nicht vergessen werden, daß Israel der Welt den Christus geschenkt hat („Das Heil kommt von den Juden", Johannes 4, 22). Die Christenheit hat dies im Lauf ihrer Geschichte weitgehend verdrängt und beginnt sich erst in jüngster Zeit wieder stärker darauf zu besinnen.

Im Judentum ist in neuerer Zeit ein zunehmendes Interesse an Jesus erkennbar, bis hin zu Versuchen einer „Heimholung Jesu ins Judentum" bei einigen Gelehrten. Dabei wird immer deutlicher gesehen, daß Jesus nicht im Gegensatz zum jüdischen Volk und seinem Glauben stand. So sind einige Juden bereit, Jesus einen Ehrenplatz unter den Gerechten und Lehrern Israels einzuräumen. Die Annäherung von Juden und Christen über die Person Jesu findet da ihre Grenze, wo Christen Jesus von Nazareth als den Auferstandenen, den Christus, den Heiland und Sohn Gottes bekennen. Der jüdische Gelehrte Schalom ben-Chorin hat das auf die Formel gebracht: „Der Glaube Jesu einigt uns, der Glaube an Jesus trennt uns."

(Arbeitskreis „Kirche und Judentum" der VELKD und des DNK)

VIII-26 Jesus und die Thora

(...) In allen vier Evangelien wird uns berichtet, daß Jesus demonstrativ das Sabbathgebot gebrochen hat. Das wird uns durch jüdische Zeugnisse bestätigt und wird uns bis heute durch die Tatsache bezeugt, daß wir alle, die wir uns auf Jesus berufen und nach dem Namen Jesu nennen, nicht den Sabbath feiern, sondern den Sonntag, das Fest der Auferstehung Jesu Christi. Dazu hätte die christliche Kirche niemals den Mut und das reine Gewissen gehabt, wenn nicht Jesus zuvor mit dem Sabbath grundsätzlich gebrochen hätte.

An vier wohlbekannten Evangelienberichten mag die Stellung Jesu zur Sabbathfrage hier skizzenhaft illustriert werden.

Da ist die Geschichte vom Ährenraufen Mark. 2, 23 f., die in das Jesuswort ausmündet: „Der Mensch ist nicht um des Sabbaths willen, sondern der Sabbath ist um des Menschen willen da." Man sieht sofort, das ist eine klare und schroffe Kampfansage an die Sabbathpraxis der Wüstenleute („Das Sabbathgebot ist wichtiger als die Wohlfahrt des Menschen"), aber auch an die Sabbathfrömmigkeit der Pharisäer.*)

Die Antwort des Thorajudentums bleibt nicht aus. Es erscheint eine Kommission von Thorajuristen, die erklärten: Jesus ist ein Besessener, ein Lügenprophet, und tut seine Wunder mit dämonischer Gewalt (Mark. 3, 22). Kein Zweifel, diese Leute haben bereits 5. Mose 13 auf Jesus angewandt und stellen fest: Jesus tut Wunder. Das kann und will kein Mensch bestreiten. Aber Jesus bricht den Sabbath und damit die Thora. Auch das bestreitet kein Mensch. Er läßt sogar seine Jünger ihn brechen. Das ist schon mehr als alltäglicher Thorabruch, das ist regelrechte Abfallpredigt. Alles zusammen ergibt: Er ist ein Lügenprophet, der zum Abfall von der Thora aufruft auf Grund von Wundern, die demnach dämonischen Ursprungs sind, genau wie das auch die Qumranexegese von 5. Mose 13 schon festgelegt hat. In summa: Er ist des Todes schuldig.

Die Heilung des Gelähmten am Teich Bethesda erfolgt am Sabbath, zunächst aber ohne jede Sabbathverletzung, denn Jesus selber rührt keinen Finger. Dennoch geschieht ein Sabbathbruch deshalb, weil Jesus zu dem bisher Gelähmten und nun Geheilten sagt: Nimm dein Bettzeug und trag es nach Hause. Das ist ein verbotener Sabbathtransport. Dazu ruft Jesus diesen Mann auf! Folglich erweist er sich auch hier wieder, obwohl er persönlich den Sabbath gar nicht bricht, als ein programmatischer Abfallprediger, der andere zum Sabbathbruch verführt. Man sieht, so verschieden die beiden Evangelisten sind, Markus und Johannes, so verschieden die beiden Geschehnisse sind, Mark. 2, 23 ff. und Joh. 5, 8 ff. – darin besteht volle Übereinstimmung, daß Jesus in der Sabbathfrage als Abfallprediger erscheinen mußte.

Bei der Heilung des Blindgeborenen Joh. 9, 1 ff. bricht Jesus selber den Sabbath. Denn er rührt einen Teig an. Das aber ist eine Manipulation, die am Sabbath verboten ist. Die Juden ziehen die Folgerung, die jeder Thorajude im Sinne von 5. Mose 13 hier ziehen muß: „Dieser Mensch ist nicht von Gott, denn er hält den Sabbath nicht" (Joh. 9, 16).

Man sage nicht, Jesus habe den Sabbath gebrochen, um einem Menschen aus der Not zu helfen, um ein Menschenleben zu retten. Alle Sabbathheilungen, die Jesus vollbringt, sind ausnahmslos Krankenheilungen, die eigentlich noch sehr viel Zeit haben. Der Gelähmte liegt seit 38 Jahren am Teiche. Der Blindgeborene ist vielleicht seit dreißig Jahren blind. Er kann doch wohl noch fünf oder zehn Stunden warten, bis (nach jüdischer Rechnung) der Sabbath vorüber ist. Oder der Mann mit der verdorrten Hand: Er ist vermutlich seit Jahr und Tag gelähmt. Kann er nicht noch die paar Stunden warten bis zum Abend? Mit Absicht aber heilt Jesus diese chronischen Krankheiten, die keine Lebensgefahr, nicht einmal Schmerzen mit sich bringen, am Sabbath, um das Sabbathgebot zu brechen, um zu zeigen: Er ist der Sohn dessen, der seit dem Ende des siebten Schöpfungstages pausenlos an der Arbeit ist (Joh. 5, 17).

Die Sabbathpraxis Jesu ist ein Wahrzeichen seiner Lebensführung und Lebenshaltung überhaupt. Leben heißt Dienst, heißt schöpferischer Dienst am Menschen. Jesus arbeitet zeitweise wie der Chefchirug in einer großen Klinik (Mark. 1, 32 ff.). Er kommt überhaupt nicht zum Essen (Mark. 3, 20). Der Gott Jesu Christi liebt nicht „die frommen Werke". Er liebt nicht die selbstgerechten Tugendhelden, nicht die asketischen Heiligen. Er liebt die produktiven Persönlichkeiten. Er liebt den schaffenden Dienst am Leben. Der Gott des Alten Testaments, der Gott der Qumranleute jedenfalls, liebt die Verbote. Der Dekalog besteht, das bleibt nun einmal Tatsache, aus neun Verboten und einem positiven Gebot (dem Gebot der Elternehrung), das aber mit einer Lohnmotivierung verknüpft ist. Die Wüstentexte wimmeln von Verboten. In den echten Jesusworten begegnet nur ein einziges Verbot: Das Scheidungsverbot Mark. 10, 9, ausgerechnet das Verbot, mit dem man es in der Zeit und Heimat Jesu besonders leicht nahm. Alle anderen Weisungen Jesu sind positiver Art. Die Wüstenleute erklären wörtlich: „Was ein Mensch nicht will, das man ihm tue, das tue er auch nicht seinem Nächsten". Jesus aber fordert: „Alles, was ihr wollt, daß euch die Leute tun sollen, das tuet ihr ihnen auch." Das ist der Unterschied zwischen negativer und positiver, zwischen polizeilicher und produktiver Ethik, zwischen juristischer und schöpferischer Ethik, zwischen der Ethik der Wüstenleute und der Ethik Jesu.

Aber noch einmal, es geht hier nicht nur um Unterschiede, es geht um Gegensätze, um ein unerbittliches Entweder-Oder. Der Gegensatz zwischen Jesus und den Wüstenleuten aber ist nirgends tiefer als in der Frage der Sündenvergebung. Der Gott Jesu Christi kennt keine klerikale Sündenvergebung; er kennt keine rituellen Bußleistungen. Er vergibt ohne Wenn und Aber. Er vergibt, wie der Vater des Verlorenen Sohnes vergibt; er sieht ihn, und es jammert ihn sein (Luk. 15, 20). Auch Jesus vergibt ohne Wenn und Aber, in der Freiheit und Vollmacht des Vaters, unabhängig von allen religionsgesetzlichen Instanzen, Vorschriften und Vorbehalten (Luk. 7, 48). Er liebt die rituellen Bußbekenntnisse nicht (Matth. 6, 7; Luk. 11, 4; 18, 13). In den echten Jesusworten des Markusevangeliums kommt das Substantivum „Buße“ (metanoia) überhaupt nicht vor. Es kommt auch im Johannesevangelium nicht vor. Das aber ist doppelt auffällig, weil der Vierte Evangelist in anderen Dingen mancherlei Abhängigkeit von den Wüstenleuten verrät, die ihrerseits eine große Vorliebe für das Wort Buße haben. Man wolle uns nicht mißverstehen, wir sprechen hier nur von dem Substantivum „Buße“, nicht von der Sache. Die Liebhaberei für das Wort Buße aber, die Festlegung bestimmter Bußpraktiken, Bußleistungen, Bußriten, das ist der Stil von Qumran, das gibt es bei Jesus nicht. Hier ist kein Raum für klerikalisierte Vergebung. Der Christus des Markusevangeliums vergibt dem Gichtbrüchigen, ehe der Sünder überhaupt den Mund aufgetan hat (Mark. 2, 5). Wieviel Sündenbekenntnisse, wieviel Bußzeiten und Bewährungsfristen, wieviel Versprechungen und Gelöbnisse müßten vorausgehen, wenn dem Mann in Qumran vergeben werden sollte. Der johanneische Christus spricht am Teich Bethesda nicht einmal von der Vergebung, sondern heilt den Paralytiker, der wahrhaftig der Vergebung bedarf, ohne weiteres und sagt ihm später nur ganz kurz, aber höchst unmißverständlich und unwiderruflich: Sündige nicht mehr, auf daß es dir nicht schlimmer ergehe denn zuvor (Joh. 5, 14). Auch hier erkennt man wieder die tiefe und grundsätzliche Übereinstimmung zwischen Markus und Johannes. Genauso apodiktisch spricht Jesus in Joh. 8, 11 zur Ehebrecherin: Gehe hin und sündige hinfort nicht mehr. Kurz, die Sündenvergebung Jesu ist ein schöpferischer Akt, nicht die Schlußformel einer ritualistischen Bußprozedur, sondern die schöpfungshafte Grundlegung eines neuen Lebens. Jesus weiß: Mein Vater schafft bis zur Stunde, und so schaffe ich auch; mein Vater übt Gnade bis zur Stunde, und so tue ich auch.

Wir wissen, wie die Männer des Großen Synhedriums darauf reagiert haben: Darum suchten die Juden ihn nun erst recht zu töten, weil er nicht nur den Sabbath aufgelöst hatte, sondern hatte Gott seinen persönlichen Vater genannt und sich selber Gott gleichgestellt (Joh. 5, 18). Man hat Jesus als Pseudopropheten, Abfallprediger und Gotteslästerer deklariert. Die Grundlage dieses dreifachen Verdammungsurteils aber war die Tatsache, daß Jesus das mosaische Sabbathgebot gebrochen hat, nicht aus Versehen, auch nicht aus Not im Rahmen der gesetzlichen Ausnahmebestimmungen, sondern ganz programmatisch. Denn die Thora ist nach jüdischer Überzeugung das Maß aller Dinge, das gottgesetzte Kriterium zur Unterscheidung der Geister. Darum kann ein Mann, der die Thora bricht, nicht von Gott sein, sondern nur vom Teufel.

Das ist die Logik des Großen Synhedriums in Jerusalem. Es ist genau dieselbe Logik, die uns in den Wüstentexten begegnet, wenn dort am Ende der Sabbathvorschriften gesagt ist: Ein jeder, der von den Geistern Belials besessen ist, so daß er Abfall predigt, der soll gerichtet werden nach dem Gesetz über den Lügenpropheten. Die Sabbathgebote waren in Qumran noch wesentlich schärfer als in Jerusalem. Jesus aber hat nicht nur diese Verschärfungen allesamt verworfen, er hat vielmehr das mosaische Sabbathgebot selbst grundsätzlich abgelehnt. Darum gibt es zwischen dem Geiste Jesu und dem Geist der Wüstenleute keine Verwandtschaft und Verbindung. Darum konnte es zwischen Qumran und Jesus keine Gemeinschaft geben, keine Verständigung und keine Duldung. Jesus hatte einfach keinen Platz in der Welt der Wüstenleute. Wenn er diesen Platz gesucht hätte, wenn er in die Hände der Wüstenleute geraten wäre, so hätten sie den Sabbathrebellen in Qumran nach ihrer Logik und Thoraexegese genau so zum Tode verurteilt und verurteilen müssen, wie es in Jerusalem geschehen ist. Das war unsere These. Sie darf nun wohl als bewiesen gelten. *(Ethelbert Stauffer)*

*) Nachträge 1959:
Das oft zitierte Rabbinenwort „Der Sabbat ist euch übergeben, nicht aber seid ihr dem Sabbat übergeben" bezieht sich auf Lebensgefahr in Verfolgungszeiten, s. J. Levy, Talmudwörterbuch 3 (1924), S. 177.

VIII–27 Der anonyme Jesus oder die Leere um den Sohn Gottes

Wer glaubt, legt Jesus einen Namen bei. Wer nicht glaubt, tut das gleiche – nur mit anderen Namen. Die Buchstabenfolge der Namen sagt noch gar nichts über den Glauben. Man kann heute Jesus den Gottessohn nennen ohne zu glauben; denn dieser Name ist ungefährlich. Man kann Jesus einen Menschenfreund heißen und sich und anderen damit sehr viel zumuten. Man kann Jesus auch als Religionsstifter in der Weltgeschichte abakten und von ihm sprechen wie von Buddha, Konfuzius oder Mohammed. „An der Person Jesu kommt man darum nicht vorbei, weil er lebt. An der Person Goethes kommt man zur Not vorüber, weil er tot ist. Tausendfach sind die Versuche, der Begegnung mit Jesus sowohl standzuhalten wie auszuweichen" (D. Bonhoeffer). Wo halten wir heute stand, wo weichen wir der Begegnung mit dem Auferstandenen aus? Eine Christenheit, die lediglich tote Namen, abgegriffene Bilder und christologische Begriffe repetiert, weicht aus, und zwar systematisch und mit peinlichem Erfolg. Wer standhält, muß lebendige Namen nennen, die ihn selbst und seine Welt verwandeln und verändern. Jeder lebendige Name ist welthaft, d. h. der profanen Sprachwelt entwendet und auf die Konkurrenz verschiedener Anwendungen abgestellt. Der lebendige Name provoziert Widerspruch, weil andere ihn anders verwenden und ihn für andere Zumutungen beschlagnahmen.

Gibt es in unserem Jahrhundert neue, lebendige, wirksame Jesusnamen? Diese müßten als neue Zumutungen und Verwandlungen zusammen mit neuen Erfahrungen mitten im politischen und familiären Alltag unserer Zeit erscheinen. Die Situation ist nicht gänzlich hoffnungslos. Hierzu einige Beispiele: Wenn verschiedene Vertreter der Bekennenden Kirche im 3. Reich in der Durchführung des Arierparagraphen die Bekenntnisfrage gestellt sahen, so steckt de facto ein neuer Jesusname hinter ihren Entscheidungen. In dem Verhalten des evangelischen Pfarrers Heinrich Grüber und des katholischen Propstes Lichtenberg, in den theologischen Äußerungen Bonhoeffers, Bultmanns u. a. zur sog. Judenfrage spiegelt sich der Name wider: Jesus ist Israel; Jesus ist Jude. Welche Zumutungen und Verwandlungen damit zwischen 1933 und 1945 aktualisiert waren, bedarf keiner Worte. Dieses Beispiel ist jüngste Vergangenheit. In die Gegenwart führt uns jener Satz, den Gustav Heinemann 1958 im Bundestag sprach: „Es geht nicht um Christentum gegen Marxismus. Es geht um die Erkenntnis, daß Christus nicht gegen Karl Marx gestorben ist, sondern für uns alle." Was ist hier passiert? Die militanten östlichen und westlichen Ideologien werden unter die gegenwärtige Macht Jesu gezwungen, und zwar in der Weise, daß dieser neu beim Namen genannt wird. Der Akzent liegt durchaus auf unkirchlichen, profanen und ganz undogmatischen Zumutungen. Viele, die ohne Hemmungen bereit waren, Jesus das vertraute Vokabular seiner Kirchentitel umzuhängen, sprangen bei Heinemanns Zeugenrede empört von den Sitzen, sprachen von Gotteslästerung (laut Stenogramm) und wiesen mit spitzen Fingern auf den Katechismus. Der Jesus, der sich nicht als Anti-Bild mißbrauchen läßt, sondern als plötzliche Zumutung des „Für-alle" im Bundestag erscheint, ist zwar kirchlich unvertraut, dafür hat er den ungeheuren Vorzug, springlebendig zu sein. Denn in den objektiven, starren Kirchentiteln liegt der Abfall, die Lieblosigkeit, der Verrat. (...)

Wie lesen wir – in freier Paraphrase – bei Markus (8, 27 ff.): „Unterwegs fragte Jesus seine Jünger: Für wen halten mich die Leute? Da sagten sie zu ihm: Für einen Religionsstifter, andere für einen Vorläufer der Päpste in Rom, andere für ein erbauliches Predigtthema in Gottesdiensten, wieder andere für ein Renommierstück des Abendlandes. Und Jesus fragte sie: Ihr aber, für wen haltet ihr mich?" – Nun denn, die Frage gilt!
(Hans-Dieter Bastian)

VIII-28 Zur Erneuerung des Verhältnisses von Christen und Juden

Am 11. Januar 1980 verabschiedete die Landessynode der Evangelischen Kirche im Rheinland einen „Synodalbeschluß zur Erneuerung des Verhältnisses von Christen und Juden“. Der entscheidende Abschnitt 4 lautet:

(1) Wir bekennen betroffen die Mitverantwortung und Schuld der Christenheit in Deutschland am Holocaust.

(2) Wir bekennen uns dankbar zu den „Schriften“ (Lk. 24, 32 und 45; 1. Kor. 15, 3 f.), unserem Alten Testament, als einer gemeinsamen Grundlage für Glauben und Handeln von Juden und Christen.

(3) Wir bekennen uns zu Jesus Christus, dem Juden, der als Messias Israels der Retter der Welt ist und die Völker der Welt mit dem Volk Gottes verbindet.

(4) Wir glauben die bleibende Erwählung des jüdischen Volkes als Gottes Volk und erkennen, daß die Kirche durch Jesus Christus in den Bund Gottes mit seinem Volk hineingenommen ist.

(5) Wir glauben mit den Juden, daß die Einheit von Gerechtigkeit und Liebe das geschichtliche Heilshandeln Gottes kennzeichnet. Wir glauben mit den Juden Gerechtigkeit und Liebe als Weisungen Gottes für unser ganzes Leben. Wir sehen als Christen beides im Handeln Gottes in Israel und im Handeln Gottes in Jesus Christus begründet.

(6) Wir glauben, daß Juden und Christen je in ihrer Berufung Zeugen Gottes vor der Welt und voreinander sind; darum sind wir überzeugt, daß die Kirche ihr Zeugnis dem jüdischen Volk gegenüber nicht wie ihre Mission an die Völkerwelt wahrnehmen kann.

(7) Wir stellen darum fest:
Durch Jahrhunderte wurde das Wort „neu“ in der Bibelauslegung gegen das jüdische Volk gerichtet: Der neue Bund wurde als Gegensatz zum alten Bund, das neue Gottesvolk als Ersetzung des alten Gottesvolkes verstanden. Diese Nichtachtung der bleibenden Erwählung Israels und seine Verurteilung zur Nichtexistenz haben immer wieder christliche Theologie, kirchliche Predigt und kirchliches Handeln bis heute gekennzeichnet. Dadurch haben wir uns auch an der physischen Auslöschung des jüdischen Volkes schuldig gemacht.

Wir wollen deshalb den unlösbaren Zusammenhang des Neuen Testaments mit dem Alten Testament neu sehen und das Verhältnis von „alt“ und „neu“ von der Verheißung her verstehen lernen: als Ergehen der Verheißung, Erfüllen der Verheißung und Bekräftigung der Verheißung; „neu“ bedeutet darum nicht die Ersetzung des „Alten“. Darum verneinen wir, daß das Volk Israel von Gott verworfen oder von der Kirche überholt sei.

(8) Indem wir umkehren, beginnen wir zu entdecken, was Christen und Juden gemeinsam bekennen:

Wir bekennen beide Gott als den Schöpfer des Himmels und der Erde und wissen, daß wir als von demselben Gott durch den aaronitischen Segen Ausgezeichnete im Alltag der Welt leben.

Wir bekennen die gemeinsame Hoffnung eines neuen Himmels und einer neuen Erde und die Kraft dieser messianischen Hoffnung für das Zeugnis und das Handeln von Christen und Juden für Gerechtigkeit und Frieden in der Welt.

Bearbeitungsmöglichkeiten

VIII–1 Karikatur
1) Erarbeiten Sie die Pointe der Karikatur im Zusammenhang mit der „Gebetszeile"! Beziehen Sie folgende Gesichtspunkte mit ein:
- Welchen „Einstellungen zum Führer" könnten die drei Personen (Mädchen, Vater, strickende Mutter im Hintergrund des Bildes) zugeordnet werden?
- An welche anscheinend positiven Darstellungen des nationalsozialistischen Systems könnte das Mädchen denken, das in einem christlichen Hause betet und sich Verständnis des Vaters für den Führer wünscht?
- Welche Erfahrungen könnte der Vater gemacht haben, die ihn, von seinem christlichen Glauben her, am Führer zweifeln lassen?

2) Besprechen Sie die schwierige Familiensituation!

„Eintopf": Nationalsozialismus = Christentum der Tat?

VIII–2 Großkampftag gegen Hunger und Kälte
Entnehmen Sie dem Zeitungsbericht die wichtigsten Angaben über diese nationalsozialistische Gemeinschaftsaktion.
Angenommen, das Mädchen in der Karikatur (VIII–1) denkt an eine solche oder eine ähnliche Hilfsmaßnahme: zu welchem Schluß könnte es als Christin kommen?
VIII–3 ist abgedruckt als interessantes zeitgeschichtliches Dokument.
VIII–4 Der Bericht über eine Aktion für BROT FÜR DIE WELT stammt aus unseren Tagen. Aber „Hilfe für notleidende Mitmenschen" war auch in der Kirche im 3. Reich und im Bewußtsein der Christen damals lebendig. Lassen Sie sich anregen, die Art der hier dargestellten Hilfsaktion mit der in VIII–2 zu vergleichen. Kann man beide „in einen Topf werfen"?
VIII–5 Werten Sie dieses Schreiben aus. – Informieren Sie sich über BROT FÜR DIE WELT.

Hilfeleistungen

VIII–6 u. 7 Karikaturen
Was wird in den Karikaturen jeweils „aufs Korn genommen"? – Beachten Sie das Bildmotiv der „Verhüllung".

Erziehung zur Volksgemeinschaft

VIII–8 Dieser Text gibt Informationen zum Winterhilfswerk. Betrachten Sie von daher noch einmal VIII–2, und überprüfen Sie Ihre Antworten auf die Frage zu VIII–4.
VIII–9 Der Bibeltext aus Jesaja 58 (in einer modernen Übersetzung) spricht auch das Thema „Volksgemeinschaft" an. Überlegen Sie, ob der in der Karikatur VIII–1 genannte Vater, der eventuell auch die Aussagen dieser Bibelstelle kannte, deshalb dem Führer kein Verständnis entgegenbringen konnte.

Aktionen der Volkswohlfahrt

VIII–10–12 Aktionen der Volkswohlfahrt werden im Spiegel der damaligen Presse (VIII–10) und in einem kritischen Rückspiegel (VIII–11) konkretisiert. (VIII–11 ist eine Szene aus einem Schauspiel: Man sollte sie mit verteilten Rollen lesen.)
Diskutieren Sie die unterschiedlichen „Spiegelungen" unter dem Gesichtspunkt „Parteilichkeit". Nach der Bearbeitung dieser Phase könnten u. a. folgende Fragestellungen erörtert werden:
1) Wie ist die im Dritten Reich aufgestellte Behauptung zu beurteilen: „Nationalsozialismus ist Christentum der Tat"?
2) Wie ist der Vorwurf zu bewerten: „Die Eltern, besonders die christlichen, haben gegenüber dem Nationalsozialismus versagt"?

Kirche im Nationalsozialismus

VIII–13–19 Die zu diesem Thema gegebenen Texte/Materialien sollen die Irrungen und Verwirrungen, aber auch die Widerstände gegen eine Vereinnahmung der Kirche aufzeigen. Bemühen Sie sich um ein Verständnis für die Verlockungen, Bedrohungen und Risiken, die sich für Christen damals ergaben.
VIII–20 Der Mann auf der Kanzel
Der Text konkretisiert Probleme und Verhaltensweisen, die in VIII–13–19 mehr grundsätzlich angesprochen werden. Lesen Sie diesen Bericht, und tauschen Sie Ihre Eindrücke aus. (Zu dem Hinweis auf den „Sportpalast-Eklat" in Zeile 1 vgl. VIII–13).
VIII–21 Strafverfahren gegen Pfarrer Althaus
könnte den Eindruck „zurechtrücken", der sich vielleicht aus VIII–20 ergeben hat: „Mit Zivilcourage und Gottvertrauen geht alles gut! Man muß nur den richtigen Choral singen."
Zur Information: Althaus wurde nach 2 Monaten Untersuchungshaft von einem Sondergericht wegen Vergehens gegen das Heimtückegesetz zu 6 Monaten Haft verurteilt. Die Kirchenregierung enthob ihn vorläufig des Amtes und erteilte ihm einen Verweis: er habe sein Amt und seine Pflicht als Lehrer, Pastor und Deutscher verletzt.

Jesus der Deutsche – Jesus der Jude

VIII–22 Jesus Christus arisiert
thematisiert ein großes Problem der Christen im Dritten Reich: Jesus – ein Jude? Nehmen Sie zur Kenntnis, welche Versuche unternommen wurden, dieses Problem zu lösen, und fragen Sie nach der Begründbarkeit solcher Theorien!
VIII–23 u. 24 zeigen Ihnen an extremen Beispielen, daß man versuchte, Jesus nicht nur zum Arier, sondern auch zum Deutschen, ja zum Norddeutschen

zu machen. Und das lange vor dem Hitler-Regime!
1) Stellen Sie zusammen, wie die Autoren vorgehen und welche biblischen Aussagen sie dabei für ihre Zwecke verwenden.
2) Machen Sie Stichproben zur kritischen Überprüfung solcher Versuche, besonders in VIII-24.

VIII-25 Jesus, der Jude
ist ein Dokument für die vielfältigen Bemühungen, christliche Kirche und Judentum einander näherzuführen.
1) Stellen Sie zusammen, welche Argumente für die in der Einleitung ausgesprochenen Thesen angeführt werden.
2) Wählen Sie aus, welche Sie kritisch-vertiefend weiterverfolgen möchten.
3) Erörtern Sie den Schlußsatz „Der Glaube Jesu einigt uns, der Glaube an Jesus trennt uns".

VIII-26 Jesus und die Thora
enthält die Stellungnahme eines christlichen Theologen. Er entwickelt am Beispiel „Sabbath" die Stellung Jesu zur offiziellen Frömmigkeit des Judentums seiner Zeit.
1) Bestimmen Sie aus diesem Beispiel heraus die grundsätzliche Position des Autors.
2) Setzen Sie diese in Beziehung zu der in VIII-25 vertretenen Auffassung.
3) Bedenken Sie von daher noch einmal den Schlußsatz von VIII-25 „Der Glaube Jesu einigt uns".
Sollten Sie zu dem Ergebnis kommen, daß sich die Auffassungen, die in VIII-25 und in VIII-26 vertreten werden, nicht zur Deckung bringen lassen, müßte sich die weiterführende Frage stellen, wie trotzdem das Verhältnis zwischen Judentum und Christentum im Sinne der Brüderlichkeit zu bestimmen und zu praktizieren wäre. (VIII-28 könnte einbezogen werden.)

VIII-27 Der anonyme Jesus oder die Leere um den Sohn Gottes
1) Erarbeiten Sie den Gedankengang des Theologieprofessors H.-D. Bastian im Hinblick auf die Titel Jesu, besonders im Rückblick auf das Dritte Reich.
2) Wie ist sein Wortspiel „Leere-Lehre" zu verstehen?
3) Erörtern Sie, was konkret mit dem Wort von Heinemann gemeint ist, und diskutieren Sie kritisch-abwägend dieses Statement.
4) Stellen Sie sich der Schlußfrage.

VIII-28 Zur Erneuerung des Verhältnisses von Christen und Juden
Eine von vielen kirchlichen Stellungnahmen, die jeweils dazu dienen, einerseits Standpunkte auszudrücken, andererseits Auseinandersetzungen und neue Entwicklungen anzubahnen.
Besprechen Sie die Frage, welchen Stellenwert eine solche Erklärung haben kann.

Elementare Aspekte und blockübergreifende Themen

Elementare Aspekte	
Bekennen und Bekenntnis	I-7-8, 15; II-15, 16; III-9; IV-3, 6, 7, 29-31; V-15; VI-4, 14; VIII-13, 16, 20, 21, 28.
Jesus, der Christus-Jesusdeutungen	I-23; II-11, 15-18; III-13; IV-3; V-9, 11-16, 18; VI-3-5, 7-18; VII-7, 8, 12-15; VIII-13, 16, 17, 20, 22-28.
Frömmigkeitsformen, Rituale, Symbole, Schriften und Lehren	I-3, 9-11, 14, 15, 22-26; II-8, 18; III-12; IV-9-25, 28-31; V-18-20; VII-25-32; VIII-1, 19.
„Heilige" Männer und Religionsstifter	I-4-6, 12, 14, 15; II-6-9, 12, 13; V-19, 20; VII-1-3; VIII-18.
Religionen und Weltanschauungen	I-15, 21-23, 27, 28, 31; III-4; V-12, 13, 18-20; VI-3, 4, 12; VII-6-14, 27-29; VIII-1-6, 13-21, 25-28.
Fremdbestimmung und Selbstbestimmung, Selbstfindung und Gotteserfahrung	I-25, 26, 29-31; II-10, 11; III-1-5, 8-11, 13; IV-15-17.
Reden von Gott	I-19-21, 23, 25, 26; III-5, 9-11, 15; IV-6-8; V-7-9.
Kriterien des Handelns, Religion und Moral – „Evangelium und Gesetz"	I-7, 8, 17, 30-31; II-17, 18; III-12, 14; IV-7, 8, 31; VII-4-8, 15-19, 20-24; VIII-4-7, 20, 21.
Blockübergreifende Themen	
Amulette/Aberglaube	I-22, 23; II-7, 8.
Bibel/Bibelverständnis	I-12, 13; II-6-9, 11-13, 15, 16; III-3, 4, 8-14; IV-2, 3, 24; V; VI-7-9, 11-18; VII-5, 12, 13, 15, 17, 20-22, 24; VIII-25, 26.
David/Davidstern	I-3, 4, 22; VI-8, 14; VII-7; VIII-6.
Ehe/Ehebruch	I-4; II-2, 4-7, 9, 10, 12; III-2; IV-17; VII-6, 7, 9-13, 23.
Ethik	I-4-8, 16, 29, 30; II-2, 3, 10, 17, 18; III-1-5, 14; IV-5-8, 24; VII; VIII-1-12.
Fasten	I-4, 5; VII-6, 7, 25-32.
Gebet	I-12, 14, 15, 24-26, 30; II-12; III-8-10, 13; IV-4; VIII-1.
Gewalt/Gewaltlosigkeit	I-4, 5, 7, 8, 17, 18; IV-8; VII-7, 21-24; VIII-20.
Gott/Götter/Götzen	I-9-11, 14, 15, 19-27, 29-31; II-1, 6-9, 11-13, 15, 16; III-3, 5, 8-12; IV-10, 26, 27; VIII-1, 13-21.
Gottes Wille/Gottesurteile	I-4-8, 12, 14, 15, 17, 19, 20; II-6, 7, 9, 11-13; III-15; IV-2, 3, 23, 31; VII-12, 15, 16, 20, 31; VIII-9.
Gottesdienst	I-14, 15; II-14; IV-9-13, 15-17; IV-20, 24; VIII-20.
Gottesvolk/Gemeinde	I-14-18; II-1, 6, 7, 9, 12, 13, 17, 18; IV-3, 8, 10-16, 21-23, 28-32; VII-22.
Islam	V-19, 20; VII-9-11, 27-29
Judentum	I-1-3; IV-23; V-14-18; VI-1, 2; VII-6, 8; VIII-13-21, 25, 26, 28.
Kirche	I-20; II-17, 18; IV; VIII-13-21.
Kreuz/Auferstehung	I-22; II-11, 16, 17; IV-3; V-9; VI-16-18.
Politik und Glaube	I-6-8, 18; IV-29; VII-17-19, 24, 26; VIII-3, 7, 9, 13-21, 24.
Religion/Religionskritik	I-21-31; IV-20, 25.
Schuld/Vergebung	I-4, 5, 9, 12, 13, 16, 19, 28, 30; II-6, 7, 9, 12, 13; III-14; IV-2, 4, 31; VII-12, 14-16, 18-21.
Sinnfrage	I-21-25; II-1, 5-7, 9-13, 15-18; III; IV-4, 8; VII-20-23, 25.
Tempel (Jerusalem)	II-12, 13; III-12; IV-23.
Umkehr	I-4, 5; II-7, 9, 11, 13; III-1, 5; IV-6-8, 23, 31, 32; VII-12, 13, 18, 20-22.

Quellennachweise

A. Texte

Block I

I-2: K. Koch u.a. (Hg.), Reclams Bibellexikon, Stuttgart 1978, S. 560 f. - I-3: Originalbeitrag W. Bukowski (unter Benutzung von E. Urech, Lexikon christlicher Symbole, Konstanz 1976; Kleines Lexikon des Judentums, hg. von J. Maier/P. Schäfer, Konstanz 1981) - I-6: Originalbeitrag R. Elberg - I-7: in: Braunschweiger Zeitung vom 26. 3. 1980 - I-8: in: Frankfurter Rundschau vom 4. 2. 1984 - I-10: J. Ebach, Art. „Baal"; „Aschera", in: K. Koch u.a. (Hg.), Reclams Bibellexikon, Stuttgart 1978, S. 59 - I-13: Brüder Grimm, Der süße Brei (zit. nach: Kinder- und Hausmärchen, hg. von C. Helbling, 2 Bde., Zürich o. J., Bd. II, S. 95 f. - I-16: Zusammenstellung W. Bukowski - I-18: A. Steiner/ V. Weymann (Hg.), Gleichnisse Jesu. Bibelarbeit in der Gemeinde, Köln 1978, Anhang o. S. - I-19: H. Risse, Das Gottesurteil, in: H. R., Buchhalter Gottes. Erzählungen, München 1958 (zit. nach: Begegnungen 4. Lesebuch für Gymnasien, Hannover 1966, S. 156-158) - I-20: in: Braunschweiger Zeitung vom 10. 7. 1984 - I-21: M. Luther, Der Große Katechismus (1529). WA 301, 132, 32 - I-22: in: Die Zeit Nr. 2, 2. 1. 1976, Zeit-Magazin, S. 3 - I-23: H. Zahrnt, Wozu ist das Christentum gut?, München 1972 (zit. nach: dtv, München 1978, S. 79-86) - I-25: Zeitlupe 20, in: Die Zeit Nr. 29, 9. 7. 1976, S. 51 - I-26: J. A. T. Robinson, Eine neue Reformation, München 1965, S. 119 - I-27: aus: B. Brecht, Der Ozeanflug, zit. nach: Gesammelte Werke 2. Stücke 2, Frankfurt/M. 1967, S. 576f. - I-28: H. Gollwitzer, Die marxistische Religionskritik und der christliche Glaube, Tübingen 1962 (zit. nach: GTB, Gütersloh [6]1977, S. 100-102) - I-29: zit. nach: W. Nestle, Vom Mythos zum Logos, Stuttgart [2]1975, S. 413 ff. - I-30: T. Moser, Gottesvergiftung, Frankfurt/M. 1976, S. 10-18 - I-31: H.-J. Fraas, Religiöse Erziehung und Sozialisation im Kindesalter, Göttingen 1973, S. 100 f.; S. 105-107.

Block II

II-1: in: Der Spiegel, Nr. 25, 18. 6. 1979, S. 174 - II-2 a, b, i: zit. nach: L. Schmidt (Hg.), Schlagfertige Definitionen. Von Aberglaube bis Zynismus, Reinbek 1974, S. 227 f.; S. 240 - II-2 d, l: zit. nach: H. Lober, Geliebte Hunde, Köln, S. 71; S. 47 - II-2 c: Anzeige der Detektiv-Fox GmbH, Kassel - II-2 e (1): in: Braunschweiger Tageszeitung vom 28./29. 3. 1963 - II-2 e (2): zit. nach: R. Bein (Hg.), Im deutschen Land marschieren wir. Materialien zur nationalsozialistischen Herrschaft, Braunschweig o.J., S. 123 - II-3: Art. „treu", in: Duden Etymologie, Mannheim 1963, S. 719; W. Trillhaas, Art. „Treue", in: RGG [3]1962, Bd. VI, Sp. 1011 f. - II-5: K. Marti, leichenreden, Darmstadt/Neuwied [8]1975, S. 33 - II-8: J. Jeremias, Der Prophet Hosea (ATD 24/1), Göttingen 1983, S. 41 - II-10: J. Willi, Treue heißt auch, sich selbst treu zu bleiben, in: Psychologie Heute, Jan. 1981, S. 22-25 - II-11: H. Wolff, Die Hochzeit der Hure. Hosea heute, München 1979, S. 77 f.; S. 180 - II-16: H. Conzelmann, Grundriß der Theologie des Neuen Testaments, München [3]1976, S. 79 - II-17: H. Meier, Diese Treue wird gekrönt, in: H. Nitschke (Hg.), Worte am Grabe. Predigten der Gegenwart, Gütersloh [4]1973, S. 92-94.

Block III

III-1-5: H. Zahrnt, Westlich von Eden. Zwölf Reden, München/Zürich 1981 (zit. nach: ullstein, Darmstadt/Berlin 1984, S. 121-123; S. 42 f. u. 48 f.; S. 141 f. u. 123 f.; S. 68-71; S. 95 f. - III-9: G. Otto, Denken - um zu glauben, Hamburg 1969, S. 68-72 - III-10: Quelle unbekannt - III-11: J. Henkys, Ich brauche keinen Aufpasser . . ., in: W. Jens (Hg.), Assoziationen. Gedanken zu biblischen Texten, Bd. 8: Psalmen, Stuttgart 1980, S. 106; J. Zink, Deine Zeit und alle Zeit. Das Buch zur Konfirmation, Stuttgart 1964 - III-12: W. Schottroff/W. Stegemann (Hg.), Traditionen der Befreiung. Sozialgeschichtliche Bibelauslegungen, Bd. 1: Methodische Zugänge, München/Gelnhausen 1980, S. 78-113 - III-13: in: Der Sonntag. Evangelisches Volksblatt für Stadt und Land Braunschweig, Nr. 3, 14. 1. 1968 - III-14: Originalbeitrag W. Bukowski.

Block IV

IV-2: H. Gunkel, Die Schriften des AT, Göttingen 1921, S. 95 - IV-3: Das Neue Testament, übers. u. komm. von U. Wilckens, Köln/Einsiedeln/Gütersloh [5]1977, Apg 2, 1-22. 32. 33. 36-41 - IV-5: D. Schupp, Babylon - Pfingsten - Babylon, in: H. Nitschke (Hg.), Ostern, Himmelfahrt, Pfingsten heute gesagt. Predigten der Gegenwart, Gütersloh 1974, S. 146-148 - IV-6: D. Sölle, Aufrüstung tötet auch ohne Krieg, Stuttgart 1982, S. 31-34 - IV-7: H. Arens/F. Richardt/ J. Schulte, Pfingsten: Apg 2, 1-11, in: H. Nitschke (Hg.), Ostern. Liturgische Texte, Gottesdienstmodelle, Meditationen, Predigten, Gütersloh 1978, S. 124-126 - IV-8: H. Gollwitzer, Politische Predigten, München 1973, S. 139-144 - IV-10: M. Josuttis, Praxis des Evangeliums zwischen Politik und Religion. Grundprobleme der Praktischen Theologie, München 1974, S. 143-146; S. 161-163 - IV-11: C. Lewis, Dienstanweisung für einen Unterteufel, Freiburg/Br. [21]1980, S. 13-16 - IV-13: in: Braunschweiger Zeitung vom 18. 7. 1984; in: Evangelischer Religionsunterricht an Gymnasien, hg. vom ARP Braunschweig, Folge 3, Okt. 1984 - IV-14: D. Sölle/F. Steffensky, Nicht nur Ja und Amen. Von Christen im Widerstand, Hamburg 1983, S. 10 - IV-15: W. Neidhart, Die Bedeutung der nichttheologischen Faktoren für die Konfirmation, in: Pastoraltheologie. Wissenschaft und Praxis, H. 10, Okt. 1966, S. 435 f. - IV-16: Originalbeitrag W. Bukowski - IV-17: Originalbeitrag W. Morr (in Anlehnung an: K.-F. Daiber, Die Trauung als Ritual, in: Evangelische Theologie 1973, S. 578 f,; S. 582) - IV-18: H. Schmidtpott, Die Situation der Kirche, in: botschaft und dienst. Zeitschrift für Erwachsenenbildung, H. 6, Nov./ Dez. 1981, S. 2; S. 4 - IV-20: Zeitlupe 20, in: Die Zeit Nr. 40, 27. 9. 1974, S. 58 - IV-21: in: EZ Hannoversche Evangelische Zeitung für den Ev.-Luth. Sprengel Hannover, 1977 - IV-22: D. Bonhoeffer, Widerstand und Ergebung. Briefe und Aufzeichnungen aus der Haft, hg. von E. Bethge, München 1951 (zit. nach: siebenstern tb, Hamburg [9]1976, S. 193) - IV-24: R. Ginters, Typen ethischer Argumentation. Zur Begründung sittlicher Normen, Düsseldorf 1976, S. 128-132 - IV-25: M. Linz, Wenn alle ihren Beitrag zahlen. Volkskirche als Dienstleistungsbetrieb, in: Evangel. Kommentare 8, 1973, S. 486 f. - IV-28: D. Sölle/F. Steffensky, Nicht nur Ja und Amen. Von Christen im Widerstand, Hamburg 1983, S. 73 ff. - IV-29: E. Albrecht, Kirchentag als Aufgabe, in: Im Brennpunkt. Sonderausgabe zum Kirchentag, Red.: idea, S. 1; E. Eppler, Der Kirchentag in der Zerreißprobe, in: ebd.

- IV-30: in: Deutsches Allg. Sonntagsblatt Nr. 25, 19. 6. 1983 - IV-31: H. Kemner, Kehrt um!, in: Im Brennpunkt. Sonderausgabe zum Kirchentag, Red.: idea, S. 1.

Block V

V-1: Originalbeitrag W. Morr - V-2: H.-G. Lubkoll/J. Hainz, Die blaue Bibel. Was ein Christ aus der Heiligen Schrift braucht, München 1975, S. 8 f. - V-3: H.-G. Lubkoll, Wie liest man die Bibel?, München 1973, S. 12-14 - V-4: Übersetzungen zit. nach: ebd., S. 26-29 - V-5: H. Echternach, Es stehet geschrieben, zit. nach: G. Ebeling, Wort und Glaube, Tübingen [2]1962, S. 4 - V-6: zit. nach: K. Deschner (Hg.), Was halten Sie vom Christentum?, München 1958, S. 66 - V-7: G. Otto (Hg.), Glauben heute, Hamburg 1965, S. 8-11 - V-8: G. Bergmann, Alarm um die Bibel, Neukirchen-Vluyn [5]1974, S. 113-115 - V-9: H.-G. Lubkoll, Wie liest man die Bibel?, München 1973, S. 5-8 - V-10: in: K. Bornkamm u.a. (Hg.), Zur Bibel. Informationen - Fragen - Meinungen (Materialien f. die Sek.stufe II. Religion), Dortmund/Hannover 1976, S. 172-174 - V-12: W. Schadewaldt, Griechische Sternsagen, Frankfurt/M. 1956, S. 82; S. 84 - V-13: K. Deschner, Abermals krähte der Hahn, Stuttgart [2]1964, S. 70 f. (bearb.) - V-14: W. Marxsen, Der Streit um die Bibel, Gladbeck Westf. 1965, S. 60-65 - V-15: J. Heubach, Wahrer Gott und wahrer Mensch, in: Streit um Jesus. Vorträge und Bibelarbeit . . . des 14. Deutschen Ev. Kirchentages, hg. von F. Lorenz, Stuttgart 1969, S. 38 f.; S. 44-47 - V-16: A. Suhl, Geboren von der Jungfrau Maria, in: ebd., S. 35-39 - V-17: H.-G. Lubkoll, Wie liest man die Bibel?, München 1973, S. 10-12 - V-18: Was jeder vom Judentum wissen muß, hg. von A. H. Baumann, Gütersloh 1983, S. 130-134 - V-19: Arbeitsgruppe „Information Islam" der VELKD und des DNK (Hg.), Faltblattserie Nr. 1. Der Koran, Neuendettelsau, o. S. - V-20: Arbeitsgruppe „Information Islam" der VELKD und des DNK (Hg.), Faltblattserie Nr. 3. Hingabe an den einen Gott, Neuendettelsau, o.S. -

Block VI

VI-3: zit. nach: Deutsches Institut für Fernstudien an der Universität Tübingen (Hg.), Fernstudienlehrgang für evangelische Religionslehrer, Studienbrief I/2 - VI-6: Originalbeitrag W. Bukowski - VI-10: J.-C. Barreau, Die Memoiren von Jesus - nacherzählt von J.-C. B., Berlin 1978, S. 10-17 - VI-11: K. Rommel, Ein Vater im Gespräch mit dem Evangelisten Lukas . . ., in: M. Schmeißer (Hg.), Für Advent und Weihnachten in Familie, Gruppe, Gemeinde. Teil V, bearb. von K. Rommel/M. Schmeißer, Freiburg/Br./Gelnhausen/Wien 1976, S. 280-289 - VI-12: in: Braunschweiger Zeitung vom 30. 12. 1975 - VI-13: G. Bergmann, Alarm um die Bibel, Neukirchen-Vluyn [5]1974, S. 43; S. 47; S. 65 f. - VI 17: J. Reding, Lebte Christus nur ein paar Stunden?, in: H. Nitschke (Hg.), Was fällt Ihnen zu Weihnachten ein?, Gütersloh 1977, S. 34-36 - VI-18: M. Machovec, Jesus für Atheisten, Stuttgart/Berlin [4]1975, S. 235-237.

Block VII

VII-3: Quelle unbekannt - VII-4: K. W. Vopel, Interaktionsspiele für Jugendliche. Teil 1, in: Lebendiges Lernen und Lehren. Bd. 20, Hamburg 1981, S. 18 f. - VII 5: Zeitlupe 20, in: Die Zeit Nr. 11, 7. 3. 1975, S. 60 - VII-6: M. F. Schröder, AT: Leben mit 613 Geboten, in: Israel. Merian Monatsheft Nr. 12, Dez. 1978, S. 108-110 - VII-7: Originalbeitrag W. Bukowski - VII-8: E. Stauffer, Jesus und die Wüstengemeinde am Toten Meer (Calwer Hefte 9), Stuttgart [2]1960, S. 19 f.; S. 23-27 - VII -9: in: Bild vom 30. 3. 1970 - VII-10: in: Braunschweiger Zeitung vom 29. 2. 1984 - VII - 11: in: Braunschweiger Zeitung vom 10. 4. 1984 - VII-13: in: Braunschweiger Zeitung vom 30. 12. 1983 - VII 15: Das Neue Testament, übers. u. komm. von U. Wilckens, Köln/Einsiedeln/Gütersloh [5]1977, Mt 18, 21-35 - VII-16: Brüder Grimm, Der Schneider im Himmel, zit. nach: Kinder- und Hausmärchen, hg. von C. Helbling, 2 Bde., Zürich o.J., Bd. I, S. 249-253 - VII-17: D. Sölle, Politische Theologie. Auseinandersetzung mit Rudolf Bultmann, Berlin/Stuttgart 1971, S. 86 f. - VII-18: H. Zahrnt, Wozu ist das Christentum gut?, München 1972 (zit. nach: dtv, München 1978, S. 256-259) - VII-19: in: Braunschweiger Zeitung vom 12. 7. 1983 - VII-20: J. Jeremias, Die Bergpredigt, Stuttgart [7]1970, S. 5; S. 7; S. 8 f.; (wieder abgedr. in: Joachim Jeremias, Jesus und seine Botschaft, Calwer Paperback 1976, S. 41-60) - VII-21: G. Theißen, Soziologie der Jesusbewegung, München 1977, S. 98-100 - VII-22: J. Jeremias, Die Bergpredigt, Stuttgart [7]1970, S. 24-26 - VII-23: zit. nach: Der Spiegel Nr. 38, 14. 9. 1981, S. 186 f. - VII-24: in: Frankfurter Rundschau vom 24. 4. 1982 - VII-25: Originalbeitrag W. Bukowski - VII-26: in: Frankfurter Rundschau vom 12. 7. 1983 - VII-27: ebd. - VII-28: in: Süddeutsche Zeitung vom 6. 5. 1980 - VII-29: P. Antes, Islam. - Religion, Kultur, Politik, in: Deutsches Institut für Fernstudien an der Universität Tübingen (Hg.), Funkkolleg Religion. Studienbegleitbrief 4, Weinheim/Basel 1983, S. 38 ff. - VII-30: Art. „Fasten", in: K. Koch u.a. (Hg.), Reclams Bibellexikon, Stuttgart 1978, S. 141.

Block VIII

VIII-2: zit. nach: Das III. Reich. Zeitgeschichte in Wort, Bild und Ton. Eine Sammeldokumentation, 4, S. 161 - VIII-3: ebd. - VIII-4: zit nach: Kursbuch Religion 7/8. Arbeitsbuch für den Religionsunterricht, hg. von G. Kraft u.a., Stuttgart/Frankfurt/M. 1978, S. 40 - VIII-5: zit. nach: R. Bein (Hg.), Im deutschen Land marschieren wir. Materialien zur nationalsozialistischen Herrschaft, Braunschweig o.J., S. 156 - VIII-8: A. Resch, Das Winterhilfswerk. Gemeinnutz geht vor Eigennutz, in: Das III. Reich. Zeitgeschichte in Wort, Bild und Ton. Eine Sammeldokumentation, 6, S. 251 f. - VIII-9: Zit. nach: Kursbuch Religion 7/8, Stuttgart/Frankfurt/M. 1978, S. 37 - VIII-10: in: Braunschweiger Zeitung vom 11. 7. 1935 - VIII-11: B. Brecht, Furcht und Elend des Dritten Reiches, Szene 16, zit. nach: Gesammelte Werke 3. Stücke 3, Frankfurt/M. 1967 - VIII-13: in: J. Gauger (Hg.), Chronik der Kirchenwirren. 1. Teil: Vom Aufkommen der Deutschen Christen 1932 bis zur Bekenntnis-Reichssynode im Mai 1934, Elberfeld 1934, S. 111 (zit. nach: W. Hofer, Der Nationalsozialismus. Dokumente 1933-1945, Frankfurt/M. 1957, S. 132) - VIII-14: in: Gesetzesblatt der Deutschen Evangelischen Kirche vom 10. 8. 1934 (zit. nach: W. Hofer, Der Nationalsozialismus. Dokumente 1933-1945, Frankfurt/M. 1957, S. 132) - VIII-15: in: J. Beckmann (Hg.), Kirchliches Jahrbuch für die Evangelische Kirche in Deutschland 1933-1944, Gütersloh 1948, S. 24 (zit. nach: K. Kupisch (Hg.), Quellen zur Geschichte des deutschen Protestantismus 1871-1945, Göttingen 1960 (auch: siebenstern München/Hamburg 1970, S. 267) - VIII-16: ebd., S. 32 f. (zit. nach: W. Hofer, Der

Nationalsozialismus. Dokumente 1933–1945, Frankfurt/M. 1957, S. 140) - VIII-17: in: J. Neuhäusler, Kreuz und Hakenkreuz. Der Kampf des Nationalsozialismus gegen die Katholische Kirche und der Kirchl. Widerstand, München 21946 (zit. nach: W. Hofer, Der Nationalsozialismus . . ., S. 128 - VIII-18: in: Archiv für evangelisches Kirchenrecht, 1939, S. 117 f. (zit. nach: G. Brakelmann (Hg.), Kirche im Krieg. Der deutsche Protestantismus am Beginn des II. Weltkrieges, München 1979, S. 100) - VIII-20: R. Rehmann, Der Mann auf der Kanzel, München/Wien 1979 (zit. nach: dtv, München 1981, S. 112–117) - VIII-21: zit. nach: R. Bein (Hg.), Im deutschen Land marschieren wir. Materialien zur nationalsozialistischen Herrschaft, Braunschweig o.J., S. 178 - VIII-22: in: Das III. Reich. Zeitgeschichte in Wort, Bild und Ton. Eine Sammeldokumentation, 4, S. 172 - VIII-23: G. Frenssen, Hilligenlei, Berlin 1905 (zit. nach: H. Tögel, Deutscher Glaube. Arbeitshefte für den evangelischen Religionsunterricht, hg. von H. Spanuth u. R. Scherwatzky, H. 12, Göttingen 1926, S. 9 f. - VIII-24: W. Classen, Christus heute als unser Volksgenosse, München 1905 (zit. nach: ebd., S. 10 f.) - VIII-25: Was jeder vom Judentum wissen muß, hg. von A. H. Baumann, Gütersloh 1983, S. 135–139 - VIII-26: E. Stauffer, Jesus und die Wüstengemeinde am Toten Meer (Calwer Hefte 9), Stuttgart 21960, S. 23–27 - VIII-27: H.-D. Bastian, Der anonyme Jesus, in: Radius, H. 1, März 1966, S. 36 f. - VIII 28: zit. nach: Deutsches Institut für Fernstudien an der Universität Tübingen (Hg.), Funkkolleg Religion, Studienbegleitbrief 3, Tübingen 1983, S. 55 f.

B. Bildnachweis

Archiv für Kunst und Geschichte, Berlin: 140 (oben). - Manfred Brauneck, Hamburg: 26. - Brendow Verlag, D-4130 Moers 1, nach einer Plastik von Dorothea Steigerwald Motiv K 81 „Bleib sein Kind": 58. - R. Brockhaus Verlag, Wuppertal: 18. - Wolfgang Bukowski, Braunschweig: 12 (unten), 13, 65. - Deutsches Allgemeines Sonntagsblatt/ Mandzel, Hamburg: 166. - dpa, Hamburg: 24. - O. Gulbransson, 1906, © Dagny Bj. Gulbransson, Tegernsee: 145. - Kurt Halbritter „Adolf Hitlers Mein Kampf" Gezeichnete Erinnerungen an eine große Zeit © Carl Hanser Verlag, München: 163, 166 (oben und unten links), 171 (oben). - Herkunft unbekannt: 69, 74 (oben), 77, 81 (unten), 85, 100, 134, 140. - Kath. Pfarramt St. Ludgeri, Münster: 51. - Pressefoto Lachmann, Düsseldorf: 39. - Heinz Langer, München: 167. - Erik Liebermann, Starnberg: 74 (unten). - Pabel Verlag, Rastatt: 68. - Reclams Bibel-Lexikon Karte I + II, Stuttgart: 9, 125. - Pontis Photo, München: 40. - Litho: Emil Scheibe, München: 128. - Alfons Senfter, A-6150 Gschnitz 76: 57. - Ivan Steiger, München: 93. - Tanner + Staehelin Verlag, Zürich: 89 (oben). - Albrecht W. Thöne, Scheeßel: 174. - UPI, Bonn: 48, 137. - Verkehrsamt Frankfurt/M.: 89 (unten). - Ernst Winizki, Zürich: 19. - Jupp Wolter, Lohmar: 28, 81 (oben).

Umschlagbild: Foto: Max Prugger, München
Montage: Michael Rechl, Wanfried-Aue